Ton Veerkamp

Der Gott der Liberalen

Eine Kritik des Liberalismus

W0196171

Argument Verlag

Dieses Buch entstand mit freundlicher Unterstützung
der Buchpatin Teresa Orozco und des Buchpaten Metin Yilmaz.

Deutsche Originalausgabe
Alle Rechte vorbehalten
© Argument Verlag 2005
Glashüttenstraße 28, 20357 Hamburg
Telefon 040/4018000 – Fax 040/40180020
www.argument.de
Satz: Iris Konopik
Umschlaggestaltung: Martin Grundmann,
www.herstellungsbuero-hamburg.de
Druck: Fuldaer Verlagsanstalt
Gedruckt auf säure- und chlorfreiem Papier
ISBN 3-88619-470-1
Erste Auflage 2005

Schatten, tretet hervor,
das Licht will beginnen mit kleinen
Schritten, zeigt ihm
den Weg.

Johannes Bobrowski

Inhalt

Vorwort 9

Einleitung: Das Märchen von der Wunderlampe Aladins 11

I Die Epoche der Bourgeoisie

1.1 Der Ursprung der Bourgeoisie

1.1.1 Zwischen Herren und Knechten 29
1.1.2 Die Anomalie des Abendlandes 36
1.1.3 Soziale Differenzierung 42
1.1.4 Der Handelskapitalismus 45
1.1.5 Die Disziplinierung der Arbeitskraft 51
1.1.6 Bourgeoisie und Reformation 54
1.1.7 Zwei Gesichter der Bourgeoisie 60

1.2 Mythen und Moral der Bourgeoisie

1.2.1 Adam Smith und die Unsichtbare Hand 66
1.2.2 Ricardo und der Mythos des Freihandels 68
1.2.3 Der Nutzen als höchstes Gut 72
1.2.4 Walras und der Große Auktionator 74
1.2.5 Pareto-optimales Himmelreich 76
1.2.6 Mythos Gleichgewicht 79
1.2.7 Liberale Moral – arbeitsame Arme 81
1.2.8 Ein kurzer Seitenblick auf den Staat 83

1.3 Das große Roll-back

1.3.1 Die Politikumstellung im letzten Kriegsjahr 86
1.3.2 Steigender Wohlstand nach 1950 88
1.3.3 Die Epochenschwelle 91
1.3.4 Ausweg aus der Stagflation 93
1.3.5 Brave new world 95
1.3.6 Kritik als Widerstand 97

1.4 Typologie des Liberalismus

1.4.1 Der vernunftgeleitete Liberalismus – J. M. Keynes 101
1.4.2 Der zynische Liberalismus – J. A. Schumpeter 113

1.5 Der Gott der Liberalen

1.5.1 Der gläubige Liberalismus 126
1.5.2 »Gott« 130
1.5.3 Die Dämonisierung der Alternative 132
1.5.4 Die Antinomien des Liberalismus 134
1.5.5 Der Markt ist ein Stück Holz 141

1.6 Der letzte Liberale – John Rawls

1.6.1 Der archimedische Punkt 143
1.6.2 Gerechtigkeit als Fairness 144
1.6.3 Rawls und Marx 151
1.6.4 Kritik des *Political Liberalism* 154
1.6.5 Glosse: Rawls und die neue Sozialdemokratie 160
1.6.6 Stroh 162

II Die Gegenbewegung

2.1 Hegel

2.1.1 Den Umsturz denken 167
2.1.2 Hegels Staat, die Vernunft und das Absolute 174
2.1.3 Hegels Entwicklungstheorie 177
2.1.4 Ende *der* Geschichte oder Ende *einer* Geschichte? 180
2.1.5 Der Weltgeist mit der Coladose 183

2.2 Marx

2.2.1 Interesse und Ziel 185
2.2.2 Wert und Nutzen; Marx und Walras 188
2.2.3 Beim Geld hört die marginalistische
      Gemütlichkeit auf 193
2.2.4 »Das Kunststück ist endlich gelungen,
      Geld ist in Kapital verwandelt« 195
2.2.5 Gerechtigkeit und Marx 198
2.2.6 Kommt der Sozialismus?
      Das Problem des Epochenübergangs 202
2.2.7 Die Ausgeschlossenen – ein schwarzes Loch
      in der marxistischen Theorie 207
2.2.8 »Grassierende Göttinnen« 210

2.3 Eine große Erzählung

    2.3.1 Martin Andersen Nexö 214
    2.3.2 Sehnsucht nach dem besseren Leben 215
    2.3.3 »Alles, wofür wir gekämpft haben,
           das haben wir erreicht!« 222
    2.3.4 Ein philosophisches Intermezzo 224
    2.3.5 Die Fragmentierung der Gesellschaft 226
    2.3.6 Neue Erzählungen – José Saramago 229

2.4 Abschied von einem messianischen Jahrhundert

    2.4.1 Der Milan 232
    2.4.2 Lenin. Auch Paulus 234
    2.4.3 Stalin. Auch Christentum 235
    2.4.4 1989 – Abschied vom Messias 239
    2.4.5 Der Schlaf der Vernunft 241

III Recht

3.1 Zwei Verbote

    3.1.1 Das Verbot der Sklavenhaltung 247
    3.1.2 Das Verbot der Akkumulation 251

3.2 Das Wesen der Akkumulation 254

3.3 Gnadenordnung oder Rechtsordnung? 261

3.4 Würde 266

Epilog 273

Anmerkungen 275

Abkürzungen 295

Literatur 297

Personenregister 305

Über den Autor 309

Vorwort

Das politische Hintergrundmilieu für dieses Buch war das *Zentrum für ausländische Studierende* in Berlin-Charlottenburg. Es befand sich in der Carmerstraße, die in den siebziger Jahren so etwas wie ein »befreites Gebiet« war. Zwei linke Buchhandlungen, eine trotzkistische Verlagsbuchhandlung, eine Galerie, das »Forschungs- und Dokumentationszentrum Lateinamerika (FDCL)« und der Treffpunkt chilenischer Flüchtlinge, das Restaurant El Parron, waren in dieser kleinen Straße zwischen Savigny- und Steinplatz ansässig, nicht zu schweigen von der legendären Kneipe aus Studentenbewegungszeiten, der *Dicken Wirtin,* die bis heute alle Stürme der Zeit überstanden hat. In der Carmerstraße war auch das Domizil der Evangelischen Studentengemeinde, die damals unter dem Kürzel ESG beim Verfassungsschutz als linksextremistische Organisation galt. Zumindest geht das aus Verfassungsschutzakten hervor, deren Offenlegung 1989 vom rot-grünen Senat Berlins erzwungen wurde. Von 1970 bis in die neunziger Jahre trafen sich dort Menschen, die Veranlassung hatten, sich jenseits von politischen Parteien über sozialpolitische Alternativen zu verständigen. Was aus diesen Menschen geworden ist, steht auf einem anderen Blatt. Manche haben es »weit gebracht«, sogar bis ins Bundeskabinett. Andere haben resigniert, wenige sind sich und ihrem damaligen Anliegen treu geblieben. Im Dezember 1998 verschwanden die letzten Relikte jener Zeiten, das Zentrum fiel den Sparorgien und der letzte linke Buchladen den neuen Leseinteressen der Studierenden zum Opfer. Inzwischen passt die Carmerstraße bis auf die *Dicke Wirtin* harmonisch in das Yuppieambiente um den Savignyplatz.

Als der Internationale Währungsfonds und die Weltbank 1985 ankündigten, ihre Herbsttagung 1988 in Berlin (West) abzuhalten, war das für eine Reihe von entwicklungspolitischen Gruppen, darunter das *Zentrum für ausländische Studierende,* der Anlass, sich eingehender mit der internationalen Schuldenkrise und mit wirtschaftlichen Fragen überhaupt zu beschäftigen. Die meisten ausländischen Studierenden waren in technischen, medizinischen und naturwissenschaftlichen Fachbereichen anzutreffen. Nicht wenige Studierende meinten damals, dass man sich neben dem Studium auch mit elementaren weltwirtschaftlichen Prozessen vertraut machen sollte, da die ökonomische Lage in den Ländern des Südens ihre spätere Berufsausübung in diesen Ländern direkt beeinflussen würde. Auf ihr Verlangen wurde im Sommersemester 1986 eine kontinuierliche Arbeit über Fragen der ökonomischen Praxis und Theorie begonnen; zwölf Jahre lang, bis zum Sommersemester 1998, wurde diese studienbegleitende Arbeit durchgeführt.

Die wirtschaftstheoretischen und wirtschaftsgeschichtlichen Kapitel dieses Buches haben ihren Ursprung in der intensiven Arbeit mit diesen Studierenden, vor allem mit Studierenden der Betriebswirtschafts- bzw. Volkswirtschaftslehre. Noch kurz vor dem Diplom hatte keine(r) von ihnen einen klassischen ökonomischen Grundtext gelesen, weder Adam Smith noch Karl Marx, L. Walras, J. M. Keynes, J. A. Schumpeter usw., nicht einmal solche plötzlich wieder modischen Autoren wie F. A. Hayek und M. Friedman. Zwar konnten die Studierenden z. B. spielend mit Formeln und graphischen Darstellungen den Unterschied zwischen dem neoklassischen und dem Keynes'schen Modell erklären, aber auf die Frage, was Keynes gesellschaftspolitisch *eigentlich* wollte, hatten sie keine Antwort. Während der neunziger Jahre versuchten wir, solche Lücken mit einer kritisch-politischen Lektüre der »Klassiker« aus beiden Lagern aufzuarbeiten. Das Marx-Kapitel geht aus einer kontinuierlichen Arbeit in wechselnden Gruppen hervor. Unsere Sicht auf Marx hat sich in dieser Zeit – mehr als dreißig Jahren! – gründlich verändert. Frühere Fassungen der Kapitel »Mythen und Moral der Bourgeoisie«, »Hegel«, und »Abschied von einem messianischen Jahrhundert« wurden an anderen Orten veröffentlicht. Sie sind für dieses Buch mehr oder weniger stark überarbeitet worden.

Das Buch ist ein Niederschlag dessen, was ich von den Menschen gelernt habe, mit denen ich in Berlin – theoretisch und praktisch – politisch gearbeitet habe. Dreien von ihnen widme ich dieses Buch. Ich vermeide das Personalpronomen »ich« und schreibe durchgängig »wir«. Was »ich« zu wissen meine, habe ich von vielen, von »uns«, gelernt. Nicht wenigen bin ich beim Schreiben dieses Buches zu Dank verpflichtet. Namen zu nennen ist immer misslich. Dennoch möchte ich Teresa Orozco und Ulrich Duchrow erwähnen, die mich immer wieder ermutigt und mir wichtige Hinweise gegeben haben. Burkhard Tewes und Meike Heinrichs als Verlagslektorin haben mit ihren Vorschlägen sehr zur Verbesserung des Textes beigetragen.

Lemgow-Schmarsau, Frühjahr 2005

Einleitung
Das Märchen von der Wunderlampe Aladins

Aladins Lampe

Der Schneidersohn Aladin war ein richtiger Taugenichts, der von der Arbeit seiner Mutter lebte. Eines Tages wurde er von einem Fremden angesprochen, der ihn um einen Dienst bat. Aladin willigte ein und nach einigen Verwicklungen kam er in den Besitz einer alten Lampe, die der Fremde selber hatte haben wollen. Einige Tage später putzt er die alte Lampe. Plötzlich erscheint ein Geist, der dem verdutzten Faulenzer Aladin erklärt, er würde jeden Auftrag erfüllen, den jener ihm erteilt. Die Mutter, die das Leben klug gemacht hat, beschwört Aladin, die Lampe wegzuschmeißen. Aladin freilich ist sich schnell darüber im Klaren, dass er mit dieser Lampe keinen Finger mehr krumm machen muss. Er würde ohne große Sorgen von der Arbeit des Geistes aus der Lampe leben können. Mit der anfänglichen Bescheidenheit des kleinen Mannes schickt er den Geist los, um Essen zu besorgen. Der Auftrag wird zur Befriedigung Aladins ausgeführt, zumal der Geist das Essen auf Schüsseln und Tellern aus Feinsilber auftischt. Die Schüsseln und Teller macht er zu Geld. Nach und nach werden die Wünsche unbescheidener, bis auch das Unmöglichste möglich wird. Der Geist bringt ihm den unermesslichen Schatz, mit dem Aladin den Sultan dazu bewegen kann, ihm seine Tochter zu geben. Standesgemäß lässt er vom Geist der Lampe einen Palast errichten, der an Schönheit und Ausstattung alles übertrifft, was je ein Menschenauge gesehen hat. Solches Glück ist immer prekär, der Neider des Glücks, der Konkurrent, schläft nie. Der Bruder des betrogenen Fremden erscheint, bringt die Lampe und so den Palast samt Sultanstochter an sich.

Das Märchen geht gut aus, der Bösewicht wird getötet, Aladin und seine Braut erben das Königreich. Die Phantasie der Märchenerzählerin aus Bagdad war unerschöpflich. Sie, die persische Prinzessin Scheharazadeh, erzählte ihre Märchen während tausendundeins Nächten dem berühmten Beherrscher des Weltreichs von Bagdad, dem Kalifen Harun Arraschid. Die Märchen waren aber für die Kinder des Reiches und für die Kinder aller Reiche und aller Zeiten gedacht. Sie sollten von jung auf all die Weltklugheit entdecken, die Scheharazadeh in ihren Märchen versteckt hat. Es steckt in Aladins

Wunderlampe sogar eine Parabel, die uns die Verhältnisse unserer Tage besser verstehen lässt.

»Lassen Sie Ihr Geld für Sie arbeiten«, inserierte eine große Geschäftsbank. Geld arbeitet, die Leute werden schlafend reich, suggeriert die Bank. Geld arbeitet nicht, Menschen arbeiten. Wer viel Geld hat, ist wie Aladin. Er besitzt eine wunderbare Lampe. Er kann den Geist in der Lampe wecken. Der Geist ist ein Heer von arbeitsamen Menschen. Dieser moderne Aladin muss nicht nur den schlafenden Geist in der wunderbaren Lampe wecken, er muss ihn dazu bringen, für ihn zu arbeiten. Der Geist, eben jenes Millionenheer von arbeitsamen Menschen, führt dann die Aufträge des Lampenbesitzers aus, und den Reichtum, den er schafft, legt er ihm zu Füßen. Der Lampenbesitzer kann die Menschen dazu bringen, für ihn zu arbeiten, indem er sie mit Gewalt dazu zwingt. Kostengünstiger ist es, wenn er sie glauben macht, es gehöre zum Lauf der Welt, dass manche wunderbare Lampen haben, andere die Aufträge der Lampenbesitzer ausführen müssen. Weiter müssen die Menschen glauben, dass dies alles letztendlich auch ihrem Wohl dient. Der erste Artikel dieses Glaubens lautet, dass das Eigentum an wunderbaren Lampen elementares und heiligstes Menschenrecht ist, der zweite, dass der Eigentümer solcher Lampen Befehlsgewalt über die dienstwilligen Geister hat. Der dritte Artikel verkündet schließlich, es entstehe so die beste aller möglichen Welten, wenn man Lampenbesitzer und Geister nur gewähren lässt. Dieser Glaube ist der Liberalismus. Freilich gibt es heute einige Probleme. Er gibt mehr Geister, als die modernen Aladins brauchen können. Die Parabel im schönen Märchen erklärt leider nicht alles; immerhin sagt sie uns: Ohne dienstwillige Geister keine Aladins.

Überflüssige Geister

Adam Smith erzählt in seinem Hauptwerk von einem kleinen Jungen, der den Auftrag hatte, ein Ventil zu überwachen. Durch das Rucken an einem Seil musste er das Ventil, nachdem der Dampf es hochgetrieben hatte, wieder in seine Ursprungslage zurückversetzen. Der Junge war pfiffig, er befestigte das Seil an einem festen Gegenstand, und das Ventil gelangte durch das stramm gezogene Seil wieder in die Ursprungslage. In der Zeit konnte der Junge spielen. Der Fabrikant übernahm die Erfindung, und der Junge landete auf der Straße. Für den Jungen hätte der technologische Fortschritt eine Arbeits-

erleichterung und Verbesserung seiner Lebensumstände sein können,
für den Fabrikanten bedeutete er Kostensenkung. Maschineneinsatz
bei der Produktion bedeutet Arbeits- und Lebenserleichterung für die,
die die Arbeit ausführen müssen. Der Fabrikant sieht das anders; für
ihn lohnt sich die Anschaffung einer Maschine dann, wenn die Arbeitenden in der gleichen Zeit mehr Produkte herstellen bzw. weniger
Leute die gleiche Arbeit machen können. Die Abschreibung einer
Maschine muss weniger Kosten verursachen, als der Mehrausstoß
oder die Reduzierung der Arbeitskosten einbringt.[1] Der technologische Fortschritt findet im kapitalistischen Alltag seine Grenze genau
in diesem Kalkül. Steigende Arbeitsproduktivität heißt, dass die
Arbeitenden pro Kopf noch mehr produzieren. Das geht gut, solange
das Mehrprodukt absetzbar ist. Solange es absetzbar bleibt, »wächst«
die Wirtschaft; der Wohlstand, wie auch immer verteilt, nimmt zu. In
dem Augenblick, wo eine gewisse Sättigung eintritt, wird technischer
Fortschritt zu einem Problem, es sei denn, er wird für die Einschränkung des Personals benutzt. Pro Kopf schafft es mehr Produkte.
Aber weil dieses Mehr nicht länger absetzbar ist, braucht es weniger
Köpfe, Hände, Menschen. Nun ist die Steigerung der Arbeitsproduktivität von Branche zu Branche unterschiedlich. Wir zeigen das an
einem Zwei-Branchen-Modell.

Wie viel schafft ein Malergeselle in einer Stunde? Die Antwort
auf diese Frage ist eine Aussage über seine *Arbeitsproduktivität*.
Eine genaue Antwort ist erst möglich, wenn eine Reihe von Fragen
beantwortet sind, etwa: Was streicht er an, eine Wand, eine Tür,
eine Fassade? Auch das ist nicht genau genug. Die Tür kann in
einem ramponierten Zustand sein, die Wand hat Löcher, die erst ver-
schmiert werden müssen, die Fassade ist reich gegliedert usw. Der
Auftraggeber will wissen, wie lange die Arbeit dauert und was sie
kostet. Der Malermeister, der einen Renovierungsauftrag bekommt,
geht durch die Wohnung, schätzt ein, wie lange seine Leute brauchen, und geht dabei von Erfahrungswerten aus. Im Malergewerbe
hat sich in den letzten zwanzig bis dreißig Jahren nichts Grund-
sätzliches geändert. Die Lacke sind etwas besser, Tapete, Pinsel
und Rollen vielleicht auch, aber vor dreißig Jahren hätten Geselle
und Lehrling auch nicht viel mehr Zeit gebraucht. *Arbeitsproduktivität* ist das Verhältnis zwischen dem Arbeitsprodukt (die renovierte
Wohnung) und der Zahl der Arbeitsstunden. Das Malergewerbe ist
eine Branche, in der sich die *Arbeitsproduktivität* wenig geändert
hat. Nehmen wir an, dass die Zahl an Renovierungsaufträgen relativ

konstant geblieben ist, bleibt die Beschäftigung auf dem gleichen
Niveau.

Wir schreiben das Jahr 1973. Das Postgiroamt beschäftigt viele
Leute, die die oft handgeschriebenen, gelbbraunen Überweisungsaufträge lesen, den Auftrag ausführen, das eine Konto mit dem ange-
gebenen Betrag belasten und dem anderen Konto gutschreiben, fast
alles solide Handarbeit. Im Jahr 2003 werden viele Überweisungsaufträge durch Onlinebanking erledigt, die restlichen maschinell gelesen
und ausgeführt. Für diesen ganzen Prozess ist nur noch ein Bruchteil der damals Beschäftigten nötig. Die *Arbeitsproduktivität,* der
Quotient zwischen ausgeführten Aufträgen und der Arbeitszeit, hat
sich in dreißig Jahren vervielfacht. Inzwischen ist aus dem Postgiroamt die Postbank AG geworden. Die Postbank hätte aus dieser
dramatisch gestiegenen *Arbeitsproduktivität* schließen können, dass
die Angestellten statt acht jetzt nur noch zwei bis drei Stunden arbeiten müssen, um die Arbeit zu erledigen. Bei vollem Lohnausgleich
könnte sich die Arbeitsproduktivität in fünf bis sechs Stunden pro
Tag mehr Freizeit auszahlen. Schön wäre es; tatsächlich hat die Postbank die überflüssigen Stellen gestrichen, die verbliebenen Beschäftigten erledigen die Aufträge, und ihr Arbeitstag bleibt so lang, wie er
vor dreißig Jahren war. Nun bietet die Postbank neue »Produkte« an,
vielfältige Sparformen statt des guten alten Postsparbuchs, Anlage-
beratung, Betreuung der eingesetzten neuen Technologie u. Ä. Dafür
werden Arbeitsplätze »geschaffen«, wie es die neue Ökonomenlyrik
will. Es blieben trotz »Produktinnovation« (auch Lyrik) viele Leute
auf der Strecke, weil sie mit der neuen Technologie nicht klarkamen
und die Anforderungen für die Herstellung der neuen »Produkte«
nicht erfüllten. Von diesen Menschen werden einige in anderen Branchen beschäftigt, andere bleiben übrig und finden keine Arbeit. Die
dienstbaren Geister sind nicht mehr gefragt.

Um diese Leute geht es in der öffentlichen Debatte der letzten
Jahre. Durch keine wirtschaftspolitische Maßnahme und durch keine
Arbeitsmarktreform kann die Zahl an renovierungsbedürftigen Woh-
nungen vermehrt werden, ebenso wenig gibt es eine wunderbare
Vermehrung der Überweisungsaufträge und der beratungshungrigen
Sparer und Anleger. Gleichzeitig verschieben sich die relativen
Preise zwischen »renovierter Wohnung« und »Überweisungsdienst-
leistung«. Die Einkommen der Beschäftigten in beiden Branchen
waren annähernd gleich hoch. Die Leute vom Postgiroamt erledigten
die Überweisungsaufträge der Malergesellen, diese renovierten die

Wohnungen der Postgiroleute. Die relativen Lohnstückkosten sind im Malerhandwerk schneller gestiegen als bei der Postbank, da man in der Postbank weniger Zeit brauchte, um die Aufträge der Malergesellen zu erledigen, als diese, um die betreffenden Wohnungen zu renovieren. Da die Maler zu teuer wurden, renovierten auch Postbankangestellte ihre Wohnungen selber oder ließen sie »schwarz« renovieren. In den siebziger Jahren begann die goldene Zeit der Heimwerkermärkte. Das Berliner Handwerk zahlt in nicht wenigen Branchen schon seit Jahren deutlich unter Tarif, und die Arbeitszeit liegt deutlich darüber. Man arbeitet zunehmend mit Leiharbeitern nach dem Prinzip »heure und feure«; der »entkrustete« Arbeitsmarkt ist hier verbreitet Realität – lange vor Hartz I–IV. Ein Ausweg aus der Krise war das für die Berliner Handwerksbetriebe nicht. Technologischer Fortschritt wirkt tief in das Sozialgefüge der Gesellschaft hinein und bedarf daher gesellschaftlicher Steuerung. Liberale Politik begreift ihn als unentrinnbares Schicksal.

Nun ist die ökonomische Wirklichkeit komplizierter als das Modell einer Volkswirtschaft, die aus einem Malerbetrieb und einer Postbank besteht. Aber die Tendenz ist in unseren Gesellschaften des Nordens unverkennbar: Um die notwendige Zahl an alten und neuen Produkten herzustellen, brauchen wir in den meisten Branchen immer weniger Arbeitsstunden. Nur in Ausnahmezeiten, wo es eine Explosion an neuen Produkten gibt, kann die Zahl an benötigten Arbeitsstunden gleich bleiben oder gar zunehmen. Diese Ausnahmezeit war manchenorts die Periode ~1996~2000. Selbst in dieser Zeit konnte der Verlust an benötigten Arbeitsstunden seit der Krise der achtziger Jahre nicht ganz ausgeglichen werden; aus diesem Grund blieb die reale Arbeitslosigkeit hoch. Wenn der Konsum im gleichen Tempo wie die Arbeitsproduktivität steigt, wenn Konsumstagnation in den alten Branchen durch hohen Konsum in den neuen Branchen ausgeglichen wird, gibt es keine Probleme. Da es nicht ohne weiteres möglich ist, die überschüssigen Arbeitskräfte aus den alten in den neuen Branchen unterzubringen, kann es passieren, dass es in manchen Branchen trotz hoher Gesamtarbeitslosigkeit Beschäftigungsengpässe gibt. Neue Produkte sind kein Allheilmittel gegen die durch die Arbeitsproduktivitätssteigerung verursachte Arbeitslosigkeit in den alten Branchen. Außerdem sind neue Branchen nicht lange *neu;* auch hier macht sich die Steigerung der Arbeitsproduktivität bemerkbar. Informatiker gibt es heute mehr als genug, es gibt sie in Indien, Osteuropa und China in großer Zahl; Datenverarbeitungs- und Programmierungsaufträge werden in diese Länder vergeben. Dort kostet die Arbeit bis zu 75 % weniger als in Westeuropa bzw. Nordamerika. Unternehmen wie Philips, Siemens usw. verlagern Teile ihrer Forschungs- und Entwicklungsaktivität – bis dahin eine Bastion des Nordens – nach China, um auf den sich stürmisch entwickelnden Märkten mitspielen zu können, aber auch um Kostenvorteile wahrzunehmen. Verglichen mit deutschen Ingenieuren ist der chinesische Ingenieur unschlagbar billig. Auch eine Bildungsoffensive in den neuen Bereichen schafft keinen neuen Beschäftigungsschub. Jeder neue Zyklus *Aufschwung-Boom-Abschwung-Krise* beginnt auf einem höheren Arbeitslosen-sockel. Der beschriebene Mechanismus setzt immer mehr Menschen außer Kurs. Sie müssen irgendwie beschäftigt bzw. versorgt, aber auf alle Fälle auf Magerkost gesetzt werden, Kaufkraft entwickeln sie nicht mehr. Man kann ohne die geringste Einschränkung sagen, dass die Probleme mit den beabsichtigten »Reformen« nicht gelöst werden. Deswegen werden »Reformen« immer weitere »Reformen« verlangen, bis wir auch im Norden jene Schicht an hoffnungslos verarmten Leuten haben werden, die wir aus anderen Regionen kennen. Der amerikanische Philosoph John Rawls nannte sie »eine ent-mutigte und deprimierte Unterschicht«, die sich »im Stich gelassen fühlt und sich nicht an der öffentlichen politischen Kultur beteiligt« (2002, 217). Die Zahl von Menschen, die sich in Haft befinden, hat in den USA die Zwei-Millionen-Grenze längst überschritten, relativ zehnmal mehr als in jedem anderen Industrieland des Westens. Wir vermuten, dass ein Zusammenhang zwischen der Zahl der Inhaftierten und der Zahl solcher besteht, die durch die ökonomi-sche Entwicklung des vergangenen Vierteljahrhunderts ausgemus-tert wurden. Allein gelassen, verursacht technologischer Fortschritt gesellschaftlichen Zerfall. Unsere Aladins brauchen zwar dienstwil-lige Geister, aber nicht allzu viele.

Was macht Aladin mit seinem Reichtum?

Wir sagten: Wenn der Konsum im gleichen Tempo steigt wie die Arbeitsproduktivität, können die Probleme über die Erhöhung der Nachfrage gelöst werden. Aber diese Voraussetzung gilt nicht mehr. Über den Konsum langlebiger Konsumgüter – materielle Grundlage der Vollbeschäftigung der Periode 1950–1975 – allein kann man heute das Problem, das die steigende Arbeitsproduktivität verursacht, nicht lösen. Der Ökonom K. G. Zinn formuliert ein Gesetz, das er die Gossen-Keynes'sche Regel nennt:

> Oberhalb der Sparschwelle [wo die Leute anfangen, monatlich mehr zu verdienen, als sie ausgeben, d. V.] nimmt mit steigendem Einkommen die für Konsumzwecke aufgewandte Arbeitsmenge relativ ab bzw. der Arbeitsaufwand für die Geldvermögensbildung nimmt relativ zu. (Zinn 1986, 81)

Es gibt ein Problem der relativen Sättigung, darauf macht K. G. Zinn – wie einer der Rufenden in der Wüste – seit zwanzig Jahren vergeblich aufmerksam. Die Motorisierung der Deutschen hat z. B. ein Ausmaß erreicht, das eine deutliche Zunahme der Autos nicht mehr erwarten lässt; die Branche wird vom Ersatz alter Modelle durch teurere neue Modelle leben, nicht von der Erschließung neuer Marktsegmente in Deutschland. Ähnliches gilt für viele langlebige Konsumgüter. Es gilt für die alte Europäische Union. In den Ländern, die im Zuge der Osterweiterung hinzugekommen sind, mag es neue Märkte geben. Nur verdienen die Leute dort zu wenig. Steigen dort die Löhne, zieht die Karawane der Unternehmen weiter, in die Ukraine, nach Russland, Ostasien. Die Probleme, die relative Sättigung bei stetig steigender Arbeitsproduktivität in Ländern wie Deutschland verursacht, werden von den »Reformen« nicht gelöst, sie werden nicht einmal wahrgenommen.

Es gibt ein zweites Problem. Aladin zieht Reichtum an, für den er keine Verwendung hat. Gehen wir zurück in die goldenen siebziger Jahre der Bonner Republik. Das »624-DM-Gesetz« zur »Bildung von Vermögen in Arbeitnehmerhand« sah vor, dass alle Arbeitnehmerinnen und Arbeitnehmer steuerfrei monatlich DM 13 erhalten, wenn sie monatlich zusätzlich DM 39 sparen. Die meisten Leute haben DM 52 monatlich in einen Bausparvertrag, eine Lebensversicherung auf Kapitalbasis usw. eingezahlt. Allzu viel an »Vermögen« kam in den meisten »Arbeitnehmerhänden« zwar nicht zusammen, aber volkswirtschaftlich war das eine bedeutende Summe von ungefähr 20 Milliarden DM jährlich. Dieses Geld wurde zwar nicht konsumiert, aber es diente in der Regel vernünftigen Vorsorgezwecken. Die Ersparnisse wurden von Versicherungsgesellschaften eingesammelt und in der Regel risikoarm in den Wirtschaftskreislauf eingespeist, so vertrackt dieser Prozess auch immer sein mag.

Außer für die Vorsorge wurde auch »gespart«, meistens in einer Weise, die das Gegenteil von Sparen zu sein scheint, durch vorgezogenen Konsum. Um 1970 wurde die letzte Lohntüte abgeschafft, die ganze Bevölkerung verfügte über ein Bankkonto, das zwanzig Jahre früher noch ein Privileg der Reicheren war. Nicht lange danach wurde die Bevölkerung für kreditwürdig erklärt, indem sie ihre Konten kurzfristig bis zu einer gewissen Höhe überziehen konnten; sie disponierten so über eine bestimmte Kreditsumme, deswegen Dispo(sitions)kredit. Die Zinsen sind extrem hoch.[2] Da die Leute für langlebige Konsumgüter oft nicht genügend Bargeld hatten, wurde ihnen die Anschaffung durch Ratenkredite schmackhaft gemacht. Dieser vorgezogene Konsum wurde mit Zinsbelastung bestraft. Die Leute mussten nicht nur die geliehene Summe, sondern darüber hinaus auch Zinsen ansparen; die Zinsen sind nichts als ein verordnetes Mehrsparen. Bis 1960 sparte ein Arbeiterhaushalt zuerst das Geld an, um dann die Anschaffung zu tätigen. Jetzt schaffen die Leute zuerst die Sache an, um danach und vermehrt sparen zu müssen. Solche vermehrten Sparanstrengungen verursachen Probleme. Der Euro, der für Zinsen ausgegeben wird, wird nicht für den Konsum ausgegeben. Auf Zeiten des vorgezogenen Konsums folgen Zeiten des Unterkonsums. Das Übersparen (Tilgung plus Zins) ist nichts anderes als Unterkonsumieren, veranlasst von Dritten, eben den Banken. Wegen der Zinsen sparen die Kreditnehmer mehr, als sie an Hauseigentum, Auto, Möbeln usw. konsumieren. Dieses Mehr – es handelt sich volkswirtschaftlich um gigantische Summen – landet bei den Banken. Solange die Einkommen real steigen, Konsumbedürfnisse unbefriedigt sind und dieses Mehr an Ersparnissen über das Bankensystem für erweiterte Investitionen, also für höhere Nachfrage nach Investitionsgütern verwendet wird, hätte das System wenig Probleme. Die Mehrarbeit der Menschen, die sich in Zinsen verwandelt, dient nur dann dem Vorteil der Gesellschaft, solange ihre Wirtschaft expandiert. Sonst würde der größte Teil der Ersparnisse der Bildung von Geldschätzen – von virtuellem Kapital (Marx) – dienen, die durch eine kleine Gruppe von Menschen selbstherrlich und zum Zweck der Selbstvermehrung verwaltet werden. Marx nennt das, wie wir hören werden, den »vollendeten Kapitalfetisch« (§ 2.2.4). Beide Ausdrücke, virtuelles Kapital und Kapitalfetisch, sind, wie wir nachweisen werden, heute aktueller denn je. Der moderne Aladin weiß eigentlich kaum, was er mit seinem unermesslichen Reichtum anfangen soll. Sein Urahne, der Taugenichts Aladin aus Bagdad, verpulverte seinen Reichtum mit unbändigem Luxuskonsum. Das spricht gegen christliche Askese und die Armutsliebe mystischer islamischer Wanderasketen, genannt Derwische. Aber volkswirtschaftlich ist Luxuskonsum sinnvoller als Schatzbildung. Die modernen Aladins können nicht annähernd so viel Luxuskonsum veranstalten, dass ihr Reichtum wieder unter die Leute kommt. Was tut ein Mensch jährlich mit sieben Millionen Euro? Er legt das Geld an; er macht aus Geld, das er nicht braucht, mehr Geld, das er noch weniger braucht. Das Verhalten gehöre, sagte Keynes, eher in die Psychopathologie. Nein, unser moderner Aladin hat ein großes Problem, das nicht nur seine Seele, sondern auch die Gesellschaft beschädigt; er weiß nicht, wohin mit dem Geld. Wir können es auch spröder formulieren. Wenn die Gossen-Keynes'sche Regel von K.G. Zinn greift, wird nicht benötigtes Geld statt für Investitionen oder Konsum für Schatzbildung eingesetzt. Dann entsteht eine ausgesprochene Krisensituation: weder konsumieren noch investieren. Es schlägt die Stunde des virtuellen Kapitals.

Ein drittes Problem werden wir in diesem Buch nur streifen, jenes Problem, das mit der Vokabel Globalisierung eher zugedeckt als benannt wird. In fast jedem industriellen Aggregat, das noch in Deutschland hergestellt wird, stecken zur Hälfte oder mehr Teile, die von Zulieferern in Niedriglohnländern produziert werden. Würde die dazu notwendige Arbeit in Deutschland geleistet werden, so sagt die deutsche Industrie, könne man die Endprodukte nicht mehr absetzen, weil sie zu teuer werden. Die Gewinnmaximierung, die mit dieser Strategie erreicht wird, landet über die Aktionäre und sonstige Profiteure zu einem großen Teil in den verschiedenen Spekulationskassen, ohne in produktive, Arbeit schaffende Investitionen zu münden. Dieser Prozess ist weder schicksalhaft noch alternativlos, das Ergebnis dieses Vorgangs ist auf alle Fälle eine chronische und tendenziell steigende Arbeitslosigkeit. Steigende Arbeitsproduktivität in Kombination mit der relativen Sättigung, der Schatzbildung und der Auslagerung von industrieller Arbeit und von Arbeit im Dienstleistungssektor in Länder wie Indien macht die sozialen Probleme unlösbar, es sei denn, man würde entweder das deutsche Reallohnniveau auf das Lohnniveau der Schwellenländer herabsenken – daran wird nach Kräften gearbeitet – oder ein radikal anderes Wirtschaftssystem einsetzen – daran wagt heute kaum noch ein Mensch zu denken, geschweige denn, dafür zu werben. Harz IV ist das offene Eingeständnis maßgeblicher Kräfte in Politik und Gesellschaft, dass sie das Problem der Massenarbeitslosigkeit auch gar nicht mehr lösen können und wollen. Die Betroffenen werden der Beschäftigungstherapie des Ein-Euro-Jobs zugeführt – in der rot-grünen Lyrik: fördern. Das lässt sich für diese breiter werdende Schicht auf längere Sicht kaum von Arbeitsdienst unterscheiden: fordern.

Wir werden in diesem Buch nicht den Stein der Weisen präsentieren, mit dem die Probleme gelöst werden können. Uns geht es um die Diagnose. Es geht um den Glauben der Vermögenden, dass sie jederzeit den Geist, der Reichtum schafft, aufrufen und ans Werk setzen können, bzw. ihn dazu bringen, andere arbeiten zu lassen – »Arbeitsplätze schaffen« sagt man – vorausgesetzt, dass die Geister sich mit einem kärglichen Leben begnügen. Diesen Glauben predigt der Liberalismus. Die Botschaft Wolfgang Clements, des Bundeswirtschaftsministers seit 2002, lässt sich so zusammenfassen: »Durch die Verbilligung der Arbeit kommt es unweigerlich zu mehr Wohlstand für alle. Bleibt oder werdet arm, so werdet ihr reich!« Dieser Glaube hatte den Gesellschaften des industrialisierten Westens in den dreißiger Jahren des 20. Jahrhunderts eine unlösbare Dauerkrise beschert und sie in die Katastrophe des Zweiten Weltkrieges geführt. Das erste Dezennium des 21. Jahrhunderts ist nicht die Periode 1929–1939; umso erstaunlicher, dass die schon damals obsolete Wirtschaftspolitik, basierend auf einer nicht weniger obsoleten Wirtschaftstheorie, der sogenannten Neoklassik, heute als moderne Wirtschaftspolitik verkauft wird (vgl. Zinn 2002, 165ff). Wir werden uns mit der Wirtschaftsgeschichte der letzten drei Generationen befassen müssen. Keynes hatte um 1930 den vorausschauenden Aufsatz »Economic Possibilities for our Grandchildren« (»Ökonomische Möglichkeiten unserer Enkel«) geschrieben. Wir gehen den umgekehrten Weg, von den damaligen Enkelkindern, die heute Großeltern sind, zu den damaligen Großeltern; wir erzählen die Geschichte von 1929 bis 1999 (Kap. 3–5). Diese Geschichte ist aber ohne unsere Vorgeschichte, die im 11. Jahrhundert begann, schlecht zu verstehen. Deswegen sind die ersten zwei Kapitel des ersten Teils eine Übung in Vorgeschichte.

Zwei Gesichter

Der Liberalismus sieht die Menschen nicht als *Personen,* sondern als *Individuen.* Eine *Person* ist ein Mensch, der mitten unter anderen Menschen und durch sie seine unverwechselbare Eigenheit hören lässt *(per-sonat).* Ein *Individuum* ist ein Mensch, sofern er sich von anderen Menschen unterscheidet, gemäß der alten scholastischen Definition: *indivisum in se, divisum ab omne alio,* ungetrennt in sich, getrennt von jedem anderen. Deswegen setzen *Person* und *Gesellschaft* einander voraus, *Individuum* schließt Gesellschaft aus. Wenn von Gesellschaft die Rede ist, dann ist nur die Summe aller Individuen gemeint. Die bürgerliche Ideologie des Liberalismus ist vor allem *Individualismus*. Deswegen ist der bekannte Spruch der britischen Premierministerin Margaret Thatcher in den achtziger Jahren die Quintessenz bürgerlicher Ideologie: *»There is no such thing as the social; there are only indviduals and families*, so etwas wie das Gesellschaftliche gibt es nicht, es gibt nur Individuen und Familien« (letzteres Wort eine Konzession an ihren Konservatismus, Tony Blair und sein Ghostwriter Antony Giddins werden auch damit aufräumen). Dieser Satz ist nicht die Dummheit einer verbiesterten Person; Margaret Thatcher spricht nur den Grundsatz des *Utilitarismus* aus, wie der Liberalismus in Großbritannien heißt. *Gesellschaft* findet im Liberalismus grundsätzlich nicht statt.

Freilich war die Bourgeoisie nicht nur liberal. Sie war von ihrem mittelalterlichen Ursprung her eine Schicht zwischen den geistlichen und weltlichen Herren (Klerus und Adel) und den produktiven, aber unfreien Knechten in einer vorwiegend agrarischen Gesellschaft, die Schicht *Weder-Herr-noch-Knecht*. Sie betätigte sich nicht nur, aber sehr oft als kaufmännische Schicht. Deswegen hatte sie von Anfang an zwei Gesichter, das Gesicht der Freiheit und das Gesicht des Geschäfts. Im Konflikt zwischen Geschäft und Freiheit gewinnt fast immer das Geschäft, wie der Fleischfabrikant Pierpont Mauler in Brechts *Die heilige Johanna der Schlachthöfe* als Fazit singt:

Ach in meine arme Brust
ist ein Zwiefaches gestoßen
Wie ein Messer bis zum Heft.
Denn es zieht mich zu dem Großen
Selbst- und Nutz- und Vorteilslosen
Und es zieht mich zum Geschäft
Unbewusst.

Die großen Unternehmen der nördlichen Industrieländer drängt es in ein Land wie China, nicht obwohl, sondern gerade weil es eine Diktatur ist, die nicht einmal die Spur einer autonomen Vertretung der Interessen Arbeitender zulässt. Die Sonntagspredigt der Politiker über »Menschenrechte« bei Staatsbesuchen in China ist ein schä-

biges Ritual. Den Wirtschaftsdelegationen in ihrem Gefolge kommt
das Fehlen jeglicher Menschenrechte gerade recht. Wenn der inzwischen für unerlaubt erklärte Ausdruck »herrschende Klasse« je einen
Sinn gehabt hat, dann heute. Ungehemmt und ohne jegliche Skrupel
erklären die bürgerlichen Wirtschaftseliten ihren Anspruch auf unan-
gefochtene Führung und haben mit Demokratie und Menschenrechten nichts im Sinn, genauso wenig wie ihre Großväter, die Hitler
den Weg bereiteten. Ihnen haben sich Gesellschaft und Politik zu
fügen. Dass eine Scheindebatte über »ethische Standards«, Offenlegung der Managergehälter und Mäßigung geführt wird, ist nichts als
boshafter Schabernack. Ethik, ethische Standards, sind hier lächer-
lich[3]. Pierpont Mauler ist für ethische Standards zu haben, solange
sie nichts kosten. Seine Seele kauft er mit Sponsoring frei und setzt
es als Werbeausgabe von den Steuern ab.

Dennoch ist das zweite Gesicht nicht vollständig durch die Maske
der Geschäftsfreiheit bedeckt. Immer wieder meldete es sich zu Wort.
Wir werden in John Maynard Keynes und John Rawls zwei Vertreter
jener Bourgeoisie kennen lernen, bei denen Freiheit nicht nur für
Geschäftsfreiheit steht, sondern für eine umfassende gesellschaftliche
Vision. Man kann Karl Marx auch als konsequenten Vertreter jenes
zweiten Gesichts der Bourgeoisie deuten, indem er konsequent mit
den Halbheiten und Widersprüchen der bürgerlichen Gesellschafts-
visionen aufräumte. Der Liberalismus ist kein homogenes Gebilde.
Außerdem hat die Vokabel in den USA eine andere Bedeutung als auf
dem europäischen Kontinent. In Europa ist Liberalismus inzwischen
fast ausschließlich zur Ideologie der Geschäftemacher geworden, die
durch soziale Rücksichten, erst recht, wenn der Staat sie anmahnt,
nicht gestört werden wollen. Dieser Liberalismus ist heute hegemonial und von ihm müssen wir in erster Linie reden. Er ist die Ideologie fast aller politischen Parteien in Deutschland, auch und gerade
der neuen Sozialdemokratie.

Was ist »neo« am Neoliberalismus?

Wir erweisen dem heutigen Liberalismus viel zu viel Ehre, wenn wir
ihn als Neoliberalismus bezeichnen. Inhaltlich ist am heutigen Liberalismus nichts neu. Was er überhaupt an zusammenhängender Theorie bietet, wurde schon früher und besser gesagt. Inhaltlich hat er
uns nicht viel anderes zu sagen als das, was der Liberalismus schon
seit Adam Smith und spätestens seit dem Paradigmenwechsel der

bürgerlichen Nationalökonomie um 1870 sagt. Das sogenannte neoklassische Dogmengebäude wurde in jener Zeit errichtet und steht –
abgesehen von einigen Schönheitsreparaturen und Anbauten (etwa
das keynesianische Modell) – bis heute. Prinzipiell lernen Studierende der Volkswirtschaftslehre heute nicht viel anderes als die Studierenden um 1900.

Neu ist freilich die Situation der tragenden Schicht der liberalis-
tischen Mythenbildung, der Bourgeoisie. Zum ersten Mal in ihrer
Geschichte ist sie ohne wirkliche Gegenkraft. Weit und breit ist
nichts in Sicht, was mit dem alten Adel und der alten Kirche oder
nach deren Untergang mit der Arbeiterbewegung verglichen werden
könnte. Nur das ist neu und *Neo*liberalismus kann nur heißen: Liberalismus in einer *neuen* Lage. Globalisierung trifft die Sache nicht.
Sicher hat das Niederreißen nationaler Grenzen auf den Finanz-
und Kapitalmärkten dazu geführt, dass internationale Unternehmen
überall in der Welt tätig werden konnten. Sie wurden vor allem
dort tätig, wo sie Widerstand einer politisch und gewerkschaftlich
organisierten Arbeiterbewegung nicht fürchten mussten. Es war der
Bourgeoisie seit dem letzten Drittel des neunzehnten Jahrhunderts
nie gelungen, den Arbeitsmarkt lückenlos in ihr Gesamtsystem ein-
zugliedern. Man kann die Arbeiterbewegung in den kapitalistischen
Ländern auch als gelungenen Versuch werten, den Arbeitsmarkt
nach anderen Gesetzen als nur nach dem Gesetz von Angebot und
Nachfrage funktionieren zu lassen. Ein idealer Markt war und ist
nach neoklassischer bzw. liberaler Ansicht ein Markt von individuellen (!) Einzelanbietern, sogenannten »Mengenanpassern«, also solchen, die jeder für sich keine preisbestimmende Wirkung entfalten
können. Ein solcher Markt tendiert dazu, die Angebotspreise sehr
niedrig zu halten, zumal wenn die Nachfrage das Arbeitskraftange-
bot nicht ganz absorbieren kann. Eine solche Situation haben wir
in Ländern wie China, mag es dort auf Teilmärkten anders aussehen (etwa wenn Spezialisten gesucht werden). Möglichst niedrige Arbeitskraftpreise könnten für die einzelnen Betriebe vorteilhaft sein, für die Volkswirtschaft als solche und letztlich auch für
die Einzelunternehmen kaum. Die dreißiger Jahre des 20. Jahrhunderts haben das bewiesen. Die Struktur eines idealen Marktes –
die Ohnmacht der vielen vereinzelten Anbieter von Arbeitskraft –
entspricht nicht den Interessen der Angebotsseite. Machtbildung
auf dem Arbeitsmarkt würde die Entstehung solcher idealer Märkte
verhindern, weil Angebotskartelle entstehen, die preisbestimmende

Wirkung haben. Die Bildung solcher Kartelle ist eine Hauptaufgabe der Gewerkschaften.[4] Heute sind die Unternehmen international verknüpft, die Arbeitenden, wenn überhaupt, national organisiert. Deswegen können die Arbeitenden keinen effektiven Druck ausüben. Wirksam wären ihre Kartelle nur unter der Voraussetzung einer Arbeiterbewegung, die politischen Druck ausüben kann. Fehlt sie, verlieren vor allem in Krisenzeiten die Angebotskartelle an Macht und Wirkung. Margaret Thatcher setzte sich die Entstehung idealer Arbeitsmärkte als politisches Hauptziel. Sie erreichte weitgehend das Ziel, indem sie nach einem erbarmungslosen und keineswegs unblutigen Kampf die Bergarbeitergewerkschaft zerschlug (1985). Sie konnte es, weil es keine Solidarität seitens der anderen Gewerkschaften gab, anders gesagt, weil es in Großbritannien schon damals kaum noch eine politisch zielbewusste Arbeiterbewegung gab.

Die Arbeiterbewegung war im westlichen Teil Europas nicht in der Lage, die bürgerliche durch eine sozialistische Gesellschaft zu ersetzen, aber sie konnte sehr wohl die reibungslose Integration des Arbeitsmarktes in das Gefüge der bürgerlichen Wirtschaft verhindern und eine Art von Gleichgewicht der Kräfte erreichen. Die große Zeit des Gleichgewichts nach außen und nach innen war die Epoche nach dem Zweiten Weltkrieg. Der Liberalismus konnte seine gesellschaftlichen Vorstellungen nicht verwirklichen, solange es eine politisch effektive Arbeiterbewegung gab. Sie war die Gegenbewegung gegen den Liberalismus, sie war die praktische »Kritik des Liberalismus«. Der Untertitel unseres Buches weist auf die Arbeiterbewegung hin. Wer den sogenannten Neoliberalismus kritisieren will, muss den Liberalismus kritisieren; wer den Liberalismus kritisieren will, muss sehen, dass die Arbeiterbewegung historisch gesprochen die einzig effektive und praktische Kritik des Liberalismus war. Deswegen ist unser zweiter Teil ein wesentlicher Bestandteil der Kritik des Liberalismus. Wir reden von der theoretischen, ins Praktische treibenden Kritik des Liberalismus, die Karl Marx formuliert hatte und die die Arbeiterbewegung schulte, motivierte, mobilisierte. Was die Arbeiterbewegung konkret für konkrete Menschen bedeutete, können wir nur andeuten. Die Folgen ihres Scheiterns können wir heute noch nicht übersehen. Wir können freilich ahnen, welche Ungeheuer ihr Scheitern freisetzen wird.

Begriff und Diagnose

Um heute überhaupt noch eine Richtung sehen zu können, gehen wir noch tiefer in die Geschichte zurück. Unsere Freiheits- und Rechtsvorstellungen haben eine Hauptwurzel in der Tora des Judentums. Befreiung aus dem Sklavenhaus, von der Sklavenarbeit, die »das Leben verbitterte« (Ex.1,14), ist der Kern der Gesellschaftsordnung, die die alten Judäer im 5. Jahrhundert v. u. Z. schufen. Freiheit, so dachten sie, kann nur durch eine Rechtsordnung geschützt werden, die die Konzentration von Macht in den Händen einiger Mitglieder der Gesellschaft gegen alle anderen wirksam verhindert. Vor allem der Konzentration wirtschaftlicher Macht – in der agrarischen Gesellschaft wie im alten Judäa in der Form der Akkumulation des Grundbesitzes – ist ein Riegel vorzuschieben, damit nicht die Mehrheit der Menschen zu Sklaven der Besitzeliten wird. Die Tora wollte keine Aladins, die nach Belieben Heerscharen dienstbarer Menschen kommandieren; das hat sie mit der modernen Arbeiterbewegung gemein. Heute, so schließen wir, leben die Menschen nicht in einer Rechtsordnung, sondern in einer Gnadenordnung, in einer Ordnung, in der die meisten Menschen bei der Produktion ihres Lebens von den Entscheidungen einiger weniger abhängig sind. Eine Ordnung, die darauf beruht, dass einige die anderen arbeiten lassen können, aber nicht müssen, ist eine Gnadenordnung, keine Rechtsordnung. Recht auf Arbeit hat bei uns kein Mensch; wenn er sich bescheiden verhält, kann er hoffen, dass ihm ein Platz zum Arbeiten zugewiesen wird. Als die Menschen begannen, die Willkür der Gnade durch die Ordnung des Rechts zurückzudrängen, erfanden sie die Zivilisation. Die Gegenmacht der Arbeiterbewegung verteidigte die Zivilisation des Rechts. Heute haben wir die Willkür der Gnade.

Wir können und müssen die Vorstellung »Willkür der Gnade« durch den Begriff »Logik des Privateigentums« ergänzen, die Logik jenes Eigentums, das den Eigentümern das Kommando über den gesellschaftlichen Arbeitsprozess zusichert. Zur Veranschaulichung gibt es kein besseres Bild als Aladin und seine Wunderlampe. Zum Begreifen und somit zur Diagnose unseres Zustandes will dieses Buch ein Beitrag sein.

I Die Epoche der Bourgeoisie

1.1 Der Ursprung der Bourgeoisie

1.1.1 Zwischen Herren und Knechten

In der Ideologie des abendländischen Mittelalters war die Bourgeoisie nicht vorgesehen. Vorgesehen waren Herren und Knechte. Manche Herren waren dazu erwählt, sich und ihre Knechte mit der Waffe in der Hand zu verteidigen oder mehr Knechte und mehr Land zu erobern. Anderen Herren oblag es, sich den Seelen aller, der Knechte und der Herren, zu widmen, da die Seelen, anders als die Körper, nach dem Tode weiterleben würden und für Wohl und Weh dann andere Qualitäten als die des Körpers entscheidend wären. Die erste herrschaftliche Gruppe hieß Adel, die zweite Geistlichkeit. Beide Gruppen lebten von dem, was die Knechte produzierten. Die Knechte lebten auf dem Land und erzeugten Produkte des Landes. Adel und Geistlichkeit einerseits und das Bauerntum andererseits waren die einzig legitimen sozialen Orte für die damaligen Menschen. »Im Allgemeinen war Knechtschaft die normale Situation der Landbevölkerung, das heißt, des ganzen Volkes«, sagt Henri Pirenne (Pirenne 1969, 10). Das Handwerk wurde auf dem Lande ausgeübt. Entweder stellten die Leute die Geräte, die sie brauchten, selber her, oder sie ließen sie von Spezialisten im Dorfe herstellen, etwa Eisengeräte vom Dorfschmied. Der Hof des adligen Herrn oder des Bischofs und die großen Klöster beschäftigten Spezialisten für bestimmte Aufgaben, aber sie gehörten als Gesinde unmittelbar zum Haushalt der Herren. Größere Fürsten beschäftigten Verwaltungsleute, die Ministerialen. Diese Ministerialen konnten in die Klasse des grundbesitzenden Adels aufsteigen; die Herren gaben ihnen Grundbesitz in Form eines Erblehens. Dieses Beispiel vertikaler Durchlässigkeit war aber eine Ausnahme; wer Knecht war, blieb Knecht.

Die Periode ~600~900 erwies sich für das Abendland – die europäischen Gebiete zwischen dem Atlantik und dem Baltikum – als eine Zeit, in der das Alte restlos verschwand. Wenig blieb, wie es in der spätantiken Zeit gewesen war – z. B. in Norditalien nach der Machtübernahme durch die Langobarden; Ähnliches galt für Gallien, das römische Germanien und die Gebiete an den Mündungen der großen Flüsse. Nachrichten aus jener Zeit sind schlecht belegt. Auch das konstantinische Papsttum, das mit Gregor (590–604) und Hadrian (782–795) jene großen Persönlichkeiten aufwies, die noch von der Spätantike geprägt waren, ging in diesem Umbruch unter. Wie man

das Problem der Chronologie[5] des frühen Mittelalters auch löst, zu
erklären bleibt die Tatsache, dass mit der mittelalterlichen Stadt und
ihren Vorformen einer Bourgeoisie ab 1000 u. Z. etwas ganz Neues
entstanden ist. Aus den gehobenen städtischen Schichten der Spätantike kann man das Entstehen der Bourgeoisie nicht erklären. Ab
Mitte des 11. Jahrhunderts sind nicht nur die Stadt, sondern auch das
Papsttum völlig neue Institutionen.

Umherziehende Kaufleute gab es im frühen Mittelalter nur spora-
disch, da der interregionale Handel mit der islamischen Expansion
im 7. Jahrhundert und dem Zusammenbruch der spätantiken Ordnungen im Mittelmeergebiet praktisch verschwand. Die iberische Halbinsel schied aus dem Austausch mit West- und Mitteleuropa aus. Der
Warenverkehr auf dem Mittelmeer wurde von den Sarazenen, auf
der Nord- und Ostsee von den Wikingern monopolisiert, der interregionale Warenstrom lief fast ganz am Abendland vorbei. Der Weg
Richtung Osten wurde von nachrückenden slawischen Völkern, Richtung Balkan und Byzanz von den Awaren versperrt. Nur Venedig
konnte an die alten römisch-byzantinischen Zeiten anknüpfen. In Teilen Deutschlands, vor allem im Rheinland, wie auch im zentralen
und südlichen Frankreich hielten jüdische professionelle Kaufleute
durch ihre guten Kontakte mit Geschäftspartnern im christlichen
Byzanz und im islamischen Kalifat den interregionalen Handel mit
dem Orient aufrecht, vor allem was den Vertrieb von Luxusgütern
betraf (Gidal 1997, 28ff; Pirenne 1969, 9f). In Nord- und Westeuropa
besorgten die Wikinger das, was früher der interregionale Handel
besorgte. In der Erinnerung späterer Geschlechter war dieser Handel
nichts anderes als Raub: »Als sie [die Wikinger] Ende des 9. Jahrhunderts ihre Plünderungen aufgaben, verwandelten sie sich in Händler«, sagt Pirenne (a.a.O., 18). Tatsächlich wurde geraubt, aber bevor
es geraubt werden konnte, musste das Raubgut erst einmal produziert
sein. Die Wikinger müssen also ein Interesse daran gehabt haben,
dass die Produktion weiterlief, und das bedeutet, dass irgendeine
Form von Tausch stattfand. Wie der Dieb den Hehler zieht Plünderung notwendig Handel nach sich. Die Tauschbedingungen diktierte
zunächst das nordische Schwert; Macht ist bis heute eine Grundbedingung des Tausches und das Fundament jeder Marktordnung.
Ein Teil der Wikinger siedelte sich als Kaufleute vor den Toren der
Herrensitze slawischer Fürsten an und begründete die Stadt *(Gorod)*
als neue Siedlungsform im weiten sarmatischen Raum, dem späteren
Russland. Die Händler von Pisa und Genua übernahmen um die glei-

che Zeit das Handelsgeschäft der Sarazenen; sie hatten auch militärisch viel von ihren Vorgängern gelernt. Die Katholisierung der westslawischen Völker im und westlich vom heutigen Polen, der Awaren im heutigen Ungarn und der Kroaten auf dem westlichen Balkan schufen einen gigantischen Raum, in dem der Austausch von Waren prinzipiell möglich wurde. Wie die Wikinger im späteren Russland siedelten sich auch die neuen, nichtjüdischen interregionalen Händler vor den Toren einer adligen oder bischöflichen Burg (französisch: *bourg*) an. Man nannte diese Siedlungsform *forisburgus* (»außerhalb der Burg«, *faubourg, Freiburg);* die Siedler wurden *bourgeois* genannt, also Leute, »die zur Burg gehörten«. Bald wurde die Vorstadt der Händler ummauert, eine neue Stadt mit einer »bürgerlichen« Bevölkerung entstand. Aus diesem Namen ergibt sich, dass sie in das Schema »Herren und Knechte« gepresst wurden; die *Bourgeois* wurden als Schützlinge des Burgadels eingeschätzt, einen sozial eigenständigen Platz hatten sie nominell nicht. Außer Kaufleuten siedelten sich auch Handwerker an, die oft von landflüchtigen Bauern abstammten. Bereits in Mailand um 980 erhoben sich die Bewohner der Vorstadt gegen die adlige und geistliche Herrschaft, und im 11. Jahrhundert war der Kampf um die Emanzipation von dieser Herrschaft voll entbrannt. Sie erkämpften sich Sonderrechte (*Privilegien*). Diese *Privilegien* wurden dem Adel in der Regel abgekauft. Ein wichtiges *Privileg* war das Recht der Kaufleute, in der Stadt Markt abzuhalten nach den Regeln der Marktteilnehmer selbst. Hier begann die Verselbständigung dessen, was später »die Ökonomie« genannt wurde.

Die Geschichte des frühen Mittelalters scheint zunächst geprägt von den Kämpfen der Adligen um das Eigentums- oder Verfügungsrecht über das Land. An diesen Kämpfen beteiligte sich auch die höhere Geistlichkeit. Diese unterschied sich vom Adel kaum; die Inhaber höherer geistlicher Ämter gehörten weitgehend adligen Familien an. Die Ämter waren in der Regel käuflich. Erst nach den großen Kirchenreformen im 11. Jahrhundert nahmen die gesellschaftlichen Auseinandersetzungen eine andere Form an. Diese Reformen begannen an der Peripherie der Gesellschaft, bei den Mönchen. Vorreiter war die berühmte Abtei Cluny in Burgund. Die Mönchsgemeinschaften wurden im 10. Jahrhundert durchgängig aus der Aufsicht der lokalen Bischöfe *ausgenommen*. Diese *exemtio* war strukturell verwandt mit den *Privilegien* der Städte, sie waren buchstäblich eine *privilegierte*, eine *Ausnahmeerscheinung*. Es ist kein Zufall, dass die

von den Klöstern ausgehende Kirchenreform seit der Zeit um die
Mitte des 11. Jahrhunderts mit den gesellschaftlichen Kämpfen in
den jungen Städten Italiens verbunden wurde. Tatsächlich war das
Mittelalter zunehmend von den Kämpfen der Städte gegen Herren
jeder Art in wechselnden Koalitionen geprägt. Die *Kommune* von
Benevento im Jahr 1015 eröffnete jene Bewegung, in der sich die
Städte von ihrer Einbindung in die feudale Struktur *Herren-Knechte*
emanzipierten. Die *Kommune* ist eine eigengesetzliche Institution
der nicht-adligen und nicht-geistlichen Stadtbevölkerung. Mit der
Kirchenreform prägte die Bewegung der *Kommune* das Gesicht des
11. Jahrhunderts. Viele Städte in Italien, Frankreich und in den südlichen Niederlanden (Flandern, Hainaut und Brabant) folgten. Papst
Stephan IX. schickte im Jahr 1057 seinen Berater Hildebrand, der
Mönch in Cluny gewesen war, nach Mailand, wo die Stadtbevölkerung gegen eine korrupte Obrigkeit des metropolitanen Bischofs
und des mit ihm verbundenen Adels aufgestanden war. Auf dem ersten Blick ging es um eine Kampagne gegen die Priesterehe und die
Ämterkäuflichkeit; tatsächlich wollte das Volk eine Kirche, die frei
von Herrschaftsinteressen war, also eine Kirche, die sich nicht durch
direkte Ausbeutung oder Beteiligung an der Ausbeutung durch die
Herren beim Volk verhasst machte. Das Zölibat hatte seine Wurzel
weniger in der Lustfeindlichkeit des Christentums als vielmehr in
der Vorstellung, dass der Geistliche frei für die Dinge Gottes sein
sollte und somit frei von familienbestimmten Abhängigkeiten – etwa
Lebensunterhalt sichernden Pfründen. Beide, Zölibat und unentgeltli-
che Einsetzung in geistliche Ämter durch die Kirche allein, gehörten
zur Voraussetzung der Emanzipation der Kirche von adliger Bevormundung und Unterjochung. Die rebellische Stadtbevölkerung sah in
der Reformgeistlichkeit eine Verbündete. Die Aufständischen wurden
vom Adel verächtlich Lumpen *(Patari)* genannt, aber es waren diese
Lumpen, die den geistlichen und weltlichen Herren die ersten recht-
lichen Zugeständnisse *(Privilegien)* abtrotzten. Durch den Mönch
Hildebrand entstand das Bündnis des Papsttums mit den Städten.
Papst Alexander II. (1061–1073) war einer der Führer des Mailänder
Aufstandes gewesen, Hildebrand unter dem Namen Gregor VII. sein
Nachfolger (1074–1085). Er wurde zum großen Gegner des Kaisers
Heinrich IV. Der Kampf gegen die Käuflichkeit der Ämter *(Simo-
nie)* – wo die Verkäufer die weltlichen Herren waren – und gegen
das Recht des weltlichen Adels, kirchliche Ämter selber zu besetzen
(Laieninvestitur), war, wie schon angedeutet, nichts anderes als der

Kampf um vollständige Autonomie der Kirche gegenüber der weltlichen Herrschaft. Dieses Papsttum hat sich im Hochmittelalter weitgehend durchgesetzt. Es drehte seinerseits den Spieß um und reklamierte die Oberaufsicht über die Politik und somit das Recht, gegebenenfalls Könige ein- und abzusetzen (das könnte man *Klerikalinvestitur* nennen). Ihren Höhenpunkt erreichte die Macht des Papsttums unter den Päpsten Innozenz III. (1198–1215) bis Gregor IX. (1227–1241). Diese Entwicklung verhinderte, dass sich im abendländischen Feudalismus eine geschlossene absolute Herrschaft, ein homogen politisch-ideologischer Hegemonialbereich, herausbilden konnte. Das Abendland wurde nicht zum westlichen Duplikat des christlichen Ostens. Die Kirche im Abendland war auch, aber *nicht nur* ein ideologischer Apparat der Grundherrschaft. Die gesellschaftspolitischen und ideologischen Implikate des Reformpapsttums hat Ulrich Duchrow mit großer Genauigkeit beschrieben (Duchrow 1983, 321–436). Dieses »nicht nur« schlug Lichtungen in den Urwald der gewöhnlichen Herrschaft. In diesen Lichtungen konnten sich die gesellschaftlichen Gruppen ansiedeln, die in Handel und Gewerbe ihre materielle Basis hatten und das ganze gesellschaftliche Gefüge aufzubrechen drohten. In der Ketzerei zeigten diese städtischen Schichten zum ersten Mal ihr ideologisches Gesicht – sei es auch religiös maskiert. Den Heiden und Juden gegenüber übte die offizielle kirchliche Lehre – nicht die Praxis – eine gewisse Toleranz; sie bedrohten den politischen Status quo nicht. Die Ketzer aber wurden mit unnachsichtlicher Grausamkeit behandelt, weil sie tatsächlich eine Gefahr für den Status quo – die Struktur *Herr-Knecht* – darstellten:

> Wenn er [der Ketzer] hartnäckig befunden wird, muss sich die Kirche, wenn sie auf seine Bekehrung nicht mehr hofft, um das Heil der anderen kümmern und ihn durch das Urteil der Exkommunikation von der Kirche trennen. Dann überlasse man ihn dem weltlichen Gericht, um ihn aus der Welt durch den Tod auszurotten (exterminandum!). (Thomas von Aquin, STh II, II, 11, 3)

Die städtische *Protobourgeoisie* – wie man diese Schichten nennen könnte – wurde zur Trägerin der gesellschaftlichen Aufspaltung im feudalen Abendland. Sie war der Ort der großen mittelalterlichen Ketzerbewegungen, die schließlich in die ideologische Revolution der Reformation mündeten. Hätten sich die Kaiser restlos gegen das Papsttum durchgesetzt, wäre auch das Abendland zu einem absoluten Gebilde wie Byzanz geworden. In Russland z. B. ist es zur folgenreichen Spaltung der herrschenden Klasse nicht gekommen. Zwar konnten die Einwohner der russischen *Gorod* vor allem in Kiew und Nowgorod (11. bis 12. Jahrhundert) ihre Interessen durch eine Volksversammlung *(Vetsche)* artikulieren (Hellmann 1973, 58ff), sich aber nicht zu einem *privilegierten,* eigenen Gesetzen gehorchenden, außerhalb des Feudalsystems *Herr-Knecht* stehenden Stand, zur *Protobourgeoisie* entwickeln. Die tatarische Herrschaft kontrollierte vom 13. bis zum 16. Jahrhundert die interregionalen Handelswege nach Zentralasien und in die Gebiete um das Schwarze Meer. Sie bedeutete eine schwere Belastung für den interregionalen Handel, die materielle Basis der maßgeblichen städtischen Schichten. Außerdem konnte sie die größeren Territorialfürsten gegeneinander ausspielen, und in den Kämpfen der russischen Fürsten gegeneinander wurden auch solch mächtige Städte wie Nowgorod zerrieben. Als die Moskauer Großfürsten die russischen Gebiete einigen konnten, fanden sie kein selbstbewusstes und materiell gesichertes Stadtbürgertum vor. Ihre *Autokratie* unterschied sich deshalb wesentlich vom Absolutismus etwa im Frankreich der gleichen Epoche. Die Kirche fügte sich nahtlos in das System der Autokratie ein, die sich auf die Grundherrschaft, das Bojarentum, stützte. Eine Reformation konnte nicht stattfinden, weil die gesellschaftliche Trägerschicht fehlte.

Der Kampf um die Hegemonie im Abendland wurde nicht entschieden. Nutznießer dieser historischen Anomalie waren die Städte und ihr Zweckverband, der entstehende Nationalstaat. Am Ende des 13. Jahrhunderts hatten sich Papsttum und Kaisertum in ihrem verbissenen Kampf restlos verausgabt. Jener König, der sich nicht länger König der Franken, sondern König Frankreichs nannte[6], Philippe Auguste (1180–1223), dokumentierte damit, dass er, anders als der römische Kaiser deutscher Nation und anders als der römische Papst, keine universellen, sondern nur regionale Ansprüche hatte. Als der Nationalstaat Frankreich aus den Wirren der mörderischen Bürgerkriege (bekannt geworden als *Albigenserkriege* 1209–1229) hervorging, fand sein König *privilegierte* Städte mit einer selbstbewussten Bevölkerung vor. Auf sie war er in seinem Kampf gegen jenen Adel angewiesen, der sich der Macht einer nationalen Monarchie widersetzte. Seine Macht war zwar auf ein bestimmtes Territorium beschränkt, innerhalb dieses Territoriums hatte sich aber auch die Kirche der königlichen Macht zu fügen. Philippe IV. (1285–1314) ließ den Papst Bonifatius VIII. wissen, er sei in seinem Königreich genauso souverän wie der Papst in seinem Bereich.[7] Bonifatius dagegen bestand weiterhin darauf, von allen, auch von Kaisern und Königen, als höchste Autorität in geistlichen *und* weltlichen Dingen anerkannt zu werden. Philippe holte nach dem Tod des Bonifatius im Jahr 1303 den Papst Klemens V. (1305–1314) nach Frankreich, wo das Papsttum von den Königen Frankreichs sozusagen zum Nationaleigentum erklärt wurde; man internierte die Päpste in Avignon (1305–1376). In der ersten Hälfte des 14. Jahrhunderts wurde sowohl in Frankreich wie auch im Königreich Bayern die Ideologie des Reformpapsttums umgedreht. Das Volk und seine gewählten Fürsten sind der Souverän; der Staat, und nicht der Papst, ist der »Verteidiger des Friedens«. Dies war der Titel einer Schrift des Philosophen Marsilius von Padua aus dem Jahr 1324 *(Defensor pacis);* die Kirche sei demnach lediglich »Teil und Funktion der Gesellschaft bzw. des Staates«, *pars et officium civitatis.* Das ist weniger eine Vorform der demokratischen Volkssouveränität als vielmehr des Absolutismus. Die politische Theorie des Marsilius wollte die *Anomalie* des Abendlandes beseitigen und Herrschaft normalisieren, das heißt, an die Normen der Herrschaft in Byzanz, des Kalifats usw. anpassen. Dieser Versuch scheiterte, weil die Emanzipation der *Protobourgeoisie* zu weit fortgeschritten war, um sie zurückdrängen zu können. Bereits hier zeigt sich die Weggabelung der Neuzeit: auf der einen Seite der absolutistische Nationalstaat mit dem Merkantilismus als ökonomischem Fundament und der Kirche als ideologischem Apparat des Staates; auf der anderen die bürgerliche Republik in den Niederlanden nach 1579, wo der Freihandel in den Mittelpunkt rückte und die Kirchen tunlichst auf Distanz gehalten wurden. In beiden Fällen war das Hegemonieprojekt der herrschenden grundbesitzenden Klassen, die *Herren-Knechte-Struktur,* endgültig zerschlagen. Denn der absolutistische Nationalstaat lebte zunehmend vom Gewerbe und dem Geld der Bourgeoisie. Dass diese ökonomisch wichtigste Klasse eines Tages ihre politischen Ansprüche anmelden und den absolutistischen Staat zerschlagen würde, war nur eine Frage der Zeit.

1.1.2 Die Anomalie des Abendlandes

Wir unterbrechen die historische Darstellung des Werdegangs der
Bourgeoisie, weil wir zunächst eine Frage beantworten müssen:
»Warum konnte so etwas wie eine Bourgeoisie nicht überall entstehen?« Sonst bleiben wir im Rahmen eines falschen Selbstbewusstseins des Abendlandes, das sich bis heute als das Maß aller Dinge
sieht. Wir werden sehen, dass eine solche Fragestellung in die Irre
führt. Die einzige Frage, auf die eine vernünftige Antwort möglich
ist, lautet: »Wie ist sie in Europa entstanden?« Die Beweislast liegt
bei Europa und nicht bei den anderen Kulturen. Die Bewegung der
Kommune schuf eine eigene Gesetzlichkeit, die auf die Interessen der
städtischen Handwerker und der Kaufleute abgestimmt war. Es gab
Kaufleute, es gab Gewerbetreibende, es gab Stadtregierungen, die
nach eigenen Gesetzen walteten, Gesetzen, die *jenseits der Gesetzlichkeit (privi-legium!)* der abendländischen Feudalstruktur Geltung
hatten. Henri Pirenne schrieb:

> Der wesentliche Unterschied zwischen den Kaufleuten und den Hand-
> werkern der entstehenden Städte einerseits und der ländlichen Gesell-
> schaft, innerhalb deren sie erschienen, andererseits, ist, dass ihre
> Lebensart nicht länger durch ihre Beziehung mit dem Land bestimmt
> war. In dieser Hinsicht bildeten sie im buchstäblichen Sinne des Worte
> eine Klasse der Entwurzelten [déracinés]. (a.a.O., 39)[8]

Sie wurden geschützt von solchen neuen Souveränen wie dem französischen König, dem brabantinischen Herzog oder dem holländischen Grafen seit Mitte des 13. Jahrhunderts und von Adligen, die
sich nicht länger als Gefolgsleute irgendeines Kaisers betrachteten,
sondern Herr im eigenen Land waren. Für ihre Politik waren sie vor
allem auf die finanzielle Unterstützung der Städte angewiesen, und
die Abzweigung dieses Geldes war nicht selten mit Gewaltanwendung verbunden. Zwischen der monarchischen Führung des sich bil-
denden Nationalstaates und den Städten bestand ein politisches, aber
konfliktdurchsetztes[9] Zweckbündnis. Aus dem politischen, sozialen
und wirtschaftlichen Chaos der Periode 1300–1500 gingen der Hochadel und die *Protobourgeoisie* der Städte gestärkt hervor, die kleinen
und mittleren Grundbesitzer des niederen Adels und die Geistlichkeit
verloren an Macht und Einfluss.[10]
  In allen Kulturen gab es städtische Handwerker und städtische
Kaufleute, auch in den afrikanischen Reichen vor dem Kolonialis-

mus, in China, in Indien, auch in der altorientalischen Antike. Ihre Lebensart war ebenfalls nicht länger bestimmt durch die Abläufe des bäuerlichen Lebens. Handwerk und Vertrieb von Waren prägten die Lebensführung in den Städten. Überall, wo durch technische Erneuerungen, außenpolitische Ruhe und effektive Verwaltung das ökonomische Gesellschaftsprodukt wuchs und neue Produkte zur Befriedigung neuer Bedürfnisse entstanden, wurden die arbeitsteiligen Strukturen in der Produktion vertieft. Das Handwerk fertigte seine Produkte nicht länger für den Herrn und für die Bevölkerung auf dem Lande, sondern auch für Angehörige anderer Gewerbezweige und sogar für auswärtige Märkte. Der Bedarf an Luxuskonsumgütern wie erlesenen Textilien oder exotischen Gewürzen musste von Händlern gedeckt werden, die bereit waren, ein erhebliches finanzielles Risiko auf sich zu nehmen. Die Geldmittel für den Ankauf von teuren Waren in weit entfernten Gebieten mussten beschafft werden. Wo der Warentransport über das Meer erfolgte, mussten kostspielige Transportmittel hergestellt werden. Wir sehen, dass überall Spezialistengruppen in neuen Gewerben und bei neuen Dienstleistungen tätig waren. Das gewerbliche Bild, das wir uns von den norditalienischen Städten und von den flämischen und brabantinischen Textilindustriezentren im 13. Jahrhundert machen können, unterscheidet sich äußerlich nicht wesentlich vom geschäftlichen Treiben in den Städten Mesopotamiens, Syriens und Nordafrikas in der gleichen Zeit (Hourani 1992, 149ff.; Cahen 1968, 158ff). Wir scheinen keine grundsätzlich andere Welt zu betreten, wenn wir uns mit den städtischen Zentren während der chinesischen Dynastien der *Tang* und der *Sung* zwischen 600 und 1000 u. Z. beschäftigen. Dort gab es Bevölkerungsschichten, die ihr Auskommen im Handwerk fanden und es gelegentlich zu großem Wohlstand brachten, auch dort gab es reisende Kaufleute und städtische Kaufmannsschichten (W. Böttger 1979, 171ff). In den westafrikanischen Reichen gab es in der Zeit ab 1000 u. Z. große Handelsmetropolen, wo Kaufleute und Gewerbetreibende den Hauptanteil der Bevölkerung stellten (Ki-Zerbo 1979, 175ff). Die Bewohner solcher Städte waren keine Bauern mehr, lebten nicht länger wie die Bauern, aber waren sie deswegen »Entwurzelte«? Überall sehen wir ein lebendiges politisches und kulturelles Leben, große Städte (Bagdad, Damaskus, Kairo, Konstantinopel waren deutlich größer als alles, was es bis zum Anfang der Neuzeit im Abendland an Städten gab), rege und vertieft arbeitsteilige Wirtschaft, internationalen Handel (Sindbad der Seefahrer!), Ansätze zu einem funktionsfähigen Kreditwesen[11]. Aber nirgends sehen wir eine *privilegierte,* also aus der normierten Gesetzlichkeit der Herren-Knechte-Struktur herausgenommene *Protobourgeoisie* und einen von ihr durchweg ökonomisch abhängigen, mit ihr kooperierenden Nationalstaat. Alle Bewohner des islamischen Ostens blieben eingebettet in einer uniformen Herrschaftsstruktur mit uniformem Recht für alle, auf dem Land, in der Stadt, soweit die Rechtsmaterie (Großhandelsgeschäfte, Kontrakte über Veräußerung von Immobilien usw.) nicht detaillierte Spezialregelungen verlangte. Das Recht blieb überall Königs- bzw. Sultansrecht. Ähnliches kann vom chinesischen Kaiserreich gesagt werden. Auch Max Weber hat die Anomalie gesehen. Er typisiert im Nachlassband *Wirtschaft und Gesellschaft* die Stadt als »nichtlegitime Herrschaft«, schreibt aber:

> Nicht jede ›Stadt‹ im ökonomischen und nicht jede im politisch-administrativen Sinne einem Sonderrecht der Einwohner unterstellte Festung war eine ›G e m e i n d e‹. Eine Stadtgemeinde im vollen Sinne des Wortes hat als Massenerscheinung vielmehr nur der Okzident gekannt. (Weber 1972, 736)

Weber kennt, ohne ihm auf den Grund zu gehen, den Unterschied zwischen der mittelalterlichen Stadt des Abendlandes und den chinesischen, indischen, orientalischen Städten:

> Unbekannt oder nur in Ansätzen bekannt war ihnen die autonome Verwaltung, vor allem aber – das ist das Wichtigste – der V e r b a n d s charakter der Stadt und der Begriff des Stadtbürgers im Gegensatz zum Landmann. (a.a.O.)

Das abendländische Mittelalter war wesentlich vom sozialen Kampf der städtischen Schichten geprägt. Oft spielten sich die Auseinandersetzungen auf der ideologischen Ebene als *Ketzerbewegungen* ab, nicht selten waren sie offen ausgetragene soziale Kämpfe ohne religiöse Camouflage. Dagegen war beispielsweise das bewegende Element der chinesischen Geschichte niemals der städtische Aufruhr oder das städtische Ketzertum, sondern immer der Aufstand der Bauern. Den Bauern ging es darum, einen Kaiser einzusetzen, der seiner Mittlerrolle zwischen Himmel und Erde als *Sohn des Himmels* wieder gerecht wurde; die chinesischen sozialen Revolutionen waren im Kern eigentlich *Restaurationen.* Mao Zedong war selber kein Bauer, aber er war Führer eines revolutionären Bauernheeres, ganz in der Tradition der chinesischen Geschichte, und er wurde 1949 zwar zum führenden Genossen Mao, aber nicht zum Messias wie Stalin. Eher war er der neue – rote – *Sohn des Himmels.* Im abendländischen Mittelalter gab es blutige Bauernrevolten, die Bauernrevolte 1323–1328 unter Nicolaas Zanneken in Westflandern und Nordfrankreich, die *Jacquerie* in Frankreich und den südlichen Niederlanden 1358, Wat Tyler in England 1381, aber sie prägten nicht die geschichtlichen Abläufe, so wenig wie die deutschen Bauernkriege des späten 15. und frühen 16. Jahrhunderts die deutsche Geschichte geprägt haben. Die Reformation Luthers war eine *städtische* Bewegung und als solche ideologisch prägend für die neuere deutsche Geschichte bis 1918.

Die Entstehung der Bourgeoisie ist nicht das Ergebnis einer universalen gesetzmäßigen Entwicklung. Marx und Engels und erst recht die späteren Marxisten haben diese Entstehung als notwendig dargestellt. Diese Abfolge des historischen Materialismus: Urkommunismus – asiatische Produktionsweise/Sklavenhaltergesellschaft – Feudalismus – Kapitalismus – Sozialismus/Kommunismus ist ein Konstrukt. Tatsächlich gibt es immer das Moment der historischen Kontingenz. Die Bourgeoisie *musste* nicht entstehen; ist sie aber entstanden und hat sie genügend Raum für das Kommando über den gesellschaftlichen Arbeitsprozess erobert, bestimmt sie die weitere Entwicklung. Wir werden dieses Problem im Kapitel über Marx (s. u. 2.2.6) besprechen.

Der niederländische Historiker Jan Romein hat 1953 beschrieben, wie für ihn die Einladung, geschichtswissenschaftliche Vorlesungen an der jungen Universität in Jogjakarta, Indonesien, zu halten, zu einer schockierenden Erfahrung wurde. Er musste den jungen indonesischen Studierenden erzählen, welcher Unterschied zwischen Asien und dem Abendland besteht, ohne für diesen Unterschied solche Gründe wie das gemäßigte Klima, das eher zu Fleiß als zu Faulheit reize, Rasse, Religion usw. anzuführen. Er musste zugeben, dass Asien, Afrika, Amerika vor der spanischen Eroberung und auch Europa vor der Neuzeit gerade das »normale« oder, wie er sagte, »allgemein-menschliche Muster« darstellen, das moderne Abendland aber die Abweichung von diesem »allgemein-menschlichen Muster« darstellt. Der Stolz einer jungen indonesischen Generation, die gerade das Kolonialsystem zerschlagen hatte und souverän genug war, einen Historiker aus dem Land der verjagten Kolonialherren einzuladen, war für Jan Romein Anlass zu fragen, warum Europa seine Rolle hat spielen können:

Denn die europäische Hegemonie war uns bis noch vor sehr kurzer
Zeit so vertraut, dass wir nach ihren Ursachen und Folgen kaum und
nach ihrer Rechtfertigung überhaupt nicht fragten. Erst jetzt, wo die
führende Rolle sich als eine historische Kategorie erwiesen hat, können wir sie als das sehen, was sie gewesen ist, zeitbedingt. Zumindest
ist mir dieses neue Licht erst vollkommen und nicht zufällig während
meines Aufenthaltes in Asien aufgegangen. (Romein 1954, VIII)

Der französische Islamwissenschaftler Maxime Rodinson sagt es ein
Jahrzehnt nach Romein mit größerer Zurückhaltung und genauer:

Wenn die außereuropäischen Völker keine kapitalistische Gesellschaftsformation entwickelt haben, wenn die europäischen Völker bei
einer solchen, *in einer Hinsicht* überlegenen Struktur angelangt sind,
so geschah das weder aufgrund der ›Mängel‹ der einen noch aufgrund
der ›Vorzüge‹ der anderen … Da eine bestimmte Zahl von strukturellen Bedingungen und bedingenden Ereignissen gegeben war,
konnte sich in Europa eine entsprechende kapitalistische ökonomische Gesellschaftsformation entwickeln … Aber nichts beweist, dass
eine solche Struktur unbedingt die kapitalistische Formation hervorbringen muss. (Rodinson 1986, 180f)

Rodinson gibt nicht genau an, um welche »strukturellen Bedingungen« und »bedingenden Ereignisse« es sich handelt, aber er zeigt,
dass es einen kapitalistischen Sektor in der islamischen Gesellschaft
gab, also einen Sektor, in dem einige Produktionsmittel besaßen
und sich viele gegen Lohnarbeit verdingten. Auch im chinesischen
Kaiserreich, in der Antike und in Indien gab es Sektoren mit Kapital
und Lohnarbeit. Eine *kapitalistisch-bürgerliche* Gesellschaft entwickelte sich daraus nicht. Noch einmal Rodinson:

… man kann beim gegenwärtigen Stand unserer Erkenntnisse nicht
beweisen, dass die mohammedanischen Gesellschaften ohne die kolo-
nialen Eroberungen eine kapitalistische Formation des europäisch-
amerikanischen Typs hervorgebracht hätten. Mann kann ebenso wenig
beweisen, dass sie dazu unfähig gewesen wären. Alles scheint darauf
hinzuweisen, dass sie wesentliche Strukturen besaßen, die zu etwas
Ähnlichem geführt haben würden, wenn einige Entwicklungen sich
in einer gegebenen Konstellation vollzogen hätten. (a.a.O. 181f)

Es fehlten also nur bestimmte »bedingende Ereignisse« oder »einige
Entwicklungen in einer gegebenen Konstellation«. Die Frage ist
aber: Warum erlebte Europa jene »bedingenden Ereignisse«, was
war die »gegebene Konstellation«, welche waren die »Entwicklun-

gen« in der Feudalgesellschaft des Abendlandes, die zum Kapitalismus führten? Europa ist die zu erklärende Anomalie, nicht China, Indien, das Inkareich oder das altafrikanische Ghana. Rodinson verweist in diesem Zusammenhang auf die *Grundrisse zur Kritik der politischen Ökonomie* von Karl Marx. Im berühmten Heft V der Manuskripte aus dem Jahr 1857/58, »Formen, die der kapitalistischen Produktion vorhergehn«, wird auf unsere Problematik eingegangen. Rodinson zitiert u. a.: »Aber als allgemein beherrschende Form einer Epoche müssen die Bedingungen für das Kapital nicht nur lokal, sondern auf einer großen Stufenleiter entwickelt sein.« *(Grundrisse,* 405). Dann bleibt aber doch die Frage, warum sich »die große Stufenleiter« im Abendland entwickelt hat, wo am Ausgang des Mittelalters »die Bedingungen für das Kapital« auch nur »lokal« vorhanden waren. Irgendetwas muss »anders« gewesen sein. Dieses »Andere« suchen wir, so unsere Hypothese, in einer einmaligen Konstellation der gesellschaftlichen Interessen städtischer Gruppen und der Interessen einer Reformfraktion des herrschenden ideologischen Apparates. Dies war das »bedingende Ereignis«, die »strukturelle Bedingung«, die »Konstellation«, die Rodinson erwähnt. Im 11. Jahrhundert wurde ein Fenster geöffnet, das in der Folgezeit niemand mehr wirklich hat schließen können. Dieses »bedingende Ereignis« durchbrach den globalen *Nomos* einer bis dahin universalen Struktur und setzt eine *a-nomale* Entwicklung in Gang. So kann man den Ansatz des Jan Romein weiterverfolgen, indem man das *einmalig Andere* als konstitutives Element im historischen Materialismus zulässt.

Deswegen ist das Bürgerliche, der Kapitalismus, für außereuropäische Regionen das *Andere,* Fremde, von außen Kommende und deswegen ist die Geschichte dieser Regionen nicht die Geschichte einer »blockierten Entwicklung«.[12] Zu Recht mahnte Rodinson immer wieder, den Evolutionismus, der sich auch »im ideologischen Marxismus eingenistet« habe, zu bekämpfen: »Die Interpretation, die aus der Nicht-Entwicklung des modernen Kapitalismus einen Vorwurf, eine Schande macht, muss unbedingt bekämpft werden« (a.a.O.).[13]

Der moderne Kapitalismus bahnte sich im Mittelalter an, aber der Kaufmann und der Zunftmeister waren noch in Strukturen eingebunden, die ein völlig ungehemmtes Gewinnstreben verhinderten. Deswegen unterschied sich die abendländische Stadt im Mittelalter äußerlich nicht von den Städten in anderen Regionen. Der Zunftmeister konnte und wollte kein *freier Unternehmer* sein.[14] Auch die monetären Fonds der Kaufleute im feudalen Abendland waren noch kein Handelskapital in dem Sinne, dass es flächendeckend eine bestimmte Gesellschaft dominierte, aber sie waren eine Voraussetzung für dessen Entstehung. Anders gesagt, sie bildeten eine wichtige Grundlage dessen, was Marx »ursprüngliche Akkumulation« nannte. Die mittelalterliche *Protobourgeoisie* stellte sich dem Adel und der Geistlichkeit gegenüber selbstbewusst und unabhängig auf. Sie trotzte z. B. für jede Geldleistung den Gebietsfürsten *Privilegien* ab. Wie sehr die Fürsten abhängig von den Städten waren, zeigt sich u. a. daran, dass eine Steuer für zentralstaatliche Unternehmungen wie Krieg auf mittelniederländisch *Bede* hieß, »Bitte«. Die Fürsten mussten über die Höhe und die Modalitäten der Steuer mit den Städten verhandeln. Auch wenn die Fürsten beim Scheitern der Verhandlungen in der Regel das Schwert zückten, blieben die Städte das autonome Gegenstück zum Zentralstaat, vor allem in den Niederlanden, wo sukzessive Burgund, Habsburg und Spanien die zentralstaatliche Funktion ausübten. Diese Faktoren sind die »strukturellen Bedingungen« nach Rodinson gewesen, die Teile Europas in eine bestimmte, vom »allgemein-menschlichen Muster« abweichende Richtung lenkten. Nachdem diese Abweichung zunächst die militärische, bald darauf die ökonomische, politische, ideologische und soziale Hegemonie erobert hatte, wurde die Abweichung in der bürgerlichen Ideologie zur *Norm,* das vorher dominierende »Allgemein-Menschliche« wurde zum *primitiven Vorstadium* jener westlichen Abweichung herabgestuft. Daraus leitete dann das Abendland den Anspruch ab, andere Kulturen ob ihrer angeblichen Primitivität bzw. Barbarei missionieren und »zivilisieren« zu müssen.

1.1.3 Soziale Differenzierung

Jetzt nehmen wir den Faden der historischen Darstellung wieder auf. Das Ziel der mittelalterlichen Zünfte war es, unliebsame Konkurrenz abzuwehren, Produktfälschung vorzubeugen und den Angehörigen des jeweiligen Gewerbes *sichere Nahrung* zu garantieren. Hier war der Meister Eigentümer seiner Produktionsmittel und seine Angestellten waren nicht nur Betriebsangehörige, sondern gehörten als Gesellen und Lehrlinge zur Großfamilie des Meisters. Der Übergang vom Gesellen zum reinen Lohnarbeiter war ebenso fließend wie der Übergang vom Kaufmann zum produzierenden Kapitalisten. In Flandern begannen bereits Ende des 12. Jahrhunderts große Kaufleute ihre Waren auf eigene Rechnung produzieren zu lassen. Sie kauften Wolle auf dem Wollstapelmarkt in Calais, wo der Rohstoff von den Britischen Inseln verhandelt wurde. Diese Wolle gaben sie zunächst den entsprechenden flämischen Zünften zur Verarbeitung. Solche Kaufleute waren keine Kapitalisten, eher *Verleger*. Sie *verlegten* das Rohmaterial, die Verarbeitung erledigten die Zünfte nach eigener Arbeitsorganisation. Das fertige Produkt ging wieder an den Verleger zurück. Noch wurden die Arbeiter nicht von ihren Produktionsmitteln entfremdet, sie bestimmten die Abläufe noch weitgehend selber, jedoch fand hier schon die Entfremdung vom Produkt statt. Nicht viel später freilich beschäftigten Kaufleute selber Lohnarbeiter. Die Weber webten auf Webstühlen und mit Garn des Kaufmanns, nicht selten am Ort, den er bestimmte. Das ist eine kapitalistische Figur; die Arbeitenden sind schon von den Produktionsmitteln und dem Produkt getrennt. Im Amsterdam des 15. Jahrhunderts waren neue »Industrien« wie die Seifenherstellung und die Ölsaatverarbeitung kapitalistisch organisiert (Brugmans 1972, 237). Im Allgemeinen kann man sagen, dass sich kapitalistische Strukturen dort breit machten, wo die Produktion zu einem großen Teil für auswärtige Märkte bestimmt war. In Leiden und Amsterdam arbeitete die Zunft der Walker gegen Lohn für die großen Tuchweber. Überhaupt beschäftigte man schon im 14. Jahrhundert Weber und Walker auch individuell als Lohnarbeiter; weibliche Arbeitskräfte wurden für das Noppen, Kämmen, Spinnen der Wolle beschäftigt. Bereits hier machten die Frauen die schwerere und schlechter bezahlte Arbeit. Diese Frauen kamen oft vom Lande und mussten unter erbärmlichen Umständen in der Stadt untergebracht werden (Brugmans, a.a.O.). Dennoch handelte es sich bis ins 16. Jahrhundert auch in den nördlichen Niederlanden um »kapitalistische Inseln« im großen Ozean der traditionellen Produktion (Van Zanden, s. u. 1.1.4.).

Schon Ende des 12. Jahrhunderts entstanden in den italienischen und südfranzösischen Städten Protestbewegungen gegen den ökonomischen Erfolg der *Protobourgeoisie*. Es handelte sich um die Armutsbewegung, die, wie viele soziale Bewegungen des Mittelalters, religiös vermittelt war. Die Emanzipation der Städte ging Mitte des 11. Jahrhunderts einher mit dem religiösen Protest gegen das in ihren Augen liederliche Leben der geistlichen und adligen Obrigkeit. Im 13. Jahrhundert richtete sich die Armutsbewegung gegen den Reichtum der bürgerlichen Oberschicht der Städte. Petrus Waldes aus Lyon und Francesco Bernardone (Franz) aus Assisi,

genannt *il Poverello, der kleine Arme,* waren Angehörige der reichen
städtischen Oberschicht. Ihre freiwillige Armut war vom Widerspruch zwischen Jesus, wie ihn die Evangelien darstellen, und dem
Leben der Reichen bestimmt. Die Armutsbewegung war keine revolutionäre Bewegung; sie wollte keine andere Welt, sondern in der
Welt anders leben. Sichtbar wurde die soziale Differenzierung in
der ständig wachsenden Menge von Marginalisierten, die weder in
der Stadt noch auf dem Land zu Hause waren. Die Armutsbewegung
war Protest gegen die soziale Differenzierung; Menschen wie Francesco Bernardone identifizierten sich freiwillig mit dem Leben der
Armen und erklärten es zur idealen Lebensform. Es kam ihm nicht
in den Sinn, die Reichen zu entmachten und den Reichtum zu verteilen, wie es Robin Hood tat. Francesco sprach man heilig, die
vielen tatsächlichen oder fiktiven Robin Hoods nicht. Aber weder
Francesco noch Robin Hood konnten die bürgerlichen Reichen auf-
halten.

Wo die *Protobourgeoisie* zur gesellschaftlich bestimmenden Macht
in den Städten wurde, begann auch die Proletarisierung der Gesellschaft, und zwar bereits im Hochmittelalter. In den Städten Hollands,
Brabants und Flanderns kam es zu offenen, nicht religiös vermittel-
ten Arbeitskämpfen. Der erste gut dokumentierte Streik fand schon
im Jahr 1245 in Douai im französischen Flandern statt. Die Gesellen
oder die Lohnarbeiter verließen die Stadt (Pirenne 1969, 162). In
Amsterdam gab es im Jahr 1403 einen großen *Uutganck* (Ausgang),
in dem Lohnarbeiter und proletarisierte Gesellen des Textilgewerbes
die Stadt verließen, um ihr Glück woanders zu versuchen. Die Stadtregierung – also die *Protobourgeoisie* – versuchte dann, einen Kompromiss zu finden. Da sie nicht über die Mittel verfügte, die Leute
zwangsweise in der Stadt zu halten, waren diese Formen von Streiks
relativ wirksam. Die Geschichte großer flämischer Städte wie Gent
und Brügge war eine ununterbrochene Kette sozialer Kämpfe. Diese
Kämpfe waren keine reinen Klassenkämpfe. Zunft kämpfte gegen
Zunft, Stadt gegen Stadt, die Koalitionen wechselten ständig, *Protobourgeoisie* kämpfte gegen den Hochadel oder mit dem Hochadel,
mit den Zünften oder gegen sie, oder mit ihnen wiederum gegen auf-
sässige halbproletarische Elemente.[15] Dennoch war das Grundmuster Klasse gegen Klasse, Adel gegen städtische Protobourgeoisie,
das vorkapitalistische, *zünftige* Handwerk gegen das hochbürgerliche
Patriziat. Je tiefer die Kluft zwischen den Schichten wurde, desto
radikaler die Protestbewegungen und die Ideologien. Unüberbrück-

bar wurde die Kluft im 16. Jahrhundert, als sich der *Handelskapitalismus* als gesellschaftliche Dominante durchsetzte und die *Reformation* die Einheit des traditionellen Abendlandes ein für alle Mal zerschlug. Um die Bourgeoisie zu verstehen, müssen wir beide kurz skizzieren.

1.1.4 Der Handelskapitalismus

Die Gesellschaftsformation des feudalen Abendlands geht in einem Inferno von Kriegen, Seuchen und Hungersnöten unter. Vor allem das 14. und 15. Jahrhundert waren eine der finstersten Epochen der abendländischen Kultur. Wer sich ein Bild vom Auseinanderfallen dieser Gesellschaft machen will, sollte sich die Gemälde des Hieronymus Bosch (um 1460–1516) anschauen. Das Inferno, das er malt, war ein irdisches Inferno. Unter den sozialen Zerstörungen im 14. und 15. Jahrhundert hatte vor allem das Land zu leiden. Auf dem Land wurden ganze Regionen entvölkert; wo einmal fruchtbares Agrarland war, fand man 1350–1450 Wüstungen. Soweit die Leute nicht dahingerafft wurden, zogen sie in die Stadt. Schon damals fand gerade in den unteren Schichten eine gewisse Enttraditionalisierung statt. Einen starken Zentralstaat gab es nicht. Das Kaiserreich existierte in Deutschland nur noch nominell, in Italien war die Situation kaum anders. England und Frankreich, die einen hundertjährigen Krieg gegeneinander führten, wurden gleichzeitig von mörderischen Bürgerkriegen zerrissen. Auch die Kirche verlor durch innere Zerrissenheit und das ständige Durcheinander von Päpsten und Gegenpäpsten ihre gesellschaftlich gestaltende Kraft. Die obere Geistlichkeit war fast vollständig korrupt, die untere Geistlichkeit bestand nicht selten aus analphabetischen Betrügern, die ihr Einkommen durch das Erfinden von »Wundern« und Ausnutzung des wuchernden Aberglaubens der Leute aufbesserten. Auf der iberischen Halbinsel entstand nach der Zerschlagung der islamischen Herrschaft ein bedeutender Zentralstaat; um 1490 war Spanien mit seiner absolutistischen Staatsorganisation seiner Zeit weit voraus. Eine Reformation hatte dort keine Chance, eine Protobourgeoisie und handelskapitalistische Strukturen konnten sich keine gesellschaftliche Dominanz erkämpfen, mit der Folge, dass Spanien als hegemoniale Großmacht schnell von den bürgerlichen Aufsteigernationen, der Republik der Niederlande und England, abgelöst wurde.[16]

Der Triumphzug des Handelskapitalismus und der ihn tragenden

Klasse begann ausgerechnet mit einer traditionalistischen Revolte in den niederländischen Provinzen des spanischen Großreiches. Als Ursache wird oft die Vermehrung der Geldmenge durch Gold- und Silberimporte aus der »neuen Welt« und die dadurch verursachten ständigen Preissteigerungen angegeben. Diese monetaristische Hypothese übersieht, dass die Preissteigerungen zwischen 1550 und 1650 nicht nur durch die gestiegene Geldmenge erklärt werden können. Die Masse der Bevölkerung hatte nichts vom plötzlichen Gold- und Silbersegen und konnte keine steigende Nachfrage entwickeln. Vielmehr ging das Angebot an primären Lebensmitteln drastisch zurück. Hauptursache waren vor allem die europäischen Religions- und Bürgerkriege, die vor allem die Landbevölkerung und die Landwirtschaft verheerten. Erst ab 1648, nach dem Dreißigjährigen Krieg in Deutschland und dem Achtzigjährigen Krieg zwischen der Republik der Niederlande und Spanien, stabilisierte sich die Lage in Europa. Die scharfen Preissteigerungen in den südlichen (weniger in den nördlichen) Niederlanden und Frankreich im letzten Drittel des 16. Jahrhunderts (Hugenottenkriege) sowie die Preisexplosion in England während des zweiten Drittels des 17. Jahrhunderts (Bürgerkriege in der Cromwellperiode und ihre Nachwehen) werden so zwanglos erklärt (vgl. Van Dülmen 1982, 20; 28ff).

Gegen die moderne staatliche Zentralisierung durch die spanische Reichsbürokratie setzten sich Menschen in den Niederlanden zur Wehr, die ihre traditionellen Rechte bedroht sahen und sich durch die rabiate spanische Steuerpolitik ausgebeutet fühlten. Die rückwärts gerichtete Haltung schlug in eine Progressivität um, die niemand beabsichtigt hatte, sich aber hinter den Rücken der Aufständischen durchsetzte. Wenn irgendwo die ursprüngliche Intention durch die tatsächliche Entwicklung überholt wurde, dann in der frühbürgerlichen Revolution in den Niederlanden. Die Abneigung gegen den Zentralstaat gehört zur ideologischen Grundausstattung der *proto-bürgerlichen* Stadt. Die Niederlande setzten als Ersatz für den Zentralstaat eine sehr lose Konföderation von sieben kleinen Republikchen unter der Führung eines »Sekretärs« *(Raadspensionaris)* ein, die Republik der Sieben Vereinten Niederlande (RSVN)[17], zu mehr als der Hälfte finanziert durch die Handelsstadt Amsterdam. Die Stadtregierung bildeten die großen Kaufmannsfamilien. Woher hatten diese ihren sagenhaften Reichtum?

Händlergewinn hat, so die allgemeine Stimmung, mit Betrug zu tun. Dass Leute andere Leute übers Ohr hauen, ist eine Erfahrung, die jeder Mensch mehr als einmal in seinem Leben macht. Handel stand bis zur Neuzeit nicht gerade in hohem Ansehen. Das europäische Mittelalter, ja die ganze Antike, konnte nicht verstehen, wie es bei Gewinn im Handel, und erst recht im Großhandel, mit rechten Dingen zugehen konnte. Martin Luther war in diesen Dingen Kind des Mittelalters, und Karl Marx zitiert ihn im Abschnitt über das kaufmännische Kapital ausführlich (MEW 25, 343f). Warentausch, so sagte das Mittelalter, sei in Ordnung, wenn dadurch Menschen die Sachen erhalten, die sie dringend brauchen; Gewinnstreben aber kaum:

> Dieser Austausch sei eigentlich nicht Sache der Händler, sondern der Ökonomen und Politiker, die das Haus oder den Staat mit lebensnotwendigen Sachen auszustatten haben. Eine andere Art von Tausch haben wir im Falle von Geld gegen Geld oder irgendwelche Waren gegen Geld, und dies scheint zum eigentlichen Geschäft der Händler zu gehören ... Handel an sich betrachtet hat etwas Schändliches an sich *(negotiatio secundum se considerata quandam turpitudinem habet)*. (STh. II, II, q.77, 4)

Thomas von Aquin hatte diese Weisheit von Aristoteles.[18] Die großen Kaufleute, die in der mittelalterlichen Stadt das Sagen hatten, wurden regelmäßig von wortgewaltigen Predigern an ihr Seelenheil erinnert, das gerade durch ihr Geschäft verloren zu gehen drohe; der Lieblingstext solcher Prediger war: »Was nutzt es dem Menschen, die ganze Welt zu gewinnen, wenn er dabei Schaden an seiner Seele leidet?« Im Flandern des 15. Jahrhunderts ließen sich reiche Städter betend etwa im Bethlehemstall von Leuten wie Jan van Eyck, Hans Memlinc usw. abbilden. Das fromme Kunstwerk stifteten sie anschließend einer Kirche. Der Kaufmann lebte mitten in der abendländischen Feudalgesellschaft und wurde noch geplagt von innerer Unruhe. Deswegen nennen wir ihn *Protobourgeois*. Wenn wir ihn vergleichen mit den satten, gediegenen und nicht mehr aus der Ruhe zu bringenden Gestalten des 17. Jahrhunderts auf den Bürgerporträts Rembrandts – der sie schonungslos malte –, wird die Emanzipation zur herrschenden Klasse sichtbar.

J.J. van Zanden hat in seiner Arbeit aus dem Jahr 1991 versucht, die Rolle der Arbeit in der Epoche des Handelskapitalismus in der RSVN zu deuten. Die billige, unter ihrem Reproduktionsbedarf entlohnte Arbeitskraft bei der Produktion der Ware in einem präkapitalistischen Milieu und bei ihrem Transport sowie die kontinuierli-

che Zufuhr billiger Arbeitskräfte durch die Immigration vor allem im
16. und 17. Jahrhundert bildeten, so seine These, die Grundlage für
den ökonomischen Erfolg der Eliten Hollands. Van Zanden stellt
seiner Untersuchung eine Theorie des Handelskapitalismus voran,
die zwar auf Marx' Grundgedanken aufbaut, aber dessen Anmerkungen zum Handelskapital im dritten Band von *Das Kapital* ergänzt
und ausbaut. Marx' Grundeinsicht bleibt: *Händlergewinn basiert auf*
Kapitalgewinn, und er weist zurecht darauf hin, dass der *Händler-*
profit nicht aus Prellerei erklärt werden kann. Van Zandens Frage
war: Wie kommt Händlerprofit in einer Gesellschaft zustande, in der
das Verhältnis Kapital-Lohnarbeit noch nicht hegemonial war? Der
Handelskapitalismus ist

> kein geschlossenes, sondern ein offenes System; es entsteht und ent-
> wickelt sich wie eine kapitalistische ›Insel‹ in einer Welt, die durch
> präkapitalistische Produktionsweisen dominiert wird. Der Kaufmann
> entzieht diesen präkapitalistischen Produktionsweisen Arbeitskräfte,
> Grundstoffe und Endprodukte und verkauft seine Produkte überwie-
> gend außerhalb seines eigenen Systems … Die Reproduktion der
> Arbeitskraft findet größtenteils außerhalb der Sphäre des Handels-
> kapitalismus statt, also in präkapitalistischen Produktionsweisen. Zu
> diesem Zweck macht der Handelskapitalismus Gebrauch von Ausbeu-
> tungssystemen, die bereits in präkapitalistischen Produktionsweisen
> existierten. Der Zusammenhang, den es in präkapitalistischen Produk-
> tionsweisen gab, geht verloren und weicht einem dualistischen Sys-
> tem, in dem die Reproduktion der Arbeitskraft und Surplusproduktion
> voneinander getrennt werden. (Van Zanden 1991, 19)

Van Zanden unterscheidet daher den Handelskapitalismus als »offe-
nes System« sowohl von *präkapitalistischen Produktionsweisen* als
auch vom *industriellen Kapitalismus* als »geschlossenen Systemen«.
Er nennt Letztere »geschlossen«, weil in beiden Formationen Reproduktion der Arbeitskraft und Surplusproduktion unlöslich miteinander verbunden sind. Der Fronarbeiter arbeitet auf dem Boden eines
einzigen Grundherrn sowohl für seinen Lebensunterhalt als auch für
den Grundherrn. In der Fabrik arbeitet der Lohnarbeiter für seinen
Lebensunterhalt und zugleich für den Gewinn des Unternehmers. Im
Handelskapitalismus werden beiden Sphären getrennt.
    Das »offene System« des Handelskapitalismus kennt fünf Grund-
formen der Arbeitsorganisation: proletarische Immigration, Saison-
migranten, Hausindustrie *(Protoindustrie),* Sklavenarbeit und, in der
Peripherie, Intensivierung präkapitalistischer Ausbeutung (als Bei-

spiel nennt van Zanden den »zweiten Feudalismus in Osteuropa« seit dem Anfang des 17. Jahrhunderts, a.a.O., 20ff). Nur zwei von ihnen konnten sich zum industriellen Kapitalismus entwickeln. Zum einen die Hausindustrie, wo z.b. der bäuerliche Haushalt für einen Verleger Leinen verarbeitete und *nebenbei* vom Ertrag seines winzigen Agrarbetriebs lebte. Der Lebensunterhalt während eines Jahres wurde oft zum größeren Teil *präkapitalistisch* erwirtschaftet; in dieser Hinsicht ist das Modell vergleichbar mit dem Modell der *Saisonarbeit*. Zum anderen die »proletarische Immigration« in den großen Hafenstädten. Das Regulierungsmodell *Plantagenwirtschaft mit Sklavenarbeit* führte in eine ökonomische Sackgasse. Sie war angewiesen auf Verschleppung von Arbeitskraft, die ebenfalls weit unter Reproduktion bezahlt wurde. Die Sterblichkeit während des Transports der Sklaven und auf den Plantagen war enorm. Als Anfang des 19. Jahrhunderts der Sklavenzustrom versiegte, mussten Plantagenbesitzer auf Kontraktarbeit (Lohnarbeit) ausweichen und gerieten so in eine Konkurrenz um Lohnarbeit mit der sich stürmisch entwickelnden Industrie, die sie verlieren mussten. Die *Haus-* oder *Protoindustrie* bildete dagegen die Basis für die kapitalistische Textilindustrie, die ihrerseits Initialzündung für den kapitalistischen Maschinenbau und seine Zulieferer wurde.

Wir machen an dieser Stelle einige kurze Bemerkungen zum Regulierungsmodell der proletarischen Immigration. Die Arbeitenden etwa im Schiffsbau wurden unter Reproduktionskosten entlohnt. Die Sterblichkeit war überproportional und wurde durch die Immigration aus den südlichen Niederlanden, dem Rheinland, Frankreich – Hugenotten – und durch den Zustrom sephardischer Juden von der iberischen Halbinsel kompensiert. Es entfiel die Notwendigkeit, die Leute anständig zu bezahlen; das erklärt den hohen Sterbeüberschuss in den Städten Hollands im 16. und 17. Jahrhundert (a.a.O., 35ff). Den Niedergang des holländischen Handelskapitalismus nach 1670 erklärt van Zanden durch den Rückgang der *proletarischen Immigration*. Der Profit im Handelskapitalismus entsteht nicht beim *Kauf,* sondern bei der *Produktion* und beim *Transport* des Produktes. Profit entsteht in der präkapitalistischen Getreideproduktion – etwa im Baltikum[19] –, indem der adlige Grundbesitzer Bauern für sich fronen lässt. Das Produkt der Fronarbeit wird teils durch den grundbesitzenden Adel, ihr nichtproduktives Klientel und andere nichtproduktive Schichten verzehrt, teils an den Kaufmann/Schiffseigentümer verkauft. Der Kaufmann ist jetzt Besitzer der Waren. Für die Realisierung jedes Profits ist es nötig, dass die Waren zum Markt gebracht werden; sie »verlassen« den präkapitalistischen Sektor. Für diesen Dienst setzt er sein eigenes Kaufmannskapital ein (Transportmittel, Transportarbeiter, Verwaltungs- und Lageraufwendungen usw.). Handelsprofit entsteht dann, wenn die Kosten für den Ankauf des Produkts plus die Kosten, die ihm durch den Vertrieb entstehen, geringer als der Erlös auf dem Endverbrauchermarkt sind. Die Fronarbeiter arbeiten gratis, oft müssen sie ihre eigenen Geräte und Arbeitstiere stellen (Hand- und Spanndienste). Den ganzen Lebensunterhalt eines Jahres müssen sie aus der Arbeit jener beschränkten Jahresarbeitszeit bestreiten, die die Gratis(fron)arbeit ihnen lässt. Arbeitskosten entstehen bei dieser Produktionsform dem Grundherrn kaum oder gar nicht. Der Grundbesitzer erhält vom Kaufmann *weniger* als den Gegenwert der Gratisarbeit. Er erhält von seinen Fronarbeitern *mehr,* weil sie eben gratis arbeiten. Kaufmann und Grundherr teilen sich also das Mehrprodukt. Prellerei würde hier langfristige Geschäftsbeziehungen ruinieren. Wenn etwa den baltischen Grundbesitzern von den holländischen Kaufleuten das Fell über die Ohren gezogen wird, schlachten diese das Huhn, das »silberne« Eier legt.[20]

Der Kaufmann lässt nun seine Transportarbeiter *unter* Reproduktionskosten arbeiten. Matrosen hatten eine geringe Lebenserwartung. Diejenigen, die die Transportarbeit auf den Schiffen leisteten, hatten wenig Chancen, eine »große Fahrt« (etwa von Amsterdam zu den ostindischen Inseln) zu überleben, nämlich nur 30 % (Zahlen bei Van Zanden 1991, 21). Sie wurden, wie gezeigt, durch *proletarische Immigranten* ersetzt. Die Agrarreformen Englands setzten im 18. Jahrhundert viele Menschen vom Lande frei, die als billiges Arbeitsvieh für die Handelsflotte dienten. Auch hier war die Sterberate enorm hoch. Beim Sammeln ihres enormen Reichtums ging die holländische Bourgeoisie über Berge von Leichen. Sie war darin nicht schlechter oder besser als ihre Klassengenossen in England, Frankreich (Galeerensklaven) oder anderswo. Diese Beispiele illustrieren die zentrale These Van Zandens, nach der der Händlerprofit durch die Bezahlung der Arbeit »unter Reproduktionskosten« zustande kommt.

Die Schlussfolgerung ist, dass die schrankenlose Ausbeutung der Arbeitskraft der Menschen in Europa und außerhalb Europas die Hauptquelle des ökonomischen Fortschritts und des gigantischen Reichtums der Händlereliten gewesen ist. Man darf nicht vergessen, dass die Sklaven gefangen, wie Vieh transportiert, schlechter als

Vieh behandelt und durch Zwangsarbeit zu Tode getrieben wurden mit keinem anderen Ziel, als die wohlhabenden Schichten Europas mit Luxusgütern zu versorgen; das Volk trank damals weder Tee noch Kaffee oder Kakao, noch versüßte es sich das Leben mit unerschwinglichen Rohrzuckerprodukten.[21] Erst im Laufe des 19. Jahrhunderts wurden diese Waren zu Volksgenussmitteln. Abschließend müssen wir festhalten, dass der Handelskapitalismus an sich nur ein vorübergehendes Phänomen war. *Sindbad der Seefahrer* blieb eine Episode; sein Gewinn kam nicht anders zustande als der Gewinn der Amsterdamer Kaufleute. Erst als der Handelskapitalismus in Industriekapitalismus umschlug, wurde er zur Vorstufe eines Epochenwechsels.[22] Der *point of no return* wurde im Handelskapitalismus der Holländer und Briten zwar erreicht, aber nicht überschritten. Die Moderne begann zwar mit Kolonien-Eroberern wie Sir Francis Drake und Jan Pietersz. Coen, aber mit James Watt wurde sie unumkehrbar.

1.1.5 Die Disziplinierung der Arbeitskraft

Zur Geburtsausstattung der Bourgeoisie gehörte, wie wir sahen, die Ablehnung einer mächtigen Zentralinstanz (Staat). Zu dieser Geburtsausstattung gehört aber vor allem auch die Möglichkeit zur *Ausbeutung* der Menschen, die über wenig anderes Vermögen als über ihre Arbeitskraft verfügten, und das war die Mehrheit. Trotz Ablehnung des Zentralstaates und seines Dirigismus blieb für die Bourgeoisie ein hoher Bedarf an Staat. Zur Ausbeutung gehören nicht nur die, die ausbeuten, sondern auch die, die ausgebeutet werden. Letztere müssen diszipliniert werden, und das ist eine wesentliche Funktion des bürgerlichen Staates. Die holländische Bourgeoisie fand in der Unterschicht ein unerschöpfliches Reservoir an billiger Arbeitskraft. Die Menschen wurden wegen nichtiger Vergehen inhaftiert und in Rasp- und Spinnhäusern[23] beschäftigt. Die Zulieferindustrie für den Schiffsbau beruhte zu einem nicht geringen Teil auf Zwangsarbeit, die, wie oben gezeigt, unter den Reproduktionskosten entlohnt wurde. Für die Gestorbenen gab es schnellen Ersatz. Der Sklavenhandel unterschied sich nicht prinzipiell von der Art, mit der die Bourgeoisie ihre eigene Bevölkerung behandelte. In ihren Augen waren Menschen weniger wert als Vieh. Ohne diese wirklich Entwurzelten konnten die holländischen Großreeder ihre Schiffe nicht bemannen, genauso wie die Generäle der Religionskriege in Frankreich, England und Deutschland ihre mörderischen Unternehmen nicht ohne billiges Kanonenfutter führen konnten. Der Dreißigjährige Krieg war für seine Auftraggeber deswegen bezahlbar, weil man in regelmäßigen Abständen den Söldnerbanden Plünderung, Mord, Vergewaltigung und Brandschatzung erlaubte. Auf der Handels- und Kriegsflotte war die Disziplin besser; Meuterei wurde streng bestraft, und Plünderung an fremden Küsten konnte der Arbeitgeberin der Flotte, der Vereinigten Ostindischen Compagnie, das Geschäft ruinieren. Gelegentlich aber machten sich die Matrosen selbständig. Was die Reeder im Großen machten, machten sie vor allem während des 17. und 18. Jahrhunderts im karibischen Raum als Piraten im Kleinen.[24] Wenn die Entwurzelten nicht bei der Flotte oder im Heer Beschäftigung fanden bzw. zum See- und Heerdienst gezwungen wurden, schlugen sie sich mit kleinen oder größeren Gaunereien durchs Leben, bildeten in manchen Gegenden Räuberbanden, die zu einer Landplage wurden, zogen übers Land, bettelten, stahlen, und keine Kirche kam an sie heran. Karl Marx hat den Prozess der ursprünglichen Akkumulation im ersten Band seines Hauptwerks (MEW 23, 741) als einen Prozess der Freisetzung größerer Teile der Landbevölkerung beschrieben (vgl. auch van Dülmen 1982, 226ff). Selbst wenn Marx keine demografischen Gesichtspunkte in Betracht zieht, sind seine Beobachtungen doch im Allgemeinen zutreffend. In England gab es zwischen 1350 und 1450 einen starken Bevölkerungsschwund. Bis zum letzten Drittel des 17. Jahrhunderts stagnierte die Bevölkerungszahl Englands. Demografischer Druck dürfte also bei der Marginalisierung der britischen Landbevölkerung nicht den Ausschlag gegeben haben; eher spielten wohl die Verwerfungen in den sozialen Strukturen auf dem Land, vor allem die Veränderungen der Eigentumsverhältnissen auf Veranlassung der großen Grundeigentümer, eine Hauptrolle. Früher war Bettelei eine akzeptierte Form des Lebensunterhalts; die Bettler gaben den frommen Christen die Gelegenheit, durch das Geben von Almosen ihr Seelenheil zu garantieren. In der frühbürgerlichen Zeit dokumentierten die Menschen in den Augen der neufrommen Bourgeoisie durch ihre Bettelei ihre Überflüssigkeit. Sie mussten zur Arbeit gezwungen werden. Wo dies nicht möglich war, musste ihre Bewegungsfreiheit drastisch eingeschränkt werden. Die »Blutgesetzgebung« (Marx) gegen die Bettler auf dem Lande und in der Stadt war allgemein europäisch. Zunächst führte die Vertreibung der Leute aus ihrer ländlichen Umgebung zur Zunahme der Kleinkriminalität. Gegen die wusste man sich nicht anders zu helfen als durch den Henker. Marx zitiert Thomas Morus; dieser schrieb, »dass unter Heinrich VIII. 72000 große und kleine Diebe hingerichtet wurden« (MEW 23, 764), das wären in 37 Jahren knapp 2000 jährlich bei einer Bevölkerung um 5 Millionen Menschen! Mit diesen Hinrichtungsorgien des frühbürgerlichen Englands versuchten Bourgeoisie und Adel die überflüssig gewordenen Menschen zu disziplinieren; das Henkersbeil besorgte das effektiver als die fromme Predigt. Auch die ehrbare Bürgerschaft wusste auf die Frage, wie sich die Leute anders als durch Diebstahl oder Bettelei ernähren sollten, keine Antwort. Die Reformation nahm sich dieses Problems an. War Arbeit damals eine Strafe für die kleinen und unter der Würde der großen Sünder, wurde Arbeit jetzt zur Pflichtveranstaltung zur Ehre Gottes. Betteln war nicht länger erlaubt. Die rabiate Armengesetzgebung im England des 16. bis 18. Jahrhunderts trug einen puritanischen (kalvinistisch inspirierten) Stempel.

In Holland war das Erscheinungsbild widersprüchlich. Einerseits gab es Perioden gravierender Arbeitslosigkeit, andererseits mussten stetig Arbeitsimmigranten herbeigelockt oder herbeigezwungen werden. Einerseits gründete die Bourgeoisie große Waisenhäuser, wo den Kindern Lesen und Schreiben, Kirchenlieder und die neue, für den frühen Kapitalismus notwendige Arbeitsdisziplin beigebracht wurden. Andererseits importierte sie innerhalb der kurzen Periode 1638–1648 4000 Kinder aus den Gegenden um Aachen und Lüttich, die ohne jegliche Schulung in den Manufakturen der holländischen Stadt Leiden arbeiten mussten (Offermans/Feis 1975, 114). Einerseits konnte sie Krisen und Arbeitslosigkeit nicht vermeiden, andererseits wurde z.B. in Amsterdam das Betteln wiederholt – also offenbar vergeblich – verboten, ohne dass man übrigens den Leuten hätte sagen können, wovon sie denn sonst leben mussten. »Die aufkommende Bourgeoisie braucht und verwendet die Staatsgewalt, um den ›Arbeitslohn‹ zu regulieren … um den Arbeitstag zu verlängern und den Arbeiter selbst in normalem Abhängigkeitsgrad zu erhalten. Es ist dies ein wesentliches Moment der ›ursprünglichen Akkumulation‹«, schrieb Marx (MEW 23, 766). In der Anfangsphase des bürgerlichen Zeitalters wurde der Staat gebraucht, um die negativen Begleiterscheinungen der zusammenbrechenden traditionellen Strukturen in den Griff zu bekommen.[25] Die neue Ordnung zerstörte die alte Ordnung, das heißt: Sie zerstörte die Ordnungen, in denen die Menschen zu leben gewohnt waren, ohne sie in neue Ordnungen zu integrieren. Da andererseits »Hände« (nicht Menschen) importiert

werden mussten, um die Produktion aufrechtzuerhalten, stellte sich
die Frage, ob man die Trägerinnen und Träger der (schwarzen) Hände
als Menschen zu betrachten hatte. George Washington kämpfte für
die Gleichheit und die Freiheit aller Menschen *(all men are created
equal,* wie es in der Unabhängigkeitserklärung heißt), gleichzeitig
empfand er es nicht als Makel, Menschen afrikanischer Herkunft als
Sklaven auf seinen Plantagen zu halten, weil sie in seinen Augen und
in den Augen anderer Plantagenbesitzer eigentlich gar keine Menschen waren.

Wir haben in diesem Abschnitt versucht, Menschen wahrzunehmen, die für die Geschichte als unwahrnehmbar galten, die kleinen
Leute, die im Dreck entwürdigender und entmenschlichender Armut
leben mussten. Da sich die Bourgeoisie bis heute als das Maß aller
Dinge und ihre Interessen als den Maßstab für die universellen Menschenrechte betrachtet, ist für sie die halbe Wahrheit ausreichend.
Die holländische Bourgeoisie nannte ihr 17. Jahrhundert das »goldene«. Bis heute wird im Geschichtsunterricht diese halbe Wahrheit
als die ganze kolportiert. Uns ging es hier um die andere Hälfte.

1.1.6 Bourgeoisie und Reformation

Von der alten Kirche konnten sich die Menschen kaum noch Hilfe
versprechen; zu tief war sie in die Geschäfte der Geldmagnaten
und des Großhandels verwickelt und organisierte ihren Auftrag als
»Unternehmen Kirche« nach den Mustern der neuen Gepflogenheiten. Der Ablasshandel war nichts anderes als eine damals *moderne*
Form der Dienstleistung »Sündenvergebung«, die Ware-Geld-Beziehung drang auch in die Sündenvergebung ein. Man kann die Reformation auch als traditionalistischen Widerstand gegen die gesamtgesellschaftliche Durchsetzung der Ware-Geld-Beziehung sehen. Ihre
Sozialethik war traditionell mittelalterlich. Wie Max Weber[26] hat
auch der Religionssoziologe R. H. Tawney gesehen, dass die Ethik
der kalvinistischen Religion der klösterlichen Lebensführung ähnlich war: »Nachdem er [Calvin] das Kloster abgeschafft hatte, wollte
er die ganze säkulare Welt in ein gigantisches Kloster verwandeln«
(Tawney 1963, 101). Die »moderne« Rolle der Reformation bestand
trotz ihrer traditionalistischen Wurzeln in der *Individualisierung des
Heils* und half, in den Ländern, wo sie zur dominanten ideologischen
Form wurde, die traditionellen Strukturen zu zerschlagen. Mit der
Individualisierung des Heils legte sie das Fundament für den Indivi-

dualismus, das Herz des Liberalismus, und vertrat indirekt das Interesse der neuen Klasse. Von der Reformation versprachen sich die Leute Schutz vor den Machenschaften der Kirche, der großen Herren und des Patriziates der Stadtregierungen. Stattdessen bekamen sie eine neue Form von Herrschaft, die oft erbarmungsloser, weil rücksichtloser war als die mancher Feudalherren.

Friedrich Engels schrieb:

> Auch in den sogenannten Religionskriegen des sechzehnten Jahrhunderts handelte es sich vor allem um sehr positive materielle Klasseninteressen, und diese Kriege waren Klassenkämpfe, ebenso gut wie die späteren inneren Kollisionen in England und Frankreich. Wenn diese Klassenkämpfe damals religiöse Schibboleths trugen, wenn die Interessen, Bedürfnisse und Folgerungen der einzelnen Klassen sich unter einer religiösen Decke verbargen, so ändert dies nichts an der Sache und erklärt sich leicht aus Zeitverhältnissen (Friedrich Engels, in: *Der deutsche Bauernkrieg*, MEW 7, 343).

Engels war einer der Ersten, der sah, wie sich am Anfang der Neuzeit gewaltige gesellschaftliche Verschiebungen ereigneten, die sich in den Umwälzungen in der Kirche und in den Kriegen des 16. und 17. Jahrhunderts äußerten. Nichts war einfacher, so schien es, als die »religiöse Decke« wegzuziehen, um so die nackte Wahrheit des Klassenkampfes ans Tageslicht zu zerren. Schon diese frühe Arbeit von Engels zeigt, dass die Vorgänge nicht so »leicht aus Zeitverhältnissen« zu erklären waren. Es handelt sich bei den ideologischen Formationen um einen *relativ autonomen* Diskurs; beide Wörter sind zu betonen. Jeder ideologische Diskurs hat eine notwendige Relation zur sozial-ökonomischen Grundstruktur einer Gesellschaft, deswegen *relativ;* aber der ideologische Diskurs hat seine eigene Struktur, die sich nicht ohne weiteres aus der Grundstruktur ableiten lässt; deswegen *autonom.* Luther und Calvin ging es nicht um eine bürgerliche Welt, sondern um die wahre, den ursprünglichen Intentionen ihres Stifters entsprechende Kirche. Dazu musste die herrschende Kirche gesprengt werden, weil sie die traditionellen Intentionen verfälscht hatte. Auch das Anliegen der Reformatoren war traditionell und unterschied sich in der Intention nicht von den Absichten der Stifter der großen mittelalterlichen Mönchsorden und der mittelalterlichen Ketzer. Luther und Calvin wollten keine etablierte Ordnung umstürzen, sondern die Kirche reformieren. In Deutschland haben Teile des Hochadels die Reformation dazu benutzt, die Etablierung eines absolutistischen Zentralstaates unter dem Haus Habsburg zu verhindern. Die Reformation in der Person Luthers hat umgekehrt die politischen Interessen der Regionalfürsten ausgenutzt, um ihr Projekt einer radikalen Kirchenreform abzuschirmen. In den nord- und mitteldeutschen Gebietsfürstentümern entstand trotz flächendeckender Reformation nirgendwo eine bürgerliche Ordnung, und wo es sie gab – wie in einigen deutschen reichsunmittelbaren Städten –, war sie vor und trotz der Reformation entstanden. In Deutschland blieb der absolutistische Zentralstaat in Provinzformat das Maß aller Dinge. Auch in Frankreich wurde die Reformation von den kämpfenden Fraktionen des Hochadels instrumentalisiert. Der Konfessionswechsel des Heinrich von Navarra, des späteren Henri IV., zeigt das deutlich: »*Paris vaut bien une messe,* Paris ist wohl eine Messe wert«, sagte der Hugenotte Henri zynisch und wurde katholisch. Die viehischen Religionskriege in Frankreich waren nicht reine Klassenkämpfe, sondern vor allem auch Kämpfe der verschiedenen Fraktionen des Adels; die politisch und sozial noch schwache bürgerliche Klasse wurde von den Adelsfraktionen benutzt, nach dem Sieg Navarras isoliert, nach gewissen politischen Zugeständnissen des Königs entwaffnet (Hugenottenerlasse 1628) und nach der Aufhebung dieser Erlasse als politische Klasse völlig ausgeschaltet (1685). Nur dort, wo der absolutistische Zentralstaat zerschlagen wurde, in den Niederlanden und in England, konnte die Reformation die Entwicklung beschleunigen, aber nicht prägen. In den Niederlanden vereitelte die Großbourgeoisie den Versuch des Hauses Oranien, so etwas wie eine zentralstaatliche Monarchie zu bilden; Wilhelm von Oranien wechselte zu diesem Zweck gar viermal die Konfession, vergeblich! Die Oranier bildeten ein Bündnis mit der kalvinistischen Geistlichkeit und den Unterschichten in Hollands Städten. Der unversöhnliche und zuweilen blutige Kampf zwischen diesen beiden Blöcken – dem großbürgerlichen Block der Handelsbourgeoisie einerseits und dem antibürgerlichen Block noch feudaler Kräfte und noch nicht proletarischer Unterschichten andererseits – prägte die Geschichte der Republik mehr als zwei Jahrhunderte bis zu ihrem Untergang 1795. Die kalvinistische Geistlichkeit hatte nie den Wunsch aufgegeben, ihre theokratische Ordnung unter der Schirmherrschaft Oraniens durchzusetzen. Die ideologischen Koryphäen der Großbourgeoisie waren nicht Calvin und seine holländischen Schüler, sondern Leute wie Hugo de Groot (Grotius), der Begründer des internationalen Rechts, der Physiker Christiaan Huygens usw. Auf den Britischen

Inseln verlief der Kampf um die Etablierung einer bürgerlichen Ordnung noch viel blutiger. Prägend wurde nicht die puritanische, von Calvin beeinflusste Theologie, sondern die neue Rechts- und Moralphilosophie jenseits der Kirchen. Erst durch die amerikanische Revolution von 1776 wurde die halbherzige bürgerliche Revolution der Briten von 1688, die einem Kompromiss mit dem grundbesitzenden Adel gleichkam, vollendet.

In seinem Buch *Puritanism and Democracy* schrieb Ralph Barton Perry[27]:

> Es ist also deutlich, dass der Puritanismus ursprünglich nicht kapitalistisch war. Die ökonomischen Ideen von Calvin in Genf und John Knox in Schottland und den amerikanischen Kolonisten in Neuengland waren genauso wie ihre politischen Ideen theokratisch und nicht kapitalistisch. Die Gesellschaft, die sich der Puritanismus vorstellte, war für die Liebe zu Gott und für die Anbetung Gottes bestimmt; er kontrollierte in rigoroser Weise die weltlichen und materiellen Interessen ihrer Mitglieder. Sollten wir dann sagen, dass die Entwicklung des ökonomischen Kapitalismus und die Entwicklung des puritanischen Protestantismus keinerlei Beziehungen hätten? Sowohl die Vermutung als auch die Tatsachen sprechen dagegen. Es gab eine so große Übereinstimmung der Ideen zwischen den beiden Entwicklungen, dass jedes Individuum und jede Gruppe, die ein Teil der einen Entwicklung waren, auch disponiert für die andere wurden. Die beiden Mentalitäten waren und bleiben kongenial. (Perry 1964, 306)

Diese von Perry festgestellte *Kongenialität* bezieht sich auf »Arbeitsteilung, Privateigentum, Kontraktfreiheit, Gewinnmotiv und die Anhäufung von Reichtum«. Aber Perry macht das *Kongeniale* nicht wirklich dingfest. Denn es gab im ersten Jahrhundert des Kalvinismus wenige Spuren solcher Kongenialität. Moderate Zinsen wurden zwar hin und wieder erlaubt, die Praxis »billig einkaufen, teuer verkaufen« wurde immer wieder verdammt. Kapitalismus und kalvinistischer Protestantismus waren ein verschiedenes Paar Stiefel. Und dennoch gab es eine Beziehung. Jeder einzelne Mensch steht unter dem Gebot Gottes zu arbeiten. Der Kalvinismus sieht in der Arbeit, auch in der Arbeit der Verwaltung des Privateigentums, einen Auftrag, der ausschließlich zur Ehre Gottes *(soli deo gloria)* und nicht als Mittel zur Erlangung des Heils und erst recht nicht zum eigenen Vergnügen zu erledigen war. So wird Besitz, der im Christentum immer etwas Anrüchiges hatte, quasi neutralisiert und Arbeit zu einem inhaltlosen, aber unbedingten Auftrag Gottes gemacht: Arbei-

ten *muss* sein; nicht arbeiten, eben betteln, *darf* nicht sein. Hier wird
»die allgemein abstrakte, gesellschaftliche Arbeit« (Marx) im Kapitalismus vorweggenommen. Die erbarmungslosen Gesetze gegen
Bettelei in England, den Niederlanden usw. sind die konkrete Gestalt
des protestantischen Arbeitsethos. Da man von seinem Besitz nicht
das Heil erwartet, darf man, ja muss man es zur Ehre Gottes ver-
walten und, wenn die Umstände es zulassen, auch vermehren. Wer
aber kein sachliches Eigentum hat, *muss* dann für Lohn arbeiten;
das erfordert die *Ehre Gottes*. So wurde Arbeitspflicht zur Lohn-
arbeitspflicht. Dies kam der Bourgeoisie sehr entgegen. Anders als
im Mittelalter, wo die Menschen aufgefordert wurden, sich statt um
die Reichtümer der Welt um ihr Seelenheil zu kümmern, war der
Lieblingstext bei den puritanischen Predigern des 17. Jahrhunderts
das Gleichnis der Talente. Man solle als Christ mit seinen Talenten
wuchern, seien sie Besitz, seien sie Arbeitskraft allein. Das verlange
Gott. Wer seine Talente begrabe, dem drohe das ewige Feuer. Das
mittelalterliche Christentum predigte gegen den Reichtum, weil er
das Seelenheil stark gefährde. Das neue Christentum betrachtete wirtschaftlichen Erfolg und Besitzvermehrung als Zeichen christlicher
Pflichterfüllung (Belege bei Tawney 1963, IV, 3, 189ff). So ermöglicht die neue Form des Christentums die Verinnerlichung des kapitalistischen Grundverhältnisses Kapital–Lohnarbeit.[28]
    In Nordamerika waren die Bedingungen für eine radikal bürger-
liche Lebenshaltung günstiger als in der Alten Welt, wo Rücksichtnahme auf zählebige traditionalistische Strukturen unvermeidlich
war. Die Mühsal des Kolonistenlebens, die Härte, die es im Umgang
mit sich selbst und mit den anderen erforderte, kurz, die Askese,
die das Leben unter besitzindividualistischen Bedingungen – sprich
Gott – dem Einzelmenschen abverlangte, kennzeichnet bis heute
den von wenig sozialen Rücksichten gezähmten harten Kapitalismus in den USA. Jede(r) steht der als *Gott* empfundenen neuen
Gesellschaftsordnung allein gegenüber. Deswegen hat der Kapitalismus in den USA eine religiöse Färbung, die man woanders kaum
findet. Gerade wegen dieses hyperindividualistischen Zuges konnte
der Puritanismus die auseinander klaffenden Interessen der verschie-
densten Gruppen innerhalb der angloamerikanischen Bourgeoisie
niemals versöhnen. Er zersplitterte in unzählige Richtungen, Sekten,
Kirchen.[29]
    Marx fasste das Verhältnis zwischen Protestantismus und frühka-
pitalistischer Entwicklung folgendermaßen zusammen:

Für eine Gesellschaft von Warenproduzenten, deren allgemein gesellschaftliches Produktionsverhältnis darin besteht, sich zu ihren Produkten als Waren, also als Werten zu verhalten, und in dieser sachlichen Form ihre Privatarbeiten aufeinander zu beziehen als gleiche menschliche Arbeit, ist das Christentum, namentlich in seiner bürgerlichen Entwicklung, dem Protestantismus, Deismus usw. die entsprechendste Religionsform. (MEW 23, 93)

Im jenem berühmten Abschnitt über den »Fetischcharakter der Ware«, dem unser Zitat entnommen wurde, zeigt aber Marx zusammenfassend, wie die unterschiedlichen Arbeitsvorgänge und Arbeitsprodukte unterschiedlicher Menschen abstrakt gleichgesetzt werden, mit der Folge, dass alles mit allem vergleichbar wird. Diese abstrakt-universelle Gleichheit findet Marx im Christentum, vor allem als »Protestantismus« und »Deismus«. Die Entsprechung liegt in der Herausbildung der abstrakt-gesellschaftlichen Arbeit in der Warenproduktion analog der unbedingten, inhaltslosen Arbeitspflicht bei den Kalvinisten. Marx hatte festgestellt:

… jeder Leibeigne weiß, dass es ein bestimmtes Quantum seiner persönlichen Arbeitskraft ist, die er in Dienst seines Herrn verausgabt. Der dem Pfaffen zu leistende Zehnte ist klarer als der Segen des Pfaffen. Wie man daher immer die Charaktermasken beurteilen mag, worin sich die Menschen hier gegenübertreten, die gesellschaftlichen Verhältnisse der Personen in ihren Arbeiten erscheinen jedenfalls als ihre eignen persönlichen Verhältnisse und sind nicht verkleidet in gesellschaftliche Verhältnisse der Sachen, der Arbeitsprodukte. (a.a.O., 91f)

Hier haben wir das Verb *verkleiden,* ein ähnliches Bild wie Engels' »unter der Decke der Religion«. In der bürgerlichen Gesellschaft findet eine Verschleierung statt – das Stichwort ist hier *Fetisch* –, die weit weniger durchschaubar ist als die Verschleierung der Herrschaft in der präkapitalistischen Produktion durch die Religion. Der Protestantismus ersetzte nicht die traditionellen Bindungen. Das Zweigestirn Gutsherr und Dorfpfarrer funktionierte im ländlichen Deutschland bis tief ins 19. Jahrhundert nicht viel anders als im Mittelalter. Aber die weit besser ausgebildete und in der neuen Theologie geschulte lutherische oder reformierte Geistlichkeit leistete gute Dienste bei der Verinnerlichung des Individualismus. Die Verhältnisse unter den Menschen wurden zu »gesellschaftlichen Verhältnissen der Sachen, der Arbeitsprodukte«. Der Mensch wurde als Ein-

zelner, als »Mengenanpasser«, auf den Arbeitsmarkt geworfen; so
wurde er wirklich zu jenem »Einzelnen vor Gott«, den die Reformation predigte. Sie lehrte die Menschen, die reale Vereinzelung
zunächst als gottgewollt und dann als Eigenschaft »der menschlichen
Natur« zu akzeptieren. Die protestantische Geistlichkeit verkündigte
ihr neues Evangelium, ohne von den gesellschaftlichen Entwicklungen Notiz zu nehmen; sie erfüllte einen gesellschaftlichen Auftrag
in der Annahme, sie verkündige »Gottes Wort«. Als sich Mitte des
19. Jahrhunderts ein Industrieproletariat gebildet hatte, musste sie
konstatieren, dass zum ersten Mal im Abendland eine gesellschaftliche Klasse jenseits des Christentums entstand.[30] Die Großbourgeoisie verlor nach und nach jeden Kontakt zum Christentum, das so zu
einer Angelegenheit der mittleren und kleinen Bourgeoisie wurde.
Der neue Gott ging zunächst in den Kleidern des traditionell christlichen Gottes einher. Aber auch dieser Gott konnte sich der Mode nicht
entziehen. Er wurde zum kosmischen Werkmeister, zum *Creator* in
der amerikanischen Unabhängigkeitserklärung. Er verblasste. Er verließ das Haus der Bourgeoisie durch die Vordertür, um sich in neuer
Vermummung durch die Hintertür wieder Einlass zu verschaffen.
Davon wird unten (Kap. 1.2 und 1.5) die Rede sein. Die konsequente
Formulierung der Grundsätze der säkularisierten bürgerlichen Ideologie war das Geschäft vor allem britischer Philosophen des 17. Jahrhunderts, die mit dem Christentum nichts als die gelegentliche Ent-
lehnung lehrreichen Bildmaterials der Bibel[31] verbanden und deren
Band zur Kirche immer lockerer wurde, bis er in der schottischen
Moral- und Sozialphilosophie des späten 18. Jahrhunderts (David
Hume, Adam Smith usw.) völlig abriss.

1.1.7 Zwei Gesichter der Bourgeoisie

Alle bürgerlichen Revolutionen hatten zwei Gesichter. Sie setzten
menschliche Möglichkeiten frei, die für die traditionellen Menschen
ungeahnte Perspektiven eröffneten, und befreiten sie aus Bindungen, die sie knechteten. Andererseits waren sie permanente Auflösungsprozesse aller Bindungen überhaupt, das »letzte Stadium
der Verwesung des Feudalismus«, wie Schumpeter sie nannte (s. u.
1.4.2). Bürgerliche Revolution war und ist Befreiungsprozess *und*
Auflösungsprozess, Emanzipation *und* Vereinzelung! Die bürgerliche Revolution weist den Menschen keinen neuen gesellschaftlichen
Ort zu. Sie ist letzten Endes die Zerstörung des gesellschaftlichen

Zusammenhangs, der Gesellschaft als Wohnort für Menschen. Aber die Bourgeoisie war auch und von jeher der Stand des *Weder-Herr-noch-Knecht*. Dieser Impuls lebte in ihrer bürgerlichen Revolution fort.

Einerseits eröffnete sie den Menschen die Perspektive von Freiheit und Gleichheit als die einzig menschenwürdige Struktur der Gesellschaft und von Solidarität (»Brüderlichkeit«) als Lebensform. Sie legte durch die Entfesselung der Produktivkräfte die materielle Grundlage von Freiheit, Gleichheit und Solidarität. Andererseits verkörperte sie eine Struktur universaler Herrschaft des Besitzes über die Besitzlosen, etablierte eine Struktur universaler Knechtschaft und machte gerade so die Verwirklichung ihrer Losung »Freiheit, Gleichheit, Brüderlichkeit« unmöglich. Sie reduzierte das *Naturrecht als Menschenrecht* zum *Naturrecht des Eigentums* und zerstörte damit die Würde der großen Mehrheit der Menschen, ja sogar ihre eigene Würde. U. Duchrow und F. J. Hinkelammert haben versucht, die bis heute maßgeblichen Theorien einer gründlichen Kritik zu unterziehen; sie konzentrieren sich dabei vor allem auf John Locke:

> Die Menschheit aber als Gattung wird [nach Locke d.V.] durch das Eigentum konstituiert. Das Individuum hat Teil am Kollektiv Menschheit dadurch, dass es Eigentümer ist. Locke konstituiert keine Menschenwürde, sondern die Würde des Eigentums und die des Menschen nur insoweit, als er Eigentümer ist. (2002, 85)

Die bürgerliche Ideologie verliert als *Eigentumsideologie* ihren Anspruch darauf, ein in humaner Hinsicht universaler Entwurf zu sein. Hieraus können niemals, so Duchrow/Hinkelammert, universale Menschenrechte hervorgehen.

Gleichwohl gibt es einen Unterschied innerhalb der Ideologie des modernen Bürgertums. Thomas Hobbes geht von einem Naturzustand des Krieges »aller gegen alle« aus. Deswegen schließen die Menschen einen Gesellschaftsvertrag mit dem Ziel ab, die gegenseitige Vernichtung zu verhindern. Zu diesem Zweck setzen sie eine mächtige Zentralinstanz ein, die die Menschen mit brutaler Gewalt an ihrer gegenseitigen Vernichtung hindern soll, den *Leviathan*. Diese Instanz hat nur den Zweck, die Individuen voreinander zu schützen, aber sie verwirklicht kein gemeinsames Ziel der Menschen, auch nicht das Ziel der Gerechtigkeit. Hier haben die Menschen nur individuelle Ziele. In Großbritannien wurde der permanente Krieg »aller gegen alle« zunächst durch die Cromwell'sche

Diktatur unterdrückt und später durch den Kompromiss zwischen
Adel und Finanzbourgeoisie von 1688, die *glorious revolution*. Tatsächlich handelte es sich um die gemeinsame Diktatur des Geburts-
und des Geldadels. Die gewerbliche Bourgeoisie meldete sich ein
Jahrhundert später als politische Kraft unüberhörbar zu Wort, und
erst dann wurde die Gesellschaft wirklich zu dem, was Macpherson
»Eigentumsmarktgesellschaft« nannte: Die »Gesellschaft besteht in
einer Reihe von Marktbeziehungen« (1967, 301). Das Problem des
gesellschaftlichen Zusammenhalts wurde durch die Annahme eines
Mechanismus des automatischen Ausgleichs gelöst. Dieser Mechanismus ist als »die Unsichtbare Hand« der schottischen Moralphilosophie des 18. Jahrhunderts bekannt und wurde vor allem
durch Adam Smith populär. Da der britische Kompromiss zwischen
Geburts- und Geldadel prinzipiell anderen Schichten der Bourgeoisie
offen stand, erübrigte sich ein gewaltsamer Umsturz. Die Gegensätze
zwischen dem aristokratischen Establishment und der gewerblichen
Bourgeoisie wurden »parlamentarisch« zwischen Konservativen und
Liberalen ausgefochten.

In Frankreich stellte sich das Problem des gesellschaftlichen
Zusammenhalts nach der Zerschlagung des Absolutismus anders. Das
Gemeinwohl konnte nicht durch den bewusstlosen Mechanismus der
Unsichtbaren Hand, sondern musste durch bewusste gesellschaftli-
che Steuerung besorgt werden. Gesellschaft sollte hier nicht »eine
Reihe von Marktbeziehungen«, sondern das bewusste und gewollte
Anliegen aller Bürger sein; es gelte:

> Eine Form der Assoziation zu finden, die mit der ganzen Kraft der
> Allgemeinheit die Person und die Güter jedes assoziierten Mitglieds
> verteidigt und schützt. Durch sie gehorcht jeder, indem er sich mit
> allen vereinigt, sich selbst und bleibt genauso frei wie zuvor. Das
> ist das fundamentale Problem, das der *Gesellschaftsvertrag* [*Contrat
> social*] löst. (Jean-Jacques Rousseau, *Du Contrat social*, I, 6)

Die Französische Revolution war ein grundsätzlich anderes Unternehmen als die *glorious revolution* in Großbritannien, und der Gesellschaftsvertrag Rousseaus ist ein anderer als der Gesellschaftsvertrag
bei Hobbes, Locke usw. Rousseaus »allgemeiner Wille« *(volonté
générale)* ist mehr als das Aggregat der Ziele und Wünsche der Individuen. Die Diktatur der radikalen Jakobiner war nicht der *Leviathan,*
sondern die staatliche Gestalt der *volonté générale*. Später nahm
die *Unsichtbare Hand* in der bürgerlichen Gesetzgebung sichtbare

Gestalt an und wurde zu einem zivilisierten *Leviathan*. Dieser pflegt
in Krisenzeiten schnell seine Zivilkleidung abzulegen und die martia-
lische Uniform des Leviathans anzuziehen, wie wir seit dem 20. Jahrhundert wissen.

Die Bürgerkriege in England und vor allem die Französische Revolution zeigten den Januskopf der bürgerliche Revolution. Feierlich
wurde die Demokratie – Volksherrschaft – proklamiert, aber das Volk
war nicht gemeint. In der Periode vom 10. August 1792 bis zum
»Thermidorumschwung« – 27. Juli 1794 – herrschten das (Pariser)
Volk und seine Milizen (Sansculotten[32]). Ab 1793 übte im Namen
dieses Volkes das *Comité de Salut public* (Ausschuss der öffentlichen Wohlfahrt) die Macht aus, flankiert durch das *Comité de Sureté
générale* (Ausschuss der allgemeinen Sicherheit), und das bedeutete
vor allem nach dem 2. Juni 1793 die Diktatur Robespierres und
den Terror der Guillotine. Zum einen betrachteten die französischen
Revolutionäre ihre Revolution als Unternehmen im Namen der ganzen Menschheit. Sie sahen sich als die Apostel der neuen Epoche, und
ihre messianischen Armeen sollten allen Völkern die Freiheit bringen.
Sie wussten, dass das Experiment, das 1789 in Frankreich begann,
in sich zusammenbrechen musste, wenn der Umschwung eine rein
lokale Angelegenheit blieb. Zum anderen machten der Thermidor
und die Hinrichtung Robespierres des Jahres II aus der Revolution
des *Volkes* die Machtergreifung einer *Klasse* des Volkes, des Besitzbürgertums. Von diesem Augenblick an ging es um die Durchsetzung
nicht allgemein-menschlicher, sondern speziell-bürgerlicher Verhältnisse, nicht nur in Frankreich, sondern in ganz Europa und sogar darüber hinaus (Haiti). Die rituelle Abschaffung der Monarchie durch
das Königsopfer des Louis XVI. auf dem Altar des Ingenieurs
Guillotin und die Inthronisierung der Göttin Vernunft und ihres
Kultes als Menschheitsreligion mündeten in den Imperialismus der
französischen Bourgeoisie unter dem neuen Monarchen Bonaparte.
Überall, wo der General und spätere Kaiser Napoleon Bonaparte
Vasallenstaaten errichtete, war es mit der bigotten absolutistischen
Feudalordnung vorbei, und auch die Reaktion nach 1815 konnte
die jeweiligen nationalen Bourgeoisien nur vorübergehend mundtot
machen. Mit der Herrschaft der Bourgeoisie war eine neue Herrschaftsstruktur entstanden, die Diktatur des Eigentums.[33] Aus dem
Grund ist Napoleon sowohl Promotor der bürgerlichen Ordnung als
auch Feind der Bevölkerung; sie musste durch den allgemeinen Mili-
tärdienst den Blutzoll für die Interessen der französischen Bourgeoi-

sie entrichten. Bewunderung und Ablehnung Napoleon gegenüber hielten und halten sich bis heute die Waage, und das hat mit der Janusnatur der Bourgeoisie zu tun. Die Besitzlosen wurden während des größten Teils des 19. Jahrhunderts auch in bürgerlichen Staaten institutionell von jeder Teilnahme an Regierungsgeschäften ausgeschlossen.

Andererseits ist das Konstrukt *Naturrecht als Menschenrecht* ein ureigenes Werk der Bourgeoisie gewesen. Umfassend hat Ernst Bloch über das Verhältnis *Naturrecht und menschliche Würde* (1961) nachgedacht. Im Vorwort zum gleichnamigen Buch lesen wir:

> Das aufsteigende Bürgertum hatte in seinem Naturrecht oft nur sich selber idealisiert, aber dann, als arriviertes, hat es sich mit Anti-Naturrecht smart gemacht, klar zum Profit, oft zynisch. Das Denken eines rechtlichen Maßstabs überhaupt schien erledigt, mindestens als verdächtig, und das eben, scheinobjektiv, in Bausch und Bogen. Indes: selbst die leicht durchschaubaren Fiktionen im älteren Naturrecht (so der als vorgeschichtlich gesetzte Staatsvertrag) machten das Ganze der Sache nur jenen verdächtig, denen das vorhandene positive Recht viel zu unverdächtig war. (Bloch 1961, 11)

Bloch sah eine Verwandtschaft zwischen Naturrecht und den großen Sozialutopien, denen er mit seinem *Prinzip Hoffnung* ein riesiges Monument gesetzt hatte. Naturrecht und Sozialutopien haben nur einen Inhalt: *menschliche Würde.*

> Die Sozialutopie ging auf menschliches Glück, das Naturrecht auf menschliche Würde. Die Sozialutopie malte Verhältnisse voraus, in denen die *Mühseligen* und *Beladenen* aufhören, das Naturrecht konstruierte Verhältnisse, in denen die *Erniedrigten* und *Beleidigten* aufhören. (a.a.O., 13)

Im Bürgertum entstehen Wunschbilder im Naturrecht – und Wunschbilder sind etwas ganz anderes als Luftschlösser. Naturrecht ist vielmehr die rechtliche Absicherung jener Zustände, in denen die Menschen zu ihrer Würde kommen und durch die sich das Bürgertum selbst aufheben soll, und nicht die Beschreibung rechtlicher Urzustände – Zukunftsmusik statt Vergangenheitsbewältigung. Im Namen aller großen Revolutionen ist das, was sein soll, das, was ursprünglich war – *homme originel* gleich *homme naturel,* sagt Rousseau. Das Naturrecht will das, was ursprünglich war, heute nicht ist, aber morgen sein soll. Der Liberalismus des Bürgertums spielt sich als der

wahre Sachwalter der *menschlichen Würde* auf. Tatsächlich schwingt
er dagegen weltweit das *Naturrecht* bzw. universelles *Menschenrecht* als ideologischen Baseballschläger, tatsächlich will er, dass
nirgendwo eine auf einer soliden materiellen Grundlage errichtete
Würde für die Mehrheit der Menschen entsteht. Die Bourgeoisie
verheißt Wohlstand, wo sie für die Mehrheit der Menschen nur
Armut produzieren kann. Nur dort, wo sie an der ungehemmten
Entfaltung ihrer Macht gehindert wurde, konnten die Verheißungen
des im Schoße des Bürgertums formulierten Naturrechts vorübergehend, regional beschränkt und dann auch nur ansatzweise, Wirklichkeit werden. Ohne diese Hemmung, ohne eine ernst zu nehmende
Gegenmacht, kann ein auf individuellem Eigentum basierendes und
konkurrenzloses Bürgertum nichts anderes, als jene mörderische
Kraft zu entwickeln, die wir am Beispiel der Vereinigten Ostindischen Compagnie der Niederlande kennen lernten und die wir heute
am globalen Sozialkahlschlag studieren dürfen. Für die Eliten des
heutigen Bürgertums und die meisten Politiker sind Menschenrechte
und menschliche Würde ohnehin nichts als Fanfarenmusik. Auf ihre
Fahnen haben sie die gesellschaftliche Verwahrlosung geschrieben.

Wir haben die Geschichte des Bürgertums von der Kommunen-
bewegung des 11. Jahrhunderts bis zur Französischen Revolution
skizziert. Die folgenden Kapitel beschäftigen sich mit einigen ideologischen Gebilden der Bourgeoisie, nachdem sie sich endgültig
gegen die traditionellen herrschenden Schichten durchgesetzt hat.

1.2 Mythen und Moral der Bourgeoisie

1.2.1 Adam Smith und die Unsichtbare Hand

Adam Smith war Moralphilosoph. Seine beiden Hauptwerke, die *Theorie der moralischen Empfindungen* (1759) und die *Untersuchung über das Wesen und die Ursachen des Wohlstandes der Nationen* (1776), beschreiben das Feld einer allgemeinen bzw. einer speziellen Moraltheorie. Im *Wohlstand der Nationen* fragt Smith, wie und unter welchen Bedingungen der Eigennutz – der gemeinhin als Egoismus und Unmoral verschrien war – moralisch sein kann. Er zeigt nun, wie die Befreiung des Eigennutzes aus dem Gefängnis der Unmoral zu einer Entfesselung jener Kräfte führen kann, die das Wohl aller Nationen und aller Menschen in ihnen bewirken kann.

Der Moralphilosoph Smith musste nun aber die Frage beantworten, ob und in welchem Umfang diese Entfesselung der privaten Kräfte des Eigennutzes nicht zum gesellschaftlichen Chaos und zur gesellschaftlichen Armut führt. Smith behilft sich mit der Konstruktion einer *Unsichtbaren Hand*. In einem Kapitel über den Außenhandel sagt er: Der Privatmann

> neigt im Allgemeinen nicht dazu, das öffentliche Interesse zu fördern, und er weiß auch nicht, wie er das tut. Indem er die Unterstützung der heimischen Industrie der auswärtigen Industrie vorzieht, hat er nur seine eigene Absicherung im Blick. Und wenn er diese Industrie in einer Weise leitet, dass ihr Produkt den höchsten Wert erhält, hat er dabei nur seinen eigenen Gewinn im Blick, und er wird in diesem Fall, wie in manchen anderen Fällen, von einer *Unsichtbaren Hand* gelenkt und verwirklicht so ein Ziel, das er niemals beabsichtigte. (Wohlstand, IV, 2)

Das ist keine empirisch nachprüfbare Theorie, das ist Theologie. Die *Unsichtbare Hand* funktioniert als der *Gott* der Bourgeoisie, gerade weil er *unsichtbar* ist, wie auch das Naturgesetz *unsichtbar* in der sichtbaren Ordnung aller Dinge wirkt. Der unsichtbare *Gott,* der in allen wirkt, setzt den sichtbaren *Gott*, den Souverän des absolutistischen (und gleichzeitig merkantilistischen[34]) Staates, den *deus mortalis,* den sterblichen Gott des Thomas Hobbes, außer Gefecht; das ist der Inbegriff der bürgerlichen Revolution. Diese *Unsichtbare Hand* sorgt dafür, dass man seine eigenen Interessen verfolgen darf und trotzdem das Gemeinwohl, statt es zu beschädigen, fördert. Der

Eigennutz ist moralisch vertretbar, und so wird jeder geschäftige Bourgeois politisch legitimiert und moralisch entlastet. Der kalvinistisch-puritanische Notbehelf, Arbeit solle ausschließlich zur Ehre des traditionellen Gottes des Christentums verrichtet werden, ist hier nicht mehr nötig. Man darf, ja man soll geradezu eigennützig arbeiten, nur sich selbst im Blick haben. Hier ist die Emanzipation der Bourgeoisie vom Protestantismus, vom Christentum überhaupt, vollendet; wer als Bourgeois die christliche Religion weiter pflegt, tut das als privates Hobby. Mit dem Geschäft hat das nichts mehr zu tun. Aber dennoch emanzipiert er sich nicht von der *Religion* überhaupt, er bleibt von irgendeinem *Gott* abhängig, und das umso mehr, als er es selbst nicht weiß. Der Markt ist der Ort, an dem die Leute ihren Eigennutz ausleben, indem sie ihre Geschäfte tätigen. Hier muss die *Unsichtbare Hand* ihre Funktionstüchtigkeit beweisen und dafür sorgen, dass der Markt im Sinne des Gemeinwohls funktioniert. Der Markt ist das organisationsfähige, *rationale* Wesen der *Unsichtbaren Hand*. Der Markt verlangt zwar absolute Folgsamkeit, aber so, dass die Menschen sie als rationales Handeln begreifen. Dennoch ist sie so etwas wie eine *gottähnliche* Instanz. Auf der Rückseite eines jeden Dollarscheins steht unübersehbar: *»in God we trust«*. Das ist keine Konzession an die Tradition, sondern die Bourgeoisie vor allem Nordamerikas wollte, dass die Menschen das neue System als absolut und unbedingt verbindlich erfahren. Das ging damals nur mit der Vokabel *Gott*.[35] Auch wenn heute die Vokabel *Gott* vermieden wird, bleibt die ideologische Chiffre *Unsichtbare Hand* als *Gott* – als das, was *unbedingte* Gefolgschaft für sich beansprucht – wirksam. Die Marktwirtschaft hat unter der Hülle unübertreffbarer Rationalität und emanzipierter Mündigkeit einen religiösen Kern. Die Menschen sollen das System als rationale Religion verinnerlichen, freiwillig das tun, wozu man sie sonst zwingen müsste; auf die Dauer verursacht die Knute unnötige Kosten.

Adam Smith und seine klassischen Nachfolger mussten durch die Deregulierung des merkantilistischen Staates der *Unsichtbaren Hand* der Bourgeoisie das Wirkungsfeld freischaufeln. Dazu brauchten sie die Arbeitswerttheorie, weil sie die Ansprüche der neuen Klasse auf einen angemessenen Teil des Wirtschaftsprodukts begründen wollten. Gerade die Einkommenstheorie und die auf ihr basierende Verteilungstheorie der Klassiker war ein Denkmal der bürgerlichen Moral: Rente, Profit und Lohn. Diese drei, Adel und Boden (die alte Klasse), Bourgeoisie und Kapital (die neue Klasse), Arbeiter und Arbeitskraft (zu der Zeit die Unklasse) machten, so will dieses Konstrukt, unter sich die Verteilung des Sozialproduktes aus, wobei Kapital Arbeit, d. h. Kapitalisten Arbeiter »kommandieren«. Rente war dabei eigentlich nichts als eine Konzession an die alten Kräfte, Lohn war damals immer Mindestlohn (Ersatzmittel für verschlissene Arbeitskraft), der Schwerpunkt aller Einkommen sollte der Profit sein. Nur die Wirtschaftsleistung der Eigentümer der Einkommensquellen Boden, Kapital und Arbeitskraft und nicht der Stand der Geburt (Adel) und der Stand der göttlichen Berufung (Klerus) begründete die Ansprüche auf das Sozialprodukt. Marx hat diese Grundstruktur »trinitarische Formel« genannt (MEW 25, 822ff). Das ist kein nettes Bonmot, sondern verweist auf eine religiöse Hauptformel der christlichen Dogmatik. Die Zuweisungsformel *Rente für Grundbesitz, Gewinn für Besitz der Produktionsmittel, Lohn für Besitz der Arbeitskraft* erhält, so Marx, den Rang eines Zentraldogmas, das man nur noch akzeptieren, über das man aber nicht mehr diskutieren kann. Diese Unterscheidung dreier Einkommensarten ist ein politisches Konstrukt, das Glauben verlangt. Tatsächlich konstituiert sie eine Gesellschaft, in der drei Klassen existieren. Sie werden so miteinander verbunden, dass die Bourgeoisie das Zentrum bildet. Adam Smith hat die Grundstruktur der bürgerlichen Mythologie und der bürgerlichen Moral sichtbar gemacht und ist deshalb bis heute der Kirchenvater aller Wirtschaftstheorie (und Wirtschaftstheologie!) geblieben.

1.2.2 Ricardo und der Mythos des Freihandels

Die Freihandelsdoktrin ist ein traditionelles und wesentliches Element des Liberalismus und zentrales Dogma der internationalen Finanzinstitutionen. Sein grundlegendes Theorem wurde von David Ricardo (1772–1823) erfunden, um der industriellen Bourgeoisie eine Waffe gegen ihre konservativen Gegner an die Hand zu geben. Ricardo war der Ansicht, dass die Konkurrenz die Profite auf ein unerträglich niedriges Niveau herabsetzen würde. Um nicht jegliche Neigung zur industriellen Produktion zu verlieren, müssten die Unternehmer die Lohnhöhe auf dem Niveau des absoluten Minimums halten. Das ginge nur, wenn das Hauptnahrungsmittel Brot billiger würde. Niedrigere Getreidepreise seien nur durch freie Getreideimporte möglich, überhaupt seien niedrigere Lebenshaltungskosten nur durch Freihandel zu erreichen. Ricardo versuchte nun durch die *Theorie* – oder besser: den *Mythos* – *der komparati-*

ven Handelsvorteile jene Argumente der Konservativen in England zu entkräften, denen zufolge der Abbau von Schutzzöllen die heimische Landwirtschaft schutzlos der auswärtigen Konkurrenz aussetzen und so den Ruin der Landwirte herbeiführen würde. Ricardos Theorie beruht auf einem Modell zweier Länder und zweier Güter. England soll Textil produzieren und auf Weinproduktion verzichten, Portugal soll Wein produzieren und auf Textilproduktion verzichten. Wenn beide Länder sich auf das spezialisieren, worin sie *vergleichsweise* größere *Vorteile* haben, könnte unter dem Strich mehr Wein und mehr Textil produziert werden, als wenn die Länder beide Produktionen aufrechterhalten würden.[36] Die Theorie wurde nicht bestätigt. Bestätigt hat sich jene Vermutung, dass die Länder Erfolg hatten und haben, die sich gerade nicht spezialisieren, wie Südkorea. Bestätigt hat sich die Erwartung, dass langsamer, aber stetiger Abbau von Handelsbarrieren zwischen Ländern mit ähnlichem Stand der Entwicklung der Produktion und Technologie zur breiteren Wohlstandsvermehrung beitragen könnte, vorausgesetzt, die Arbeiterbewegung sei überall stark genug, eine einigermaßen gleichmäßige Verteilung von Wohlstandseffekten zu erzwingen. Das war das Modell der Nachkriegszeit im Westen und nur gültig für die westlichen Industrieländer. Freihandel zwischen Regionen mit einem deutlichen Gefälle in Produktion und Technologie hat im Allgemeinen den schwächeren Partnern nichts gebracht. Die bekannten »kleinen Tiger« in Ostasien, vor allem Südkorea, haben sich mit protektionistischer Leidenschaft und Beharrlichkeit an der allein selig machenden Lehre des Freihandels versündigt, und deswegen, nur deswegen, stehen sie dort, wo sie gerade sind. Den USA war dies immer ein Dorn im Auge, aber sie hatten politische Gründe, Südkorea und Taiwan jene »Sünden« zu »verzeihen«, die sie in Südamerika unnachgiebig verfolgten.

Der griechische Ökonom Arghiri Emmanuel hat in den siebziger Jahren in eine Richtung gewiesen, die, wie wir meinen, immer noch einem tieferen Verständnis der Freihandelsproblematik dienen kann, die *Theorie des ungleichen Tausches*. Sie ist eine fundamentale Korrektur der strukturalistischen Theorien von Prebisch, Senger usw., die das Verhältnis zwischen Industrieländern und den sogenannten Entwicklungsländern generell als *abhängigen, peripheren Kapitalismus im Süden* gegen den *dominanten Kapitalismus des nördlichen Zentrums* beschrieben. Emmanuel erklärt das Verhältnis zwischen Nord und Süd nicht aus der Zirkulation des Kapitals – Produktion im

Süden, Verwertung im Norden –, sondern aus der Rolle der Arbeit in den unterschiedlichen Regionen. Tropische Produkte z. B. tauschen sich gegen Industriegüter aus, eine Einheit eines Industriegutes gegen eine Einheit eines tropischen Genussmittels, etwa Kaffee gegen Traktoren. Für beide Güter muss während einer bestimmten Zeit gearbeitet werden. Arbeit tauscht sich dann gegen Arbeit aus. Wenn durch technische Verbesserung des Produktionsverfahrens das Industriegut in der Hälfte der Zeit hergestellt werden kann, sich dort die Arbeitsproduktivität verdoppelt, die Arbeitsproduktivität in der Kaffeeproduktion aber nicht oder nur sehr viel langsamer zunimmt, verschiebt sich das Verhältnis. Die Menschen in den Kaffeeplantagen müssen jetzt zweimal länger arbeiten als die Beschäftigten in der Traktorindustrie, um die gleiche Menge an Industriegütern erwerben zu können. Emmanuel nannte das *ungleichen Tausch.* Gegen seine Theorie wird die Tatsache ins Feld geführt, dass die Produktivitätssteigung im Norden die Produkte billiger mache. Ein auf Kaffeeproduktion spezialisiertes Land könne dann bessere Maschinen zu geringeren Preisen – bzw. gegen geringere Kaffeemengen – importieren. Aber: Auch wenn die Güter billiger werden, so meist nicht im Umfang der Reduktion der Arbeitszeit. Tatsächlich ließen und lassen sich die Hersteller der Investitionsgüter im Norden die technische Innovation, die in einer neuen Generation von Maschinen steckt, teuer bezahlen. Nicht selten verkaufen sie dann ausrangierte Maschinenparks an mittelgroße Unternehmen im Süden. Diese produzieren zwar mit geringerer Produktivität, machen dann aber den Unterschied mit Hungerlöhnen wett, um konkurrenzfähig zu bleiben.[37]

Nur unter sehr spezifischen Umständen könnten rohstoffproduzierende Länder von der Produktivitätssteigung in hoch entwickelten Ländern profitieren, *könnten,* Konjunktiv! Der Preis für Kaffee ist eben kein relativer Preis – so viel Kaffee für so viel Maschinen –, sondern immer ein Geldpreis. Die Geldpreise setzen nicht die Produzenten fest, sondern die großen nördlichen Rohstoffoligopole auf den internationalen Warenbörsen. Da der Austausch zwischen Kaffee und Traktoren über das Medium Geld läuft, setzt sich die Verbilligung von Maschinen durch höhere Produktivität in der Maschinenindustrie nicht automatisch in niedrigere Geldpreise um und erst recht nicht in niedrigere relative Preise (mehr Traktoren für die gleiche Menge Kaffee), zumal die Mechanismen der internationalen Devisenmärkte nicht berücksichtigt werden.

Die Währung des Kaffee produzierenden Landes muss konvertibel

sein, seine interne Inflationsrate darf sich nicht wesentlich vom Infla-
tionsniveau hoch entwickelter Länder unterscheiden, seine Währung
darf nicht Objekt von Devisenspekulation werden, der Geldpreis
von Kaffee muss etwas über den realen Produktionskosten liegen[38]
und darf nicht von spekulativen Preisbewegungen auf internationalen
Warenbörsen bestimmt sein. Sind alle diese Voraussetzungen erfüllt,
könnte sich das Land spezialisieren, wobei auch hier die alte Weisheit in Erinnerung zu rufen ist, man solle nie alles auf eine Karte setzen. Tatsächlich aber sind diese Voraussetzungen nirgendwo erfüllt,
waren es nicht zu Zeiten Ricardos und sind es erst recht nicht in den
Zeiten der WTO.

Heute wird der Weltmarkt von einigen hundert riesigen transna-
tionalen Unternehmen dominiert. Für ihre Produkte, oft technisch
anspruchsvolle Aggregate, lassen sie einzelne Teile dort produzieren, wo die Kosten am niedrigsten sind. Nicht nur Geld oder Kapital, sondern auch materielle Güter müssen frei beweglich sein. Zoll-
barrieren müssen fallen oder so niedrig wie möglich sein. Da die
meisten Länder Mitglied in der WTO sind, besteht sozusagen eine
informelle Zwangsmitgliedschaft; kein Land kann es sich erlauben,
die Mitgliedschaft zu verweigern, weil es dann mit unüberwindli-
chen Handelsbarrieren konfrontiert würde. Verschuldete Länder, oft
mit einer höchst dürftigen Ausstattung an demokratischen Institutionen, müssen, um in diesem Freihandelsmilieu konkurrenzfähig zu
sein, billig produzieren und Niedriglöhne erzwingen. Unter einem
WTO-Regime haben sich entwickelnde Länder immer weniger Möglichkeiten, junge Industrien und Dienstleistungsbranchen gegen die
Konkurrenz multinationaler Oligopole zu schützen. Freie Gewerkschaften können sie sich nicht erlauben. Eine Erhöhung der Kaufkraft der Bevölkerung durch höhere Reallöhne ist nahezu unmöglich,
weil sie die Konkurrenzposition des betreffenden Landes gefährden
würde. Es ist reine Mythologie, wenn behauptet wird, entfesselter
Freihandel stimuliere die Erwerbstätigkeit, schaffe Einkommen, wo
früher keine waren, und fördere so den Wohlstand der Bevölkerung.
Wo er Einkommen schaffte, wo keine waren, hat er oft traditionelle
Gewerbe vernichtet. Meistens bedeutet das einen Nettoverlust an
Arbeitsplätzen. Die Weltbank hat Ende der siebziger, Anfang der
achtziger Jahre viele westafrikanische Länder ermutigt, sich auf solche Güter wie Bananen, Kakao, Kaffee usw. zu konzentrieren, ganz
nach dem Geschmack David Ricardos. Die Folge war, dass die Preise
durch das hohe Angebot relativ nach unten tendierten. Wohlstands-

effekte für die betreffenden Bevölkerungen waren gleich null oder
gar negativ. Das ist eine der Ursachen für die mörderische Instabilität Westafrikas. Auch die Spezialisierung auf relativ arbeitsinten-
sive Industrie- und Dienstleistungsprodukte – Softwareprodukte –
hat zu einer Konkurrenzspirale zwischen armen Ländern geführt, die
Armut und politische Drangsalierung der Menschen als Standortvor-
teile ins Feld führen. Umwelt und Soziales im Süden müssen so auf
der Strecke bleiben, von Demokratisierung dieser Gesellschaften gar
nicht zu reden. Dies ist die deprimierende Welt David Ricardos, nach
wie vor!

1.2.3 Der Nutzen als höchstes Gut

Adam Smith hatte seine Weisheit nicht aus den Wolken gegriffen.
Er dachte in einer Tradition schottischer Moralphilosophen, die den
Bruch mit der Moraltheologie endgültig vollzogen hatten. Und nicht
nur mit dieser. David Hume, Freund von Adam Smith, brach auch mit
der Theorie des Gesellschaftsvertrages, die bei John Locke und später bei einigen französischen Philosophen eine große Rolle spielte.
Bis zum Anbruch der Moderne definierte eine übergeordnete Instanz,
was gut und gerecht war, die christliche Kirche. Aber die Moderne
bedeutete das Ende einer wahrhaft »katholischen« Kirche. Da niemand die Autorität besaß, den Menschen zu erklären, welche unum-
stößlichen Prinzipien das Zusammenleben der Menschen bestimmen,
muss die »menschliche Natur« dafür herhalten, solche Prinzipien
zu definieren. Die Aufgabe, die menschliche Natur zu kartieren,
unternahmen bürgerliche Philosophen, vor allem im angelsächsischen Raum. Dass die Natur dementsprechend bürgerlich war, sollte
uns nicht wundern. Auch die mittelalterliche Scholastik kannte den
Begriff »menschliche Natur« und demnach auch das Naturrecht; nur
war die menschliche Natur das Geschöpf des christlichen Gottes,
und das Naturrecht blieb dem göttlichen Recht untergeordnet. Für
die Bourgeoisie des 18. Jahrhunderts kam so etwas nicht mehr in
Frage. Sie versuchte, das Naturrecht als positives Recht aufzufassen,
als Gesellschaftsvertrag. Die Menschen verabredeten eine Reihe von
Prinzipien, mit denen das Zusammenleben von vielen verschiedenen
Menschen möglich ist und durch die ein »allgemeiner Wille« wirkt.
Für David Hume war ein solches Koordinatensystem ohne festlie-
genden Ursprung zu wenig. Für ihn kann es keine Moral ohne ein
summum bonum, ohne eine absolute, für alle verbindliche Norm

geben. Sein *summum bonum* war die Liebe jedes Menschen zu sich selbst *(self-love):*

> Die Liebe zu sich selbst ist ein Prinzip der menschlichen Natur mit einer weit reichenden Kraft, und das Interesse jedes Individuums ist im Allgemeinen so eng mit dem Interesse der Gemeinschaft verbunden, dass man solche Philosophen verstehen kann, die meinten, dass all unser Bemühen um das öffentliche Leben in das Bemühen um unser Glück und unseren Selbsterhalt aufgelöst werden kann. *(An Enquiry Concerning the Principles of Morals,* Section VI, Part II)

In einem Appendix über die Liebe zu sich selbst schreibt Hume: »… auch ohne es selbst zu wissen, suchen wir nur unsere eigene Befriedigung, wenn wir meinen, tief in Unternehmungen für die Freiheit und das Glück der Menschheit engagiert zu sein«. In dieser Gedankenwelt wurzelt Smiths *Unsichtbare Hand.* Deswegen meint Hume, dass alle Tugenden für uns selber »nützlich« und »angenehm« sein müssen; *utility* (Nutzen) war bereits um 1750, als Hume seine Moralphilosophie schrieb, eine Grundkategorie. Über Smith und Jeremy Bentham läuft dieser Gedankenstrang weiter bis zu John Stuart Mill, der 1863 sein Essay *Utilitarism* schrieb. Diese Philosophie wurde zur eigentlichen Grundüberzeugung des Liberalismus, ja mehr als das, zu seinem religiösen Bekenntnis. Bei Mill hören wir:

> Das Glaubensbekenntnis *(creed),* das als Fundament der Moral das Nutzenprinzip oder das Prinzip des größten Glücks akzeptiert, hält fest, dass Handlungen gut *(right)* sind, wenn sie die Tendenz haben, Glück zu fördern, und schlecht *(wrong),* wenn sie Tendenz haben, das Umgekehrte von Glück zu produzieren … die Theorie des Lebens ist die Basis der Theorie der Moral – das heißt: Genuss und Freiheit von Schmerz sind die einzigen Dinge, die als Zielsetzung wünschenswert sind. (Mill 1901, 9)

Die Frage bleibt, ob wir auf diese Weise das Zusammenleben organisieren können. Gesellschaft als eigenständiger Bereich ist im Utilitarismus nicht möglich. In der bürgerlichen Ökonomie wird dann auch die Vorstellung *Nutzen* als *Eigennutz* zum Zentrum des ganzen Systems. Der auf den ersten Blick so unverfängliche Begriff *utility* erhält hier eine metaphysische, ja religiöse Qualität. Dennoch muss, so modern ist die Bourgeoisie nun doch, dieser Gott messbar bleiben. Der Utilitarismus ist eine rationale Religion.

1.2.4 Walras und der Große Auktionator

Jean-Baptiste Say hat die Wirkung der *Unsichtbaren Hand* beschrieben; er verkündete Anfang des 19. Jahrhunderts, jedes Angebot schaffe immer seine Nachfrage. Damit meint Say die autonome Selbstregulierungskraft des Marktes. Dieses Gesetz ist der Wunschtraum jedes bürgerlichen Geschäftsmenschen: wirtschaften zu können, ohne dass eine übergeordnete Instanz als Krisenmanager und Verteilungskünstler regulierend eingreifen muss. Die Mathematik entwickelte neue theoretische Instrumente; man wollte der *Unsichtbaren Hand* auf die Schliche kommen. Deswegen versuchten bürgerliche Ökonomen Frankreichs nach der Beendigung der Restaurationsphase 1815–1830 eine Antwort auf die Frage zu finden: »Wie kann man die Wirkung der *Unsichtbaren Hand* mathematisch beschreiben und wie beweist man das Gesetz von J.B. Say?« Der Franzose A. Cournot hat um 1830 damit begonnen, und Léon Walras hat das Ganze dreißig Jahre später systematisch formuliert. Wir werden uns mit Walras im Kapitel über Karl Marx beschäftigen (s. u. 2.2.3); hier stellen wir seine Theorie in den Gesamtzusammenhang der liberalen Wirtschaftstheorie. In einem sich selbst regulierenden System des vollkommenen Wettbewerbs (was nichts anderes heißt als die vollkommene Freiheit der Marktteilnehmer) ist die Differenz zwischen Angebot und Nachfrage aller Teilmärkten gleich null, jedes Angebot findet, sei es auch nach langem »Herumtasten« *(tâtonner),* seine Nachfrage. Das erreicht man durch eine unbegrenzte Zahl von Gleichungen des Typus x *Ware A* $= y$ *Ware B, y Ware B* $= z$ *Ware C* usw., bei denen man am Ende eine Unbekannte zu viel hat, diese aber durch den Bezug auf einen gemeinsamen Wertstandard *(numéraire)* ausgleicht. Walras hat das Gesetz von Say bewiesen, aber nur für eine nicht-monetäre Wirtschaft. So reduziert er durch sein System von relativen Preisen die reale Geldwirtschaft zu einer imaginären Naturalwirtschaft, wo das Gesetz von Say tatsächlich gilt.[39] Dies ist auffällig wirklichkeitsfremd. Aber gerade so verfolgt die Bourgeoisie unmittelbar und ausschließlich eigennützige, politische Zwecke. Sie will keine Instanz über sich und sagt, man solle sie wirtschaften lassen, denn das System funktioniere automatisch und krisenfrei. In einem solchen Modell sind alle Krisen kleine, vorübergehende Störungen, solange man den Wettbewerb nicht reguliert (»verzerrt«, sagt man). Der Staat ist nur notwendig, um Wettbewerbsbeschränkungen (etwa Kartelle) zu unterbinden, die Regeln, die die Marktteilnehmer beschließen, gesetzlich zu verankern und für innere und äußere Sicherheit zu sorgen. Das Verkünden von Spielregeln, Justiz und Militär, alles andere sei überflüssig. Die vollständige Information aller Marktteilnehmer über alle Preispläne aller anderen Marktteilnehmer ist die Voraussetzung für den vollkommenen Wettbewerb. Walras schuf in seinem Hauptwerk *Elemente der reinen Ökonomie; Theorie* [nicht *Ursache*, man beachte den Unterschied zu Smith!] *des sozialen Reichtums* den Mythos des *Großen Auktionators*. »Preise werden ausgerufen« – das ist die Voraussetzung – und alle erklären ihre Produktions- und Konsumpläne wie auf einer gigantischen Auktion und »tasten« sich an eine Lösung heran *(Éléments d'économie politique pure,* Kap. 23, § 207). Walras schreibt:

> Der Austausch zweier Waren gegeneinander in einem Markt, wo vollkommener Wettbewerb herrscht, ist eine Handlung, durch die alle Besitzer entweder einer oder beider Waren die größtmögliche Befriedigung ihrer Bedürfnisse erzielen können, soweit die Bedingung zutrifft, dass die Waren zu einer gleichen Austauschrate auf dem ganzen Markt gekauft und verkauft werden. Das Hauptobjekt der Theorie des sozialen Reichtums ist die Verallgemeinerung dieser Behauptung, erstens durch den Nachweis, dass sie wie für den Austausch zweier auch für den Austausch aller Waren zutrifft, und zweitens, dass sie unter der Bedingung des vollkommenen Wettbewerbs sowohl für die Produktion als auch für den Tausch zutrifft ... Wir dürfen daher sagen, dass diese Behauptung der Kern sowohl der reinen als auch der angewandten Ökonomie ist. (Kap. 10, § 99)

In die Austauschrate gehe der Nutzen *(utilité)* und die Seltenheit *(rareté)* ein. Je größer die Seltenheit einer Ware und je größer der Nutzen für den Menschen sei, der die Ware erwerben (eintauschen) möchte, umso mehr andere Waren müsse er für diese eine begehrte Ware hergeben. Das gelte allgemein, sobald es Märkte mit vollkommenem Wettbewerb gibt, also Märkte, auf denen alle Marktteilnehmer frei die jeweiligen Austauschraten ihrer Waren bestimmen können. Das heißt: Die Menschen setzen autonom die relativen Preise der Waren nach der unterschiedlichen Dringlichkeit (Grad des Nutzens) fest, mit der sie die eine oder die andere Ware zu erwerben suchen. Das ist die Vision einer Gesellschaft, die nur die mathematische Summe aller Individuen ist, die sich als Anbietende und Nachfragende rein quantitativ aufeinander beziehen, anders gesagt, einer Gesellschaft, in der menschliche Beziehungen ausschließlich Marktbeziehungen sind. Die Gesellschaft ist eine Auktionsveranstaltung –

und nur das. Walras beschreibt ein *rationales* Modell. Er beweist, wie der Sozialkontrakt (Gesellschaftsvertrag?) früherer bürgerlicher Ideologen nichts als die unter den Menschen quantitativ ausgehandelte Nutzenbilanz ist.[40]

Das Modell wird auf alle Märkte angewandt, auch auf den Arbeitsmarkt. Der *Wert* einer bestimmten Arbeit wird nur durch die *Dringlichkeit* bestimmt, mit der sie nachgefragt wird – das ist die Quintessenz des Paradigmenwechsels von *Arbeitswert* zu *Grenznutzentheorem* im letzten Drittel des 19. Jahrhunderts. Keynes zitierte in seinen *Essays in Biography* einen der Begründer der neoklassischen Ökonomie, William Stanley Jevons. Dieser schrieb in seiner *Theory of Political Economy:*

> Es ist eine Tatsache, dass Arbeit, einmal ausgeführt, keinen Einfluss auf den zukünftigen Wert einer Ware hat; sie ist vorbei und für immer verloren. Im Handel ist Vergangenheit eben Vergangenheit. Wir beginnen in jedem Augenblick immer wieder bei null, indem wir den Wert der Dinge in Hinblick auf ihren zukünftigen Nutzen beurteilen. Industrie schaut immer voraus, nie zurück. Selten fällt das Ergebnis einer Unternehmung mit den ursprünglichen Absichten ihrer Förderer zusammen. (Zit. bei Keynes, *Coll. Writings X,* 131)

Dieser Text aus dem Jahr 1871 markiert den Punkt, an dem der Gesprächsfaden zwischen klassischer Theorie, der Theorie der wertschaffenden Arbeit – seit jener Zeit fast nur noch von den Marxisten verwendet –, und der Nutzentheorie abriss.[41] Der Sieg der Bourgeoisie über die alten Klassen war vollständig und unumkehrbar. Eine Verteilungstheorie auf der Basis des Kompromisses zwischen Adel und Bourgeoisie während der *glorious revolution* von 1688, auf dem auch die Trinitarische Formel des Adam Smith beruht, war nicht mehr nötig.

1.2.5 Pareto-optimales Himmelreich

Es ging ab Mitte des 19. Jahrhunderts nicht mehr darum, der *Unsichtbaren Hand* das Wirkungsfeld zu erobern. Als im letzten Drittel des 19. Jahrhunderts die Arbeiterbewegung mit ihrem Anspruch auf das ganze Wirtschaftsprodukt unübersehbar die politische Bühne betrat, sah sich die Bourgeoisie, kaum dass der alte Gegner verschwunden war, mit einem neuen konfrontiert. Deswegen musste ihre politische Ökonomie entschieden Bezug auf die

Gesellschaft als solche nehmen, ohne ihre Theorie des privaten Nutzens aufzugeben. Am Ende des 19. Jahrhunderts wurden die Grundtheoreme der Wohlfahrtsökonomie formuliert. Die Formel *Wohlfahrt* sollte gesellschaftliche Akzeptanz für den totalen Markt à la Walras erwirken. *Wohlfahrt* ist die logische Fortentwicklung der *richesse sociale* aus der Schule Walras', aber nicht genau dasselbe. *Richesse sociale* oder *Sozialprodukt* hat eine deskriptive, *Wohlfahrt* eine normierende Note. Die *Unsichtbare Hand* zeigte durch die Wirkung ihres Hohepriesters, des *Großen Auktionators,* dass sie das Gleichgewicht zwischen dem Eigennutz *nutzenoptimierender* Haushalte und dem Eigennutz *gewinnmaximierender* (und so *kostenminimierender)* Unternehmen herstellt. Auf die mystische Vorstellung *Gleichgewicht* kommen wir unten noch zu sprechen. Haushalte und Unternehmen bilden gemeinsam das optimale *Gemeinwohl* als die beste aller möglichen Welten, wenn man sie ungehindert gewähren lässt. Ist dieser Zustand einmal erreicht und ist eine Situation entstanden, in der Walras' *richesse sociale* nicht mehr zunimmt, kann niemand etwas hinzugewinnen, ohne es anderen wegnehmen zu müssen. Das beschrieb der Mathematiker und Ökonom Vilfredo Pareto aus der Schule von Lausanne, wo auch Walras tätig war. Seitdem haben wir den Mythos *Pareto-Optimum. Das Pareto-Optimum* ist das Himmelreich der neoklassischen Theorie. Wenn die Volkswirtschaft dieses optimale Niveau erreicht hat, ist eigentlich jede Veränderung sinnlos.

> … wenn … diese kleine Veränderung den Nutzen bestimmter Individuen steigen lässt und den Nutzen anderer verringert, dann kann man nicht behaupten, dass es vorteilhaft für das ganze Kollektiv ist, diese Veränderungen zu verwirklichen. (Zit. bei Godelier 1974, I, 61)

Anders gesagt: Ist ein unter den gegebenen Umständen *maximaler* Kuchen erst einmal gebacken und nach herkömmlichen Ansprüchen verteilt, dann kann der, der ein kleines Stückchen hat, nur dann mehr bekommen, wenn der, der ein großes Stück hat, davon etwas abgibt. Das würde aber gegen das Kriterium verstoßen, dass jede Veränderung für *das Ganze* bzw. für *alle* Vorteile bringen muss; diese Vorschrift ist als *Paretokriterium* bekannt. Der Mensch mit einem winzigen Stückchen kann, ohne gegen dieses Kriterium zu verstoßen, nur dann etwas mehr bekommen, wenn der ganze Kuchen größer wird. Solange eine Wirtschaft mit einem gegebenen Kapitalstock, einem gegebenen Arbeitspotenzial und einer gegebe-

nen Technologie das mögliche Produktionsniveau verfehlt, arbeitet
sie suboptimal. Sie kombiniert die vorhandenen Produktionsfaktoren nicht in einer Weise, dass ein optimales Resultat erwirtschaftet
werden kann, in Ökonomenjargon: Die *Allokation der Ressourcen*
(bei Marx heißt das in etwa *organische Zusammensetzung des Kapitals*) ist nicht *effizient. Wachstumspolitik* wäre unter *pareto-optimalen* Bedingungen die einzige effektive *Verteilungspolitik,* und das ist
bis heute die Quintessenz liberaler Wirtschaftspolitik. Pareto sagt,
unter optimalen Bedingungen sei Umverteilung für das Kollektiv
nicht vorteilhaft, nicht mehr und nicht weniger. Er sagt nicht,
dass »nicht vorteilhaft« notwendig »schädlich« sein muss. Freilich
wird allgemein »nicht-vorteilhaft« als »schädlich« interpretiert. Das
liegt am harmlosen Adjektiv *effizient.* Die Verteilungsneutralität
des *Paretokriteriums* erlaubt *theoretisch* viele verschiedene Ver-
teilungsmodi des Sozialproduktes – von extrem ungleich bis ziemlich egalitär –, ohne die Effizienz notwendig zu beeinträchtigen.
Praktisch geht man davon aus, dass es ein *Trade-off* zwischen
Effizienz und Gerechtigkeit gibt, mehr Effizienz bedeutet weniger
Gerechtigkeit, mehr Gerechtigkeit weniger Effizienz. *Effizient* ist
eine *Ressourcenallokation,* wenn sie unter den gegebenen technischen Produktionsbedingungen die geringsten Kosten verursacht.
Da Arbeit ein Hauptkostenfaktor ist, muss sie möglichst billig sein.
Ist ein Lohn – etwa aus Gründen der Gerechtigkeit – höher, als
das Gleichgewicht auf dem Arbeitsmarkt zulässt, bleibe die Wirtschaft unter ihren Produktionsmöglichkeiten, verfehle ihr Wachs-
tumsziel und geschehe den Armen längerfristig mehr Unrecht.[42]
Eine optimal funktionierende Wirtschaft sei durch den technischen
Fortschritt und somit steigende Arbeitsproduktivität notwendig eine
wachsende Volkswirtschaft, und diese werde eines Tages allen
zugute kommen. Zweck des Mythos *Pareto-Optimum* war und ist,
alte und neue Verteilungsansprüche abzuwehren, angeblich, weil
sie ökonomisch schädlich sind, tatsächlich aber, weil der soziale
Gegner geschwächt werden muss, bevor er mächtig genug wird, um
seine Ansprüche durchzusetzen. Heute steckt dieser Mythos hinter
jeder Reformpolitik.

1.2.6 Mythos Gleichgewicht

Ein Hauptmythos neoklassischer Modelle ist das optimale *Gleichgewicht* auf allen Märkten: Gütermarkt, Kapitalmarkt, Arbeitsmarkt. Als gesellschaftliche Zielvorstellung und als Beschreibung moderner gesellschaftlicher Zustände ist die Vorstellung *mythisch*. Obwohl kapitalistische Wirtschaft Chaos ist, wie uns Schumpeter lehrt, bewegt sich die liberale volkswirtschaftliche Theorie fast immer in harmonischen Sphären. In einer Walras-Gesellschaft gleichen sich alle ökonomischen Operationen aus und streben wie in der Natur zum *Gleichgewicht*. Tatsächlich bedeutet allein schon die Konkurrenz, dass *Gleichgewicht* unerwünscht ist, denn Wettbewerb ist immer versuchter und oft gelungener Verdrängungswettbewerb. Kapitalistische Wirtschaft ist keine Harmonie, sondern Krieg. Die Politik hat alle Hände voll zu tun, die gegenseitige Vernichtung der Wirtschaftssubjekte einzudämmen; verhindern kann sie sie ohnehin nur mangelhaft. Die Gleichgewichtsvorstellung ist, wie wir schon bei Walras feststellten, auffällig wirklichkeitsfremd. Das System setzt nicht auf die Gleichung Angebot gleich Nachfrage, sondern *steigendes* Angebot gleich *steigende* Nachfrage. Das kann man *dynamisches Gleichgewicht* nennen, aber das ist eher Selbstbetrug. Der Absatz von Autos z. B. *kann* auf Dauer nicht steigen. Tatsächlich stößt ein steigendes Angebot immer wieder auf Sättigung und das angebliche dynamische Gleichgewicht weicht einem Gleichgewicht von Bedürfnis und Befriedigung. Konjunktureinbrüche sind die Folge, und diese sind keineswegs Ausdruck einer gleichmäßigen Wellenbewegung. Die vielen Konjunkturtheorien haben bis heute keine zuverlässige Erklärung für die Wellenbewegung im Kapitalismus geboten, ja sie sind nicht mal in der Lage, die Wellen zuverlässig zu definieren. Sie zeigen, wie problematisch die Gleichgewichtsvorstellung ist, und sie haben eine geringe prognostische Potenz. Kapitalistische Wirklichkeit und berechenbares *Gleichgewicht* vertragen sich nicht.

Warum propagiert die Wirtschaftstheorie die Gleichgewichtsvorstellung? Die Vorstellung *Gleichgewicht,* unkritisch aus der (Meta-) Physik übernommen, transportiert den Wunschtraum einer natürlichen Selbstregulierung. Die Bourgeoisie, dem Tanz um das Goldene Kalb des merkantilistischen Staates mit seiner Gängelei entsprungen, möchte das, was wir heute *Zivilgesellschaft* nennen, eine Gesellschaft ohne Staat, aber auf alle Fälle eine Wirtschaft ohne Staat. Das kann sie aber nur dann ernsthaft fordern, wenn sie nachweisen kann, dass Selbstregulierung möglich ist. Diesen Nachweis versucht ihre politische Ökonomie seit 1870 zu erbringen. Das Gleichgewicht an sich ist bereits ein Mythos, erst recht das sich automatisch einstellende Gleichgewicht. Sobald ernsthafte Probleme – ernsthafte Störungen des angeblichen Gleichgewichts – auftreten, erschallt von allen Seiten der Ruf nach dem Staat, am lautesten aus dem Munde jener, die nachdrücklich den Rückzug des Staates aus der Wirtschaft forderten. Wenn also das angebliche Gleichgewicht gestört ist, soll eine außerökonomische Zentralinstanz die Sache wieder ins Lot bringen, angeblich um Verzerrungen – vor allem auf dem Arbeitsmarkt und bei Industriesubventionen – zu beseitigen, tatsächlich aber um jene Umverteilungen in Gang zu setzen, die mehr Wachstum des eigenen Wohlstandes erwarten lassen; etwas anderes bedeutet die Verbesserung der Gewinnaussichten zunächst nicht. Der *Mythos* Gleichgewicht erweist sich als politisches Instrument der Bourgeoisie. Sie verlangt, sowohl geschützt als auch in Ruhe gelassen zu werden, und lässt mit der Vorstellung *Gleichgewicht* »wissenschaftlich« nachweisen, dass ihre Forderungen gerechtfertigt sind. Der Mythos erweist sich als ziemlich trivial.

Ökonomisches Gleichgewicht funktioniert im Kapitalismus praktisch nicht und theoretisch nur unter völlig lebensfremden Annahmen wie z. B. unter der Voraussetzung des »vollkommenen Wettbewerbs« auf allen Märkten. Es gab und gibt ein prekäres *Machtgleichgewicht* zwischen Konkurrenten. »Leben und leben lassen«, sagt man dann, aus der Not starker Konkurrenz eine schale Tugend machend. Aber sobald der Konkurrent Schwäche zeigt, ist es mit der Rücksichtnahme vorbei. Wir lassen uns von Schumpeter belehren:

> Im allgemeinen Fall des Oligopols gibt es tatsächlich überhaupt kein Gleichgewicht und seine Möglichkeit zeigt sich darin, dass es eine endlose Reihe von Aktionen und Gegenaktionen gibt, einen unbestimmten Kriegszustand von Firmen gegen Firmen. Es ist wahr, dass es theoretisch in vielen Spezialfällen ein Gleichgewicht geben kann. Selbst in diesen Fällen ist das Gleichgewicht viel schwieriger zu erreichen als im Fall des vollkommenen Wettbewerbs, und noch schwieriger, es zu bewahren; aber die wohltuende Form des Wettbewerbs des klassischen Typs wird wahrscheinlich durch eine »räuberische« oder »halsabschneiderische« [*cutthroath*] Form ersetzt werden, oder einfach durch einen Kampf um Kontrolle in der Finanzsphäre. (Schumpeter 1942, 79f)

Wir glauben kaum, dass Schumpeter hier übertrieben hat. Es genügt, den Wirtschaftsteil bürgerlicher Gazetten zu lesen. Wenn Gleichgewicht, dann *Machtgleichgewicht,* eine soziologische, keine ökonomische Kategorie.

1.2.7 Liberale Moral – arbeitsame Arme

Die Geschichte der bürgerlichen Moral hat einen Januskopf. In unseren Betrachtungen über das Handelskapital haben wir gesehen, wie die Bourgeoisie am Werke war. Moralische Rücksichten nahm sie nicht. Ein anderes Gesicht zeigte sie in den großen Gesellschaftsentwürfen des 18. Jahrhunderts. Die Lehre des *Gesellschaftsvertrages* vor allem im Frankreich mag auf einem Mythos basieren, aber dieser Mythos war produktiv; er mündete in eine Große Erzählung von Aufklärung und Emanzipation. Von diesem Gesellschaftsentwurf her bestimmt sich die Moralität der aufgeklärten Bourgeoisie. Sie verknüpft das abstrakte Recht des Individuums mit den Forderungen der Gesellschaft. Im Laufe des 19. Jahrhunderts hat der Utilitarismus das ganze Feld besetzt. Moral ist hier nur noch ein Regelwerk für das Verhältnis zwischen Individuen auf der Basis des Prinzips des Eigennutzes. Die Moral erscheint jetzt in »ethischen Standards«. Das Sportbekleidungsunternehmen *Nike* verpflichtete sich, in S.O.-Asien keine Kinder mehr zu beschäftigen. Kinderbeschäftigung ist gut fürs Geschäft, Kinder sind kostengünstig, und wenn sie verschlissen sind, ist Ersatz leicht zu beschaffen. Kinderbeschäftigung ist aber schlecht fürs Image, also schlecht fürs Geschäft. Die Moralität der öffentlichen Meinung ist ein Kostenfaktor, den man schlecht beeinflussen kann. Die Verluste wären u.U. größer als die Gewinne aus Kinderbeschäftigung. Also werden Kinder nicht mehr beschäftigt. Der US-Jeanshersteller *Levi's,* so erzählt Naomi Klein, gab die Produktion in China auf, weil dort die Menschenrechte verletzt wurden. *Levi's* arbeitete aber weiter in China, diesmal mit Subunternehmern. *Levi's* beteuert, dass es sich an die Arbeitsgesetze halten wird, aber was sind Arbeitsgesetze in China, zumal in den »neuen Industriezonen«? *Levi's* wäscht seine Hände in Unschuld (Klein 1999, 201). Die »ethischen Standards« von heute haben eine lange Vorgeschichte.

Adam Smith hat die bürgerliche Moral begründet: solide Lebensführung und, wie wir heute sagen, schlanker Staat. Um 1830 mussten Männer zwölf bis vierzehn Stunden am Tag arbeiten, Frauen und

Kinder ab dem fünften, sechsten Lebensjahr kaum weniger, alles
ohne eine Spur von Arbeitsschutz. Die hohe Sterblichkeit vor allem
unter Frauen und Kindern konfrontierte gegen Mitte des 19. Jahrhunderts die Bourgeoisie mit der *sozialen Frage*. Ein Minimum an
Fabrikgesetzgebung wurde notwendig, aber dieses Minimum reichte
nicht aus.[43] Der jämmerliche Zustand der Bevölkerung im 19. Jahrhundert wurde zum Hemmschuh für die Akkumulation des Kapitals,
wie Wirtschaftswachstum damals hieß. Halb besoffene und schwind-
süchtige Arbeiter, kaum des Lesens und Schreibens mächtig, taugten
nicht für die Arbeit an immer anspruchsvolleren Maschinen. Volks-
bildung, Volksgesundheit und Volkswohnungsbau erachtete auch die
Bourgeoisie als notwendig, und sie beauftragte den Staat, die Versorgung der arbeitenden Menschen mit diesen notwendigen Gütern zu
organisieren.[44] Bis zur Mitte des 19. Jahrhunderts war Volksfürsorge
Privatsache, meistens Sache der Kirchen. Volksunterricht und Volks-
krankenpflege waren Aufgaben für zahlreiche alte und neue christliche Klosterorden, aber sie waren mit der neuen sozialen Frage
hoffnungslos überfordert. Trotz des nie aufgegebenen Ideals des
staatsfreien Wirtschaftens musste die Bourgeoisie den Staat an die
Front der sozialen Frage schicken, und sie war bereit, diesen Staat mit
den erforderlichen finanziellen Mitteln auszustatten. Um des Geschäf-
tes willen wurde die Bourgeoisie »sozial«. Die objektiven Notwen-
digkeiten des Kapitals veranlassten z. B. den Fürsten Bismarck dazu,
die Reichsversicherungsordnung zu erlassen (vgl. Ritter/Tenfelde
1992, 691 ff.). Freilich hätte die Politik kaum Veranlassung gehabt, in
der erwähnten Weise tätig zu werden, hätte es nicht den wachsenden
Druck der Arbeiterbewegung gegeben.

Bernard de Mandeville hatte Anfang des 18. Jahrhunderts gesagt:
»der sicherste Reichtum [der Nation] ist eine Menge arbeitsamer
Armer« (zitiert bei Marx, *Kapital I*, 643). Ab der zweiten Hälfte des
19. Jahrhunderts brauchte man zunehmend eine arbeitsfähige, also
halbwegs gesunde, über eine elementare Bildung verfügende und
angemessen untergebrachte Arbeitsbevölkerung, also eine Menge
nicht allzu elender und nicht allzu dummer arbeitsamer Armer. Die
staatliche Sozialpolitik war für die Bourgeoisie die Lösung der *sozialen Frage*.

Im Laufe der achtziger Jahre des 20. Jahrhunderts musste übrigens die Definition Mandevilles wieder umgeschrieben werden: Der
sicherste Reichtum der Nation besteht aus einer *nicht allzu großen*
Menge nicht allzu elender und nicht allzu dummer arbeitsamer

Armer. Bildung für überflüssige Arme ist herausgeschmissenes Geld, sie müssen auch nicht wirklich gesund sein, und eine anständige Wohnung für Leute, die keine Arbeit haben, ist reiner Luxus. Die Botschaft ist angekommen. 15 Jahre nach 1989 hat die Bevölkerung der am 3. Oktober 1990 aufgelösten DDR begriffen, dass 20 % der Menschen im arbeitsfähigen Alter dort nicht mehr gebraucht und folglich auf Arbeitslosengeld II gesetzt werden. Für sie ist ein Leben in Armut vorprogrammiert. Armut ist nicht nur unterdurchschnittliches Geldeinkommen, sondern die Verweigerung eines menschenwürdigen Ortes in der Gesellschaft. Darauf kommen wir am Ende des Buches zu sprechen. Die Bourgeoisie hat sich bei der Moral nie lange aufgehalten; wo sie moralisch sein musste, wurde sie durch die Arbeiterbewegung dazu genötigt. Inzwischen zeigt sich, dass die Bourgeoisie die Moral als solche ruhig entsorgen kann. Sie muss keine »neue soziale Frage« lösen, sondern sieht nur noch Menschen, die in ihren Augen viel zu hohe Kosten verursachen.

Wo die Moral entgültig ausgedient hat, ist der Polizeistaat nicht fern.

1.2.8 Ein kurzer Seitenblick auf den Staat

Dem Staat sind die Aufgaben abhanden gekommen, mit denen ihn die Bourgeoisie ein Jahrhundert lang betraute. *Sozialstaat* ist nicht mehr, kann nicht mehr sein, soll nicht mehr sein. Die Kräfte, von deren Gnade er abhängt, wollen eine andere Gesellschaft und dementsprechend eine neue Funktionsbeschreibung des Staates. Das verkünden sie durch den Mund der Verbandsfunktionäre der Industrie, der Arbeitgeber, des Industrie- und Handelstages usw., täglich! Für die Folgen ist die Polizei zuständig. Staat war notwendig, um die Gegnerin der Bourgeoisie im Zaum zu halten. Als die Arbeiterbewegung an politischer Kraft der Bourgeoisie ebenbürtig geworden war, musste der Staat als hemmungsloser Gewaltstaat die Sache der Bourgeoisie besorgen, wie der Triumph des Faschismus in fast ganz Europa zeigte. Nach dem Krieg hatte er unschätzbare Dienste als Schiedsrichter zu spielen, als bürgerlicher Schiedsrichter, versteht sich. Eher konnte man ihn als Trainer der Bourgeoisie auffassen, der die bürgerlichen Spieler dazu bringen musste, keine unnötigen Fouls zu begehen. Inzwischen ist weder ein Schiedsrichter noch ein Trainer notwendig, da die Gegnerin – die Arbeiterbewegung – das Spielfeld längst verlassen hat und kein Spiel mehr stattfindet. Hegel sagte richtig voraus, dass die bürgerliche Gesellschaft aus sich keinen Staat hervorbringt, allenfalls »Korporationen und Polizei«.

Was bleibt vom Staat? Tatsächlich wird heute der größte Teil sozial- und wirtschaftspolitischer Maßnahmen von Verbänden der Kapitaleigentümer formuliert und durchgesetzt. Die Bourgeoisie braucht den Staat, weil sie kein monolithischer Block ist. Sie braucht eine Instanz, die Regeln festsetzt, nach denen die Kommunikation zwischen den einzelnen Akteuren (Finanzkapital, Handelskapital, Industriekapital, Spekulationskapital) organisiert werden muss. Eine Zentralinstanz muss die z. T. gegensätzlichen Vorschläge der Verbände miteinander in Einklang bringen. Sie leistet die juristische Grobarbeit, für das tägliche Geschäft hielt und hält sich die Bourgeoisie ihre eigenen Winkeladvokaten. Versagt der Staat, erhalten wir eine Situation wie in Kolumbien, wo das Spiel zwischen Großgrundbesitzern, städtischer Bourgeoisie, Industrie und Drogenkapital *regelfrei* verläuft, das heißt, in Form eines Bürgerkriegs. Staat als schiedsrichterliche und disziplinarische Anstalt wie schon in der Zeit des Handelskapitalismus muss auch in Zeiten des tiefsten Neoliberalismus sein. Er muss die Regeln für das Zusammenleben festlegen und vor allem die Menschen überwachen und disziplinieren, die nicht länger marktfähig sind. In den USA befanden sich 2003 mehr als 2.000.000 (1997 waren es »erst« 1.293.000) Menschen in Haft. Hätten wir die gleiche Strafgefangenenrate wie in den USA, dann müssten wir in Deutschland knapp 700.000 Häftlinge haben; tatsächlich haben wir ungefähr 70.000. Diese Rate lässt sich nach verbreiteter Auffassung auch in Deutschland steigern; Richter Schill stieß wegen seiner drakonischen Strafen gegen Kleinkriminelle auf große Zustimmung. In den USA sind Millionen von Menschen gezwungen, für einen Hungerlohn die Arbeit zu machen, die die Sozialbehörde ihnen zuweist. Für sie ist Freizügigkeit praktisch aufgehoben. Der Staat bietet dagegen als wichtigste Dienstleistung selber *security* an. In New York City wurden 1995 360.000 Festnahmen durchgeführt, 1.000 am Tag. Darunter viele Jugendliche, vorwiegend Schwarze. Der französische Soziologe Loïc J. D. Wacquant, dem wir die Daten aus den USA verdanken, hat diesen Prozess unter dem Titel »Vom wohltätigen Staat zum strafenden Staat« (1997, 7) beschrieben. Im ganzen Norden erleben die Menschen die Rückentwicklung des Staates vom Sozialstaat zum Sicherheitsstaat. Gerade wegen einer aus jeder gesellschaftlichen Verantwortung entlassenen Marktordnung braucht die Bourgeoisie mehr denn je den Sicherheitsstaat. *Innere Sicherheit* wird zunehmend auch bei uns zum Hauptelement der Politik. Es gibt aber ein anderes, reales Sicherheitsproblem, die zunehmende Unsicherheit der Menschen über ihre Zukunft. Diese Unsicherheit lassen vor allem chancenlose Jugendliche ohne jede realistische Aussicht auf berufliches Fortkommen aneinander und an zu Unpersonen gestempelten Menschen aus, Alten, Behinderten, Obdachlosen, Menschen ausländischer Herkunft, Juden. Die Bourgeoisie zieht daraus die Konsequenz, dass sich in nächster Zukunft besser doch mit der Knute regieren lässt. Kriminalitätsprävention durch mehr, bessere und deswegen sehr viel teurere Kindergärten, Schulen, Elternberatung, professionelle Jugendarbeit, Aus- und Fortbildungseinrichtungen kosten mehr Geld als der Ausbau des Gefängniswesens. Deswegen: *mehr Staat* für immer *mehr Menschen.* Das zeigt sich nicht nur in mehr Polizei und Justiz, sondern auch in der wachsenden Papierflut, mit der sich die Leute bei der Antragstellung auf Sozialleistungen konfrontiert sehen. Das zeigt auch die Neudefinition von Zumutbarkeit. Es winkt der alte Arbeitsdienst im neuen Gewande. Jedenfalls muss auch der Liberalismus mehr Staat verlangen.

Wir haben versucht, die Grundgedanken der politischen Ökonomie der Bourgeoisie in den verschiedenen Phasen ihrer Herrschaft zusammenzufassen. Dann ging es uns um die Auswirkung auf die Gesellschaft, die Resultate ihrer Moral. Die Bourgeoisie bringt seit zwei Jahrhunderten immer wieder die gleichen liberalen Platituden. Es hat natürlich Ausnahmen gegeben. Keynes war eine Ausnahme, weil er die Tatsache, dass die Bourgeoisie zwar herrschen wollte, ihre Herrschaft jedoch niemals ganz ungeteilt sein konnte, in seiner Theorie berücksichtigte. Deswegen werden wir uns mit ihm ausführlicher beschäftigen (s. u. 1.4.1.).

Bevor wir uns dem Liberalismus als solchem zuwenden werden (s. u. 1.4.–1.6.), schließen wir unsere historische Darstellung mit einem Abriss der ökonomischen Nachkriegsgeschichte und der großen Epochenwende um 1980 ab.

1.3 Das große Roll-back

1.3.1 Die Politikumstellung im letzten Kriegsjahr

Der Wiederaufbau der europäischen Volkswirtschaften stand in den letzten beiden Kriegsjahren, als die Niederlage der deutschen Faschisten sicher war, im Vordergrund. Die notwendigen Mittel sollten vor allem durch die extrem niedrigen Reallöhne in den ersten Nachkriegsjahren, also durch einen hohen »Ausbeutungsgrad«, um mit Joan Robinson (1969) zu reden, erarbeitet werden. Aber Arbeit ist ohne Kapitalausrüstungen unmöglich. Eine Anschubfinanzierung war daher dringend erforderlich, um die Phase der Rekonstruktion in den vom Krieg zerstörten Ländern der Handelspartner abzukürzen. Rigide staatliche Investitionslenkung, staatliche Überwachung der Lohnhöhe und Devisenbewirtschaftung sollten dafür sorgen, dass die Profite der Kapitalakkumulation, also dem Ausbau des Produktionsapparates, zugeführt wurden. Die nach der Rekonstruktionsphase einsetzende Steigerung aller Reallöhne sorgte dafür, dass das System in den europäischen Industrieländern westlich der Elbe, in Nordamerika, Japan und Ozeanien (Australien und Neuseeland) ein Vierteljahrhundert ungeahnter Stabilität und Prosperität erlebte. Die Prosperität wurde zum erklärten Politikziel, im Gegensatz zur Politik der Jahre zwischen den großen Kriegen.[45] Das geschah nicht aus Liebe zu den Massen. Eine Hauptrolle spielte bei den politischen Eliten vielmehr die Sorge, die Lohnarbeiterschaft könnte dem Kommunismus auf den Leim gehen, zumal die Sowjetunion die Verheerungen des Zweiten Weltkriegs als neue Supermacht überlebte. Die Angst, Millionen demobilisierter, auf die Arbeitsmärkte drängender Soldaten könnten keine Arbeit finden, und die Aussicht, das in Rüstungsproduktion engagierte Kapital bliebe ohne angemessenen Gewinn, stand eindeutig hinter den Projekten *Bretton Woods* und *Marshallhilfe*. Franklin D. Roosevelt war im November 1944 zum dritten Mal zum Präsidenten der USA gewählt worden. Als stellvertretender Außenminister war für sein neues Kabinett Dean Acheson vorgesehen. Solche Kandidaten müssen sich in den USA einem Hearing vor dem Kongress stellen. Das Protokoll im Falle Acheson ist überliefert. Er wurde im November 1944 durch den Vorsitzenden der Hearingkommission Worley befragt (zitiert in Williams 1962, 235ff):

Acheson: »Wir können nicht noch einmal eine Periode wie die zehn Jahre Ende der zwanziger, Anfang der dreißiger Jahre durchleben ohne die weitreichendsten Folgen für unser wirtschaftliches und soziales System ... Ich nehme an, dass die Sowjetunion ihre gesamte Produktion im Inland verbrauchen kann. Wenn Sie den gesamten Handel und das Einkommen der Vereinigten Staaten, also das Leben des Volkes, zu kontrollieren wünschen, dann könnten Sie es so einrichten, dass alles, was hier produziert wird, auch hier verbraucht wird. Das würde unsere Verfassung vollständig ändern, unsere Beziehung zu Eigentum, menschlicher Freiheit, unsere Rechtsauffassung. Niemand zieht das in Betracht. Deshalb müssen Sie nach auswärtigen Märkten Ausschau halten ... Das Erste, was ich hier sagen möchte, ist, dass wir diese Märkte für den Ausstoß der Vereinigten Staaten brauchen. Wenn ich mich hier irre, dann können Sie meine Argumente vergessen. Aber es ist meine Überzeugung, dass wir in den Vereinigten Staaten ohne die auswärtigen Märkte keine Vollbeschäftigung und keinen Wohlstand haben können ...«

Worley: »Ich denke, wir sind einer Meinung.«

Acheson: »Wie stellen wir es an, dass wir diese Märkte bekommen? Für den Anfang sollten Sie Kredite zur Verfügung stellen. Ich glaube aber nicht, dass privates Kapital dazu in der Lage wäre.«

Worley: »Warum nicht?«

Acheson: »Ich denke nicht, dass es genügend privates Kapital gibt, das bereit wäre, sich in solch riskanten Aktivitäten zu engagieren.«

Worley: »Sie meinen nicht, dass es ein Friedensabkommen ohne multilaterale wirtschaftliche Abmachungen geben wird?«

Acheson: »Ich sehe nicht, wie das [ohne multilaterale Wirtschaftsabkommen, etwa *Bretton Woods,* d. V.] funktionieren könnte, Herr Vorsitzender. Wenn wir das probieren, müssten wir uns ausschließlich auf Gewaltanwendung verlassen. Ich denke, das funktioniert nicht.«

Marshallhilfe und eine verlässliche Wirtschaftsordnung der Industrieländer des Westens, wie sie im Bretton-Woods-Abkommen aus der gleichen Zeit festgelegt wurden, waren Funktionen der US-Innenpolitik. Immerhin gab es in den Vereinigten Staaten Sorgen um das »wirtschaftliche und soziale System«. Die Parameter waren »Vollbeschäftigung und Wohlstand«. Das gesellschaftliche Gleichgewicht zwischen Arbeiterbewegung und Bourgeoisie war nach Ansicht der politischen Eliten der Preis, den die Bourgeoisie für den Erhalt ihres wirtschaftlichen und sozialen Systems und für ihre führende Rolle darin zu zahlen hatte. Außen- und innenpolitisches Gleichgewicht der Kräfte war die Voraussetzung für eine Regulierung, die kontinuierlich steigende Reallöhne nicht nur ermöglichte, sondern vorschrieb.

Man braucht nur dieses Fragment aus dem Hearing Achesons zu lesen um zu erfassen, in welcher völlig anderen Welt wir heute leben. Man vergleiche sie nur mit den Äußerungen und der Praxis der heutigen Reformregierungen. Nicht der Wohlstand, sondern die Armut ist heute die Leitvorstellung der Politik. Den Maßstab setzt eine garantiert gewerkschaftsfreie Zone in China und Südostasien mit Ausbeutungsverhältnissen, die Europa seit Mitte des 19. Jahrhunderts nicht mehr kannte.

Alle Ökonomien waren und sind *mixed economies,* wie es im Westen damals hieß. Auch sozialistische Ökonomien müssen die private Planung berücksichtigen[46], und auch die neoliberalste Volkswirtschaft bedarf der staatlichen Planung. Die westliche Ökonomie der Nachkriegszeit war kapitalistisch ohne Wenn und Aber, die Gesellschaftsstruktur bürgerlich ohne Wenn und Aber. Das Kapital war die letzte Instanz, auch in der Politik. Dennoch konnte die Bourgeoisie nicht einfach machen, was ihr in den Kram passte, sie musste sich auf Kompromisse mit der Arbeiterbewegung einlassen. Die Vermittlerrolle hatte dabei der Staat zu übernehmen, wobei die Arbeitgeberseite die Grenzen für die Kompromisse festlegte. Die Arbeiterbewegung war stark genug, ihre Lohnforderungen durchzusetzen.[47] Das kam durch die Stärkung der Kaufkraft der Konsumgüterindustrie zugute und mittelbar der Investitionsgüterindustrie. Man kann daher von einer kapitalistischen Gesellschaft reden, in der ein gewisses Gleichgewicht zwischen Unternehmern und Arbeiterbewegung herrschte.

In diesem Abschnitt versuchen wir noch einmal systematisch zu erfassen, was in den letzten fünfundzwanzig Jahren mit uns geschah. Führen lassen wir uns dabei von Joan Robinson, die gerade dieses Gleichgewicht zum Zentrum ihrer Überlegungen gemacht hat, und von Karl Georg Zinn, der den Zusammenbruch dieses Gleichgewichts durchdachte.

1.3.2 Steigender Wohlstand nach 1950

Joan Robinson (1903–1980) hatte Anfang der sechziger Jahre des 20. Jahrhunderts einen kurzen Artikel unter dem Titel »Eine nochmalige Betrachtung der Werttheorie« geschrieben. Zentral stehen bei ihr die Begriffe *Profitrate* – das *Verhältnis zwischen den Gewinnen und den Produktionskosten* inklusive Arbeitskosten – und *Ausbeutungsgrad* – das *Verhältnis zwischen Einkommen aus Lohnarbeit und den Einkommen aus Unternehmertätigkeit*, in etwa unsere *Lohnquote.* Die

Terminologie ist marxistisch gefärbt, wohl um mit den damals nicht einflusslosen marxistischen Linken in Großbritannien im Gespräch bleiben zu können. In jeder kapitalistischen Wirtschaft wird nur das produziert, was mittelfristig den Gewinnerwartungen entspricht. Die Löhne können deswegen nicht so hoch werden, dass die durchschnittlichen branchenspezifischen Gewinnerwartungen enttäuscht werden. Andererseits können die Gewinne nicht in die Höhe geschraubt werden, solange eine starke Arbeiterbewegung im Kapitalismus ein bestimmtes Reallohnniveau erzwingen kann. Ist die Arbeiterbewegung schwach, können die Unternehmen die Profitrate und somit den Ausbeutungsgrad erhöhen. Ist sie stark, kann sie den *Ausbeutungsgrad* zwar nicht zu ihren Gunsten ändern, aber sie kann ihn *konstant* halten. Das genau geschah in der Nachkriegszeit:

> In einer erfolgreichen, modernen kapitalistischen Wirtschaft jedoch, in der die Bevölkerung kaum noch wächst, die Gewerkschaften stark sind und die Konkurrenz zwischen den Kapitalisten nicht zulässt, dass die Preise schneller steigen als die Kosten, bleibt der Ausbeutungsgrad mehr oder weniger konstant. Der Reallohn pro Arbeitskraft nimmt in dem Maße zu, wie der Pro-Kopf-Ausstoß steigt. (Robinson 1967, 68)

Dies ist eine sehr prägnante Beschreibung der politischen Ökonomie in den westlichen Industrieländern der Nachkriegszeit. Konstanter Ausbeutungsgrad war durchaus im Sinne der Kapitalseite. Reallöhne, die im Gleichschritt mit dem Pro-Kopf-Ausstoß – bzw. mit der *Arbeitsproduktivität* – steigen, sichern den Absatz der Produktion. Das gibt natürlich nur eine Haupttendenz wieder; es gab damals ein deutliches Gefälle zwischen Zentral- und Nordwest-Europa einerseits und Südeuropa andererseits. Aber letztlich setzte sich diese Tendenz durch, wenn auch nicht ohne Unterbrechungen und Krisen. Joan Robinson benennt die Voraussetzungen. Eine kaum noch wachsende Bevölkerung bedeutet, dass ökonomisches Wachstum im Wachstum der Einzeleinkommen zum Tragen kommen kann. Starke Gewerkschaften bedeuten, dass die Nominallöhne nicht fallen, vielmehr kontinuierlich über die Inflationsrate hinaus, also real steigen können. Nur steigende Reallöhne können in den modernen Volkswirtschaften ökonomisches Wachstum bewirken, weil sie durch ihre vermehrte Nachfrage nach Konsumgütern eine vermehrte Nachfrage nach Investitionen zur Folge haben; anders gesagt, steigende Nachfrage nach Konsumgütern und steigende Nachfrage nach Investitionsgütern – beides zusammengenommen heißt *effektive Nachfrage* –

bedingen sich gegenseitig und sind die Voraussetzung für Wachstum. Konkurrenz zwischen den Einzelkapitalisten sorgt dafür, dass kein einzelner Kapitalist ungestraft an der Preisschraube drehen kann. Außerdem hemmen starke Gewerkschaften den Trieb zum Extraprofit. Die Preissteigerung blieb maßvoll und beherrschbar. Wir hatten kapitalistische Gesellschaften mit einem ausgeprägten sozialen Gleichgewicht. Für dieses Gleichgewicht sorgte übrigens der Kalte Krieg. Die westlichen Industrieländer konnten sich keinen ausufernden Klassenkampf im Innern leisten.[48]

Joan Robinson verweist auf zwei »Ungereimtheiten des Systems«. Erstens erweisen die Gewerkschaften den kapitalistischen Unternehmen einen Dienst, »indem sie den Ausbeutungsgrad unter Kontrolle halten, so dass die steigenden Reallöhne einen expandierenden Markt für deren Waren bieten« (a.a.O., 70). Die Ungereimtheit besteht darin, dass *kontrollierte* Ausbeutung, also *Mäßigung* des Profittriebs, im Interesse der Kapitalisten selber war, ein Dienst, der ihnen ausgerechnet vom »Klassenfeind« erwiesen wurde! Die zweite Ungereimtheit ist, dass die Gewerkschaften in einem Entwicklungsland ihre Mitglieder dazu anhalten müssen, den Ausbeutungsgrad hoch zu halten, damit die internationale Konkurrenzposition der betreffenden Volkswirtschaft verstärkt wird und dies zu steigender Beschäftigung führt. Deswegen der berühmt-berüchtigte Spruch Joan Robinsons »Ausbeutung ist schlecht. Nicht-Ausbeutung ist schlechter«. Hier steckt die Ungereimtheit darin, dass die Arbeiterorganisationen zunächst die Arbeiter selber disziplinieren müssen.[49] In dem Augenblick, wo der Binnenmarkt zunehmend an Bedeutung gewinnt, müssen sich die Gewerkschaften von der zweiten auf die erste Ungereimtheit umstellen. Wie in Südkorea: von der Staatsgewerkschaft der siebziger Jahre (Disziplinaranstalt für die Arbeiter) über die Barrikadenkämpfe der illegalen Gewerkschaften der achtziger Jahre zu den freien Gewerkschaften der neunziger Jahre (Mäßigung des kapitalistischen Profittriebs). Marxistische Klassenkämpferin war Joan Robinson nie, aber sie konnte und kann uns lehren, die Verhältnisse in einer kapitalistischen Gesellschaft realistisch zu analysieren. Ihr letzter Satz in diesem Artikel lautet: »Es ist die Aufgabe der reinen Logik, uns von Unsinn zu befreien – nicht uns zu sagen, was wir glauben sollen.« Würde sie jetzt leben, hätte sie viel Arbeit.

1.3.3 Die Epochenschwelle

Die Periode um die Mitte der sechziger Jahre wird oft als die Periode der »Studentenbewegung« diskutiert. Tatsächlich war diese Bewegung sehr uneinheitlich. Sie war ein Symptom unter vielen anderen und markiert eine umfassende Epochenschwelle. Man müsste sie an den sechziger Jahren in den USA studieren. Ein Vorbote war nicht nur das Buch Daniel Bells *The End of Ideology* (vgl. 2.3.4), sondern das damals sehr populäre Werk des Ökonomen Kenneth Galbraith, *The Affluent Society*. Der Übergang der Ökonomien der Knappheit zu den Ökonomien des Überflusses, von Keynes schon um 1930 vorhergesagt, kennzeichnete eine Situation, in der nicht nur die ökonomischen Probleme, verursacht durch die Kriegsverwüstungen, überwunden waren, sondern in der auch ein in der Menschheitsgeschichte nie da gewesener breiter Volkswohlstand erreicht wurde. Gruppen, die an dieser Entwicklung nicht partizipierten, meldeten ihre Ansprüche unüberhörbar an. Es war die Zeit der *civil rights* für die, die keine *rights* hatten. Martin Luther King verkündete einen Traum. Er hatte den Traum, dass die erhabene bürgerliche Rhetorik praktische Konsequenzen haben kann und haben soll. Die schwarze Bevölkerung hatte um 1966 freien Zugang zu allen Restaurants. Was aber, so fragte Martin Luther King, nutze die Freiheit, in ein Restaurant gehen zu können, wenn man nicht einmal das Geld habe, sich dort einen Hamburger zu kaufen. Wenn Bürgerrechte nicht zu sozialen Rechten werden, sind sie keine Rechte, keine *Menschen*rechte. Wie ernst die weiße, aufgeklärte Bourgeoisie der USA es mit *civil rights* meine, entscheide sich an den Zuständen in den Slums der großen Städte. Diese Slums brannten, Watts, Los Angeles 1964, Newark, Detroit 1967. *War on poverty,* Krieg gegen die Armut, hieß es. *Great society,* große Gesellschaft für alle, verkündete die Regierung. *Guaranteed annual income* hieß eine wichtige Forderung, garantiertes jährliches Einkommen für jeden Menschen in den USA, das Land hätte die Mittel dazu gehabt. In den sechziger Jahren arbeitet John Rawls an seiner Theorie der Gerechtigkeit, *Justice as Fairness*. Hinter aller westlichen Demagogie meldete sich auch eine Bourgeoisie zu Wort, die ihre eigene Große Erzählung von Emanzipation und Aufklärung ernst nahm; 1960–1968 waren Jahre einer großen nationalen Diskussion. Martin Luther King wurde im April 1968 unter nie geklärten Umständen erschossen. *White America has declared war on black America*, schrien die schwarzen Studierenden. Die große

Diskussion war mit den Morden an Martin Luther King und Robert
Kennedy (Juni 1968) beendet. Richard Nixon kam und machte erst
einmal ernst mit dem Krieg gegen Vietnam, blies den Krieg gegen
die Armut ab, zerschlug die radikalen Organisationen der schwarzen
Jugendlichen. Die Slums ertranken in Heroin und politischer Apathie.
Das Fenster einer umfassenden öffentlichen Debatte um eine neue
Gesellschaft wurde und blieb bis heute geschlossen. Seitdem macht
die Bourgeoisie ohne viel Aufhebens *business as usual.* Auch im
Osten wurden breite, zum Teil kontroverse und öffentliche Überlegungen über eine neue und humanere Gesellschaft geführt. Die
Führung der Sowjetunion brach das Gespräch ab und entschied,
den Massenkonsum durch verstärkte Kooperation mit dem Westen
und notfalls durch Kreditfinanzierung auszubauen.[50] Kehren wir zu
Joan Robinson zurück. Anschließend an das oben besprochene Zitat
schrieb sie:

> Jeder Versuch, die Akkumulationsrate oder das Ausmaß an konsu-
> mierten Profiten zu erhöhen, ohne dass der andere Teil [der Real-
> löhne d. V.] reduziert wird, würde eine heftige Inflation hervorrufen,
> da die Gewerkschaften die Geldlohnsätze hinaufschrauben würden,
> damit sich ihr Anteil nicht verringert. Zugleich ist es Gewerkschaften
> unmöglich, den Lohnanteil zu erhöhen. Wenn eine bestimmte Pro-
> fitrate als »normal« betrachtet wird, kommt sie in entsprechenden
> Profitspannen zum Ausdruck – Preisbestimmung durch »Kosten-
> deckung«. Die Gewerkschaften können nicht direkt auf die Reallöhne
> einwirken; sie können lediglich die Geldlöhne beeinflussen. Wenn die
> Geldlöhne erhöht werden, schlägt man den gestiegenen Kosten die
> üblichen Spannen zu; im Verhältnis zu den Löhnen ziehen die Preise
> mehr oder weniger an, so dass der Versuch, die Reallöhne zu erhöhen,
> vereitelt wird. (a.a.O., 68f)

Diese Zeilen sind die genaue Beschreibung dessen, was nach
1970 geschah. Unter Akkumulationsrate wird hier das Wachstum
der Ausstattung mit Kapitalgütern verstanden. Unter »konsumierte
Gewinne« wird der Konsum der Unternehmer verstanden. »Konsumierte Gewinne« bestehen aus der Verwendung der Gewinne für
den Ankauf von Investitionsgütern und für den Ankauf von Gütern
für ihren eigenen Konsum. Letzteres mag bei einem kleinen Hand-
werksbetrieb ins Gewicht fallen, bei den Gewinnen der großen Konzerne fällt der Privatkonsum der Unternehmer bzw. des Manage-
ments kaum auf. Sättigungserscheinungen vor allem auf den Märkten
der langlebigen Konsumgüter schränkten die Fähigkeit der Unterneh-

men, ihre Betriebe zu vergrößern und so langfristig die Profitrate zu sichern, ein. Die Unternehmer versuchten, auch unter diesen Umständen ihre Gewinnmargen zu halten: sie drehten an der Preisschraube. Solange die Gewerkschaften stark genug waren, konnten sie Lohnerhöhungen leicht über die Inflationsrate hinaus durchsetzen[51]. Die Folge war beschleunigte Inflation. Eine weitere Folge war der Rückgang der Investitionsneigung der Unternehmer: Stagnation und eine Arbeitslosigkeit, die im Januar 1975 zum ersten Mal seit mehr als zwanzig Jahren die Grenze von einer Million Arbeitslosen durchbrach. Aus *Inflation* und *Stagnation* bildete man das Kunstwort *Stagflation*. Joan Robinson hatte schon 1962 die neuartige Krise, an der das ökonomische Regelsystem der Nachkriegszeit zu Grunde gehen würde, vorhergesagt.[52] Kaum ahnen konnte sie freilich, dass nach 1980 das Feld von einer ausgesprochen platten Variante jener neoklassischen Theorie unangefochten beherrscht werden sollte, die sie als Schülerin und Kollegin Keynes' ein Leben lang bekämpft hatte.

Jeder Versuch, das gesellschaftliche Gleichgewicht zugunsten der Kapitalseite zu verändern, wird in Robinsons »modernen Gesellschaften«, in denen es starke Gewerkschaften gab, mit zunehmender Inflation beantwortet. Dies ist eine »keynesianische« und wohl auch realistische Erklärung der Inflation der siebziger Jahre. In der Bundesrepublik Deutschland war das zwischen 1974 und 1983 der Fall. In noch stärkerem Maße waren Volkswirtschaften wie die der USA, Großbritanniens, Frankreichs, Italiens usw. von dieser Situation betroffen, wo die Inflationsraten zweistellige Dimensionen erreichten.[53] Wollen die Verwalter und Eigentümer großer Geldvermögen den schleichenden Wertverlust ihres Reichtums nicht in Kauf nehmen, dann müssen sie ihren Angriff direkt gegen das Nachkriegssystem als solches richten. Sie müssen die Macht der Gewerkschaften zerschlagen. Dazu müssen sie die Rolle des Staates neu definieren.

1.3.4 Ausweg aus der Stagflation

Der kapitalistische Norden wurde gequält durch die Krankheit *Stagflation*. Es gab zwei Auswege. Zum einen konnten die Ersparnisse eingezogen werden und über den Staat für die Erzeugung öffentlicher Güter verwendet werden. Das schwedische Modell ging diesen Weg. Durch eine rabiate Steuerprogression wurden die nicht benötigten Gewinne für Investitionen in die immaterielle Infrastruktur, Bildung in weitesten Sinne des Wortes u. Ä., eingesetzt. Da gleichzeitig

die inflationären Tendenzen wirksam blieben, wurden die Geldvermögen durch die Inflation und durch die ausgeprägte Einkommen-
steuerprogression entwertet. Dieses Modell stieß bei den Besitzern
und Verwaltern größerer Geldvermögen auf wenig Gegenliebe, und
vermögende Leute wie der Tennisspieler Björn Borg, der Filmregis-
seur Ingmar Bergman und die Autorin Astrid Lindgren setzten sich
als Steuerzahlende nach Monaco ab. Das mag eine Skurrilität gewesen sein, sie folgten aber nur dem Beispiel der Firmeninhaber und
der Vermögenden überhaupt. Das schwedische Modell kollabierte
wegen Überschuldung; die Ausgaben blieben, die Einnahmen gingen
wegen der Stagnation drastisch zurück. Bleibt der andere Ausweg.
Wenn die Kapitalseite trotzdem reicher werden will, geht das nur
auf Kosten der Arbeitenden. Es entsteht ein neues Bündnis: Kapital
und Staat gegen die organisierte Arbeiterschaft und Inflation.[54] Im
Kapitalismus können, wie gesagt, Gewerkschaften die Kapitalseite
nicht schwächen; umgekehrt geht das aber sehr wohl. Der neue Weg
war daher eine radikale Politikumstellung, die Änderung des gesellschaftlichen Gleichgewichts der Nachkriegszeit. Die Voraussetzungen Joan Robinsons mussten geändert werden. Sie würde hier von
einer Erhöhung des »Ausbeutungsgrades« sprechen, anders gesagt:
deutliche Senkung der Reallohnquote. Dazu war die Zerschlagung
der Gewerkschaften eine notwendige Bedingung. Dieser Prozess
wurde in den angelsächsischen Ländern und den Niederlanden schon
in den achtziger Jahren abgeschlossen, Skandinavien folgte Anfang,
Deutschland erst Ende der neunziger Jahre.[55]

Was für Joan Robinson rein theoretisch denkbar, praktisch aber
unmöglich schien, die radikale Änderung des gesellschaftlichen
Gleichgewichts, ist jetzt als einzige Möglichkeit übrig geblieben:
die stetige Erhöhung des Robinson'schen »Ausbeutungsgrades«, des
Verhältnisses zwischen Einkommen aus Geld- bzw. Sachvermögen
und Einkommen aus Lohnarbeit. Kapitalverwertung zu einer angemessenen Verzinsung – das heißt: reale Gewinne im Rahmen der
globalen, branchenspezifischen Gewinnerwartungen – war in der
Nachkriegszeit nur möglich durch die reale Beteiligung am gesamt-
wirtschaftlichen Wachstum jener Menschen, die von Lohnarbeit
leben müssen. Die Voraussetzung »starke Gewerkschaften« stand für
die Kraft der Arbeiterbewegung überhaupt. Keine politische Partei
konnte es sich bis in die siebziger Jahre erlauben, offen gegen die
Interessen der Arbeiterbewegung aufzutreten, nicht einmal die Repu-
blikanische Partei der USA *(Eisenhower, Nixon)* oder die Konserva-

tive Partei Großbritanniens *(MacMillan, Heath)*. So wie heute alle politischen Parteien neoliberal sind, so waren sie damals alle mehr oder weniger sozialdemokratisch. *Radikal* nennen wir jene Politikumstellung, die das fundamentale gesellschaftliche Gleichgewicht nicht nur ändern will, sondern diese Änderung geradezu als einzige Chance für die Gesellschaft und somit als unumkehrbar und alternativlos propagiert. Diese neue politische Linie schreibt allen politischen Parteien, die sich Chancen auf eine Mehrheit ausrechnen, zwingend vor, die Politikumstellung zu akzeptieren.

1.3.5 Brave new world

In Schweden wurde Anfang der neunziger Jahre die Umstellung der Politik apodiktisch verordnet mit der Parole: »So geht es nicht weiter«. Warum es nicht so weitergehen konnte, wie was für wen anders werden sollte, war kein Gegenstand eines öffentlichen Diskurses. Der Kern der Umstellung musste ja verschleiert werden. Niemand kann Wahlen gewinnen, wenn er oder sie sagt: »Die meisten von euch müssen ärmer werden, eine Minderheit wird auf alle Fälle reicher werden müssen.« Keine Partei kann öffentlich erklären: »Wir sind die Partei der Besserverdienenden.« Die Partei, die das um 1994 versuchte – die FDP –, musste anschließend um ihr politisches Überleben bangen. Die »Erhöhung des Ausbeutungsgrades« ist und bleibt das *eigentliche Ziel* und zugleich *der am tiefsten zu versteckende Inhalt* aller »Reformpolitik«. Und wenn man sie nicht ganz verheimlichen kann, dann muss sie als eine notwendige Durststrecke erklärt und verklärt werden: »Alle müssen einen Beitrag liefern«. Tatsächlich geht es um den kontinuierlichen und dauerhaften Rückgang der *Reallöhne*. Da Lohnnebenkosten Bestandteile des Reallohns sind und die Leute zunächst auf die monatliche Geldsumme, auf den Nominallohn schauen, wurde dort der Hebel angesetzt. Der nächste Schritt ist die Arbeitszeitverlängerung ohne Lohnausgleich. Dann wird man sich an das nominale Lohniveau, an die Geldlöhne selber heranmachen.

Die Länder, die jene »Reformen« schon seit mehr als einem Jahrzehnt durchführten, haben keine »Durststrecke« bewältigt, sondern eine auf Dauer angelegte Verarmung des unteren Viertels bis Drittels der Bevölkerung (unter 75% des Durchschnittseinkommens), eine Erosion der Mittelgruppen (75 bis 150% des Durchschnittseinkommens) und die Begünstigung der oberen 25 bis 30% der Einkommensgruppen erreicht. Die Gruppe derjenigen, die in den USA die Hälfte des Durchschnittseinkommens oder weniger verdienten, wuchs zwischen 1979 und 1994 von 15,3% auf 19,2%; die Gruppe derjenigen, die mehr als doppelt so viel verdienten als der Durchschnitt, wuchs in der gleichen Zeit von 7% auf 12%. Die Mittelgruppe, die zwischen 75 und 150% des Durchschnittseinkommens verdiente, ging in dieser Zeit von 49,9% auf 39,8% zurück (ILO 1996, 68). Diese Zahlen scheinen wenig dramatisch zu sein. Sie zeigen aber eine schleichende Erosion der Mittelgruppen an, zumal dieser Trend überall im Norden belegt werden kann. Für die Stabilität demokratischer Gesellschaften ist die Erosion der Mittelgruppen nicht gerade ein gutes Omen.

Diese Tendenz ist die Umkehrung einer epochalen Tendenz. Seit dem zweiten Drittel des 19. Jahrhunderts begannen in den sich industrialisierenden Regionen die Einkommen der unteren Gruppen zu steigen, bis zum Wohlstandsniveau der siebziger Jahre des 20. Jahrhunderts – von katastrophalen Einbruchsperioden abgesehen. Es war die Epoche der Arbeiterbewegung. Die Umkehrung – nicht die zeitweilige Unterbrechung – jener epochalen Tendenz in unseren Gegenden, ohne dass sie durch steigende Einkommen der Armen im Süden kompensiert wurde, ist das Wesen der Veränderungen, die wir jetzt erleben. Nichts weist darauf hin, dass sich diese Umkehrung der sozialen Tendenz der Periode 1830–1980 verlangsamt. Vielmehr wird sie als absolut unumgänglich verkündet. Für alle Menschen entsteht eine neue Welt, eine Welt wachsender Gegensätze, eine Welt gewollter Ungleichheit.

In dieser *brave new world* der neuesten liberalen Bourgeoisie wird nunmehr alles neu zum Besten aller geregelt und zwar pareto-optimal: Allen wird es besser gehen, wenn das Ganze wächst, und das Ganze wächst, wenn die Unternehmen und ihr Hauptklientel reicher werden. Nachdem die Arbeiterbewegung die Verkündigung dieses neuen Evangeliums ein Jahrhundert lang nachhaltig gestört hat, wird es uns jetzt täglich störungsfrei vorgesungen. Von den Gläubigen wird erwartet, dass sie bedingungslos an die Gnadenerweise des liberalen Himmelreiches, ans *trickle-down,* glauben: Wenn die Volkswirtschaft ihre optimale Leistungskraft entwickelt, werden letztendlich *alle,* auch die Ärmsten, davon profitieren. Zunächst steigen die Einkommen des vermögenden Teils der Bevölkerung. Nach und nach »sickern« *(trickle)* die Wachstumseffekte in die nächsten Etagen des Einkommenshochhauses ab *(down),* bis sie auch die Bewohner der Kellerwohnungen benetzen. Glaubt man daran, erübrigt sich jede Sozialpolitik. Tatsächlich begannen in den USA im Jahr 1998 nach fast zwanzig Jahren realen Rückgangs auch die unteren Einkommen real zu steigen, langsamer zwar als die Einkommen in den oberen Segmenten stiegen, aber immerhin. Leider war diese Herrlichkeit Ende 2000 schon wieder vorbei, lange bevor die Verluste der letzten zwanzig Jahre auch nur annähernd ausgeglichen waren. Auch in den Niederlanden war dieser *trickle-down*-Effekt ab 1997 zu beobachten; dann aber fraß die Inflation den realen Anstieg bei den niedrigen Einkommen wieder weg (Anfang 2001 um 5%), bis die neue Krise dem Land eine neue Regierung und den unteren Einkommensgruppen ein neues *Austerityprogramm* bescherte[56]. Aber der Glaube ans neoliberale Himmelreich ist in den USA wie in Europa noch weitgehend unerschütterlich. Ein krisenfreier Kapitalismus mit stetigem Wachstum, Vollbeschäftigung, sei es auch zu »realistischen« Löhnen, kaum Inflation und öffentlichen Haushalten ohne Defizite wird uns in Aussicht gestellt; nur kurz durchhalten und das Himmelreich kommt auf Erden. Tatsächlich kehren alle alten Übel wieder; Wachstum findet vielerorts kaum noch statt, die Arbeitslosigkeit nimmt zu, die Inflation wich in Japan zeitweise der Deflation[57], und in den meisten Ländern sind die öffentlichen Körperschaften bankrott. Nur die Löhne werden »realistisch«. Was hier wirklich *down trickelt,* ist der Zerfall der Gesellschaft.

1.3.6 Kritik als Widerstand

Anfang der achtziger Jahre konnte man noch versuchen, keynesianische Regulierung an die Erfordernisse der neuen Zeit anzupassen. K. G. Zinn schrieb am Ende seines Buches aus dem Jahr 1986:

> Ein wirtschaftspolitisches Programm der kleinen Schritte heißt heute: Rückkehr zum sozialstaatlichen Interventionismus; Verzicht auf die Illusion, Beschäftigungs- und Umweltprobleme ließen sich ohne mehr Planung und investitionslenkende Beeinflussung des Akkumulationsprozesses lösen; administrative Einschränkung von Verschleiß- und Verschwendungspraktiken; Abstimmung der beschäftigungspolitischen Maßnahmen in den Haupthandelsnationen und Integration des faktischen Protektionismus in die wirtschaftspolitische Strategie; Zugeständnis an die Dritte Welt, dass ihr Schuldendienst auf einen erträglichen Prozentsatz ihrer Exporterlöse begrenzt wird. Diese Punkte sind nicht mehr als ein Modus Vivendi. Darauf verzichten bedeutet jedoch, den Kollisionskurs weiterzusteuern. Wie gesagt, wenn die kleinen Schritte blockiert wurden, kam es zu historischen Katastrophen. Deutsche haben mehr Gründe daran zu denken. (1986, 223)

Die Zeit für kleine Schritte ist bereits vorbei. Das zumindest können wir annehmen, wenn wir im Fazit seines Buches aus dem Jahr 2002, also 16 Jahre später, lesen:

> Die zur Bewältigung der gegenwärtigen globalen Krise erforderlichen Reformen würden die Grenzen des bestehenden kapitalistischen Systems sprengen. Denn die auf Dauer einzig sachgerechte Antwort auf die Stagnationskrise sowie auf die Umweltkrise ist die politisch geordnete Abkehr der reichen Länder vom Wachstum. Ohne Wachstum und Kapitalakkumulation kann das bestehende System jedoch nicht stabil gehalten, die Arbeitslosigkeit im Systemrahmen nicht beseitigt werden. Vollbeschäftigung ohne Wachstum verlangt Umverteilung von Arbeit und Einkommen, vor allem der Besitzeinkommen. Es ist nicht vorstellbar, wie dies ohne veränderte Verteilungsstrukturen des Vermögens möglich sein soll. (2002, 214f)

1986 schlug Zinn noch einen radikal sozialdemokratischen Kurs als »Modus Vivendi« innerhalb des Systems vor. 2002 werden »systemsprengende Reformen« vorgeschlagen, anders gesagt, *innerhalb* des Systems seien Reformen, die diesen Namen verdienen, nicht möglich. Mag das System auch ohne »Wachstum und Kapitalakkumulation« nicht stabil sein, es hält sich mit der Krise als Dauerzustand am Leben, solange eine reale Alternative nicht sichtbar wird. Ein Wachstum in der Produktion solch sinnvoller Güter wie Umweltreparatur, besseren Bildungsdienstleistungen, besseren Gesundheitsdienstleistungen, bezahlbaren Kulturdienstleistungen, einem gut funktionierenden öffentlichen Verkehr mit flächendeckendem Angebot usw. ist im öffentlichen Sektor zwar notwendig, aber eine Umlenkung des Kapitals aus den parasitären und rein spekulativen Bereichen in jene Bereiche, wo die erwähnten Güter produziert werden, ist wegen der herrschenden Machtverhältnisse nicht vorstellbar. Als sehr vorsichtig mutet hier der Ausdruck »veränderte Verteilungsstrukturen des Vermögens« an. Kann man sich die Veränderung der Verteilungsstrukturen ohne Kampf vorstellen? Sie setzt Entmachtung der Vermögenden voraus. Entmachtung ohne substanzielle Enteignung scheint heute, obwohl notwendig, kaum möglich. Wirtschaftliche Effizienz wäre nicht verletzt, wenn die Gesellschaft Vermögen, das weder dem Konsum noch der produktiven Investition dient, auch gegen den Willen der Vermögenden, also zwangsweise, Zwecken zuweist, die für alle Vorteile bringt, zumindest aber jene Nachteile verhindert, die die Akkumulation des gesellschaftlichen Reichtums in privaten Händen für alle verursacht. Denken wir hier weiter, beginnt ein radikaler Diskurs. Was kann man zunächst tun?

Die skizzierte Konstellation verlangt, dass die Krisenanalyse und die Erörterung wirtschaftstheoretischer Realitätserklärungen nicht ohne Verständigung über Ideologie, d. h. ihre Funktionen, Typen und individual- sowie sozialpsychologischen Verbreitungsbedingungen, erfolgen können bzw. sollen. Erst die Kenntnis des Zusammenhangs von politischer Ökonomie und ideologischer Legitimationsfunktion vermittelt ein realitätsgerechtes Verständnis der Krisenentwicklung ... der Blick auf den Zusammenhang zwischen »Herrschaft« und »herrschender Lehre« [lässt] erkennen, dass die ideologischen Stabilisierungsmaßnahmen umso rasanter drehen, je instabiler die materiellen Strukturen der bestehenden Verhältnisse infolge der Krise dieser Verhältnisse werden. (a.a.O., 216)

Ideologiekritik ist ein erster und notwendiger Schritt auf dem langen Weg des Widerstandes. Freilich hat die Ideologiekritik eine hierarchische Ordnung. Anfangen muss man nicht mit den kleinen und großen Gaunereien, die eine halbwegs verantwortungsvolle Journalistik täglich aufdeckt, oder »mit solchen läppischen Erklärungen wie ›Dummheit der Politiker‹ oder ›Betriebsunfall‹« (a.a.O.). Anfangen muss man mit der Zentrallüge der *herrschenden* Ideologie – des Liberalismus –, zum *herrschenden* System bestehe keine Alternative. Die Doppelung des Adjektivs »herrschend« ist notwendig: Die Herrschaft über Hirne und Gefühle der Menschen – das Geschäft der Ideologie – ist nötig, um die Herrschaft des Systems – die uneingeschränkte Herrschaft der bürgerlichen Eliten über die Gesellschaft – abzusichern. Herrschaft blüht, wenn man den Menschen glaubhaft einredet, sie hätten sowieso keine andere Wahl. Weil die Lüge absolut ist, ist *Ideologiekritik* ein hartes Geschäft. Sie kann aber nur Widerstand sein, wenn sie sich als Auftakt zur eigentlichen Aufgabe begreift: die Entmachtung der Wirtschaftseliten und ihrer Angestellten in der Politik, den Medien und der Wissensvermittlung.

Der heutige Liberalismus ist ein System der Einschüchterung. Die heutige Bourgeoisie macht sich nicht einmal die Mühe, ein Niveau zu wahren, das minimalen intellektuellen Ansprüchen genügt. Das war vor nicht allzu langer Zeit anders; es hat Liberale gegeben, die sich mit der Wirklichkeit auseinander setzten. Mit einigen dieser Liberalen und ihrem entsprechenden Liberalismus beschäftigen wir uns im nächsten Kapitel.

1.4 Typologie des Liberalismus

Eine Ideologie, die den Individualismus großschreibt und die Verschiedenheit unter den Menschen so sehr in den Vordergrund rückt, dass ihre Gleichheit praktisch verschwindet, lässt wohl so vielen Typen von Liberalen Raum, wie es überhaupt Liberale gibt. Gleichwohl gibt es drei Grundmuster im Verhalten der Liberalen zu ihrer eigenen Ideologie. Der intellektuelle Liberalismus verkörpert bei prinzipieller Zustimmung die kritische Distanz zur Ideologie. Als Vertreter dieses Typus nennen wir John Maynard Keynes. Das zweite Grundmuster ist der Zynismus. Der zynische Liberale sieht zwar, dass alle zentralen Inhalte der Ideologie, wie Freiheit, Demokratie, freie Konkurrenz, demagogische Hülsen sind, sieht zu ihnen aber keine akzeptable Alternative, weil ohne sie die Herrschaft der Bourgeoisie als gesellschaftliche Elite gefährdet ist. Der zynische Liberale *par excellence* ist, will uns scheinen, Joseph Schumpeter. Ein dritter Typus ist der gläubige Liberale. Er lässt Fragen an seine Ideologie eigentlich nicht zu und verhält sich zu seiner Ideologie grundsätzlich wie orthodoxe Katholiken oder Kommunisten zu ihren jeweiligen Dogmensystemen. Hier tauchen Namen wie M. Friedman, F. A. Hayek und M. Thatcher auf.

Diese drei Grundmuster oder Typen korrespondieren mit verschiedenen bürgerlichen Schichten. Der Zynismus ist bei den Großunternehmern bzw. Großmanagern in Handel, Industrie und Dienstleistungssektor zu Hause, der intellektuelle Typus in der Bildungsbourgeoisie. Der gläubige Liberalismus ist eher ein Mittelstandsphänomen. Bei den heutigen Liberalen findet man alle drei klassischen Typen, Nachdenkliche, Zyniker, Dogmatiker; Letztere sind aber im letzten Vierteljahrhundert zum dominanten Typus geworden. Die Typenabgrenzungen sind nicht wasserdicht. Keynes war ein nachdenklicher Mensch; aber er war auch Zyniker und Gläubiger. Schumpeter glaubte fest an die Mission der Bourgeoisie, und er konnte die ideologischen Leistungen der Bourgeoisie ebenso kritisch-distanziert wie fair beurteilen. Dennoch überwiegt bei ihm der Grundton des Zynismus. Heute scheint der gläubige, nur bescheidenen intellektuellen Ansprüchen genügende Liberalismus zu überwiegen. Diese drei Typen haben sich im Laufe des 20. Jahrhunderts herauskristallisiert. Sie haben ihre Grundtexte, die alle innerhalb eines Jahrzehnts veröffentlicht wurden: *The General Theory of Employment, Interest and Money* von J. M. Keynes, 1936, *Capitalism, Socialism, Democracy* von J. A. Schumpeter, 1942, und *The Road to Serf-*

dom von F. A. Hayek, 1944. Alle drei – auch das Hauptwerk Keynes' – sind eher sozialphilosophische als analytische Darstellungen; der Gehalt an Analyse nimmt von Keynes bis Hayek ab. In diesem Abschnitt behandeln wir Keynes und Schumpeter. Dem nächsten Abschnitt (1.5) bleibt die Darstellung des gläubigen Liberalismus vorbehalten. Wir werden dort das Buch Hayeks vorstellen und verweisen auf die innere Widersprüchlichkeit vor allem des gläubigen Liberalismus.

1.4.1 Der vernunftgeleitete Liberalismus
John Maynard Keynes

Der liberale Keynes

Im Sommer 1925 referierte Keynes während der *Liberal Summer School* in Cambridge über die Frage: »Bin ich ein Liberaler?« Er überließ die Antwort den Zuhörern und Zuhörerinnen, aber nach seiner verheerenden Kritik an der *Conservative Party* und der Feststellung, dass die *Labour Party* eigentlich politikunfähig war, blieb nur eine Antwort: Keynes sei ein Liberaler. Im Februar 1926 hielt er einen Vortrag vor dem *Manchester Reform Club*. Er meinte, konservative Politik hätte das Land in eine Sackgasse geführt. Der Ausweg bestünde eigentlich nur in einer Koalition zwischen *Labour* und der liberalen Partei unter liberaler Führung bzw. darin, den Konservativen, wenn sie die Mehrheit stellen, liberale Intelligenz auszuleihen:

> Es wäre viel besser, wenn die *Conservative Party* von ehrlichen und intelligenten Exliberalen als von Betonköpfen [*diehards*] geführt würde. Möglicherweise kann die *Liberal Party* dem Staat nicht besser dienen, als konservativen Regierungen ein Kabinett [aus Liberalen, d. V.] und Labour-Regierungen Ideen zur Verfügung zu stellen. (Coll. Writings IX, 310)

Was Liberalismus eigentlich ist, sagt Keynes nirgendwo ausdrücklich. Liberalismus war für ihn weniger eine geschlossene Weltanschauung als vielmehr eine Lebensweise, die der britischen großbürgerlicher Bildungsbourgeoisie. Mit Sozialismus hat Keynes nicht einmal in Momenten der Schwäche geflirtet:

> Wenn ich überhaupt besondere Interessen verfolgen würde, dann würde ich meine eigenen Interessen verfolgen. Wenn es zum eigentli-

chen Klassenkampf kommt, werden meine örtlichen und persönlichen
Patriotismen in meinem eigenen Milieu verwurzelt sein – wie bei
jedem anderen, von irgendwelchen Fanatikern abgesehen. Ich kann
mich von Gerechtigkeit oder gesundem Verstand leiten lassen. Aber
der *Klassen*krieg wird mich an der Seite der gebildeten *Bourgeoisie*
finden. (Coll. Writings IX, 297)

Das ist klare Sprache. Liberalismus war für Keynes das Milieu der
wohlhabenden und gebildeten britischen Bourgeoisie. Und diese
zeichnet sich durch *Common Sense* und Mäßigung aus, kompromiss-
fähig und kooperationsbereit mit links und rechts. Keynes heiratete
1925 Lydia Lopokowa, eine Russin, die Primaballerina des *Royal
Ballet* war. Er besuchte mit ihr die junge Sowjetunion. Die Welt des
Leninismus – weniger die russische Welt als solche – war für ihn
etwas absolut Fremdes: »Leninismus ist eine Kombination zweier
Dinge, die der Europäer in zwei verschiedenen Abteilungen der Seele
gehalten hat – Religion und Geschäft«, schrieb er 1925 (Coll. Writings IX, 256). Das Geschäft werde dort der Religion untergeordnet
und nicht umgekehrt. Geschäft *(business)* sei etwas anderes als Religion, das ökonomische Leben werde durch bestimmte Gesetzmäßigkeiten bestimmt und nicht durch irgendwelche Vorstellungen und
Visionen bezüglich der Gesellschaft. Liberalismus heißt für Keynes,
dass diese zwei Dinge auseinander gehalten werden müssen.

Aber die Eigengesetzlichkeit (Autonomie) der Ökonomie bedeutet für Keynes keineswegs, dass wir es mit Ökonomie als einem sich
selbst regulierenden System zu tun haben. Dieser Glaube, so Keynes,
fängt zu wanken an, *a change is in the air,* schrieb er in dem berühmten Artikel »The End of Laissez-faire« im Juli 1926. Die Texte der
Jahre 1925 und 1926 zeigen, dass die keynesianische Variante des
Liberalismus im Kern bereits damals formuliert war, mehr als zehn
Jahre, bevor ihre theoretische Grundlage, *The General Theory of
Employment, Interest and Money* (1936) veröffentlicht wurde. Die
fehlende theoretische Grundlage führte dazu, dass der Artikel wie
das Hornberger Schießen ausgeht. Keynes kritisiert die Ideologie des
laissez-faire, weil sie von einer reichlich unrealistischen Anthropologie bzw. Soziologie ausgehe. Die Menschen streben nach Selbstverwirklichung, insbesondere durch das Mittel des Besitzerwerbs.
Dies sei die Linie John Lockes und der schottischen Moralphilosophie (Hume, Smith). Die freie Selbstverwirklichung führe dann
notwendig zur Erzeugung des größtmöglichen Gemeinwohls (Linie
Rousseau, Bentham). Das Ganze wurde, nach Keynes, zu einem

religiösen, von der anglikanischen Kirche adoptierten Moralsystem statt zu einer Theorie. Der Selbstverwirklichungstrieb sei aber nie viel mehr als Verdrängungswettbewerb gewesen. Auf ihn passe eher die Evolutionslehre Darwins als die positive Anthropologie der Aufklärung. An dieser Stelle gehen die Auffassungen Keynes' und Schumpeters nicht weit auseinander, wie wir sehen werden. Anders aber als Schumpeter sieht Keynes sehr wohl Möglichkeiten, den Prozess der erbarmungslosen Wirtschaftskriege aller gegen alle *vernünftig* – im Sinne der Interessen Keynes' und seines Milieus – zu lenken. Er sah und verwarf zwei extreme Möglichkeiten. Die eine Steuerungsmöglichkeit liege in der Vorstellung des *Leviathan,* die bereits Thomas Hobbes Mitte des 17. Jahrhunderts als die einzige realistische Möglichkeit sah, die des diktatorischen Staates. Die Möglichkeit sei in den zwanziger Jahren vom Stadium der Gedankenexperimente in den Bereich der praktischen Politik getreten: in der Sowjetunion und im faschistischen Italien. Die andere Möglichkeit sei das Chaos, das die Politik des *laissez-faire* ökonomisch und sozial verursacht. Den wirklichen Ausweg aus der Sackgasse zwischen *laissez-faire* und *Leviathan* sah Keynes in einem »weise gesteuerten *(wisely managed)* Kapitalismus«, der

> wahrscheinlich effizienter für das Erreichen ökonomischer Ziele gemacht werden kann als jedes alternative System in Reichweite; er ist aber in vielerlei Hinsicht widersprüchlich. Unser Problem ist, eine gesellschaftliche Organisation auszuarbeiten, die möglichst effizient sein soll, ohne unseren Auffassungen einer befriedigenden Lebensweise zu widersprechen. (Coll. Writings IX, 294)

Der Kapitalismus bleibt ein »in sich widersprüchliches System«, aber nur dieses gewährleistet eine »befriedigende Lebensweise« – der Bourgeoisie! Die Widersprüchlichkeit des Systems wird sich auflösen, davon war und blieb Keynes überzeugt, solange man das System beibehält, ohne dem Glauben aufzusitzen, in ihm regele sich alles von selbst. Keynes sah den technischen Fortschritt als das Fundament eines Kapitalismus, der das Menschheitsproblem schlechthin lösen kann und wird, den Mangel an lebensnotwendigen Gütern und Diensten. Diesen Gedanken finden wir bei Keynes durchgängig (etwa *Allgemeine Theorie,* Kap. 16 und 24). Wenn Kapital nicht länger knapp wäre, wären die Fehler am Kapitalismus beseitigt. Dieser Zustand könnte bereits in der nächsten Zukunft, bei »unseren Enkeln«, also um 1970, erreicht sein. Nicht Beschäftigung – allenfalls »höchstens drei Stunden am Tag, fünf Tage in der Woche« –, sondern die Gestaltung der Freizeit würde dann das Problem der Zukunft sein. Diese Utopie verkündigte Keynes bereits 1928 in einem Vortrag an der Universität Madrid und veröffentlichte sie in dem Artikel »Economic Possibilities for our Grandchildren« (Coll. Writings IX, 321 ff.).

Kapitalismus zwischen Chaos und Diktatur war die Lebensaufgabe, die sich Keynes um die Mitte der zwanziger Jahre des 20. Jahrhunderts stellte. Das Spezialgebiet des Ökonomen und Sozialphilosophen Keynes war der Finanzsektor. Anlässe gab es genug. Das Metier der öffentlichen Finanzverwaltung hatte Keynes im Ministerium für die Kolonien gelernt, wo er vor dem Ersten Weltkrieg mit den Finanzen von Britisch-Indien befasst war. Als Finanzexperte der britischen Delegation nahm er an der Versailler Friedenskonferenz teil. Für Keynes waren Versailles und vor allem das Verhalten des französischen bzw. britischen Ministerpräsidenten, Clemenceau und Lloyd George, ein entscheidendes Erlebnis. Er gab noch während der Konferenz sein Amt auf und schrieb ein vernichtendes Fazit der britisch-französischen »Friedens«politik *(The Economic Consequences of the Peace,* 1919). Eine Politik, die Deutschland »wie Zitronen ausquetschen sollte, dass die Kerne quietschen« – das forderte ein konservativer Abgeordneter bei einer Wahlveranstaltung in England Ende 1918 –, empfand Keynes als töricht. Die Schulden, die Deutschland zu bezahlen hätte, könnten nie bezahlt werden und würden zu neuen Katastrophen führen. Keynes verfolgte später die Politik als Privatgelehrter und Publizist in Cambridge.

Der Kursverfall des britischen Pfunds gegenüber dem Dollar veranlasste die damalige konservative Regierung, den Vorkriegswechselkurs zwischen Dollar und Pfund wiederherzustellen. Das Mittel war die Rückkehr zum Goldstandard. Die Folge war eine Krise vor allem in der Exportindustrie. Ihr folgte eine rabiate Lohnsenkung, Unruhen vor allem in Bergwerkregionen, Besetzung von Fabriken, Streiks, kulminierend im Generalstreik im Mai 1926. Obwohl die Presse die Gefahr einer sozialen Revolution heraufbeschwor, brach der Generalstreik nach neun Tagen am 12. Mai zusammen. Keynes hielt die Regierungspolitik für derart stümperhaft, dass sein schon vorher ziemlich beschädigtes Vertrauen in die Konservativen endgültig zertrümmert war. Von den Rollen der britischen Gewerkschaften und der *Labour Party* war er noch weniger beeindruckt. Eine andere Wirtschaftspolitik musste her, und ihr Zentrum lag im Finanzsektor.

1930 erschien sein dickes, zweibändiges Werk *A Treatise on Money.*
Das Buch revolutionierte die neoklassische Welt der Wirtschaftstheorie kaum, aber es griff ein Problem auf, das für das kommende
Jahrzehnt absolut zentral war. Es ging um das Gleichgewicht zwischen Sparen und Investieren, um eine jener Fragen, die sich in
der neoklassischen Theorie »wie von selbst« lösen, Keynes zufolge
aber nur politisch gelöst werden können. Deswegen widmete sich
der zweite Band den Fragen der angewandten Geldtheorie. Es gab
viel Kritik, aber sie blieb auf den engeren Kreis der Fachgelehrten
beschränkt. Das Buch versuchte den Umschwung des weltweiten
Booms der späten zwanziger Jahre in die Weltwirtschaftskrise zu
erklären und eine neue, in seinen Augen realistischere Geldtheorie
zu entwickeln. Im Rundumschlag gegen die herrschende Geldtheorie
blieb die klare Darstellung seiner eigenen Theorie auf der Strecke. Er
erkannte, dass ein neuer Versuch nötig war, um seine Ideen politisch
wirksam zu machen. Zwar hatte Keynes eine Reihe von neoklassischen Dogmen angegriffen, aber der Angriff schwächte den Gegner
nur, vernichtete ihn aber nicht. Der neue Angriff brach los, als die
General Theory erschien. Das Buch hatte nur 30 % des Umfangs des
zweibändigen Traktates über Geld. Es verzichtete weitgehend auf
Mathematik, der Stil war essayistisch. Es stand nach wie vor auf
dem neoklassischen Fundament des »Marginalismus«, das im letzten
Drittel des 19. Jahrhunderts von Leuten wie Jevons, Marshall, Walras
und anderen gelegt wurde. In dieser Hinsicht haben wir weder eine
wissenschaftliche Revolution noch einen *Paradigmenwechsel.* Seine
entscheidende Einsicht war, dass die gängigen Wirtschaftstheorien
nur *spezielle* Theorien wären; seine Theorie würde endlich eine *allgemeine* Theorie sein. Das ist die Aussage des 1. Kapitels. Es ist
nur eine halbe Seite lang und eher eine Proklamation als eine Einleitung. Die »klassische Theorie«[59] gelte nur für den Spezialfall, dass
es Vollbeschäftigung gibt und die produktiven Kapazitäten ausge-
lastet sind. Es gebe, so die damals herrschende Doktrin, nur freiwillige Arbeitslosigkeit. Die Menschen wollen höhere Löhne verdienen, als der Arbeitsmarkt hergibt, deswegen sind sie *freiwillig*
arbeitslos. Unfreiwillig sei allenfalls vorübergehende Arbeitslosigkeit zwischen zwei Jobs. In Wirklichkeit, so meinte Keynes, wollen
die Leute auch gegen geringeren Lohn arbeiten, finden aber keine
Arbeit. Die damals – und auch jetzt wieder! – herrschende ökonomi-

sche Theorie und die sich an ihr orientierende Politik waren auffällig wirklichkeitsfremd. Tatsächlich war die »neoklassische Theorie« der dreißiger Jahre des 20. Jahrhunderts und ist seine Neuauflage des frühen 21. Jahrhunderts nichts als Blindheit vor der Realität der unfreiwilligen Massenarbeitslosigkeit.

Drei psychologische Elemente

Keynes setzt drei psychologische Hauptfaktoren des kapitalistischen Wirtschaftssystems zueinander in Beziehung: die Konsum*neigung*, der *Anreiz* zu Investierung und die Liquiditäts*präferenz*. Ist diese Beziehung korrekt erfasst, ergibt sich daraus eine neue Beschäftigungstheorie. Das Wort *psychologisch* bzw. *Psychologie* kommt in diesem Buch, wenn ich richtig gezählt habe, neunundvierzig Mal vor. Wirtschaftliches Handeln geht nach Keynes aus der psychologischen Struktur der menschlichen Natur hervor. Tatsächlich aber ist die Massenpsychologie *(psychology of the crowd)*, wie sie Keynes verwendet, keine Eigenschaft der menschlichen Natur, aus dem einfachen Grund, dass es so etwas wie die *menschliche Natur* nicht gibt. Der Kapitalismus ist keine Funktion jener *Psychologie,* sondern die Psychologie ist umgekehrt eine Funktion des Kapitalismus. Wenn aber der Kapitalismus einige Jahrhunderte lang die Menschen beeinflusst und »erzogen« hat, kann man von jener *Psychologie* ausgehen als von einem vorgegebenen Verhaltensmuster. Die Menschen haben *rationale Erwartungen,* wie man heute sagt, das heißt, sie verhalten sich in der Regel so, wie sie der Kapitalismus erzogen hat. Das Zusammenspiel der drei psychologischen Faktoren lässt nun nach Keynes einen Zustand zu, den die Neoklassik mit ihrem Glauben an den Selbstheilungsmechanismus des *laissez-faire* für unmöglich hielt, einen Zustand, in dem die kapitalistische Ökonomie dauernd unter ihren eigenen Möglichkeiten bleibt, ein Gleichgewicht bei gleichzeitiger Unterbeschäftigung der Produktionsfaktoren, einen Zustand, in dem weder ausreichend konsumiert noch ausreichend investiert wird.

Erstens. Die Konsum*neigung* hat die Besonderheit, dass die Menschen für Konsumgüter zwar mehr ausgeben, wenn ihr Einkommen steigt, aber unterproportional. Bei steigendem Einkommen bleibt Geld übrig. Genau das ist das Problem.

Zweitens. Der *Anreiz,* Geld produktiv zu investieren, hängt davon ab, ob die Aussichten, Geld mit neuen – oder mehr – Produkten zu verdienen, befriedigend sind. Befriedigend sind sie dann, wenn man mit verzinsten Geldanlagen oder Wertpapiergeschäften auf die Dauer weniger verdient als mit Investitionen in Realproduktion. Erwartet man dagegen, mit Geldanlagen und Wertpapiergeschäften mehr zu verdienen, wird nicht investiert, und Ersparnisse pendeln zwischen Bank und Börse. Der Investitionsanreiz hängt letztlich mit der Erwartung bezüglich der Konsumneigung zusammen. Ist sie zu niedrig, wird man zu wenig Produkte absetzen können. Man hält sein Geld zurück.

Drittens. Halten sich die beiden ersten Faktoren, Konsumneigung und Investitionsanreiz, gegenseitig auf niedrigem Niveau, wird das Geld weder für Konsum noch für Realinvestitionen ausgegeben bzw. Beteiligungen an der Realproduktion werden aufgegeben, Aktien werden verkauft, Geld wird nachgefragt, Aktienkurse fallen. Die *vermehrte* Geldnachfrage, die Liquiditäts*präferenz,* verstärkt das depressive Klima der Ökonomie

Geld

Im Kapitalismus gibt es immer die Neigung zur »Schatzbildung«. Das heißt bei Keynes *propensity to hoard* (Neigung, [Geld] zu horten, GT, 208). Bei Marx hört sich das so an:

> Wenn das Mehrprodukt ... die reale Basis der Kapitalakkumulation ist ..., so ist es dagegen in seiner Geldverpuppung – als Schatz und bloß sich nach und nach bildendes virtuelles Geldkapital – absolut unproduktiv, läuft dem Produktionsprozess in dieser Form parallel, liegt außerhalb desselben. Es ist ein Bleigewicht (dead weight) der kapitalistischen Produktion. Die Sucht, diesen als virtuelles Geldkapital sich aufschatzenden Mehrwert sowohl zum Profit wie zum Revenue [Einkommen] brauchbar zu machen, findet im Kreditsystem und in den »Papierchens« das Ziel ihres Strebens. Das Geldkapital erhält dadurch in einer anderen Form den enormsten Einfluss auf den Verlauf und die gewaltige Entwicklung des kapitalistischen Produktionssystems. (Kapital II, MEW 24, 494).[60]

Die Metapher *virtuell* stammt aus der Optik. Bei Spiegeln entscheidet man zwischen *realen* und *virtuellen* Objekten. Das Bild erscheint *virtuell hinter* dem Spiegel, obwohl das *reale* Objekt *vor* dem Spiegel steht. Es entsteht eine Verdoppelung der Welt der Objekte. Bei Marx bedeutet die Metapher, dass das Geldkapital anfängt, ein eigenes Leben zu führen, *virtuell*. Es ist und bliebt unlöslich verbunden mit der Welt der realen Produktion, dennoch kann es ein Scheinleben führen, eben in der Welt der »Papierchens«, wie Marx verächtlich sagt. Die Verachtung der Börsenwelt teilt Marx mit Keynes: »Das Spiel des professionellen Investors ist unerträglich langweilig und anstrengend für jeden, der vollkommen frei vom Zockerinstinkt *(gambling instinct)* ist« (GT, 157). Etwas ernster: »Aber die täglichen Umwertungen auf der Börse … üben unvermeidlich einen entscheidenden Einfluss auf die laufende Investitionsrate aus« (GT, 151). Das erinnert an Marx' »enormsten Einfluss auf die kapitalistische Produktion«. Keynes:

> Spekulanten mögen keinen Schaden anrichten, wenn sie nur Schaumblasen auf einem stetigen Strom des Unternehmertums sind. Aber die Lage wird ernst, wenn Unternehmertum nur eine Schaumblase auf einem Strudel von Spekulationen ist. Wenn die Entwicklung eines Landes zu einem Nebenprodukt der Aktivitäten eines Kasinos geworden ist, dann wurde die Aufgabe wohl schlecht erledigt. (a.a.O., 159)

Keynes, der Marx' wissenschaftliche Bedeutung bei null einschätzte, kannte die Unterscheidung zwischen *realem* und *virtuellem* Kapital nicht. Aber er erkannte, dass Börse und Geld eine Falle des Systems darstellen. Die Falle besteht darin, dass das System einen semistabilen Zustand erreicht, jenen Zustand von *weder ausreichend investieren noch ausreichend konsumieren*. Geldvermögen werden zwischen verschiedenen Portfolios hin und her geschoben. Investiert wird es nicht.[61] Die neoklassische Theorie der Zinsen ist, so sagt Keynes, eine *spezielle* Theorie, nämlich für den Sonderfall, dass es keine Neigung zur Geldhortung und keine unfreiwillige Arbeitslosigkeit gibt.[62] Die Neoklassik kennt nur Leute, die »sparen«, und Leute, die real »investieren«. Der Geldzins bringt diese Leute zusammen. Der Zins sorgt dafür, dass die Leute so viel sparen, wie andere investieren wollen, und umgekehrt. Sind die Ersparnisse – das Geldangebot – zu hoch, fallen die Zinsen. Dann wird es für potenzielle Investoren attraktiver, Geld zu leihen, die Nachfrage nach Geld nimmt zu. Dann steigen die Zinsen, bis ein Gleichgewicht erreicht ist. Solange man diesen Geld- und Kapitalmarkt in Ruhe lässt und keine Zentralbank aus politischen Gründen einen Leitzins festsetzt, der ökonomisch zu hoch oder zu niedrig wäre, findet jedes Geldangebot einen Abnehmer. Für Keynes ist diese Theorie blauäugig. Nur in einem Spezialfall regiert der Zins Geldangebot und Geldnachfrage, im Spezialfall derer, die Geld für Spekulationszwecke nachfragen. In allen anderen Fällen – Geldnachfrage, weil Haushalte und Unternehmen ihre Rechnungen zahlen müssen, Geldnachfrage für Vorsorgezwecke – erfüllt der Zins diesen Zweck nicht. Niemand kündigt einen Lebensversicherungsvertrag, und niemand drosselt die laufende Produktion, weil der Leitzins ein Prozent höher wird.[63] Eine Theorie ist dann allgemein, wenn sie *alle* Motive, Geld halten zu wollen, in Betracht zieht. Einen Selbstregulierungsmechanismus gibt es nicht. Im Gegenteil: Allein gelassen tendiert das System zur *Schatzbildung,* zur Bildung von *virtuellem Kapital.* Keynes wusste, dass Reichtum um des Reichtums willen irrational ist, und wusste auch, dass unter den normalen Bedingungen des *laissez-faire* – also des Neoliberalismus – unser Schicksal das des König Midas sein würde. Dieser verlangte einst von den Göttern, dass alles, was er berührt, sich in Gold verwandeln möge. Sein Gebet wurde erhört und Midas verhungerte, umgeben von unermesslichem Reichtum. Moral: Gold/Geld/*virtuelles Kapital* kann man nicht essen. Keynes schließt:

> Diese beunruhigende Schlussfolgerung hängt von der Annahme ab, dass die Konsumneigung und die Investierungsrate nicht wohlüberlegt und in sozialem Interesse kontrolliert werden, sondern hauptsächlich dem Einfluss des laissez-faire überlassen bleiben. (GT, 219)

Was heißt »wohlüberlegt und im sozialem Interesse kontrollieren?« Bevor wir uns abschließend mit dieser Frage und so mit Keynes' Aktualität beschäftigen, müssen wir etwas über Keynes' Beschäftigungstheorie sagen.

Beschäftigung

Keynes' Gegner behaupteten: Der Investitionsanreiz sei von Gewinnaussichten abhängig. Da Gewinne Umsätze minus Kosten und die Umsätze unbefriedigend sind, müssen die Kosten, vor allem die Arbeitskosten, fallen. Die Regierung müsse zwar eingreifen, aber nur, um die von den Gewerkschaften künstlich hoch gehaltenen Reallöhne zu senken. Dann könne das System zu einem optimalen Effizienzniveau zurückfinden.[64]

Die Hauptaussage der Neoklassik lautet: »Alle Arbeitskraft, die zu einem existierenden Reallohn zur Verfügung steht, wird tatsächlich beschäftigt« (GT, 274). Wer zu einem bestimmten Reallohn arbeiten will, findet Arbeit. Wer zu hohe Reallöhne fordert, bleibt und ist somit *freiwillig* arbeitslos. Wir übernehmen aus der *Allgemeinen Theorie* ein Zitat Arthur Pigous, des Papstes der damaligen britischen Ökonomen und wirtschaftspolitischen Politikberaters; er war der Hauptvertreter dieses Ansatzes.

> Bei vollkommen freiem Wettbewerb zwischen arbeitenden Menschen und bei vollkommener Mobilität der Arbeit wird die Beziehung (d. h. zwischen den Reallohnraten, die sich die Menschen ausbedingen, und der Nachfragefunktion der Arbeit) sehr einfach sein. Es wird immer eine Tendenz zu Reallohnraten geben, die sich so auf die Nachfrage beziehen, dass alle beschäftigt werden. Unter stabilen Bedingungen werden alle tatsächlich [*actually*] beschäftigt sein. Das impliziert, dass Arbeitslosigkeit, die es immer gibt, ausschließlich dem Umstand geschuldet ist, dass ständig Änderungen in der Nachfrage stattfinden und Reibungswiderstände verhindern, dass Löhne sofort angepasst werden. (A. Pigou, *A Theory of Unemployment*, zit. GT, 277f)

Das ist genau das, was uns auch heute noch täglich um die Ohren gehauen wird. Keynes nimmt nun diesen theoretischen Ansatz gnadenlos auseinander. Er tut es im Anhang zum 19. Kapitel »Die allgemeine Theorie der Beschäftigung«. Seine Antwort lautet, dass Beschäftigung nur im Spezialfall abhängig von der Reallohnhöhe ist. Der Spezialfall tritt ein, wenn es jenen vollkommenen freien Wettbewerb und vollkommene Mobilität auf dem Arbeitsmarkt gibt. Genau diese Bedingungen sind nicht erfüllt und können auch nicht annähernd erfüllt werden. Die Senkung der Geldlöhne beeinflusst das Preisniveau in die gleiche Richtung; niedrigere Geldlöhne und niedrigerer Konsum erzwingen niedrigere Preise. Das Reallohnniveau ändert sich kaum, und die Gewinnaussichten der Unternehmen bleiben schlecht. Tatsächlich hatten wir in den dreißiger Jahren ein Deflationsklima: Löhne wurden niedriger, die Preise auch, das relative Reallohnniveau blieb hoch, der Investitionsanreiz niedrig. Auf diesem Weg manövrierte man sich immer tiefer in die Sackgasse.

Keynes' Aktualität

Heute wenden wir wieder Rezepte an, die sich bereits in den dreißiger Jahren als unwirksam erwiesen hatten und tödliche Nebenwirkungen entfalteten. Auf dem europäischen Kontinent gab es damals außer in den Beneluxländern, Frankreich, Großbritannien, Skandinavien und der Schweiz nur noch Faschismus. Wir sind dabei, den Arbeitsmarkt im Sinne Pigous zu »reformieren«: vollkommene Konkurrenz unter den Arbeitenden und vollkommene Mobilität. Das Ziel ist nicht erreichbar, und bevor das Ziel auch nur halbwegs erreicht wäre, wäre die Gesellschaft längst zusammengebrochen. Insofern ist Keynes aktuell, freilich eher, was seine Diagnose, als was seine Therapie betrifft. Pigou ist heute der international anerkannte Politikberater in Sachen Wirtschaft. Der deutsche Wirtschaftsminister Clement und seine Kollegen anderswo sind 2005 tatsächlich Sklaven des toten Pigou.[65]

Keynes hatte zwei Politikmöglichkeiten vorgeschlagen:

> Längerfristig … haben wir immer noch die Wahl zwischen einer Politik, mit dem Fortschritt in Technik und Produktionsanlagen die Preise langsam fallen zu lassen und dabei die Löhne stabil zu halten oder einer Politik, die Löhne langsam steigen zu lassen und dabei die Preise stabil zu halten. Im Allgemeinen gebe ich der letzten Alternative den Vorzug. (GT, 271)

Nach dem Zweiten Weltkrieg wurde die letzte Möglichkeit gewählt. In der Periode 1950–1980 wurde die Steigung der Arbeitsproduktivität (»Fortschritt in Technik und Produktionsanlagen«) durchweg von der Steigung der Reallöhne begleitet (s. o. 1.3.2). Die Preise waren niemals stabil, aber die Inflation wurde bis Anfang der siebziger Jahre des 20. Jahrhunderts unter Kontrolle gehalten. Nach 1970 gelang es aus vielen Gründen nicht mehr, die Inflation zu bändigen (s. o. 1.3.3). Ein Grund waren die hohen Rüstungsausgaben, die durch den Kalten Krieg und die vielen heißen Kriege, die der Westen vor allem in Asien (Vietnam) und Afrika (Algerien) führte, verursacht wurden. Im bereits zitierten Artikel über die ökonomischen Möglichkeiten für seine Enkelkinder erwähnte Keynes die Vermeidung großer Kriege und die Beherrschung des Bevölkerungswachstums als notwendige Voraussetzungen für die Lösung des »permanenten ökonomischen Problems« der Knappheit im Jahrhundert zwischen 1930 und 2030. Diese Voraussetzungen sind bekanntlich nicht erfüllt worden. Wir zitierten oben einen Passus aus dem 16. Kapitel der *Allgemeinen Theorie:* Das Schicksal des König Midas, Hungertod trotz unermesslichen Reichtums, könne vermieden werden, wenn man den ökonomischen Prozess nicht »dem *laissez-faire* überlässt«, sondern »die Konsumneigung und die Investitionsrate … *wohlüberlegt* und im sozialen Interesse kontrolliert«.

Mögen viele seiner *short-run*-Vorschläge der dreißiger Jahre des 20. Jahrhunderts heute nicht mehr praktikabel sein, mit dem Vorschlag einer *wohlüberlegten Kontrolle der Investitionsrate und der Konsumneigung* hat Keynes eine politische Agenda *in the long run* vorgeschlagen, die heute mehr denn je aktuell ist. *In the long run we are all dead,* sagte Keynes an die Adresse seiner Gegner gewandt, die von ihrem Modell behaupteten, *in the long run* würde es alles in Ordnung bringen. Deswegen machte Keynes vor allem Vorschläge, die kurzfristig wirken können. Seine politische Agenda aus dem 16. Kapitel der *Allgemeinen Theorie* war auf längere Fristen angelegt. Wir mögen zwar *in the long run* tot sein, aber unsere Enkelkinder leben dann noch, und an diese hat Keynes gedacht. Freilich sagt uns Keynes weder, wer kontrollieren und wie die Kontrolle organisiert werden soll, noch was genau *soziales Interesse* ist. Dennoch ist Kontrolle der Ökonomie heute mehr denn je notwendig; der Zusammenhalt der Gesellschaft – so können wir *social interest* umschreiben – ist dabei der Maßstab in allem, was wir tun. Wir können die Vernunft als das Vermögen definieren, mit dem wir unser Handeln mit den Forderungen des sozialen Interesses in Einklang bringen. Leider sind weder *soziales Interesse* noch *Vernunft* homogene und universale Größen. Für Keynes waren sie homogen und universal. Er konnte sich keine andere als eine wohlgeordnete bürgerliche Gesellschaft denken, in der die gebildete Bourgeoisie die Hauptrolle spielt. Es mag aber sehr wohl andere Gesellschaftsformen und andere Inhalte des sozialen Interesses geben; in dem Fall stünden soziales Interesse gegen soziales Interesse und Vernunft gegen Vernunft. Was Keynes nicht sah, aufgrund seiner Herkunft und seines Milieus wohl auch nicht sehen konnte, ist, dass Vernunft keine Sache ewiger Wahrheit, sondern eine Sache der Macht der jeweils Vernünftigen ist. Hier lag und liegt die Grenze seines *capitalism wisely managed,* seiner *society properly run* (GT, 220). Bertolt Brecht mahnte:

> Es setzt sich nur so viel Wahrheit durch, als wir durchsetzen; der Sieg der Vernunft kann nur der Sieg der Vernünftigen sein. *(Das Leben des Galileo Galilei*, 8. Szene)

Das keynesianische System konnte nach dem Zweiten Weltkrieg teilweise funktionieren, weil durch die gesellschaftliche Macht der Arbeiterbewegung die Kontrolle der Investitionsrate und so ein gesellschaftlicher Konsens über »Vernunft« und »soziales Interesse« vorübergehend möglich war. Nicht die abstrakt-homogene Vernunft, sondern das Gleichgewicht der Macht funktionierte. Kompromissbereitschaft, Einsicht und Mäßigung, die Keynes'schen Tugenden par excellence, setzten sich in der Nachkriegszeit nicht durch, sondern wurden erkämpft. Genau in der vernünftigen Anerkennung jener sozialen Verhältnisse, in denen die Arbeiterbewegung, um mit Joan Robinson zu sprechen, den Ausbeutungsgrad konstant halten konnte (s. o. 1.3.2), spüren wir den Einfluss des vernunftgeleiteten Liberalen John Maynard Keynes. In dieser Hinsicht waren alle in der Epoche zwischen 1945 und 1975 *Keynesianer.*

1.4.2 Der zynische Liberalismus
Joseph A. Schumpeter

Herkunft und Milieu

Joseph A. Schumpeter wurde 1883 in Österreich geboren und war Schüler namhafter österreichischer Neoklassiker wie Böhm-Bawerk, Menger und von Wieser.[66] Die österreichische Theorietradition hatte, wenn man sie mit dem Zustand im damaligen Deutschen Reich vergleicht, ausgesprochen moderne Züge. Carl Menger (1840–1921) begründete die moderne Wirtschaftstheorie in der Habsburgmonarchie, und diese sah der Neoklassik in England verblüffend ähnlich. Die Situation im neu gegründeten Deutschen Reich war eine völlig andere. Hier war die Volkswirtschaftslehre Hilfswissenschaft für die Bismarck'sche Sozialpolitik. Die sogenannte *historische Schule* sah die politische Ökonomie nicht als eine Methode, um die Gesetzmäßigkeiten der Marktwirtschaft aufzuspüren, sondern als Funktion *sittlicher Ideale,* was immer das heißen mag. Tatsächlich ging es den herrschenden Kreisen im kaiserlichen Deutschland darum, die *soziale Frage* zu entschärfen und so der politischen Organisation der Arbeiterbewegung, der Sozialdemokratie, das Wasser abzugraben. Politische Ökonomie wurde in jenem Deutschland vor allem im 1872 gegründeten *Verein für Sozialpolitik* betrieben. Die Ansichten der deutschen neoklassischen Theorie, in Deutschland von Wissenschaftlern wie Gossen und von Thünen begründet, wurden im Inland vernachlässigt, aber vom Ausland aufgegriffen[67]. Eine sich selbst regulierende, ohne Staat auskommende Marktökonomie konnte sich eine »national« gesonnene Bourgeoisie im Deutschen Reich nicht vorstellen. Politische Ökonomie war im kaiserlichen Deutschland eher Soziologie, mit konservativer, verteilungstheoretischer Stoßrichtung. Der bekannteste Ökonom aus Deutschland war in den Jahren vor dem Ersten Weltkrieg der Soziologe Max Weber (vgl. Rehmann 1998, 45ff; 61ff).

Führende österreichische Ökonomen suchten nach dem Zusammenbruch der Habsburgmonarchie und nach kurzen Zwischenstopps in der Weimarer Republik vor allem in den USA ein neues Wirkungsfeld. Die neoklassische Schulung hat den theoretischen Werdegang Schumpeters bis zu seinem Lebensende geprägt. Das *Grenznutzentheorem* der Neoklassik[68] hat für ihn immer den Rang eines letztlich nicht hinterfragbaren Dogmas gehabt, und so konnte kein ernsthaftes Gespräch zwischen ihm und Marx zustande kommen. Schumpeter hatte in der Geschichte seines Fachs und in den anderen Sozialwissenschaften wahrhaft enzyklopädische Kenntnisse. Davon kann man sich überzeugen, wenn man seine *History of Economic Analysis* liest, ein Werk aus dem Nachlass, das den Umfang eines Teilbandes des Berliner Telefonbuches hat. 1912 veröffentliche er seine *Theorie der wirtschaftlichen Entwicklung*. In diesem Buch tauchen die großen Themen auf, die ihn bis zu seinem Lebensende beschäftigen werden: *big business,* Kapitalismus als instabiles System, das immer wieder und vergeblich sein Gleichgewicht sucht. *»Capitalism is turmoil,* Kapitalismus ist Chaos«, sagte er 1942 in *Capitalism, Socialism and Democracy*[69], seinem populärsten Buch. Schumpeter macht in diesem Buch zwar den für ihn unvermeidlichen Übergang zum Sozialismus nicht plausibel, aber er räumt mit einer großen Zahl neoklassischer Mythen und liberaler Lebenslügen auf.

Schumpeters Marx

Capitalism, Socialism and Democracy war eine wirtschaftspolitische Zusammenfassung des ökonomischen Denkens Schumpeters, bestimmt für ein größeres Publikum. Er selbst nannte dieses Buch verächtlich *potboiler* (*Schnellkochtopf, Schnellschuss für Verkaufszwecke*). Das Buch ist nicht gut, es ist widersprüchlich und gelegentlich mehr als oberflächlich, es enthält Abschweifungen über den Zustand der Kunst und der bürgerlichen Familie, die sich kaum über das Niveau eines kleinbürgerlichen Stammtischs erheben. Dennoch sagt Schumpeter hier Dinge über den Kapitalismus, die die meisten anderen bürgerlichen Ökonomen bis heute nicht wahrhaben wollen. Er bringt den Kapitalismus ohne das ganze snobistische Brimborium einer blutarmen Fachsprache und ohne mathematischen Formelzauber auf den bürgerlichen Punkt. Er beginnt nicht mit der Diagnose des Kapitalismus, sondern mit einem langen Kapitel über Karl Marx. Er lobt Marx über den grünen Klee, aber sein Fazit ist vernichtend. Schumpeter richtet seinen *pot-boiler* gegen die wachsende Popularität der Werke von Karl Marx bei nicht wenigen Intellektuellen Amerikas in den dreißiger und vierziger Jahren des 20. Jahrhunderts. Er verwirft die zentralen marxistischen Theoreme, aber er schränkt die übliche Figur »Der wissenschaftliche Wert der Werke von Marx ist gleich null« (Keynes) ein; bei ihm lautet die Formel: »Marx hat zwar Unrecht, aber …!« Diese Prozedur dient besser seiner Absicht, deutlich zu machen, wie vernünftige Leute auf Marx hereinfallen konnten, und vor allem, dass man es sich mit der Marxkritik nicht zu leicht machen soll. Das große Essay Schumpeters am Anfang von CSD wie auch die langen Abschnitte über Marx in der HEA zeigen, wie Schumpeter sich mit Marx herumgeschlagen hat, z. B.:

> Die Arbeitswerttheorie kann sogar dann, wenn sie für jede andere Ware gelten würde, nicht auf die Ware Arbeit angewendet werden, denn dies würde bedeuten, dass Arbeiter wie Maschinen nach rationalen Kostenkalkulationen produziert werden. Da dies nicht der Fall ist, kann man nicht sicherstellen, dass der Arbeitswert in einem bestimmten Verhältnis zu den Arbeitsstunden steht, die nötig sind, um die Arbeitskraft zu »produzieren«. (CSD, 27f)

Fatales Missverständnis. Nicht Arbeiter bzw. Arbeit, sondern die notwendigen Lebensmittel, um sie bei Kräften zu halten, werden bei Marx produziert und zwar »rationell«, mit kapitalistischer Rationalität. Der Wert der Lebensmittel, die die Arbeiter und ihre Familien zum Überleben brauchen, bestimmen den Wert ihrer Arbeit, den *Reproduktionswert* der angewendeten Arbeitskraft. Produktionsmittel und Arbeitskraft verursachen zwar Kosten, aber sie übertragen während ihrer Anwendung ihren Reproduktionswert auf das Produkt. Man mag diese Sichtweise nicht teilen, aber auf alle Fälle sagt Marx nicht, was ihm Schumpeter andichtet; nach ihm werden keine Arbeiter *produziert,* sondern sie *reproduzieren* durch die von ihrem Lohn gekauften, von anderen Arbeitern *produzierten* Lebensmittel ihre bei der Arbeit verbrauchte Arbeitskraft. Da Schumpeter dies nicht versteht, entgeht ihm das Ganze. Später hat er Marx' Arbeitswerttheorie insofern gewürdigt, als er in ihr eine eigentümliche, aber konsistente Fortentwicklung der Theorie Ricardos sah (HEA, 383ff).

Schumpeter nimmt die Befürchtung Ricardos auf, dass in einer Volkswirtschaft, wo durch vollkommenen Wettbewerb auch ein vollkommenes Gleichgewicht der Konkurrenz *(perfectly competitive equilibrium)* herrscht, auf die Dauer keine Gewinne entstehen können – die Kapitalisten konkurrieren sich zu Tode. Marx habe dagegen gesehen, wie Schumpeter in einer ausführlichen Fußnote nachzuweisen versucht (CSD, 29), dass der Kapitalismus ein dynamisches System ist, das nie ein Gleichgewicht erreicht. Deswegen könne, so Schumpeter,

> … zwar Mehrwert [*surplus values*, Plural] im vollkommenen Gleichgewicht unmöglich sein, aber trotzdem immer wieder vorkommen, weil sich dieses Gleichgewicht nie einstellt. Er mag immer dazu *tendieren* zu verschwinden, und ist dennoch immer da, weil er immer wieder neu geschaffen wird. Diese Verteidigung wird die Arbeitswerttheorie, erst recht, wenn sie auf die Ware Arbeit selbst angewendet wird, genauso wenig retten wie das heutige Argument der Ausbeutung. Aber diese Verteidigung wird es uns ermöglichen, das Resultat positiver zu würdigen, obwohl eine befriedigende Theorie dieses Mehrwerts sie der typischen Marx'schen Konnotation berauben wird. (a.a.O., 28)

Dieses Fragment ist ein typisches Beispiel für das Verfahren: »Marx hat zwar Unrecht, aber …«. Schumpeters Kritik kann man bündig folgendermaßen zusammenfassen: »Der erste Band von *Das Kapital* ist falsch. Der dritte Band über den krisenhaften und chaotischen Kapitalismus hätte richtig sein können, wenn Marx es so gesagt hätte, wie er, Schumpeter, es gesagt hat.« Gewinn, ökonomisches Wachstum, *Mehrwert* gibt es nach Schumpeter nur in einem dynamischen System. Marx sagte etwas ganz anderes. Ausbeutung geschieht durch privat angeeignete und nicht entlohnte Mehrarbeit, und Gewinn entsteht nach privater Aneignung der Mehrarbeit durch den Unternehmer auf dem Markt. Das sagt der erste Band. Die turbulente und planlose Dynamik, verursacht durch Konkurrenz und technischen Fortschritt, treibt den Kapitalismus immer wieder in krisenhafte Situationen. Das sagt Marx im dritten Band. Schumpeter zeigt in seinem *potboiler,* dass er das Werk von Marx missverstanden hat. Trotz dieser eigentlich kaum ernst zu nehmenden Kritik machen das Marx-Kapitel in CSD und die ausführlichen Passagen in HEA deutlich, wie sehr Schumpeter von Marx fasziniert war. Kein anderer Ökonom, wenn wir von Schumpeters Liebling John Stuart Mill absehen, kommt bei ihm so ausführlich vor wie eben Marx. Für einen Ökonomen, der Schumpeter zufolge eigentlich so gut wie alles falsch macht, ein merkwürdiger Umstand. Was für bürgerliche Ökonomen, also auch für Schumpeter, an Marx erst recht unverdaulich bleibt, ist die merkwürdige Synthese von Analyse und Empörung: »Das kalte Metall ökonomischer Theorie taucht in Marx' Büchern in einer solchen Fülle an dampfenden Phrasen unter, dass es eine Temperatur erreicht, die zu ihm nicht passt« (CSD, 21).

Schumpeters Kapitalismus

»Kann der Kapitalismus überleben? Nein, ich denke nicht, dass er überleben kann« (CSD 61). Schumpeter ist also skeptisch, was die Zukunft des Kapitalismus betrifft, aber aus ganz anderen Gründen als die Sozialisten und erst recht die Marxisten: »Wenn ein Arzt voraussagt, dass sein Patient demnächst sterben wird, bedeutet das nicht, dass er dies wünscht« (a.a.O.). Die Krise der dreißiger Jahre sei kein Hinweis auf das bevorstehende Ende des Systems. Mehr als normale Arbeitslosigkeit gehöre zur kapitalistischen Entwicklung, vor allem in Anpassungsphasen nach einer Periode großen Wohlstands. Arbeitslosigkeit sei kein ernstes Problem:

> … ich bin der Ansicht, dass nicht Arbeitslosigkeit *an sich* die wirkliche Tragödie ist, sondern Arbeitslosigkeit plus die Unmöglichkeit, für die Arbeitslosen zu sorgen, ohne die Voraussetzungen für einen künftigen wirtschaftlichen Aufschwung zu gefährden; denn offensichtlich würden das Leiden und die Herabsetzung – die Zerstörung menschlicher Werte –, die wir gewöhnlich mit Arbeitslosigkeit assoziieren, größtenteils ausgeschaltet werden; dagegen bleibt die Verschwendung produktiver Ressourcen. Arbeitslosigkeit würde praktische ihren Schrecken verlieren, wenn das Privatleben der Arbeitslosen nicht durch ihre Arbeitslosigkeit in Mitleidenschaft gezogen würde. (CSD, 70)

Arbeitslosigkeit ist also keine ernste Angelegenheit für das System. Hier zeigt sich der offene Zynismus Schumpeter*s*. Solange die Leute auch bei Arbeitslosigkeit überleben können, sei Arbeitslosigkeit kein Problem und für die Betroffenen nicht allzu schlimm. Nicht die Arbeitslosigkeit und die durch sie verursachten gesellschaftlichen Turbulenzen bedrohen den Kapitalismus. Vielmehr untergrabe der Kapitalismus seine eigenen Existenzbedingungen gerade durch seine Erfolge, nicht durch seine Krisen. Auch heute interessieren sich die führenden Kreise in Wirtschaft und Politik keine Sekunde für die Arbeitslosen, solange die Kosten, die sie möglicherweise verursachen, von der Gesellschaft und nicht von den Unternehmen getragen werden. Die Kosten, die Arbeitslose verursachen, müssen verringert werden, so schnell und so drastisch, wie es geht, um den in Aussicht gestellten Aufschwung nicht zu gefährden. Schumpeter sagt es offen: Arbeitslosigkeit ist nicht das Problem. Keynes war einer der ganz wenigen, die das Problem der Massenarbeitslosigkeit sehr ernst nahmen, weil sie den Fortbestand der großbürgerlichen Lebensweise bedrohte. Irrtum, meinte Schumpeter und die heutigen »Reformer«. Heute sind alle *Schumpeterianer*.

In den Kapiteln 5 bis 8 von CSD finden wir die Zusammenfassung der Schumpeter'schen Theorie über die Entwicklungen im Kapitalismus. Sie ist durch und durch neoklassisch, aber ohne die gängigsten und plattesten Glaubensbekenntnisse der Neoklassik bzw. des Neoliberalismus. Da das System dynamisch, wenn nicht gar chaotisch ist, kann von »ökonomischem Gleichgewicht« nicht die Rede sein; Schumpeters kapitalistische Vision war die *perennial gale of creative destruction,* »der ewige Sturm schöpferischer Zerstörung«. Wir beobachten niemals eine Welt von vielen kleinen Anbietern auf einem unendlichen Markt mit unendlich vielen kleinen Nachfragern, die immer das ganze Angebot aufnehmen und so durch den Preismechanismus Angebot und Nachfrage miteinander ins Gleichgewicht bringen. Diese Fiktion von Gleichgewicht, Ordnung und friedlichem, weil vollkommenem Wettbewerb habe mit der Wirklichkeit nichts zu tun. Wir beobachten vielmehr eine Welt, wo der eine den anderen Anbieter zu verdrängen versucht, wo ein Anbieter durch die Revolutionierung eines Produktionsverfahrens oder durch Produktinnovation alle anderen in der Branche hinter sich lässt. Diese werden wohl oder übel gezwungen, sich anzupassen, die neuen Verfahren zu übernehmen oder vom Markt zu verschwinden. Tatsächlich gehörte *big business* von Anfang an zum System, von den süddeutschen Bankhäusern und Großkaufleuten des 16. Jahrhunderts über den niederländischen Großindustriellen, Großkaufmann und Großbankier Louis de Geer – Lieferant aller Kriegsparteien im Dreißigjährigen Krieg – im 17. Jahrhundert bis zu Exxon und Microsoft heute. Schumpeter hatte nichts als Verachtung für jene seiner Zunftgenossen übrig, die oligopolistischen Wettbewerb als Todsünde gegen das System brandmarkten. *»Big business* hat mehr mit der Schaffung von Lebensstandard zu tun als damit, ihn so niedrig wie möglich zu halten« (CSD, 82). Das macht Schumpeter nicht sympathischer, aber etwas glaubwürdiger als die neoklassischen Dogmatiker.

Für Schumpeter sind die großen »Unternehmerpersönlichkeiten«

des späten 19. Jahrhunderts die wahren Helden des Systems gewesen; sie schufen die großen Konzerne, die den großen technischen Entdeckungen ihren gesellschaftlich prägenden Charakter gaben. Er singt das Loblied auf den Kapitalismus jener Periode, die er »Bonanza-Zeit« nennt, der Zeit, in der der unternehmende junge Mann auszieht, um Dinge auszuprobieren, die ausgetretenen Pfade zu verlassen und Neuland zu suchen, genauso wie die Goldsucher alles aufgaben, um in Kaliforniens Bonanza Gold zu suchen. Schumpeter sah in den damaligen großen Firmen die Tendenz zur Bürokratisierung. Verstetigung der Innovation sei das neue Paradigma, die großen Firmen machen den Fortschritt vorhersagbar. Sie verfügen über die Mittel für die immer kostspieligere Forschung, die neue Produkte und Verfahren ermöglicht. Nicht die Einzelleistung, sondern Teamwork und gesteuerte Innovation bestimmen den Fortgang. Der Kapitalismus zerstöre durch seinen Erfolg selbst die Institutionen, die er für seinen Erfolg geschaffen hat und die ihn am Leben erhalten, »besonders die Institutionen des Eigentums und der Vertragsfreiheit, die die Bedürfnisse und die Methoden der wahrhaft ›privaten‹ ökonomischen Aktivität zum Ausdruck bringen« (CSD, 141f). Auf dem Arbeitsmarkt gebe es wegen der kollektiven Vereinbarungen *(collective bargaining)* gar keine Vertragsfreiheit mehr. Und in den großen Unternehmen habe nicht der Eigentümer, sondern das bezahlte Management das Sagen. Diese Einsicht ist heute nicht ohne Belang. Der Kapitalismus zerstört zwar nicht sich selbst, aber doch jene Institutionen, die ihn damals festigten. Die schleichende Erosion demokratischer Institutionen im Klima eines globalen Kapitalismus ist auffälliger als die Erosion der Vertragsfreiheit. Schumpeter habe sich geirrt, meinen die heutigen Neoliberalen, die Zeit zwischen 1950 und 1980 sei buchstäblich ein *dark age* für den Kapitalismus gewesen. Aber dann habe eine neue Zeit begonnen. Die Periode 1980–2000 war wieder eine Bonanza-Zeit, Bonanza lag wieder in Kalifornien, im *Silicon Valley*. Der Kapitalismus lebt und scheint die ewige Jugend gepachtet zu haben.

Wie seine Landsleute und Zeitgenossen Karl Krauss und Arthur Schnitzler wertete Schumpeter die Entwicklung des Kapitalismus und der bürgerlichen Gesellschaft als Degeneration, buchstäblich sogar als Verwesung *(decomposition),* freilich ohne deren Scharfsinn. Er lamentiert über den Zerfall der bürgerlichen Familie. Er unterhält uns mit dem Mythos des goldenen kapitalistischen Jahrhunderts und seiner großen, risikobereiten und sparsamen Unternehmerpersönlichkeiten. Die goldene Zeit sei vorbei, jetzt kämen andere Zeiten, ohne jene Persönlichkeiten und die von ihnen geschaffenen Strukturen und Tugenden. In einem Anflug dunkelsten Kulturpessimismus sagt Schumpeter: »Wir mögen uns fragen, ob es wohl richtig wäre, den Kapitalismus als eine Gesellschaftsform *sui generis* zu betrachten, oder vielmehr als das letzte Stadium der Verwesung dessen, was wir Feudalismus genannt haben.« (CSD, 139). *Evolutionismus* nennt man diese Art von ökonomischer Ideologie. Bei Schumpeter endet die Evolution in Dekadenz und Verwesung. Warum das ausgerechnet in den Sozialismus führt, will er uns im nächsten Abschnitt verraten.

Schumpeters Sozialismus

»Kann Sozialismus funktionieren? Natürlich kann er!« (CSD, 167) Die Neoklassik sagt: »Natürlich kann er nicht funktionieren.« L. von Mises, ein Epigone der österreichischen Schule und Lehrer F. A. Hayeks, meint nachweisen zu können, dass Sozialismus bzw. jede zentral geplante Ökonomie notwendig die Anforderung einer effizienten Allokation der Ressourcen nicht erfüllen kann. »Sie kann«, sagt Schumpeter, und seine Kronzeugen sind ausgewiesene anti-sozialistische Ökonomen wie F. von Wieser, V. Pareto, E. Barone. Schumpeter entwirft ein Modell *(blueprint)* für eine sozialistische Ökonomie und stützt sich dabei auf eine Arbeit von Enrico Barone aus dem Jahr 1908. Dieser stützt sich wiederum auf das Modell einer selbstregulierenden kapitalistischen Ökonomie des Léon Walras. Das Modell, das Walras 1876 für eine kapitalistische Ökonomie entwarf (s. u. 2.2.2), meinte Barone auch auf eine zentralistische Planwirtschaft anwenden zu können. Hier wie dort erhalten wir eine nahezu unendliche Reihe von Gleichungen des Typs x Ware A = y Ware B. Am Ende haben wir eine Gleichung zu viel bzw. eine Lösung zu wenig. Die Voraussetzung der vollständigen Information über das ganze Angebot und die ganze Nachfrage muss erfüllt sein, um vollkommene Konkurrenz zu ermöglichen. Walras fand für den Kapitalismus den Mythos des »Großen Auktionators«, der alle relativen Preise ausruft und in Beziehung zum allgemeinen Äquivalent setzt. In dieser kapitalistischen Ökonomie gibt es kein wirkliches Geld. Im Sozialismus gibt es nach Barone ebenfalls keine Geldökonomie, die Rolle des »Großen Auktionators« spielt aber hier eine *zentrale Planbehörde,* die Angebot und Nachfrage miteinander ausgleicht und eine effiziente Allokation der produktiven Ressourcen ermöglichen *kann.* Die ausgleichende letzte Gleichung wird bei Walras durch ein allgemeines Warenäquivalent *(numéraire),* bei Barone durch Warenbezugscheine besorgt, die durch eine Zentralbehörde zugeteilt werden. Statt des Marktmechanismus und des anonymen »Großen Auktionators« übernimmt die Zentralbehörde die Verteilung der Investitions- und der Konsumgüter. Schumpeter legt Wert auf die Feststellung, dass *beide* Modellen höchst formal-abstrakt sind. Aber auf der Ebene der reinen Theorie gebe es kein Argument gegen eine sozialistische Ökonomie, vielmehr sei das Walras-Modell weniger plausibel als das Modell Barones (CSD, 173ff; HEA, 986ff)[70]. Unter bestimmten sozialen und politischen Voraussetzungen (freilich nur unter diesen Voraussetzungen!) wäre eine effiziente Volkswirtschaft auch ohne Geld möglich. Auch ohne den Marktmechanismus und ohne knappes Geld kann sich Knappheit bemerkbar machen, und die Planbehörde *kann* auf die Knappheitsanzeichen reagieren, indem sie Ressourcen umschichtet. Insofern handelt sie nicht viel anders als der »Große Auktionator« einer reinen Marktökonomie. Sie trennt – und das ist nach Schumpeter das entscheidende Merkmal – die Sphäre der Produktion von der Sphäre der Verteilung. Die Planbehörde setzt die Ausstattung der Menschen mit einer gewissen Summe an Bezugscheinen fest, ohne dabei an Unterschiede in der Produktivität und erst recht nicht an Machtpositionen in der Produktion gebunden zu sein. Formal ist gegen das Modell nichts zu sagen. Inhaltlich lehnen Leute wie Pareto und Barone das Modell ab, weil es das Ende der Macht der Bourgeoisie bedeuten würde.

Schumpeter zeigt dann, dass die Verwirklichung des sozialistischen Modells in einer »unreifen« Gesellschaft wesentlich die Form erzwungenen Sparens annehmen muss. Mit Sozialismus hat das an sich nichts zu tun. In betont antisozialistischen Ländern wie Südkorea spielte der Staat mit seinem eisernen Sparzwang ebenfalls eine zentrale Rolle. In einem Stadium der Reife könne nach Schumpeter der Sozialismus die Form einer Wirtschaftsorganisation mit optimaler Effektivität annehmen, erst recht bei der großen Industrie. Sozialismus, oder besser, der sozialistische Staat ist für Schumpeter nichts als der *Verbund volkseigener Betriebe,* nichts als »VVB«, als *biggest business.*

Schumpeter wollte uns die Gründe verraten, wonach der Kapitalismus in den Sozialismus umschlagen muss. Er verfährt nach einem evolutionistischen Schema: Wenn Sozialismus, dann nur nach Eduard Bernstein. Bernstein zufolge würde der Kapitalismus kraft der ihm innewohnenden historisch-materialistischen Gesetze unweigerlich in Sozialismus umschlagen. Daher sei auf Klassenkampf, erst recht auf Revolution zu verzichten; stattdessen solle eine Arbeiterpartei den Evolutionsprozess mit arbeiterfreundlichen Reformen begleiten. Nach Schumpeter wird ein Kapitalismus, der durch wenige sehr große Unternehmen bestimmt wird, unweigerlich im Sozialismus enden; er sei nie das Ergebnis von gesellschaftlichen Kämpfen, sondern ein Resultat des Kapitalismus. Er operiert mit höchst abstrakten *blueprints* evolutionistischer Art. Dass der Sozialismus, wenn überhaupt, nur der Entwurf einer gesellschaftlichen Klasse sein kann, die eine neue Qualität des menschlichen Zusammenlebens anstrebt, vermag er nicht zu sehen. Sein Evolutionismus bleibt rein technokratisch und daher nicht zwingend. Er hat etwas geahnt von dem, was die Ideologen der Reagan-Zeit *big government* nannten und als »Kommunismus« verabscheuten. Kapitalismus schlug tatsächlich mancherorts in *big government* um und von dort zurück in das eindimensionale System des Betonliberalismus, niemals aber in Sozialismus.

Schumpeters Demokratie

Für das Gerechtigkeitspathos der Sozialisten hatte Schumpeter genauso wenig übrig wie für das Freiheit-und-Demokratie-Pathos der Bourgeoisie. Sozialismus und Demokratie haben, so Schumpeter, miteinander genauso viel und genauso wenig zu tun wie Demokratie und Kapitalismus. Demokratie sei nicht Mitsprache oder Entscheidung über Inhalte und erst recht keine Volks*(demos)*regierung*(kratein)*, in keinem System.

Erstens ist Schumpeter zufolge nicht bestimmt und wohl auch nicht bestimmbar, wer überhaupt zum Volk gehört (Kinder sowieso nicht, Ausländer meistens nicht usw.), zweitens ist nicht bestimmbar, was dieses »Volk« als seine Angelegenheiten ansieht, und schließlich ist auch nicht bestimmbar, wie es sein Entscheidungsrecht wahrnehmen kann. Dieses »Volk« kann allenfalls damit rechnen, dass es über eine effiziente und kompetente Bürokratie verfügt, und es kann immerhin das Aufsichtspersonal über die Bürokratie bestimmen, aber in dessen praktische Geschäftsführung kann und soll es nicht eingreifen. Demokratie ist für Schumpeter nur machbar in den überschaubaren Kreisen des Lebensvollzugs, Familie, Dorf, Stadtviertel. Außerhalb dieser Bereiche versagen Moral und *Common Sense,* hier funktioniert nur die Massenpsychologie. Die Masse sei immer

manipulierbar und wird demzufolge manipuliert. Was dabei heraus-
komme, sei nicht der Volkswille, sondern Führung, *leadership*. Diese
Führung vertrete, wenn überhaupt, ohnehin nur einen Teil des Volkes. Sie sei das Ergebnis der freien Konkurrenz um die Führungs-
positionen. Was dabei zähle, sei nicht das Optimum für das Land,
sondern allein der Sieg über die politische Konkurrenz.»Die Psycho-
technik des Parteimanagements und der Parteiwerbung, Parolen und
Marschmusik, sind keine Nebensächlichkeiten. Sie sind das Wesen
der Politik. So auch der politische *boss*« (CSD, 283). Dabei können
die Leute nur hoffen, dass der Sieger eine fähige Bürokratie einsetzt;
andernfalls bleibe ihnen die Möglichkeit, periodisch das Führungs-
personal auszuwechseln. Auf den Geschäftsgang selber haben sie keinen Einfluss. Eine funktionierende Gesellschaft ist für Schumpeter
nichts als ein funktionierendes Unternehmen. Demokratie würde nur
stören, und was wir an Demokratie haben, sei gar keine.

Was das Verhältnis zwischen Sozialismus und Demokratie betrifft,
argumentiert Schumpeter ähnlich. Das liest sich so: »Letztendlich
bedeutet effektives Management der sozialistischen Ökonomie die
Diktatur nicht *des* Proletariats, sondern *über* das Proletariat in der
Fabrik.« So weit ist das eine ausgezeichnete Definition dessen, was
man *Stalinismus* oder besser *Modernisierungsdiktatur* nennt. In einer
sozialistischen Demokratie würden, wie Schumpeter meint, die Leute
in der Fabrik ihre Souveränität dazu benutzen, die Disziplin aufzuwei-
chen. Und die Regierungen würden im Sozialismus (»gerade wenn
ihnen die Zukunft der Nation am Herzen liegt«) genau diese Volkssouveränität einschränken. »Praktisch könnte sozialistische Demokratie sich noch mehr als Schmierentheater *(sham)* erweisen, als es
kapitalistische Demokratie von jeher war« (CSD, 302).

Die heute populäre Ideologie der »Zivilgesellschaft« und des
»Kommunitarismus« will, dass das Ganze nicht steuerbar sei. Nur
die konkreten Teilbereiche des menschlichen Lebens könne man
gestalten. Tatsächlich akzeptieren die modischen edelbourgeoisen
Anschauungen die Schumpeter'sche Beschränkung der Demokratie
auf überschaubare Sektoren. Mit oder ohne Zynismus ist die Idee
der beschränkten Demokratie ein urliberaler Gedanke; die Wirtschaft ist – wegen der Heiligkeit des Privateigentums – grundsätzlich demokratieresistent.

Eher Zerstörung als Schöpfung

Schumpeters Anliegen war immer, die kleinen, zyklischen Bewegungen und die großen säkularen Wellenbewegungen im Kapitalismus zu verstehen. In seinem Werk war die Theorie der *schöpferischen Zerstörung* ein wichtiges Element. Pioniere revolutionieren Produktionsverfahren, bringen neue Produkte auf den Markt und zwingen die anderen, sich entweder anzupassen oder das Geschäft aufzugeben. Dabei entstehen ökonomische und soziale Reibungsverluste; Arbeitslosigkeit ist hier immer nur freiwillig. Die Grundannahme Keynes', dass es so etwas wie unfreiwillige Arbeitslosigkeit gibt, lässt Schumpeter ebenso wenig gelten wie Liquiditätsneigung und schwindende Investitionsneigung als Hemmnis für ökonomisches Wachstum. Nachfrage war für Schumpeter eine nachgeordnete Größe. So wurde er als Prophet der Deregulierer der achtziger Jahre entdeckt. Wilhelm Hankel, der ehemalige Staatssekretär im Wirtschafts- und Finanzministerium Karl Schillers (1969–1973) und Präsident der hessischen Landesbank, nannte in seinem Buch *Gegenkurs* den Ökonomen Schumpeter »den ersten Angebotstheoretiker des Jahrhunderts, und noch immer seinen aktuellsten« (1984, 43). Diesem Urteil ist nichts hinzuzufügen.

Für den Evolutionismus, der die Ideologie Schumpeters kennzeichnet, ist der Verlust an Menschen, ihren Fähigkeiten, ihrer Phantasie, ihrer Kreativität, zu vernachlässigen. Hinter der Gedankenwelt der Gleichgewichtstheoretiker mag ein schäbiger Utilitarismus stecken, Schumpeters Wirtschaftsdarwinismus ist nicht weniger schäbig. Die Zerstörung, die jetzt zugelassen und verherrlicht wird, führte in den Blair-Schröder-Köpfen der neuen Sozialdemokratie und erst recht in orthodox liberalen Schädeln zur Verherrlichung der *new economy* und ihrer Bonanza-Zeiten für alle. Gleichzeitig führte sie unweigerlich zur *Exklusion* (Giddens) bzw. *Außerkurssetzung* (Marx) von immer mehr Menschen. Die schöpferische Zerstörung der Postkutsche durch die Eisenbahn, Schumpeters Standardbeispiel, scheint eine Idylle des Fortschritts gewesen zu sein. Die Eisenbahn absorbierte bedeutend mehr Arbeitskräfte, als die Kutsche beschäftigte, und entlohnte sie auf Dauer sehr viel besser als den damaligen Postkutscher von *Wells-Fargo*. An dieser Zerstörung schien alles kreativ. Man muss kein Kenner der Western-Romantik sein, um sehen zu können, welche Zerstörungen an Menschen, menschlicher Kultur und Umwelt angerichtet wurden, als die *Pacific Railroad* gebaut wurde, nicht zu reden von der kaum einzudämmenden Welle viehischer Kriminalität und der Genozide an den ursprünglichen Bewohnern der nordamerikanischen Steppen, Stoff der immer noch populären Wildwestfilme. Gedenksteine für tausende und abertausende Opfer etwa unter den Arbeitern solcher Projekte wie Suez- und Panamakanal wurden nie errichtet. Wer setzt die sozialen Kosten zu den wirtschaftlichen Gewinnen in Beziehung? Zu Schumpeters Bonanza-Kapitalismus des späten 19. Jahrhunderts gehören auch die Romane Upton Sinclairs über das Proletariat und die *Tycoons* im Chicago des beginnenden 20. Jahrhunderts, Schumpeters große Persönlichkeiten des Kapitalismus. Wer sich von Schumpeter leiten lässt, darf Upton Sinclair – der Brecht viel Stoff lieferte – nicht vergessen.

In den Politikformationen Europas west der Geist eines Schumpeter'schen Evolutionismus. Freie Bahn der angeblichen Kreativität; die Zerstörung ist in Kauf zu nehmen: »Da müssen die durch«, heißt es dann. »Die« sind Menschen, die nur über das Vermögen Arbeitskraft verfügen und die periodisch aussortiert werden. Das heutige System ist nichts als eine Kombination von Utilitarismus und Wirtschaftsdarwinismus, von Hayek und Schumpeter. Der aus beiden Komponenten resultierende *Neoliberalismus* ist soziale Verwesung, global! Verwesung verbreitet Gestank, auch global! In der Natur entsteht aus Verwesung neues Leben. In der Gesellschaft ist das anders. Aus gesellschaftlicher Verwesung entsteht nichts als Verluderung. Wenn die Menschen die Folgen der gesellschaftlichen Verwesung als unvermeidliche Kosten der Schumpeter'schen *Kreativität* hinnehmen, werden sie zynisch. Der Zynismus ist heute keine zufällige Mode, sondern der sachgemäße Ausdruck für das, was global geschieht. Mit Zynismus allein sind die Massen aber nicht manipulierbar, deswegen ist Zynismus für die Massenmedien nur beschränkt absetzbar. Die Massen sollen an irgendetwas glauben. Deswegen ist im folgenden Abschnitt von F.A. Hayek und dem gläubigen Liberalismus zu reden.

1.5 Der Gott der Liberalen

1.5.1 Der gläubige Liberalismus

1944 erschien das epochemachende Buch des österreichischen Nationalökonomen Friedrich A. Hayek *The Road to Serfdom*. Unter dem Titel *Der Weg zur Knechtschaft* wurde es in Deutschland wiederholt verlegt. Hayek wollte mit seinem Buch ausdrücklich in den politischen Diskurs eingreifen. Die deutsche Jugend ginge, so schrieb er 1971 im Vorwort, nach 1968 in ihrem neuen Hang zum Sozialismus dem Totalitarismus auf den Leim: »Vor fünfundzwanzig Jahren [= 1946] war es gerade die deutsche Jugend gewesen, deren verständnisvolle Aufnahme dieses Buches mir die größte Genugtuung bereitet hatte. Der heutigen Jugend scheinen seine Ideen vollkommen fremd geworden zu sein.« 1976 erschien das Buch noch einmal, danach, mit steigendem Erfolg, noch dreimal: 1981, 1982 und 1994. Die letzte Ausgabe erschien mit einem Vorwort des Grafen Lambsdorff. Auf diese letzte Ausgabe beziehen sich die Seitenzahlen der Zitate.

Zwischen 1971 und 1976 hat sich in der politischen Ökonomie so etwas wie ein Paradigmenwechsel vollzogen. Die Zeit der keynesianisch-neoklassischen Nachkriegssynthese – verbunden mit dem Namen Paul Samuelson – war vorbei und damit die Zeit, in der liberale Hardliner wie eben Hayek oder Milton Friedman, beide Professoren in Chicago, wenig Beachtung fanden. Hayek erhielt den Nobelpreis 1974 noch zusammen mit Gunnar Myrdal; Letzteres wies auf eine Pattstellung im Nobelpreiskomitee für Wirtschaftswissenschaften hin. Friedman erhielt den Preis 1976 allein, das Komitee hatte den neoliberalen Schwenk vollzogen. Friedmans *Capitalism and Freedom* aus dem Jahr 1962 war damals ein Misserfolg, aber die Neuauflage von 1982 wurde in den USA als Bestseller millionenfach verkauft und hatte auch in einer deutschen Übersetzung großen Erfolg.

Friedrich A. Hayek lebte von 1899 bis 1992, wurde in Wien im Denken der neoklassischen Wirtschaftstheorie solcher Leute wie Carl Menger, Friedrich von Wieser, Eugen von Böhm-Bawerk u. a. ausgebildet und war Lehrling des Epigonen der österreichischen Schule Ludwig von Mises (1881–1973). Keynes dominierte in einer verwässerten Form die Ausnahmeperiode des Westens 1950–1975, danach kam die Zeit von Hayek, Friedman usw., die Zeit Chicagos, die Zeit der Neoklassik ohne ernst zu nehmende Feinde. Hayek meldete sich wieder ab 1975 bis zu seinem Tod so eindringlich und unüberhörbar zu Wort, dass man ihn den »Vater des Neoliberalismus« nennen kann. Er hat seine Position, die er in jenem Buch aus dem Jahr 1944 so demagogisch mitreißend darlegte, nie mehr geändert. Es ist ein wichtiges Buch, nicht weil es großartige Literatur darstellt; es ist eher ein langweiliges, monomanes Buch ohne großartige und originelle Ideen. Aber es fasst eine Denkweise zusammen, die vor dem Zweiten Weltkrieg und dann wieder nach 1980 das tägliche Leben sehr vieler Menschen bestimmt. Man kann sich genialere Darstellungsweisen dieses Denkens vorstellen, aber Hayek bringt die Sache in einer Weise auf den Punkt, wie niemand es vor ihm und nach ihm getan hat, zumindest nicht so »massenwirksam« wie *The Road to Serfdom.* Die Kernaussage lautet:

Gerade dadurch, dass die Menschen sich früher den unpersönlichen Kräften des Marktes unterworfen haben, ist die Entwicklung der Kultur möglich gewesen. Wenn wir uns so unterordnen, tragen wir jeden Tag zur Errichtung eines Baues bei, der größer ist, als irgendjemand von uns voll erfassen kann. Dabei spielt es keine Rolle, ob die Menschen sich früher infolge von Anschauungen untergeordnet haben, die heute vielfach als Aberglaube gelten: aus einem religiösen Gefühl der Demut oder aus einer übertriebenen Achtung vor den lapidaren Theorien der ersten Nationalökonomen. Der springende Punkt ist, dass es unendlich viel schwerer ist, logisch zu erfassen, warum wir uns Kräften, deren Wirkungen wir im Einzelnen nicht verstehen, unterwerfen müssen, als dies zu tun aus demütiger Ehrfurcht, die die Religion oder auch nur die Achtung vor den Lehren der Nationalökonomie einflößte. Die Weigerung, uns Kräften unterzuordnen, die wir weder verstehen noch als bewusste Entscheidung eines vernunftbegabten Wesens anerkennen, ist die Folge eines unvollständigen und daher in die Irre gehenden Rationalismus (254).

Die Unmöglichkeit, wirtschaftliche Prozesse zu begreifen und nach Maßgabe des Begriffenen zu lenken, begründet Hayek zwar nicht religiös, sondern rational, mit den Grenzen des Erkenntnisvermögens. Aber in dem Versuch, einen Überblick über die Wirtschaft zu behalten, maße sich, so Hayek, der Mensch eine Allmacht an, die unerlaubt ist. Die Diktion wird sofort religiös, jenes Streben nach der Fähigkeit, die wirtschaftlichen Prozesse in eine gesellschaftlich erwünschte Richtung steuern zu können, führt für Hayek zur Vertreibung aus dem Paradies der Freiheit. Die Wurzel des Strebens nach dieser Fähigkeit ist in der liberalen Religion die Erbsünde; sie ist der irregeleitete Rationalismus:

> Ebenso erkennt dieser Rationalismus, dass es, wenn unsere komplexe Gesellschaft nicht untergehen soll, keine andere Möglichkeit gibt, als sich entweder den anonymen und anscheinend irrationalen Kräften des Marktes zu unterwerfen oder aber einer ebenso unkontrollierbaren und deshalb willkürlichen Macht anderer Menschen ... Wer behauptet, dass wir in erstaunlichem Maße gelernt hätten, die Kräfte der Natur zu beherrschen, aber leider in der erfolgreichen Ausnutzung der gesellschaftlichen Kräfte im Rückstand geblieben sind, hat insoweit ja ganz Recht. Aber er irrt sich, wenn er die Parallele weiterzieht und behauptet, wir müssten lernen, die Kräfte der Gesellschaft in derselben Weise zu beherrschen. Dieser Weg führt nicht nur zum Totalitarismus, sondern auch zur Vernichtung unserer Kultur und mit Sicherheit zur Verhinderung des Fortschritts in der Zukunft. (255)

Hayek begeht einen logischen Fehler. Wenn die Marktgesetze in der Ökonomie wie ewige Gesetze analog den Naturgesetzen funktionieren, dann kann man sie begreifen und ggf. beherrschen. Oder sie beruhen auf menschlichen Vereinbarungen; dann kann man sie erst recht begreifen, beherrschen und notfalls verändern. Bei Hayek ist weder das eine noch das andere der Fall. Die Gesetze sind bei ihm göttlich, entspringen einer *lex divina*. Gott fragt man nicht nach seinen Gründen. In der Tat ist der Liberalismus eine Religion. Hayek will unterordnen statt begreifen. Was in der Ökonomie geschieht, ist bei Liberalen ebenso unerforschlich wie Gottes Wille im orthodoxen Christentum bzw. Islam. Man fühlt sich an den gelegentlich dichtenden Thomas von Aquin erinnert: *»Quod non capis, quod non vides, animosa firmat fides,* was du nicht erfasst, was du nicht siehst, das bestätigt ein beseelter Glaube«. Hayek dagegen schreibt Prosa, aber kaum mit anderem Inhalt:

> Eine hochdifferenzierte Kultur wie die unsere beruht notwendig auf der Anpassung des Individuums an Veränderungen, deren Ursachen und Wesen es nicht begreifen kann: warum es mehr oder weniger haben sollte, warum es seinen Beruf wechseln sollte, warum einige Dinge, die es haben möchte, schwerer erhältlich sind – das alles wird immer von so vielen Umständen abhängen, dass ein Einzelner es nicht erfassen kann ... (253)

Tatsächlich ist die Ökonomie weder Natur noch Religion, sondern Funktion einer Gesellschaft, in der wenige Menschen unkontrollierbare Macht haben und andere sich diesen Menschen – keinen unpersönlichen Kräften! – unterordnen müssen. Der Dichter sagt es genauer als der Nationalökonom:

> Das Schicksal, Frau,
> Beschuldige nicht!
> Die dunklen Mächte,
> Frau, die dich da schinden,
> Sie haben Name, Anschrift
> Und Gesicht (Bertolt Brecht)

Der logische Apartheidstatus, den die Ökonomie in Hayeks Denken – oder besser: Frömmigkeit – hat, entspricht im politischen Bereich der Tatsache, dass die Ökonomie außerhalb der Reichweite der bürgerlichen Demokratie bleiben soll. Die Zitate aus dem Jahr 1944 beschreiben das Wesen der bürgerlich-liberalen Konstruktionen, die seit Mitte des 19. Jahrhunderts und bis heute das Leben der Menschen in unseren Ländern bestimmen. Sie sind für die Bourgeoisie der Inbegriff aller Kultur seit der Antike, ein Gedanke, den man auch bei Hayeks Chicago-Kollege Milton Friedman antrifft.[71]

Die zentrale These des Liberalismus lautet, dass Unterwerfung unter die unpersönlichen Kräfte des Marktes unerlässlich für die Durchsetzung und Erhaltung der unternehmerischen Freiheit ist und so Voraussetzung für alle Kultur. In der mittelalterlichen Stadt gab es Zünfte und extrem, aber rational regulierte Märkte. Das Mittelalter war demzufolge barbarisch. Das Gleiche gilt dann auch für alle nichtwestlichen Zivilisationen, wo es nur ausnahmsweise »freie Märkte« gab. Alles, was nicht bürgerlich-liberal war und ist, kann nach dieser Auffassung nur Barbarei sein. Die Voraussetzung für die Freiheit und für alle Kultur ist in diesem Denken ein Akt der Unterwerfung und des Opfers der Vernunft. Das Wesen des Liberalismus ist daher ein bekennender Irrationalismus. Die unpersönlichen Kräfte des Marktes funktionieren kaum verhüllt als göttliche Instanz, als *Gott*. Zwar sind Liberale in der Regel keine frommen praktizierenden Christen; vielmehr zeichnet sie oft ein gesunder Antiklerikalismus aus. Dennoch erweist sich ihr ideologisches System als eine Religion säkularisierter Bourgeois. Die positiv-religiösen Dogmen traditioneller Religionen sind entsorgt, aber die religiöse Unterwerfungsstruktur bleibt lupenrein erhalten.

1.5.2 »Gott«

Der wesentliche Inhalt aller bürgerlich-ökonomischen Theorien bleibt
das Dogma der Unterwerfung. Diese Unterwerfung wird uns seit mehr
als zwanzig Jahren von Politikern, Verbandsfunktionären der Kapitalseite, professoralen Ideologen und sogar von manchen Gewerkschaften täglich gepredigt. Das Stichwort ist Anpassung an globale
ökonomische Entwicklungen, die man nicht beeinflussen kann und
darf. Die Antwort des Individuums muss die Bereitschaft sein, jederzeit lieb gewordene Lebensumstände aufzugeben, flexibel zu sein,
sich anzupassen. »Es gibt keine Alternative«, beten sie Margaret
Thatcher nach. Das Kürzel TINA (There Is No Alternative) für diesen Thatcher-Satz fungiert bei den Gegnerinnen und Gegnern dieser
Art von Liberalismus als Götzenname. Tatsächlich offenbart die
Götzenfratze der Alternativlosigkeit die religiöse Struktur des Liberalismus, der Monopol-Ideologie des Systems am Ende des 20. und
am Anfang des 21. Jahrhunderts. Das System will absoluten Gehorsam. Und zwar von allen, auch von denen, die meinen, große Macht
zu haben. Auch sie sehen sich selbst als Untertanen jener »unpersönlichen Kräfte des Marktes«. Wer Zehntausende an Arbeitsstellen
streichen kann, begründet das mit der Marktlage: Der Markt lasse
niemandem eine freie Wahl, das Management müsse Stellen streichen, die Leute müssten gehen, »wir sitzen alle im gleichen Boot«.
Das ist nicht nur abgeschmackte Propaganda Gewissenloser. Tatsächlich bleibt unter den herrschenden Umständen dem Unternehmen oft
nicht viel anderes übrig, will es Insolvenz oder Konkurs vermeiden.
Denn alle sind verstrickt in eine Marktstruktur, in der sich die Macht-
habenden nicht nur als Opfer ihrer eigenen Macht wähnen, sondern
es auch sind. Auch für sie ist die Struktur eine externe Instanz, ein
Gegenüber. Sie haben sich nunmehr dieser Struktur, dem Werk ihrer
Hände, zu unterwerfen, sie haben sich selbst ihrer eigenen Ordnung
ausgeliefert. Für dieses absolute Gegenüber kann man die Vokabel
»Gott« verwenden. Man kann auf die Vokabel »Gott« verzichten
und sie durch den abstrakten Begriff »Gesellschaftsordnung« ersetzen, aber gerade die Vokabel »Gott« hat große Vorzüge. Das Wort
»Gesellschaftsordnung« suggeriert, sie sei Menschenwerk und stünde
deshalb jederzeit zur Disposition. Das Erste ist richtig, das Zweite
aber nicht. Die herrschende Gesellschaftsordnung steht allen Gesell-
schaftsmitgliedern, auch den Mächtigsten unter ihnen, als eine unan-
tastbare, quasi heilige Macht gegenüber. Details sind regelbar, die

Ordnung selber ist unantastbar. Gesellschaftsordnungen sind niemals Objekt einer freien Mehrheitsentscheidung, die beim nächsten Mehrheitsentscheid wieder außer Kraft gesetzt werden kann. Die bürgerliche Gesellschaftsordnung ist durch gewaltsame Revolutionen, oft mit rituellen Königsopfern, und nicht durch Mehrheitsentscheidung zustande gekommen. Es hat daher Vorzüge, die Ordnung selbst »Gott« zu nennen. Unantastbares Recht auf Eigentum an Produktionsmitteln – Wesenselement der heutigen Gesellschaftsordnung – funktioniert als der Gott, der allein absolute Gefolgschaft verlangen kann. Sobald dieses Wesenselement tatsächlich angetastet wird, reagiert die Ordnung mit Krieg und Bürgerkrieg. Freilich hat der Gott, in dessen Namen dies und vieles andere geschieht, ganz andere Namen als die Götter der klassischen Religion. Der liberale Name »unpersönliche Kräfte des Marktes« ist unverfänglicher, weil seine abstrakte Hülle sich für die Projektion der Wunschträume ideologisch Verführbarer und Verführter besser eignet. Die Vokabel »Gott« war immer der Konvergenzpunkt aller gesellschaftlicher Loyalitäten und Abhängigkeitsverhältnisse. In der alten Schrift des jüdischen Volkes ist daher die Frage nie, ob denn ein Gott existiere, sondern nur, wer der Gott sei. Die Frage lautet demnach: Wer oder was fokussiert oder konvergiert die realen Loyalitätsstränge in der Gesellschaft? Wer oder was kann auf den absoluten Gehorsam der Gesellschaftsmitglieder Anspruch erheben? Der Inbegriff einer geltenden Gesellschaftsordnung funktioniert als letzte Instanz. Wer gegen diese letzte Instanz verstößt, stellt sich außerhalb der Gesellschaft. Denn es kann über die letzte Instanz der Gesellschaft keine Diskussion geben. Man unterwirft sich. Oder man will sie durch eine andere letzte Instanz ersetzen. Dann aber gibt es Bürgerkrieg.

Bei der Verwendung der Vokabel *Gott* geht es darum, die gesellschaftliche Funktion zu begreifen. Es gibt zwar säkulare, aber keine *gott*losen Gesellschaften. Das Diktat der *Anpassung,* der *Unterwerfung,* ist praktischer Vollzug dieser apersonalen Religion. Die neue Weltreligion ist die vorbehaltlose Unterwerfung unter die Gesetze des Marktes. Ihre Rechtfertigung mag technokratisch sein, sie bleibt eine Religion. Technokratisch: Niemand könne einen vollständigen Überblick über alles haben, was alle anderen tun; Religion: weil sie als Religion keine Alternative zulässt. Hier geht es weniger um die Fragwürdigkeit der theoretischen Annahmen Hayeks als um das Faktum der *Religion:* Wir *müssen* uns unterwerfen!

1.5.3 Die Dämonisierung der Alternative

Hayek schrieb sein Buch, weil eine Alternative zur bürgerlich-liberalen Gesellschaftsordnung nicht nur möglich war, sondern real existierte. Die Alternative war die Planung ökonomischer Aktivitäten durch eine Zentralinstanz (Regierung, Partei). Was auch immer die Motive hinter ihren Entscheidungen sein mögen, das Ergebnis, so Hayek, sei immer Fremdbestimmung eines Menschen durch andere Menschen außerhalb seiner Einflussmöglichkeiten. Das einzige Heilmittel gegen diese Fremdbestimmung sei reine individuelle Selbstbestimmung. Ein diktatorisch definiertes und vorgeschriebenes Gemeinwohl könne nichts als die Verklausulierung der Interessen eines einzelnen Menschen oder einer Gruppe von Menschen sein. Gegen diese Diktatur muss man alles in Bewegung setzen. Wäre das ein Hauptanliegen des Liberalismus, wären die meisten von uns Liberale. Wenn aber ein Großunternehmen sein Unternehmensziel – seinen Plan! – erfüllen will, dann erwartet er von Tausenden von Menschen die Unterordnung ihrer eigenen Lebenspläne unter den Gesamtplan des Konzerns. Werden Zehntausende von Arbeitsstellen gestrichen oder verlagert ein Unternehmen seine Produktionsstätte nach Rumänien, weil dort eine Näherin netto € 130,00 monatlich verdient, wogegen eine Näherin in Cottbus netto € 900,00 erhält, dann müssen die Frauen in Cottbus ihre Einzelwirtschaftspläne zugunsten des Gesamtplans des Unternehmens zurückstellen.[72] Dieser Gesamtplan ist vom Gewinnerwartungshorizont geprägt, innerhalb dessen der Plan aufgestellt wird und der die Pläne der einzelnen Menschen diktatorisch bestimmt. Je mehr sich der Staat »aus der Wirtschaft zurückzieht« – das heißt, seine Einflussnahme auf die Wirtschaftspläne der Unternehmen zurückfährt –, desto mehr erlangen die Unternehmen diktatorischen Einfluss auf die Wirtschaftspläne der Menschen, die direkt – als Beschäftigte – oder indirekt – in Zulieferbetrieben oder im Umfeld etwa des Kleinhandels – von den Entscheidungen der Großunternehmen abhängen. Sobald nun aber die Interessen der Gesellschaft – der Gesamtheit, nicht der Summe aller Einzelpläne – angemahnt werden, gilt das als unzumutbare Einschränkung der Freiheit. Inzwischen kann es sich keine Politikerin, kein Politiker erlauben, die Wirtschaft auf gesellschaftliche Interessen zu verpflichten; es bedeutete das Ende der politischen Karriere, das Aus für die entsprechenden Parteien. Zwar darf man in einer Talkshow um 23 Uhr über gesellschaftliche Interessen reden, man spielt dann aber die erwünschte Clownsrolle eines weltfremden Intelligenzlers, der von Realisten des rauen Wirtschaftslebens nach allen von Moderator oder Moderatorin überwachten Regeln der Kunst niedergemacht wird. In »demokratischen« Gesellschaften ist dies die gesittete, aber erbarmungslose Praxis der Dämonisierung.

Der Liberalismus lehnt die Gesellschaft als Bezugsgröße überhaupt ab, er will nichts anderes als der großbürgerlichen Klasse, die er ideologisch vertritt, das gesellschaftliche Machtmonopol sichern. Die beiden immer wieder kolportierten Bemerkungen Margaret Thatchers geben das Wesen des Liberalismus wieder: »Es gibt keine Alternative« *und* »So etwas wie das Gesellschaftliche gibt es nicht; es gibt nur Individuen und Familien.« Wir können *und* durch *weil* ersetzen. Dann können wir den Satz umkehren: »*Weil* es das Gesellschaftliche nicht gibt, gibt es keine Alternative.« Es gibt keine Alternative zu einer Wirtschaft der Individuen, die sich gegeneinander durchzusetzen haben und sich in einem nicht selten mörderischen, »nichtkooperativen Spiel« befinden, wie die *Spieltheorie* das Spiel der Konkurrenz, des Gegeneinanders, beschreibt. Alles andere sei »nicht möglich«, und wer das Unmögliche wolle, wolle gerade das Wesen der menschlichen »Natur«, ihr Gegeneinander, aufheben. Die beiden Thatcher'schen Sätze operieren nach dem Prinzip des ausgeschlossenen Dritten, des Entweder-Oder. Die Liberalen, nicht die Sozialisten, proklamieren heute den Antagonismus. Natürlich wird in Deutschland versucht, Wasser in den neoliberalen Wein zu gießen; man sagt, es gebe natürlich das Gesellschaftliche, aber um das Gesellschaftliche zu retten, müssten wir die frühere Gesellschaft vernichten oder zulassen, dass sie vernichtet wird. Dazu gebe es tatsächlich und leider keine Alternative. Was noch an die frühere Gesellschaft erinnere, müsse ausgemerzt werden. Der fast leidenschaftliche Hass, mit dem Thatcher, Westerwelle & Co. die Gewerkschaften bekämpfen, zeigt die eigentliche Dimension der Dämonisierung.

Zu jeder Religion gehört eine Dämonologie. Der Gegenstand dieser Dämonologie ist die Alternative, die Gegenbewegung, die Gegenbewegung der Vergangenheit und die Gegenbewegung der Gegenwart. Die merkwürdige Regelmäßigkeit, mit der in den Medien auf der Leiche des Sozialismus herumgetrampelt wird, zeigt, wie nötig er als Drohgespenst eigentlich immer noch ist. Ohne Teufel kein »Gott«.

1.5.4 Die Antinomien des Liberalismus

Freiheit vs. Gleichheit und Gerechtigkeit

Hayek lässt an einer Stelle die sachliche Begründung einer Alternative aufleuchten. Die Apologeten der Planwirtschaft, so Hayek, meinen, dass die Planwirtschaft »uns erlauben würde, eine gerechtere und gleichmäßigere Güterverteilung vorzunehmen« (a. a. O., 132). Dann aber schreibt er:

> Dies ist tatsächlich das einzige Argument zugunsten der Planwirtschaft, mit dem man ernsthaft operieren kann. Wenn wir eine Güterverteilung sichern wollen, die sich nach einem im Voraus festgelegten Standard richtet, wenn wir bewusst entscheiden wollen, wer etwas haben soll und was er haben soll, so lässt sich nicht leugnen, dass wir das gesamte Wirtschaftssystem planen müssen ... (a. a. O.)

Er sieht, dass Gerechtigkeit und Gleichheit eine Instanz sind, die von außen auf das Feld ökonomischer Aktivitäten einwirken. Hayek nennt das einen »im Voraus festgelegten Standard«. Wenn man diesen exogenen Standard nun als verbindliche Norm auch für das ökonomische Handeln anerkennt, muss man die Ökonomie »regeln« oder »planen«. Diese rationale Ebene verlässt er sofort wieder:

> Und trotzdem bleibt es fraglich, ob der Preis, den wir für die Verwirklichung des Gerechtigkeitsideals eines beliebigen Menschen zahlen müssten, nicht letzten Endes mehr Unzufriedenheit und Unfreiheit hervorrufen würde als im schlimmsten Falle das viel geschmähte freie Spiel der Kräfte. (a. a. O.)

Deswegen ist es nur konsequent, wenn Hayek in der Zeitschrift *Die Wirtschaftswoche* vom 6.3.1981 schreiben konnte:

> Für eine Welt, die auf egalitäre Ideen gegründet ist, ist das Problem der Überbevölkerung unlösbar ... Wenn wir einmal garantieren, dass jeder am Leben erhalten wird, der erst einmal geboren ist, werden wir bald nicht mehr in der Lage sein, dieses Versprechen zu erfüllen. Gegen die Überbevölkerung gibt es nur eine Bremse, nämlich dass sich nur die Völker erhalten und vermehren, die sich selbst ernähren können. (Zit. bei Altvater 1991, 346)

Hayek sieht »Unzufriedenheit und Unfreiheit« als Preis für »das Gerechtigkeitsideal eines beliebigen Menschen«. Wollten wir die Ressourcen, die im Besitz von Privatmenschen sind, so umverteilen, dass wir immer noch in der Lage sind, alle anständig zu ernähren – technisch sind wir das! –, dann müsste das »freie Spiel der Kräfte« tatsächlich aufgehoben werden. Hat man das Zentraldogma des Liberalismus, die Notwendigkeit der Unterwerfung unter die unpersönlichen Kräfte des freien Marktes, einmal geschluckt, bleibt keine andere Wahl, als Afrika verhungern zu lassen.

Milton Friedman sagt das Gleiche noch etwas deutlicher:

> Der Gleichheitsverfechter [egalitarian] … verteidigt das Nehmen von einigen, um anderen zu geben, nicht als ein effektiveres Mittel, wodurch diese »einigen« ein Ziel verwirklichen, das sie wirklich erreichen wollen, sondern aus »Gerechtigkeitsgründen«. An diesem Punkt kommt Gleichheit in einen scharfen Konflikt mit Freiheit. Man kann dann in dieser Hinsicht nicht zugleich ein Gleichheitsverfechter und ein Liberaler sein. (Friedman 1982, 195)

Hier geht vieles durcheinander. Amartya Sen hat in seinem Buch *Inequality Reexamined* versucht, die liberalen Begriffsverwirrungen aufzulösen. Begriffe wie Gleichheit und Freiheit werden dann konkret, wenn man eine Variable wählt, auf die sich Gleichheit usw. bezieht *(focal variable*, Sen 1997), und er zeigt, dass derjenige, der Gleichheit in einem Bereich ablehnt, Gleichheit in einem anderen Bereich befürwortet: »Kritiker des Egalitarismus neigen dazu, statt in einem Bereich in einem anderen Egalitaristen zu sein« (Sen 1997, 15), etwa: keine *Einkommens*gleichheit, dafür *Chancen*gleichheit usw. Man müsse, so fordert Sen, fragen: Gleich in Bezug auf *was*, Freiheit von *was* bzw. *was zu tun?* Friedman antwortet: Gleich sind die Menschen in ihrem Recht auf Freiheit, nur dort.

Gemeint ist bei Friedman wohl, dass diejenigen, die proportional höher besteuert werden, das nicht mit sich machen lassen, um selbst gesetzte Ziele zu erreichen, sondern gegen ihren Willen aufgrund eines von anderen vorgesetzten Gerechtigkeitsideals *gezwungen* werden, auf Teile ihres Eigentums zu verzichten. Genau hier wird der Konflikt zwischen Freiheit und Gleichheit auf den Punkt gebracht. Unter der Hand setzt Friedman Gerechtigkeit mit Gleichheit gleich. Wer Gerechtigkeit als verbindlichen Maßstab für politisches Handeln will, will uniforme Gleichheit: das suggeriert Friedman. Beide verletzen ihm zufolge das Recht auf Freiheit. Bevor wir darauf eingehen, müssen wir eine allgemeine Bemerkung machen. Friedman sagt nicht, dass die »weniger Glücklichen« ihrem Schicksal überlassen bleiben. Er will ihnen helfen, aber mit *private charity,* privater

Wohltätigkeit. Reicht diese nicht aus, wird er mit Bedauern akzeptieren, dass der Staat helfen muss. Mit Bedauern deswegen, weil er gezwungen wird, mit einem Teil seiner Steuern zu helfen. Warum er das eigentlich, sei es auch »mit Bedauern«, akzeptiert, verrät er uns nicht. Das Bedauern findet wohl seinen Grund in der Spendenunwilligkeit seiner Mitbürger. Aber auf alle Fälle will Friedman keine *progressive Besteuerung,* also keine Fiskalpolitik, die auch nur annähernd Instrument für die Einkommensverteilung sein könnte.

> Es besteht immer die Gefahr, dass an die Stelle einer Regelung, durch die eine große Mehrheit sich selbst bewusst besteuert, um einer unglücklichen Minderheit zu helfen, eine andere gesetzt wird, durch die eine Mehrheit für ihre eigenen Interessen eine unwillige Minderheit besteuert. (a.a.O., 194)[73]

Der Fiskus ist für jeden Liberalen das Schibboleth der Politik. Bei Adam Smith ist der Teil über »das Einkommen des Souveräns«, sprich Steuern, der ausführlichste seines ökonomischen Hauptwerkes. Fiskalpolitik als Instrument zum Ausgleich gesellschaftlicher Ungleichheit, eine klassische sozialdemokratische Strategie, ist in jenen Kreisen verpönt. Die liberale Fiskalpolitik verdeutlicht, um was es in der liberalen Ordnung geht, um den sakrosankten Status des individuellen Eigentümers und nicht um die Freiheit der Person. Für Friedman ist es gerade die Gleichheit bzw. Gerechtigkeit, die Freiheit ausschließt. Hier baut sich ein Widerspruch auf, den der Liberalismus nicht lösen kann, weil er dieser Widerspruch selber ist. Wohltätigkeit (»sich selbst bewusst besteuern«) lasse die Freiheit intakt, Steuern schränken die Freiheit ein. Niemand habe das Recht, über das Anziehen der Steuerschraube Wohltätigkeit zu erzielen; so zerstöre man die Moralität, denn diese gedeihe, so Friedman, nur in Freiheit. In den letzten Jahren hört man, dass privat organisierte und finanzierte Fürsorge effektiver als jede staatliche Fürsorge sein kann. Dann folgen Beispiele, die sich immer auf sehr beschränkte Personenkreise beziehen. Diese Personen kommen in den Genuss von Fürsorge, ohne darauf ein Recht zu haben. Hätten sie das *Recht,* hätten sie Anspruch auf die Leistungen der Fürsorgeinstitute, und diese hätten die *Pflicht,* jeden Hilfsbedürftigen aufzunehmen. Das aber würde die *Freiheit* privater Institute oder Personen einschränken. Die privaten Institute müssen bei der Aufnahme von Benachteiligten die Freiheit haben zu entscheiden, ob »es sich lohnt« und bis wann sich Erfolge einzustellen haben. Hier gibt es also kein *gleiches Recht* auf Hilfe. Ein staatliches Jugendheim hat diese Freiheit nicht; es kann Effizienz nicht als das alles entscheidende Kriterium anwenden. In seiner Rede zur Lage der Nation 2003 mahnt Präsident Bush statt staatlicher Beihilfen freiwillige Wohltätigkeit vermögender Bürgerinnen und Bürger an. Hier verkündet Bush jene liberale Lehre Friedmans, die unter seinem Vorgänger Clinton dominant wurde. Wenn soziale Rechte ein wesentlicher Inhalt des Begriffs Gerechtigkeit sind, stehen in der liberalen Welt *Gerechtigkeit und Freiheit* einander unversöhnlich gegenüber, von *Gleichheit* ganz zu schweigen. Friedman schreibt:

> Jedermann hat das gleiche Recht auf Freiheit. Dies ist ein wichtiges und fundamentales Recht, gerade weil Menschen verschieden sind, weil der eine Mensch mit seiner Freiheit andere Dinge tun kann als ein anderer Mensch. (a.a.O.)

Friedman übersieht, dass die Freiheit, mit seinem Besitz ein Unternehmen zu gründen und darin andere nach seinen Vorstellungen arbeiten zu lassen, mit der Freiheit dieser anderen kollidiert. Das wäre der Fall, so würde Friedman einwerfen, wenn wir Sklaverei hätten. Die haben wir nicht, wir haben jene Freiheit, die es einem Menschen freistellt, arbeiten zu gehen oder nicht, erst recht, an einer bestimmten Stelle arbeiten zu gehen oder an einer anderen Stelle. Genau diese Freiheit haben große Gruppen der Bevölkerung nicht. Die Erpressung einer Belegschaft mit der Verlagerung der Produktion in ein Niedriglohnland ist die Aufhebung der Freiheit der Angestellten, erst recht, wenn keine anderen Arbeitsplätze in Sicht sind. Praktisch gibt es unter solchen Verhältnissen kein gleiches Recht auf Freiheit. Es geht also nicht um *Freiheit* vs. Einkommens- oder Chancen*gleichheit,* sondern um *liberale Freiheit* vs. die *Gleichheit im Recht auf Freiheit.* Das verlangte Opfer der Flexibilität, die erzwungene Aufgabe des Wohnorts, der sozialen Bindungen des Betroffenen und seiner Familie, ist ein flagranter Bruch des gleichen Rechts auf Freiheit.

Freiheit vs. Demokratie

C. B. Macphersons *Die politische Theorie des Besitzindividualismus* (1967) stellt den entstehenden Liberalismus als »Besitzindividualismus« dar. In einer Gesellschaft, in der der Besitzindividualismus die Grundstruktur der politischen Selbstorganisation bildet, werden alle menschlichen Verhältnisse zu Vertragsverhältnissen aus dem Grund, weil sie nur noch Marktverhältnisse sind (s. o. 1.1.7). Freiheit ist vor allem anderen Eigentumsfreiheit, das heißt, die Freiheit, Besitz zu erwerben und über diesen Besitz souverän zu verfügen. Hauke Brunkhorst hat unter dem Titel *Demokratie und Differenz* 1993 ein Essay über einen politischen Liberalismus geschrieben, das zur zentralen These hat, der Liberalismus könne mehr als Besitzindividualismus sein. Gerade in der Französischen Revolution mussten Bürgerrechte gegen ein *Ancien Régime* und seine traditionelle Gesellschaftsordnung durchgesetzt werden. Die politischen Grundrechte weisen, so Brunkhorst, über ihre Konkretisierung als *bürgerliches Recht* hinaus, und so können

> Grundrechte ein aktive Rolle spielen und zum Medium weltverändernder Praxis werden. Von diesem Augenblick an ist auch die Privatrechtsordnung und der Besitzindividualismus nur noch ein Modell, das unter sehr spezifischen Bedingungen mit unseren [wessen? d.V.] Rechten kompatibel ist. (Brunkhorst 1994, 174)

Unser kritischer Zwischenruf *wessen?* in diesem Zitat zeigt schon, dass manche, vielleicht sogar die meisten Menschen nicht in der Lage sind, ihre Grundrechte zu reklamieren, weil sie kein anderes Vermögen als ihre Arbeitskraft haben. Sie können nicht frei über ihr eigenes Leben bestimmen, sondern müssen andere über ihr Leben bestimmen lassen. Brunkhorst übersieht, dass der Impuls der bürgerlichen Klasse, die ihre Revolutionen im 17. und 18. Jahrhundert durchführte, die exklusive Kopplung *Eigentum gleich Freiheit* war, ist und – unter den »sehr spezifischen« bürgerlichen Verhältnissen – bleiben muss. Die bürgerliche Gesellschaft hat als Grundüberzeugung: »Freiheit ist Eigentumsfreiheit«. »Privatrechtsordnung und Besitzindividualismus« sind nicht »ein Modell«, sondern *das* Modell; alle anderen Modelle, die in der bürgerlichen Revolution vorgesehen waren oder potenziell möglich gewesen wären, sind durch dieses eine Modell praktisch zu unrealisierbaren Wunschvorstellungen geworden. Für die Mehrheit der Menschen gilt demnach die Umkehrung: »*Kein Eigentum* heißt konkret *keine Freiheit, keine Rechte.*« Das scheint maßlos übertrieben. Die Bourgeoisie setzt aber weltweit ein Modell durch, in dem die meisten Menschen weder Freiheit noch Rechte haben, allenfalls *theoretische* Chancen auf Eigentum und somit *theoretische* Chancen auf Freiheit. Das gleiche Menschenrecht auf Freiheit *(equal right to freedom)* wird so zum Lottospiel. Denn ohne eine materiell gesicherte Existenz kann kein Mensch frei sein. Die kommenden

Jahrzehnte werden, wenn nicht alles täuscht, Jahrzehnte des unein-
geschränkten bürgerlichen Monopols sein. Freilich kann ein solch
umfassendes Machtmonopol auch auf sehr brutalen Widerstand stoßen, weil die Opfer eines solchen Monopols kaum andere Optionen
als den Irrationalismus haben. Dieses Macht*monopol,* dieses *Neo-* im
Liberalismus, erweist sich für die bürgerliche Herrschaft als Fluch,
wie wir spätestens seit dem 11. September 2001 wissen.

Die Frage lautet: Wenn die Freiheit fordert, dass die Ökonomie
außerhalb der Sphäre demokratischer Entscheidungsprozesse gehalten werden muss, stehen wir dann vor der Alternative: *entweder Freiheit oder Demokratie?* Die Frage scheint absurd; Demokratie ist
Freiheit und Freiheit ist Demokratie. Nun sieht die Grundidee der
bürgerlichen Revolution folgendermaßen aus: Demokratische Grundrechte sind die, die einem Menschen Mitsprache- und Mitentscheidungsrecht bei allen von Menschen gesteuerten Prozessen gewähren, wenn er direkt oder indirekt von diesen Prozessen betroffen
ist. Nur wenn alle Menschen Mitentscheidungsrechte in allen Prozessen haben, von denen sie betroffen sind, haben wir Demokratie
und somit auch Freiheit. Wenn z. B. Steuerentscheidungen einen als
mehr oder weniger massiv empfundenen Eingriff in das Eigentumsprivileg bedeuten, haben die Bürger und Bürgerinnen Einspruchs-
rechte, die sie über Parlamentswahlen oder über das Anrufen unab-
hängiger Gerichte zum Ausdruck bringen. In diesem Zusammenhang
können wir von Freiheit und Demokratie reden, selbst dann, wenn
unsere Einsprüche nicht erfolgreich wären. Wenn dagegen massive
Entlassungsentscheidungen fallen, haben in der Regel die, die von
diesen Entscheidungen direkt betroffen sind, keinerlei Mitsprache-,
geschweige denn Mitentscheidungsrecht, weil das Eigentumsprivileg nicht angetastet werden darf. Dieses Mitentscheidungsrecht griffe
direkt in das Grundrecht der Eigentümer der Produktionsmittel ein,
über ihr Eigentum frei verfügen zu können. Der Einwand der Liberalen lautet, das Eigentumsprivileg schmälere nicht das Recht, frei
über das Vermögen Arbeitskraft zu verfügen, da sich die Leute ja
anderswo verdingen können; theoretisch vielleicht, sicher nicht in
einer Konjunktur hoher Arbeitslosigkeit. Da die Mehrheit entweder
von Arbeitslosigkeit oder von der Furcht, den Arbeitsplatz zu verlieren, betroffen ist, ist ihre Freiheit wesentlich beschädigt. Wir haben
also keine wirkliche Demokratie und keine wirkliche Freiheit. Hayek
wischte diesen Einwand vom Tisch:

Abgesehen davon aber, dass der Arme reich werden kann, ist die
Marktwirtschaft das einzige Wirtschaftssystem, in dem dies lediglich
von ihm und nicht von der Gunst der Mächtigen abhängt und in dem
niemand ihn an dem Versuch hindern kann, reich zu werden (136) …
Man findet sich ohne Zweifel viel leichter mit der Ungleichheit ab,
und die Würde des Menschen leidet weniger unter ihr, wenn sie das
Ergebnis anonymer Kräfte, als wenn sie beabsichtigt ist. Wird einem
Menschen in der Marktwirtschaft gesagt, dass eine bestimmte Firma
für seine Dienste keine Verwendung hat, so ist das keine Herabset-
zung und keine Verletzung seiner Würde. (140)

Wenn einer in der Marktwirtschaft nicht reich wird, liegt das nach
Hayek nur an den fehlenden Voraussetzungen für den wirtschaftlichen Erfolg (hier »reich werden«). Zunächst bedeutet der Satz nicht
viel anderes als die Platitude: »Jeder ist seines Glückes Schmied«.
Jeder weiß, dass das nicht stimmt; die meisten Menschen schmieden
ihr ganzes Leben an diesem Glück, selten mit Erfolg. Der Satz
bedeutet weiter, dass Misserfolg (etwa Arbeitslosigkeit) Versagen ist,
der Misserfolg hänge »lediglich« vom Betroffenen selbst ab. Wenn
dann Millionen von Menschen erfahren müssen, dass nicht nur »eine
bestimmte Firma«, sondern niemand sie braucht, dann liegt auch das
an ihnen selbst. Freiheit, so wesentlich für alle Demokratie, findet
gerade im fundamentalsten Lebensbereich, der Ökonomie, gerade
dort, wo ein Mensch seinen gesellschaftlichen Ort einnehmen muss,
nicht statt; stattdessen ist er auf die Gnade derer angewiesen, die
»Arbeitsplätze schaffen«. Den Liberalen entgeht, dass die liberale
Rechtsordnung für die große Mehrheit der Menschen eigentlich keine
Rechtsordnung, sondern eine Gnadenordnung ist. Wir werden diesen
Umstand im letzten Kapitel genauer darstellen (s. u. 3.2.1ff).
    Eine Gesellschaft, die der Freiheit der Eigentümer einen Rang ein-
räumt, der im Konfliktfall alle anderen Freiheiten verdrängt, kann
nie eine demokratische Gesellschaft sein. Wer zum Arbeitsamt bzw.
zur Leiharbeiterfirma gehen muss, erst recht unter den seit 2005 geltenden Umständen, verfügt kaum noch über das, was ein normaler
Mensch *Freiheit* nennen würde. Die meisten Menschen haben, wenn
es wirklich darauf ankommt, keine Freiheitsrechte, zumindest nicht
solche, die die Gestaltung des eigenen Lebens zum Inhalt haben. Dass
die Menschen arbeiten müssen, gehört zu den materiellen Notwen-
digkeiten ihres Lebens und hebt ihre Freiheit nicht auf. Aber wenn
andere Menschen darüber bestimmen, ob und zu welchen Bedingungen ein Mensch arbeiten soll, ist das sehr wohl eine wesentliche Ein-

schränkung der Freiheit. Was die Unternehmer entscheiden, betrifft diesen Menschen, aber er kann als Einzelner wenig dagegen sagen und so gut wie gar nichts dagegen tun. Auch die Politik muss sich dem Diktat der Eigentumsfreiheit beugen. Dieses meist dumpfe Gefühl bestimmt die grassierende Wahlabstinenz und trifft die Demokratie ins Herz. Wer sich wirklich über die Demokratie Sorgen macht, sollte vielleicht hier anfangen.[74]

So verkehrt der Liberalismus, der keinen wirklichen Gegner mehr hat, endgültig alles, was ihm angeblich am Herzen liegt, unter der Hand in sein Gegenteil: Freiheit in die sklavische Unterwerfung unter die fremde Macht des Marktes, Gleichheit ist die Herabwürdigung der Menschen, denen die Möglichkeit und so die Freiheit genommen wird, einen menschlichen Platz in der Gesellschaft einzunehmen, Demokratie in ein System von Befehlen und Parieren. Der Liberalismus ist Religion, falsches Bewusstsein, Anbetung seiner eigenen Macht, die dem Menschen gegenüber eine transzendente Instanz geworden ist.

So ist der Liberale ein Sklave. Wer Freiheit wirklich ernst nimmt, kann kein Liberaler sein.

1.5.5 Der Markt ist ein Stück Holz

Der Markt, so sagten wir, ist eine menschliche Institution oder, wie es in biblischen Zeiten hieß, »ein Werk von Menschenhänden«. Ein altjüdischer Dichter erzählt von einem Menschen, der ein Stück Holz nimmt:

> Die Hälfte verbrennt er im Feuer,
> auf dieser Hälfte brät er Fleisch zum Essen,
> brät einen Braten, wird satt,
> wärmt sich, sagt:
> »Aha, mir ist schon warm,
> ich sehe, wie es leuchtet!«
> Aus dem Rest macht er einen Gott, aus Holz geschnitzt,
> beugt sich nieder,
> wirft sich hin vor ihm,
> fleht ihn an, sagt:
> »Rette mich,
> mein Gott bist du!« (Jesaja 44, 16–17)

Der gläubige Liberale ist dieser Mensch.

1.6 Der letzte Liberale – John Rawls

Selbstverständlich werden sich nach dem Tod John Rawls' Ende 2002 noch viele Liberale zu Wort melden, unter ihnen nicht wenige, die wirklich etwas zu sagen haben. So betrachtet ist John Rawls ein Liberaler in einer langen Reihe, die sich auch künftig fortsetzen wird. Manche vermuten, dass die Zeit der klassischen Bourgeoisie mit John Rawls einen krönenden Abschluss gefunden hat. Tatsächlich fließen in seinem Werk die Linien der produktivsten Phase des bürgerlichen Denkens zusammen. Er verkörperte das »zweite Gesicht der Bourgeoisie« und strahlte noch einmal das Licht der Aufklärung aus. So ist er Keynes ebenbürtig gewesen. Fragte Keynes: »Kann es einen *vernünftigen* Kapitalismus geben«, so fragte Rawls: »Kann es einen *gerechten* Kapitalismus geben?« Gerechter Kapitalismus wäre ein Kapitalismus, der den zentralen Leitsätzen des *political liberalism,* wie Rawls sagt, genügt. An diese Möglichkeit hat Rawls bis zu seinem Lebensende geglaubt. Er war aber, wie wir sehen werden, kurz vor seinem Tod nicht mehr ganz so sicher.

Man hat John Rawls schon zu seinen Lebzeiten einen »Klassiker« genannt und das nicht nur, weil er viel gelesen und zitiert wurde. Vielmehr musste man zur Kenntnis nehmen, dass nach der Rawls'schen Klassik vielfach Epigonentum, ja Stümpertum kam. Zumindest ist das, was uns heute als Liberalismus geboten wird, nicht viel mehr als eine verstümmelte Form der bürgerlichen Klassik. Wir wollen die Möglichkeit nicht ausschließen, dass es noch einmal eine bürgerliche Klassik geben könnte, halten es aber für höchst unwahrscheinlich. Rawls stellt in seinem Buch *Gerechtigkeit als Fairness – Ein Neuentwurf* (2002), das er kurz vor seinem Tod veröffentlichte, Fragen, von derer Beantwortung die Zukunft eines gerechten konstitutionellen Staatswesens abhänge: »Ich habe keine Ahnung, wie sie zu beantworten sind« (RS, § 52, 274).[75] Wenn ein großer Vertreter der bürgerlichen Tradition so sein Lebenswerk abschließt, scheint die bürgerliche Epoche zu Ende zu gehen. Bei Rawls begann der Hegel'sche Flug der Eulen der bürgerlichen Minerva (s.u. 2.1.5). Deswegen nennen wir Rawls »den letzten Liberalen«.

1.6.1 Der archimedische Punkt

Die Frage nach der Gerechtigkeit ist, wie wir oben andeuteten, die Frage nach der Möglichkeit eines gerechten Kapitalismus. Die Frage nach einem *gerechten Kapitalismus* ist aber keine präzise Frage, weil *Gerechtigkeit* zweideutig ist. Die Antwort hängt davon ab, mit wem man redet. Für die Angeklagten im Düsseldorfer Prozess wegen Untreue bei der feindlichen Übernahme Mannesmanns durch Vodafone im Januar 2004 ist Kapitalismus gerecht, und zwar so gerecht, dass sie nicht verstehen können, weshalb ihnen überhaupt der Prozess gemacht wird. Für diejenigen Angestellten von Mannesmann, die ihren Arbeitsplatz verloren haben, ist Kapitalismus alles andere als gerecht. In dieser Wahrnehmung steckt das Wesen unserer Kritik an Rawls: Gibt es denn eine homogene und universale Gerechtigkeit? Zunächst aber wollen wir seine Sichtweise darstellen.

Gibt es innerhalb des bürgerlichen Lagers Versuche, das eigene System von einem Standpunkt außerhalb der Logik des Systems zu beurteilen? Hier benutzt Rawls den Begriff *archimedischen Punkt* (JF, § 41, 294; § 87, 634). Dieser Begriff ist mit dem verknüpft, was er *overlapping consensus,* übergreifenden Konsens, nennt. Dieser ist mehr als ein Kompromiss oder ein *Modus Vivendi.* Rawls gibt in all seinen Büchern das Beispiel des mörderischen Konflikts zwischen Katholizismus und Protestantismus zwischen 1520 und 1690. Der Modus Vivendi lautete: *cujus regio illius et religio,* wer über eine Region herrscht, bestimmt auch ihre Konfession. Erst wenn alle Betroffenen wissen, dass Toleranz eine wesentliche Bedingung für das ist, was Rawls eine »wohlgeordnete Gesellschaft *(Well-Ordered Society)*« nennt, kann aus einem *Modus Vivendi* ein *overlapping consensus* werden. Toleranz ist ein politisches Konzept und nicht eine Tugend. Toleranz als *overlapping consensus* bedeutet, dass Menschen unterschiedlicher Konfession (Nationalität, ethnischer Identität usw.) in ein und derselben Region zusammenleben wollen. Wesentlich für den »übergreifenden Konsens« ist, dass er, anders als bei einem Modus Vivendi, bei einer Veränderung der politischen Verhältnisse nicht aufgekündigt werden kann. Er gilt immer und über Generationen hinweg. Der »übergreifende Konsens« begründet die Stabilität einer »wohlgeordneten Gesellschaft«. Toleranz gehört ebenso wie »Gerechtigkeit als Fairness« zum »übergreifenden Konsens«; ohne sie funktioniert, so Rawls, keine Gesellschaft, die den Namen einer »wohlgeordneten Gesellschaft« verdient. Faschismus begründet eine

Form von Gesellschaft, aber keine wohlgeordnete, auf Zustimmung
von freien und gleichen Personen beruhende Gesellschaft (PL I, § 3,
18f). Rawls hat den Versuch unternommen, einen Standpunkt jenseits
der bürgerlichen Gesellschaft und so jenseits des realen Antagonismus zu finden, der diese Gesellschaft wesentlich charakterisiert.
Von diesem Standpunkt her wird es möglich sein, den Antagonismus zu überwinden. Genauso war die politische Toleranz ein Standpunkt jenseits der unüberbrückbaren konfessionellen Gegensätze.
Vom Standpunkt der Toleranz wurde ein gesellschaftliches Miteinander trotz widersprüchlicher Anschauungen über das Gute und das
Rechte ermöglicht. Wir vermuten, dass dies eine falsche Analogie
ist; Rawls' »ursprüngliche Position«[76] ist kein Standpunkt außerhalb
der Logik des Systems, »Gerechtigkeit als Fairness« ist in einer
vom Klassenantagonismus bestimmten Gesellschaft politisch nicht
durchführbar. Bevor wir diese Kritik begründen, wollen wir Rawls'
Gerechtigkeitsphilosophie darstellen.

1.6.2 Gerechtigkeit als Fairness

Bevor wir mit der Darstellung anfangen, stellen wir fest, dass die
politische Philosophie des John Rawls, obwohl sie ganz und gar in
die Tradition der Bourgeoisie eingebettet ist, von der Vorstellung
lebt, dass wir in unsere Gesellschaft hineingeboren werden und bis
zu unserem Tod in der Gesellschaft bleiben. Das sagt er an Dutzen-
den von Stellen in seinen Schriften und widerspricht damit der neoliberalen Auffassung, dass es nur Individuen gibt, allenfalls Familien,
aber keine Gesellschaft. Unsere Position in der Gesellschaft ist der
Ausgangspunkt seiner Philosophie.

Es scheint einen unlösbaren Konflikt zwischen Gerechtigkeit und
Effizienz zu geben. Die Mittel, diesen Konflikt zu lösen, stehen nicht
zur Verfügung.[77] Ist eine Gesellschaft gerecht, dann arbeitet sie unter
ihren jeweiligen ökonomischen Möglichkeiten. Arbeitet eine Gesellschaft vollkommen effizient, werden grobe Ungerechtigkeiten unvermeidlich. Man kann dann allenfalls versuchen, den Kuchen größer zu
machen, damit alle mehr erhalten (s. u. 1.2.5). Wenn das Pareto-Optimum der Referenzrahmen ist, bleibt nur das deprimierende Fazit, die
ungleiche Verteilung der Einkommen zu akzeptieren. Rawls verweigert sich dieser Depression. Er kehrt die Reihenfolge um und sagt:
»die Gerechtigkeit geht der Pareto-Optimalität voraus« (JF, § 15,
100). Dazu braucht er eine präzise Definition von Gerechtigkeit. Er

kann sie nicht innerhalb der Logik eines Systems entwickeln, das der Effizienz bei der Allokation der Ressourcen und bei der aus ihr resultierenden Einkommensverteilung den Rang eines nicht hinterfragbaren Dogmas verleiht. Deswegen flüchtet Rawls aus dem paretooptimalen Himmelreich und begibt sich in das irdische Paradies einer auch für ihn *fiktiven* »ursprünglichen Position«. Eine Fiktion ist nichts Verwerfliches; sie hat eine heuristische Funktion und kann zu Einsichten führen, die auf anderen Wegen nicht zu gewinnen wären. Dabei sollen wir, wie W. F. Haug sagt, »ein Moment des Illusionären, ja Ideologischen« in einer Fiktion wie der des John Rawls nicht verkennen (Haug 1999, 443).

Die *ursprüngliche Position* ist eine Versammlung freier und gleicher Personen, die über einen vernünftigen Lebensplan verfügen und miteinander Grundsätze für eine soziale Kooperation vereinbaren, innerhalb deren alle ihre Lebenspläne verwirklichen können (RS, § 7, 44). Dabei wird vorausgesetzt, dass die Beteiligten ihre eigene Lage in der späteren Gesellschaft nicht kennen *(veil of ignorance,* Schleier des Nichtwissens):

> Sie wissen nicht, wie sich die verschiedenen Möglichkeiten auf ihre Interessen auswirken würden, und müssen Grundsätze allein unter allgemeinen Gesichtspunkten beurteilen. Es wird also angenommen, dass den Parteien bestimmte Arten von Einzeltatsachen unbekannt sind. Vor allem kennt niemand seinen Platz in der Gesellschaft, seine Klasse oder seinen Status; ebenso wenig seine natürlichen Gaben, seine Intelligenz, die Einzelheiten seines vernünftigen Lebensplanes, ja nicht einmal die Besonderheiten seiner Psyche wie seine Einstellung zum Risiko oder seine Neigung zu Optimismus oder Pessimismus. Darüber hinaus setze ich voraus, dass die Parteien die besonderen Verhältnisse in ihrer eigenen Gesellschaft nicht kennen, d. h. ihre wirtschaftliche und politische Lage, den Entwicklungsstand ihrer Zivilisation und Kultur. Die Menschen wissen auch nicht, zu welcher Generation sie gehören. (JF, § 24, 159f).

Rawls weiß natürlich auch, dass es solche Menschen nicht gibt, Menschen, die »die zufälligen Umstände nicht kennen« dürfen, »die zu Interessengegensätzen zwischen ihnen führen würden« (a.a.O.). Aber nur um den Preis des Verzichts auf jegliche unterschiedlichen sozialen oder sonstigen Positionen können sie jene allgemeinen Grundsätze wählen, die unter *allen* Umständen für *alle* Gesellschaftsmitglieder *fair* wären. Deswegen dürfen sie ja auch nicht wissen, zu welcher Generation sie gehören. Denn dann wären sie Partei im Generationenkonflikt. Sollte z. B. die heutige Generation sich das Brot vom Munde absparen, um die kommende Generation besser leben zu lassen, oder soll sie in Saus und Braus auf Kosten der kommenden Generation leben? Diese Frage – Rawls nennt sie die Frage des »gerechten Spargrundsatzes« (JF, § 44) – kann nur »gerecht«, d. h. »fair« beantwortet werden, wenn die Menschen über jenen allgemeinen Gerechtigkeitsgrundsatz verfügen, den sie miteinander verabredet haben und demgemäß sie in jedem gesellschaftlichen Zustand ihren Lebensplan durchführen, ohne die anderen an der Durchführung ihrer Lebenspläne zu hindern. Die Fiktion der Rawls'schen *ursprünglichen Position* ist nichts anderes als der Versuch, außerhalb der Logik des jeweils geltenden Systems den »archimedischen Punkt« zu finden. Nur von diesem Punkt her können wir die Gesellschaft nach ihrer Gerechtigkeit bzw. Ungerechtigkeit – und das heißt bei ihm zugleich nach ihrer Vernünftigkeit oder Unvernünftigkeit – beurteilen. Man kann natürlich abstrakte Prinzipien formulieren, wie das Gemeinwohl, oder religiöse Prinzipien, wie Gottes Gebot. Aber religiös oder ethisch bestimmte *»comprehensive doctrines,* umfassend-allgemeine Lehren« müssten von allen akzeptiert werden, um die Gesellschaft strukturieren zu können. Das ist in einer pluralistischen Gesellschaft, wo die Menschen verschiedene Auffassungen über das Gute und das Rechte haben, unmöglich. Gesamtwirtschaftlicher Nutzen oder Durchschnittsnutzen als Strukturprinzip kann eine Gesellschaft nicht wirklich ordnen. Der klassische Liberalismus wendet ein utilitaristisches Grundprinzip an. Der Eigennutz und der Nutzen für die anderen Menschen *(Altruismus)* mögen ein moralisches Grundmotiv[78] für das Handeln vieler – nicht *aller!* – sein, als *politisches* Prinzip taugen sie nicht: »Bedenke, was es implizieren würde, wenn wir das Prinzip *Nutzen (utility)* auf konstitutionelle Prozeduren oder allgemeine Gesichtspunkte der Sozialpolitik anwenden würden, von fundamentalen Strukturen ganz zu schweigen« (PL IV, § 6, 162). Jedes umfassend-moralische Prinzip sei, so Rawls, viel zu komplex und unpräzise, um als Richtschnur für eine gerechte Politik fungieren zu können – etwa John Stuart Mills *Greatest Happiness Principle.* Besser als eine detaillierte Moraltheorie, auf die sich alle verständigen müssten, wären relativ »einfache« (PL, a.a.O.) Prinzipien, mit denen die Menschen ihre soziale Kooperation so organisieren können, dass sich jeder Mensch *fair* behandelt weiß. Alle Menschen, die über einen vernünftigen Lebensplan[79] verfügen, müssen sich auf diese einfachen, aber umfassenden Prinzipien verständigen können, ohne sich gegenseitig auf eine bestimmte moralische Lebensführung verpflichten zu müssen. Da heute der Utilitarismus die herrschende Moraltheorie ist, ist die Bekämpfung des Utilitarismus eine Konstante in John Rawls' Lebenswerk. Rawls hat später eingestanden, dass sein Buch *Justice as Fairness* zumindest unausgesprochen vom Standpunkt einer homogenen und universellen Gerechtigkeit operiert, dass also seine Theorie Elemente einer *comprehensive doctrine,* einer umfassenden Moraltheorie hat. Genau das wollte er immer vermeiden, deswegen schrieb er knapp 25 Jahre nach *Justice as Fairness* sein *Political Liberalism.* Er wollte Gerechtigkeitsprinzipien formulieren, denen alle Menschen, gleich welche religiöse oder säkulare Weltanschauung sie haben, zustimmen können. Seine Prinzipien sind der »archimedische Punkt zur Beurteilung eines Gesellschaftssystems ohne Berufung auf aprioristische Gesichtspunkte« (JF, § 41, 294). So kommt Rawls zu den zwei allgemeinen Grundsätzen, denen jeder Mensch mit einem vernünftigen Lebensplan zustimmen könne:

> Erster Grundsatz
> Jedermann hat das gleiche Recht auf ein völlig adäquates System gleicher Grundfreiheiten, das in Übereinstimmung mit dem System aller anderen gebracht werden kann.[80]
> Zweiter Grundsatz
> Soziale und wirtschaftliche Ungleichheiten müssen folgenden Bedingungen genügen:
> (a) sie müssen unter Einschränkung des gerechten Spargrundsatzes den am wenigsten Begünstigten den größtmöglichen Vorteil bringen und
> (b) sie müssen mit Ämtern und Positionen verbunden sein, die gemäß fairer Chancengleichheit allen offen stehen. (JF, § 46, 336)

In *Political Liberalism* nennt er das System auf der Grundlage dieser zwei Prinzipien eine »egalitäre Form des Liberalismus«:

> … kraft dreier Elemente. Diese sind a) die Garantie des fairen Werts der politischen Freiheiten, so dass sie nicht rein formal wären; b) faire (wiederum: nicht rein formale) Chancengleichheit; und schließlich c) das sogenannte Differenzprinzip, das besagt, dass die mit Ämtern und Positionen verbundenen sozialen und ökonomischen Ungleichheiten so angepasst werden müssen, dass sie, was immer das Niveau der Ungleichheiten betrifft, ob sie groß oder klein sind, den größten Vorteil für die am wenigsten fortgeschrittenen Mitglieder der Gesellschaft bringen. (PL I, § 1, 6)

Der erste Grundsatz stößt im bürgerlichen Lager nicht auf Widerspruch. Der Grundsatz der Chancengleichheit wird auch im neoliberalen[81] Lager nicht bestritten. Aber das *Differenzprinzip* wird rundweg abgelehnt, *Differenzprinzip* deswegen, weil es die möglichen Unterschiede in den jeweiligen künftigen Positionen der Menschen berücksichtigt. Da die Teilnehmer an der ursprünglichen Versammlung nicht wissen, ob sie zu den am meisten oder zu den am wenigsten Begünstigten gehören werden, würden sie Rawls zufolge einem gesellschaftlichen Kooperationsmodus mit manifesten Ungleichheiten nur dann zustimmen, wenn er ihnen, soweit sie eventuell zu den wenig Begünstigten gehören, bessere Aussichten eröffnen würde. Andernfalls würden sie die Möglichkeit der gesellschaftlichen Ungleichheit nicht zulassen und auf vollständiger Gleichheit bestehen. Gleichzeitig würden alle, die möglicherweise zu den Bessergestellten gehören, keiner Verschlechterung ihrer Lage zustimmen. Die Kombination der Standpunkte der Bessergestellten, die nicht schlechter, und der Schlechtergestellten, die besser gestellt werden wollen, ist die Aufgabe einer Theorie der *Gerechtigkeit,* die für alle Beteiligten *fair* wäre. Die Neoliberalen würden der Vorschrift der Pareto-Optimalität für die Bessergestellten, der Vorschrift des Vorteils für die Schlechtergestellten nur unter der Voraussetzung zustimmen, dass deren Nutzen auf dem Wege der Steigerung des gesellschaftlichen Gesamtnutzens und des Durchschnittsnutzens, sprich, unter der Voraussetzung des ökonomischen Wachstums erreicht wird. Die Lehre von der unbedingt erforderlichen Steigerung des Gesamtnutzens, der unbedingten volkswirtschaftlichen Wachstumspflicht, ist die heutige Form des Utilitarismus. Wir haben gesehen, dass für die Neoliberalen Sozialpolitik nur als Wachstumspolitik möglich ist (s. o. 1.2.5). Rawls lehnt diesen Typus von Reformkapitalismus (er nennt ihn Wohlfahrtskapitalismus[82]) ab:

> Im wohlfahrtsstaatlichen Kapitalismus besteht das Ziel darin, dass niemand einen annehmbaren Lebensstandard unterschreiten sollte, in dessen Rahmen die Grundbedürfnisse der Leute befriedigt werden; außerdem sollten alle gegen Unfall und Missgeschick geschützt und gegebenenfalls z. B. Arbeitslosengeld und medizinische Versorgung erhalten. Die Umverteilung des Einkommens dient diesem Zweck, wenn gegen Ende jeder Phase die Hilfsbedürftigen ermittelt werden. Doch angesichts der fehlenden Hintergrundgerechtigkeit und der Ungleichheit in Einkommen und Vermögen kann sich eine entmutigte

und deprimierte Unterschicht bilden, der viele angehören, die chronisch auf Fürsorge angewiesen sind. Diese Unterschicht fühlt sich im Stich gelassen und beteiligt sich nicht an der öffentlichen politischen Kultur. (RS, § 42, 217)

Rawls hat hier den Clinton'schen Staat 1992–2000 porträtiert, der auch das Modell der neuen Sozialdemokratie, des wohlfahrtskapitalistischen Neoliberalismus ist. Der Clinton'schen Staat genügt in keiner Weise den Gerechtigkeitsgrundsätzen, ebenso wenig wie das der Staatssozialismus tat. Da die beiden allgemeinen Grundsätze Eigentum an Produktionsmitteln weder ausschließen noch vorschreiben, bleiben nach Rawls zwei Möglichkeiten: »eine Demokratie mit Besitzeigentum« und ein »liberaler Sozialismus« oder, wie wir sagen würden, »demokratischer Kapitalismus« bzw. »demokratischer Sozialismus«, beide gebaut auf den zwei Grundsätzen. Es sind nicht realisierte Modelle, aber beide wären Realisationen dessen, was für Rawls sowohl »politischer Liberalismus« als auch »Gerechtigkeit als Fairness« bedeutet. Dabei hat die größtmögliche Freiheit für alle den unbedingten Vorrang. Das, was sich in Europa »Liberalismus« nennt, hat wenig mit dem Liberalismus Rawls'scher Prägung gemein. Neoliberalismus ist die Freiheit, ohne Behinderung seitens des Staates mit einem Minimum an sozialer Rücksicht Geschäfte machen zu können. Wir machen nur zwei kurze Bemerkungen zu den beiden von Rawls als zulässig erklärten Modellen.

Im besagten »demokratischen Kapitalismus« wirkt zwar das Pareto-Prinzip, aber es *regiert* nicht; Rawls schreibt:

Nach dem Pareto-Prinzip ist nicht eine bestimmte Güterverteilung optimal. Dazu ist ein weiteres Prinzip nötig, etwa ein Gerechtigkeitsprinzip. (JF, § 12, 89)

Der Satz ist kryptisch. Das Pareto-Prinzip bedeutet, niemand könne etwas hinzubekommen, ohne dass ein anderer etwas abgibt. Auch eine Verteilung, bei der ein Mensch alles hat, alle anderen nichts, kann im pareto-optimalen Sinn des Wortes effizient sein. Alle würden zugeben, dass eine solche Verteilung zwar pareto-optimal, aber auch völlig ungerecht sei. Aber welchen Punkt zwischen der Situation *»ein Mensch hat alles, alle andere nichts«* und der Situation *»alle haben genau das Gleiche«* müssen wir bestimmen, damit wir sagen können, die Verteilung sei gerecht? Bleiben wir innerhalb der kapitalistischen Logik, können wir diesen Punkt nicht bestimmen.

»Dazu ist ein weiteres Prinzip nötig, etwa ein Gerechtigkeitsprinzip.«
Eine pareto-optimale Wirtschaft lässt die Verteilungsfrage offen. Die
neoliberalen Ökonomen, die alle, bewusst oder unbewusst, an die
Dogmen und Mythen des Utilitarismus glauben, sagen dagegen, jede
Umverteilung sei sinnlos und schädlich. Nur wenn wir die Kurve im
Ganzen nach rechts und nach oben verschieben, d. h. nur wenn es
reales Wirtschaftswachstum gibt, können alle mehr haben, und nur
so würde die Intention des Rawls'schen Differenzprinzips, wonach
die am wenigsten Begünstigten Vorteile bekommen, verwirklicht.
Nicht Verteilung, nur Wachstum sei gerecht. Nach Rawls aber ist
eine ungleiche Verteilung nur hinzunehmen, wenn die am wenigsten
Begünstigten größere Vorteile haben als bei einer Verteilung mit
größerer Gleichheit. Wenn Produktivvermögen in den Händen weniger Gesellschaftsmitglieder konzentriert sind, diese aber eine größere Produktion in Gang setzen können, von der vor allem die
ärmsten Mitglieder profitieren, sei diese Ungleichheit hinnehmbar.
Rawls beruft sich hier auf eine frühe Publikation von Keynes, in
der dieser die verwerflichen Ungerechtigkeiten des 19. Jahrhunderts
als unumgänglich bezeichnete. Keynes rechtfertigte die Logik aller
kapitalistischen Modernisierungsdiktaturen. Rawls aber stellt genau
diese Logik in Frage.[83] Wenn die Konzentration des Eigentums an
Produktionsmitteln lediglich zu einer Vermehrung des Vermögens der
Begünstigten und einem Einkommensrückgang bei den am wenigsten Begünstigten führt – wie wir das zur Zeit beobachten –, sei die
Ungleichheit nicht hinnehmbar, auch dann nicht, wenn man eine
Verbesserung in nächster Zukunft erwarten, aber nicht garantieren
kann. Ungleichheit müsse, so Rawls, *jetzt* eindeutige und nachweis-
bare Vorteile für die am wenigsten Begünstigten haben. Man kann
mit dieser Theorie – also von jenem archimedischen Punkt her –
nur sichtbar machen, dass der gegenwärtige »Reformkapitalismus«
abzulehnen ist, aber Kapitalismus, auch mit seinen Ungleichheiten,
durchaus gerecht sein könnte, zumal die beiden Grundsätze wohl
dafür sorgen würden, dass die Ungleichheiten nicht allzu groß werden. Wir hören zwar diese Worte, uns fehlt aber aus guten Gründen
jeglicher Glaube!

    Zur »liberal-sozialistischen Regierungsform« bzw. zum »demokra-
tischen Sozialismus« fällt Rawls wenig ein. Gesellschaftlicher Besitz
an Produktionsmitteln sei zulässig, die politische Macht verteile sich
hier nicht auf politische Parteien, sondern auf Firmen, die auf einem
freien Markt konkurrieren und deren Management von den jewei-

ligen Belegschaften frei gewählt wird, wenn diese nicht selbst die Geschäfte führen (RS, § 42, 215f). Mehr sagt Rawls in seinem letzten Buch nicht und in den beiden anderen Werken noch weniger. Es scheint, als ob die Höflichkeit Rawls zwar gebietet, einen demokratischen Sozialismus theoretisch zuzulassen, er sich aber praktisch darunter nichts vorstellen kann. Vorstellbar ist ihm nur eine »Demokratie mit Eigentumsbesitz«. Etwas anderes kommt für ihn eigentlich nicht in Frage.

Was das Verhältnis der beiden Grundsätze zueinander betrifft, so hat der Grundsatz der Freiheit den Vorrang vor dem Differenzprinzip – weil niemand in der ursprünglichen Lage der Schmälerung seiner Grundfreiheiten zustimmen würde –, die Gerechtigkeit hat aber den Vorrang vor Leistungsfähigkeit und Lebensstandard. Das gilt auch in Gesellschaften, in denen die Gesellschaft als solche die produktiven Ressourcen selbst kontrolliert und verwaltet. Da wir sie bis heute allenfalls in der Form von sozialistischen Modernisierungsdiktaturen kennen gelernt haben, scheiden die historisch realisierten Modelle für Rawls aus, da in ihnen allenfalls das Differenzprinzip, nicht aber das Freiheitsprinzip realisiert wurde. Rawls lehnt jeden *trade-off* zwischen Gerechtigkeit und Freiheit ab, alle Maßnahmen müssen zunächst in der Zunahme der Freiheit aller resultieren und dann in der Verbesserung der Position der am wenigsten Begünstigten.[84] Er macht aber nicht deutlich, wie ein demokratischer Sozialismus oder ein demokratischer Kapitalismus organisiert werden kann, welche Institutionen geeignet wären, sie zu verwirklichen, ohne den Vorrang des Freiheitsgrundsatzes zu verletzen, und wie sie sich von den Institutionen im real existierenden Kapitalismus unterscheiden. Wenn wir über die beiden »gerechten« Möglichkeiten nachdenken, müssen wir wohl wie Peachum in Brechts Dreigroschenoper singen: »Die Verhältnisse, sie sind nicht so.«

1.6.3 Rawls und Marx

In *Justice as Fairness* kommt Marx so gut wie gar nicht vor, allerdings erwähnt Rawls ihn an einer bemerkenswerten Stelle. Im § 47 von *Justice as Fairness* widerspricht er dem Utilitarismus etwa des John Stuart Mill. Dieser behauptet, nur der allgemeine Nutzen *(general utility)* könne darüber entscheiden, was gerecht ist und was nicht. Rawls schreibt:

Trotzdem ergibt sich daraus nicht, wie Mill zu glauben scheint, dass
man allein mittels des utilitaristischen Grundsatzes zu einer befriedigenden Theorie käme. Ein höherer Grundsatz ist zwar notwendig,
aber es gibt andere Möglichkeiten als das Nutzenprinzip ... etwa
wenn man sagt: Jeder nach seinen Fähigkeiten, jedem nach seinen
Bedürfnissen. (JF, § 47, 339)

In einer Fußnote verweist Rawls auf jene Stelle bei Marx, die wir
noch besprechen werden (s. u. 2.2.5). Im *Neuentwurf* dagegen wid-
met Rawls ihm einen eigenen Abschnitt (RS, § 42, 271 ff).[85] Rawls
sieht durch seine Theorie Marx' Einwände gegen ein konstitutionel-
les Staatswesen mit Privateigentum als widerlegt. Die angeblich bloß
formalen Rechte und Freiheiten in einer »Demokratie mit Eigentumsbesitz« erhalten durch den »fairen Wert« der Freiheit und der
Chancengleichheit einen realen, materiellen Inhalt. Der Einwand
gegen die Arbeitsteilung im Kapitalismus sei, so Rawls, erledigt,
»sobald die Institutionen einer Demokratie mit Eigentumsbesitz verwirklicht sind« (a.a.O., 272). Rawls sieht den eigentlichen Unterschied zwischen ihm und Marx an einer anderen Stelle. Er unter-
stellt Marx eine Teleologie, ein zu erstrebendes *summum bonum,*
eine »Idee der vollkommenen kommunistischen Gesellschaft«, und
meint, es werde immer Probleme mit der Verteilung geben, weshalb
eine nicht-teleologische Gerechtigkeitstheorie notwendig sei, eine
Gerechtigkeit, die sich nicht an einem *summum bonum* orientiert,
sondern Resultat fairer Absprachen vernünftiger Menschen ist. Die
Grundidee bei Rawls ist, dass Menschen sich auf Absprachen einlassen, wenn ihre Interessen ausreichend berücksichtigt werden, und
nicht, weil sie in einer bestimmten Beziehung zu dem stehen, was
sie als Ideal ansehen. Rawls wirft Marx eigentlich vor, dass er das
Mögliche verwirft, bloß weil es nicht das Ideale ist. Marx hat aber
immer Wert darauf gelegt, dass sein Modell kein ethisches Modell
ist: Das herrschende System sei ein System, das auf den Interessen
einer Klasse basiert und aus dem Grund die Probleme, die es für
die *ganze Gesellschaft* verursacht, nicht lösen kann; das mag ethisch
auch verwerflich sein, aber das ist bei Marx nie der Punkt. Hier hat
Rawls Marx nicht richtig verstanden. Wir werden bei Rawls' dritter
Bemerkung zu Marx sehen, dass auch er Defizite im System des
demokratischen Kapitalismus – »Demokratie mit Eigentumsbesitz« –
sieht, Defizite, die er nicht ausgleichen kann.

Rawls' zweite Bemerkung bezieht sich auf notwendige Gerechtig-
keitsdefizite im Kapitalismus. Marx behauptet, auch in jener »Demo-

kratie mit Eigentumsbesitz« entfessele allein schon dieses Eigentum Kräfte, die die Verwirklichung der Gerechtigkeitsgrundsätze unmöglich machen. Rawls' Antwort zitieren wir in voller Länge:

> Das ist ein gravierendes Problem, dem man sich zu stellen hat. Aber auch wenn der Einwand größtenteils zutrifft, ist die Frage damit noch lange nicht entschieden. Wir müssen unsererseits fragen, ob ein liberalsozialistisches Staatswesen bedeutend besser abschneidet, wenn es um die Umsetzung der beiden Prinzipien geht. Wenn ja, ist die Argumentation für den liberalen Sozialismus vom Standpunkt der Gerechtigkeit als Fairness erfolgreich. Aber wir müssen hier auf der Hut sein und dürfen nicht das Ideal der einen Konzeption mit der Wirklichkeit der anderen vergleichen, sondern wir müssen Wirklichkeit mit Wirklichkeit vergleichen und dabei von unseren spezifischen historischen Umständen ausgehen. (a.a.O., 273)

Offenbar geht Rawls davon aus, dass der durch die Gerechtigkeitsgrundsätze gezähmte Kapitalismus eine »Wirklichkeit« ist, wogegen der liberale (wir würden sagen *demokratische)* Sozialismus nur als Konzept existiert. Aber beide existieren nicht und stehen nicht auf der politischen Tagesordnung der heutigen Gesellschaften. Hier muss Rawls ausweichen. Er müsste nachweisen, dass das Eigentum an Produktionsmitteln *nicht notwendig* zu jener Machtkonzentration in den Händen weniger Begünstigter führt, die die Verwirklichung der Gerechtigkeitsgrundsätze unmöglich machen würde. Das kann er nicht, weil er den Missbrauch des Eigentums nicht ausschließen kann.

Noch deutlicher wird das in der dritten Bemerkung zu Marx. Hier geht es um notwendige Demokratiedefizite im Kapitalismus. Marx würde Rawls den Vorwurf machen, dass seine Gerechtigkeitsvorstellung »die Bedeutung der Demokratie am Arbeitsplatz und bei der Gestaltung des Gangs der Wirtschaft im Allgemeinen außer Betracht lässt. Das ist ebenfalls ein ernstes Problem« (a.a.O., 273). Rawls erwähnt hier »Mills Idee der von Arbeitern geleiteten Firmen«; sie könnte die »Demokratie mit Eigentumsbesitz« gegen den Vorwurf der mangelnden Demokratie in der Wirtschaft verteidigen:

> … sollte man solchen Betrieben wenigstens eine Zeit lang Subventionen gewähren … Ist es beispielsweise so, dass von Arbeitern geleitete Firmen mit größerer Wahrscheinlichkeit die politischen Tugenden fördern, die für das Fortdauern eines demokratischen Staatswesens nötig sind? Wenn ja, könnte mehr Demokratie im Bereich kapitalistischer

Firmen im Großen und Ganzen das gleiche Resultat erzielen? Diesen
Fragen werde ich nicht weiter nachgehen. Ich habe keine Ahnung,
wie sie zu beantworten sind, aber gewiss verlangen sie eine sorgfältige Untersuchung. Es kann sein, dass die längerfristige Aussichten eines gerechten konstitutionellen Staatswesens davon abhängen.
(a.a.O., 274)

Rawls selbst führt seine Theorie zu einem Punkt, wo er nicht weiter-
kommen kann. Es gibt einen Bereich in der Gesellschaft, wo seine
Gerechtigkeitsgrundsätze nicht gelten und nicht gelten können: die
Ökonomie. Die von Arbeitern selbst geführten Firmen stellen eine
Notlösung dar, an die Rawls nicht wirklich glauben kann. Für Marx
wäre die Tatsache, dass »die Arbeiter als Assoziation ihr eigener
Kapitalist« sind, allenfalls ein Durchgangsstadium (MEW 25, 456).

1.6.4 Kritik des *Political Liberalism*

Wir lassen den englischen Ausdruck unübersetzt stehen, weil *Political
Liberalism* etwas völlig anderes ist als die verkrüppelte Form des
Liberalismus, die als *Neoliberalismus* hegemonial geworden ist. Der
Neoliberalismus ist keine Auseinandersetzung wert; man muss ihn
bekämpfen und zwar so schonungslos, wie es irgend geht. Im Fol-
genden geht es um *Political Liberalism:*

> Zusammengenommen drücken die Werte der Gerechtigkeit und des
> öffentlichen Vernunftgebrauchs [*public reason*] das folgende liberale
> Ideal aus: Da die politische Macht die Zwangsmacht des Kollektivs
> der Bürger ist – also eine Macht, an der jeder gleichen Anteil hat –,
> soll sie zumindest dann, wenn es um wesentliche Verfassungselemente
> und Fragen der Rahmengerechtigkeit geht, nur in einer Weise ausge-
> übt werden, von der man vernünftigerweise erwarten kann, dass sie
> von allen Bürgern gebilligt wird. (RS, 290)

Rawls bietet keine ethische, sondern eine politische Theorie. Es geht
ihm um eine »wohlgeordnete Gesellschaft«. Darunter versteht er eine
Gesellschaft, in der jede Person die Grundsätze der Gerechtigkeit und
die aus ihnen hervorgehenden Grundinstitutionen kennt und akzeptiert und über einen »normal effektiven Gerechtigkeitssinn« verfügt,
den alle Menschen beim Aufwachsen erlernen und als Erwachsene
bei ihrem Handeln anwenden (JF, § 69–77, 493ff.; PL II, § 6, 35f).
Rawls gibt selbst zu, dass es sich hier um ein »hochidealisiertes
Konzept« (PL, a.a.O.) handelt. Das Wesen unserer Kritik ist, dass

unter den Bedingungen des Antagonismus, der jedem Kapitalismus innewohnt, das Modell des *Political Liberalism* nicht durchführbar ist. Anders gesagt, Rawls bietet eine *politische* Theorie, die gerade *politisch* nicht durchführbar ist und so notwendig zu einer *ethischen* Theorie werden muss.

Rawls' Grundfrage lautet: »Was ist die am besten geeignete Konzeption von Gerechtigkeit, die faire Bedingungen für die gesellschaftliche Zusammenarbeit zwischen freien und gleichen Bürgern schafft bzw. zwischen Mitgliedern der Gesellschaft, die ihr ganzes Leben, von der einer Generation bis zur nächsten, zusammenarbeiten?« (PL I, Einl. 3). Die Antwort auf diese Frage kann keine allgemein verbindliche ethische Lehre sein, denn wir leben, so Rawls, in einer pluralistischen Gesellschaft. Dennoch stellt er fest, dass Gerechtigkeit immer und für jede Gesellschaft das zu lösende Problem ist. Es scheint aber, dass Gerechtigkeit als *politisches* Problem erst jüngeren Datums ist. Solange eine Einzellehre von allen Mitgliedern der Gesellschaft uneingeschränkt akzeptiert wurde und die Grundbedingungen für das Zusammenleben der Menschen festlegte, war Gerechtigkeit klar definiert. Im abendländischen Mittelalter war die Gesellschaft klar strukturiert; Gott, so wollte die *comprehensive doctrine* des Mittelalters, bestimmte den gesellschaftlichen Ort eines Menschen – als Herr oder als Knecht (s. u. 1.1.1). Gerechtigkeit war demnach »der konstante und dauerhafte Wille, der jeden zu seinem Recht kommen lässt« *(ius suum unicuique tribuens*, Thomas von Aquin STh. II, II, Q. 58, Art. 1). Was Recht ist, ergibt sich aus der Gesellschaftsstruktur. Da die gesellschaftlichen Orte für die Menschen festliegen, liegen auch ihre Rechte fest. Gerechtigkeit war eine »Kardinaltugend« – eine Tugend, die für das Funktionieren der Gesellschaft von »kardinaler« Bedeutung ist. In dem Moment, wo sich bei der Entstehung der bürgerlichen Gesellschaft die traditionellen Strukturen auflösen und wo die gesellschaftlichen Orte nicht länger a priori definiert sind, sind auch die Rechte der Menschen nicht klar definiert. Es entsteht das Problem der Gerechtigkeit, weil die Menschen nicht wissen, was genau ihr Recht ist und wie sie sich gegenseitig »zu ihrem Recht kommen lassen« können. Das Gerechtigkeitsproblem ist ein Problem der Neuzeit. Es zerfällt in zwei Teile: das Problem der Freiheit und das Problem der Gleichheit. Die Kolonisten des 17. Jahrhunderts suchten in Nordamerika vor allem Glaubensfreiheit, die Freiheit, so zu glauben, wie es ihnen recht schien. Toleranz war für sie die entscheidende politische Bedingung für

ihr Zusammenleben. Auf dem Kontinent gingen aus den Religions-
kriegen absolutistische und prinzipiell intolerante Staaten hervor.
Hier war das Hauptproblem die Gleichheit jener, die nicht zu den privilegierten Ständen gehörten. Der absolute Vorrang der Freiheit ist
bei Rawls ein »amerikanischer« Reflex. Gleichheit, erst recht soziale
Gleichheit, war und ist in der amerikanischen Gesellschaft ein nach-
geordnetes Problem. Wir werden im dritten Teil versuchen nachzuweisen, dass Freiheit und Gleichheit unlöslich miteinander verknüpft
sind. Ungleichheit aber, so Rawls, sei unter zwei einschränkenden
Bedingungen akzeptabel; die erste sei eine »faire« Chancengleichheit, die zweite die, dass die Ungleichheit sich auf die Position der
am wenigsten begünstigten Mitglieder der Gesellschaft vorteilhaft
auswirken soll. Rawls tendiert dazu, die Ungleichheit zu unterschätzen. Typisch sind folgende Sätze:

> Es besteht zwar keine Gewähr, dass die Unterschiede unbedeutend
> sind, doch es besteht eine ständige Tendenz zu ihrer Verringerung
> durch das wachsende Angebot an ausgebildeten Talenten und die sich
> stetig erweiternden Möglichkeiten (JF, § 26, 182) …
> Theoretisch lässt das Unterschiedsprinzip [*Differenzprinzip*] beliebig
> große Unterschiede mit geringen Vorteilen für die weniger Begünstig-
> ten zu, doch in der Praxis dürfen sie bei richtigen Rahmeninstitutio-
> nen nicht übermäßig groß werden. (JF, § 81, 582)

Diese Sätze reflektieren eine Situation wie die in den USA der sechziger Jahre, die von Emanzipationsbewegungen gekennzeichnet war.
Es geht um die konkrete Durchsetzung allgemein akzeptierter *civil
rights* in bestimmten Sektoren der Gesellschaft. In den sechziger Jahren wurde die Ungleichheit als zentrales Problem in den Mittelpunkt
einer großen nationalen Diskussion gerückt – für die USA eine eher
seltene Konstellation. Rawls' Theorie versuchte Freiheit und Gleichheit im Begriff *Fairness* zusammenzudenken. Das Roll-back unter
Nixon führte dazu, dass Rawls' Theorie Objekt einer akademischen
Debatte wurde, und es ist – trotz der Würdigung als Klassiker, die die
Öffentlichkeit Rawls zuteil werden ließ – bis heute Debatte geblieben. Das soziale Umfeld war zusammengebrochen, das große Roll-
back wälzte sich über *Justice as Fairness,* und Rawls' Lebenswerk
verlor spätestens ab 1980 seinen »Sitz im Leben«.

   Ohne den Sozialdemokratismus der Nachkriegszeit wäre »Gerechtigkeit als Fairness« nicht *denk*bar gewesen. Die traditionelle Sozialdemokratie sah ihre Hauptaufgabe darin, auf der Basis der Waffen-

gleichheit zwischen den beiden Gegensatzpolen Kapital und Arbeit
für »soziale Gerechtigkeit« und nicht für »Sozialismus« zu sorgen.
Der gesellschaftliche Antagonismus, also die prinzipielle Unversöhn-
lichkeit der gesellschaftlichen Hauptwidersprüche, machte aus jeder
»sozialstaatlichen« Vereinbarung ein *Modus Vivendi,* sie beruhte eben
nicht auf einem *overlapping consensus* und war – wie sich heute
zeigt – jederzeit kündbar. Der Antagonismus ergibt sich schon aus
der pareto-optimalen Verteilungsstruktur der Einkommensanteile an
der gesellschaftlichen Produktion. Will der eine Teil zunehmen, muss
der andere Teil abgeben. Reallohnerhöhungen gehen zu Lasten der
Realgewinne und umgekehrt. Wenn nun die durchschnittlichen Reall-
löhne deutlich über dem Existenzminimum liegen und in der Regel
Gewinnanteile enthalten, ist der Verteilungskampf, so antagonistisch
er strukturell auch bleibt, entschärft. Meistens beschränkt sich dann
der Kampf auf die Aufrechterhaltung des gesellschaftlichen Status
quo. Produktivitätszunahmen in Form von steigenden Gewinnen werden verteilt, in welchem Proporz auch immer, die Lohnquote bleibt
konstant. Der gesellschaftliche *Modus Vivendi* besteht dann in der
Überzeugung, dass der Status quo erhaltenswert ist. Kompromiss-
loser Kampf würde für beide so verlustreich sein, dass es nicht im
Interesse der Kontrahenten liegt, den Status quo zu verändern. Wir
haben diesen Zustand – konstante »Ausbeutungsrate« – mit Joan
Robinsons Hilfe beschrieben (s. o. 1.3.2). Der *Modus Vivendi* ist also
nichts als eine auf Waffengleichheit beruhende Bereitschaft, Kon-
flikte auf dem Verhandlungswege zu lösen; Streiks fanden zwar im
Rahmen des *Modus Vivendi* statt, zeigten aber, dass das Gleichgewicht umkämpft war und immer wieder erkämpft werden musste.
Das gesellschaftliche Klima der ungefähren Waffengleichheit zwischen »Kapital« und »Arbeit« war das soziale Milieu eines Liberalismus, wie ihn John Rawls vertrat.

Nach der sozialdemokratischen Epoche herrscht wieder der kapitalistische Normalzustand, der Zustand des Diktats, der sich ab 1980
weltweit durchsetzte. Wir werden in dem kurzen Abschnitt über
die Arbeiterbewegung erzählen, wie der Vorsitzende des größten
Gewerkschaftsbundes der Niederlande im November 1982 die ziemlich bedingungslose Kapitulation der Arbeiterbewegung erklärte
(s. u. 2.3.3). Dieser Augenblick gilt in der offiziellen niederländischen Ideologie als die Geburtsstunde des »Konsensmodells«.
Tatsächlich wurde »die Zwangsmacht des Kollektivs der Bürger«
(Rawls), wenn es um »Fragen der Rahmengerechtigkeit« ging, in

einer Weise ausgeübt, dass einem Teil der Bürger keine andere Wahl
blieb, als dem Diktat eines anderen – und kleinen – Teils der Bürger
zuzustimmen. Das niederländische Konsensmodell hat mit Rawls'
overlapping consensus nichts zu tun. Es ist nicht einmal ein *Modus
Vivendi*, es ist ein *Diktat*. Diese Art von Kapitalismus lehnt Rawls
ab; er nennt ihn *Wohlfahrtskapitalismus*. Er kann sich aber einen
demokratischen Kapitalismus vorstellen, der den Zustand vermei-
det, in der »eine kleine Klasse beinahe ein Monopol an den Produktionsmitteln besitzt«. Vermieden wird dieser Zustand nicht
durch Umverteilung, sondern durch Bereitstellung besserer Startpositionen:

> … nicht durch die Umverteilung des Einkommens an diejenigen,
> die sozusagen am Ende jeder Phase weniger besitzen, sondern durch
> Gewährleistung eines weit verbreiteten Besitzes an Produktivkräften
> und Humankapital (d. h. Bildung und geschulten Fertigkeiten) zu
> Beginn jeder Phase – und all dies vor dem Hintergrund fairer Chan-
> cengleichheit. Dabei geht es nicht bloß darum, denjenigen Beistand
> zu leisten, die durch Zufälle oder Pech Verluste erleiden (obwohl auch
> diese Art der Hilfe nötig ist), sondern es geht darum, alle Bürger in
> eine Position zu bringen, in der sie ihre eigenen Angelegenheiten mit
> einem angebrachten Maß an sozialer und ökonomischer Gleichheit
> regeln.
> Die am wenigsten Begünstigten sind, *wenn alles gut geht* [Her-
> vorhebung von uns], nicht die Unglücklichen und die Pechvögel –
> denen wir Barmherzigkeit und Anteilnahme angedeihen lassen –,
> sondern diejenigen, denen ebenso wie allen anderen aufgrund der
> politischen Gerechtigkeit unter freien und gleichen Bürgern Rezipro-
> zität[86] geschuldet wird. Sie kontrollieren zwar weniger Ressourcen,
> dennoch leisten sie ihren vollen Beitrag unter Bedingungen, die von
> allen als durchweg vorteilhaft und mit jedermanns Selbstachtung ver-
> träglich anerkannt werden. (RS, § 42, 216f)

Wir wollen dieses Zitat hier nicht ausführlich analysieren, sondern
auf einen Nebensatz, bestehend aus vier kurzen Wörtern, aufmerksam machen: »wenn alles gut geht«. In einem Kapitalismus, in dem
ein gewisses Gleichgewicht zwischen den antagonistischen Gegen-
polen besteht, mag einiges, beileibe nicht alles, vorübergehend »gut
gehen«. Das sollte man nicht bestreiten, weil man sich sonst lächer-
lich macht; für viele Menschen war an manchen Orten des Nordens
die Zeit zwischen 1950 und 1980 keine schlechte Zeit. Im Normal-
kapitalismus geht aber nicht »alles gut«, sondern vieles schief, und

die Tatsache, »dass eine kleine Klasse beinahe das Monopol an Produktionsmitteln hat«, ist das Normale. Unter diesen Umständen ist die Politik nicht in der Lage, »Bürger in eine Position zu bringen, in der sie ihre eigenen Angelegenheiten ... regeln«, von »einem angebrachten Maß an sozialer und ökonomischer Gleichheit« gar nicht zu reden. Man mag versuchen, die Menschen am Anfang einer Konjunkturphase etwa durch die Begünstigung von Klein- und Kleinstunternehmen so weit in den Besitz von Produktivkräften zu bringen, dass sie am Ende der Konjunkturphase nicht zu denen gehören, die sich auf der Straße wiederfinden, aber das hat die Politik gar nicht in der Hand. Sie kann die Entstehung von großen Oligopolen, die sich fast jeder politischen Steuerung entziehen können und sich tatsächlich entziehen, nicht verhindern, und wenn diese einmal entstanden sind, bestimmen sie die Politik, nicht die Politik sie. Rawls suggeriert uns, dass man den Antagonismus durch die Vernunft so weit zähmen kann, dass er gar keiner mehr ist. Der Wohlfahrtskapitalismus, der sowohl ökonomische Machtmonopole wie deprimierte und demotivierte Unterschichten zulässt, ist kein Betriebsunfall des Systems, der mit Vernunft (welcher?) zu reparieren wäre. Er konnte sich deshalb in dem Umfang breit machen, den wir heute feststellen müssen, weil es keine gesellschaftlich verankerte, effektive Gegenmacht gibt.

Man kann an die Vernunft der Besitzer bzw. Hauptverwalter gigantischer Eigentumsimperien nicht im Namen der Vernunft derer appellieren, die gerade durch dieses Eigentum zu jenen »am wenigsten Begünstigten« gemacht worden sind. Für beide Parteien, die Mächtigen und die Machtlosen, ist *Vernunft* jeweils etwas anderes. Es gibt keine homogene und universale Vernunft. Der Antagonismus verhindert eben das, was Rawls »übergreifenden Konsens« nennt. Wir können vielleicht einräumen, dass in einer längeren, stabilen Phase des sozialdemokratischen Gleichgewichts so etwas wie jener *Political Liberalism* ein realistisches Modell sein könnte. Wir haben etwas Vergleichbares nach dem Zweiten Weltkrieg erlebt. In der gegenwärtigen Situation ist gesellschaftliches Gleichgewicht bzw. ausbalancierter Antagonismus auf lange Sicht unmöglich. Ganz im Gegenteil, die Gewichte werden immer weiter in eine Richtung verschoben, in die Richtung der Kapitalseite. »Ein übergreifender Konsens ist keine Utopie«, behauptet Rawls apodiktisch (RS, 295). Für Rawls sind die Bedingungen für einen übergreifenden und stabilen Konsens gegeben, solange die Bürger als vernünftige, mit Gerechtigkeitssinn ausgestattete Personen handeln. Aber warum sollte eine gesellschaftliche Gruppe, die die Kooperationsbedingungen diktieren kann – und sie kann es und sie tut es weltweit –, sich auf einen solchen Konsens einlassen? Wir sehen im *Political Liberalism* keine Antwort auf diese Frage. Erst in einer Gesellschaft ohne Antagonismus kann diese Form von *Political Liberalism* realisiert werden.

1.6.5. Glosse: Rawls und die neue Sozialdemokratie

Rawls stellt als eine Alternative zum »Monopol des Besitzes an Produktionsmitteln« bessere Startbedingungen vor. Genau an diesem Punkt hakt die *neue Sozialdemokratie* ein. Auch sie will nicht umverteilen, sondern qualifizieren. Die neue Sozialdemokratie Marke Clinton/Blair/Kok/Schröder unterscheidet sich von einem beinharten Neoliberalismus dadurch, dass sie die Verantwortung des öffentlichen Sektors für die Folgen eines reinen *Laissez-faire*-Kapitalismus sehen, ohne ihn als das eigentliche Problem sehen zu wollen. Vielmehr »lässt« die neue Sozialdemokratie den Kapitalismus »machen«. Sie versucht aber, die Exklusion zu verhindern und die Ausgeschiedenen wieder auf den Arbeitsmarkt zurückzubringen, anders gesagt: die Opfer des Kapitalismus dem Kapitalismus anzupassen, statt sie mächtiger und das System kompromissbereiter zu machen. Letzteres war das Anliegen der »alten Sozialdemokratie«. Gleichheit soll nunmehr vor allem Gleichheit bei den Startbedingungen sein; was dann jede(r) Einzelne daraus macht, ist ihre/seine Sache. Damit nun die Gesellschaft faire Startpositionen bereitstellen kann, braucht man eine wachsende Zahl an Arbeitsplätzen. Diejenigen, die Arbeitsplätze schaffen können, dürfen nicht benachteiligt werden, meinen die *neuen Sozialdemokraten*. Die Risiken, die den Unternehmen durch die Bereitstellung fairer Startpositionen entstehen, müssen kompensiert werden – etwa durch leichtere Kündigungsmöglichkeiten, Senkung der Reallöhne, indem Kosten für soziale Sicherheit mehr von den Arbeitenden als von den Unternehmen getragen werden (Senkung der »Lohnnebenkosten«), Senkung der Arbeitslosenhilfe usw. Die Benachteiligten können nur besser gestellt werden, so verkündet die neu-sozialdemokratische Propaganda, wenn die Interessen der Privilegierten berücksichtigt werden. Nur dann wären diese bereit, mehr Arbeit anzubieten bzw. Arbeitsplätze nicht in Billiglohnländer zu verlagern. Die neue Sozialdemokratie definiert Gleichheit als *Inklusion* und Ungleichheit als *Exklusion* (Giddens 1999, 120) und sieht ihre Aufgabe darin, die Ungleichen wieder gleich zu machen, indem man ihnen einen Job zu jedem – und das heißt oft zu einem sehr niedrigen – Preis verschafft bzw. aufzwingt. Da unter den heute herrschenden Umständen der Lohn nicht nur Lebensunterhalt, sondern auch eine Form sozialer Anerkennung ist, ist die Lohn*höhe* auch ein Maß für die gesellschaftliche Anerkennung. Wer also eine Politik fährt, die die Reallöhne unter großen Druck setzt, fährt eine Politik der gesellschaftlichen *Exklusion* und nimmt die Entstehung einer »deprimierten und demotivierten Unterschicht« billigend in Kauf. Genau das war das Ergebnis des »Poldermodells« der Koalition unter dem niederländischen sozialdemokratischen Ministerpräsidenten Kok (1994–2002). Die »deprimierte und demotivierte Unterschicht« ist nicht nur, aber vor allem in der Bevölkerung ausländischer Herkunft anzutreffen. Das Problem mit den marokkanischen Jugendlichen ist kein kulturelles, sondern ein soziales Problem. Der ziemlich schäbige »Wohlfahrtskapitalismus« zerstört die Gesellschaft in unseren Ländern. Die *new mixed economy* als »Synergieeffekt von öffentlichem und privatem Sektor« (Giddens 117[87]) bedeutet heute, dass gesellschaftlich anerkannte – und angemessen entlohnte – Arbeit nur noch für 60 bis 70 % der Arbeitsfähigen möglich ist. Was das bedeutet, zeigen einige Zahlen. Von hundert Kindern wuchsen im Jahr 2000 in den USA 22,4 in einer Familie mit weniger als 50 % des Durchschnittseinkommens auf, in Großbritannien waren es 19,8, in Deutschland 10,7, in den Niederlanden 8,1, aber in Schweden 2,6 Kinder. Es geht nicht darum, armen Familien ein zusätzliches Kindergeld zu geben, es geht darum, dass die Menschen zumindest das Einkommen erzielen können, mit dem sie am gesellschaftlichen Leben teilnehmen und mit dem sie ihre Kinder zur Teilnahme am gesellschaftlichen Leben erziehen können. Gleichberechtigte Teilnahme am gesellschaftlichen Leben war für Rawls immerhin der Kern dessen, was er *Gerechtigkeit* nennt. Von dieser Zielvorstellung sind unsere *neu-sozialdemokratischen* – kurz: neoliberalen – Politiker und Politikerinnen meilenweit entfernt.

1.6.6 Stroh

Rawls' politische Theorie der Gerechtigkeit wirft mehr Fragen auf, als sie selbst beantworten kann. In seiner Antwort auf Marx' Kritik am Liberalismus gibt Rawls, wie wir zeigten, eine gewisse Ratlosigkeit zu; die Fragen, die Marx an Rawls richtet, »verlangen eine sorgfältige Untersuchung«, aber er habe »keine Ahnung, wie sie zu beantworten sind«. Immerhin sagt uns Rawls, dass von der Antwort auf diese Fragen »die längerfristigen Aussichten eines gerechten konstitutionellen Staatswesens ... abhängen« (RS, § 52, 274). Rawls ahnt zumindest, dass unsere Demokratien wohl kaum eine Zukunft haben, wenn die Ökonomie auf Dauer außerhalb der Sphäre der politischen Demokratie bleibt.

Rawls' *Summa Politica* – so kann man sein Werk nennen – dokumentiert auf ihre Weise die Aporien der bürgerlichen Gesellschaft, wie die Summa Theologiae des Aquiners die Aporien der Feudalgesellschaft dokumentierte – und zugleich verdeckte. Der mittelalterliche Feudalismus fand in der Summa Theologiae um 1270 seine klassische Darstellung; was nach ihm kam, war Niedergang, ein Niedergang, der drei Jahrhunderte bis zu den frühbürgerlichen Revolutionen des 16. Jahrhunderts dauerte. Die Grundsätze des Feudalismus konnten auf die Fragen, die eine zerfallende mittelalterliche Gesellschaft stellte, keine Antwort mehr geben. »Alles, was ich geschrieben habe, ist Stroh«, soll Thomas von Aquin auf seinem Sterbebett gesagt haben. Rawls hat auf seinem Sterbebett so etwas nicht gesagt, aber in seinem letzten Buch ist ein leiser Unterton von Resignation unüberhörbar.

Die Arbeiterbewegung hatte im Westen die sozialen Bedingungen erkämpft, unter denen *Justice as Fairness* möglich schien. Wir werden uns im zweiten Teil der Arbeiterbewegung zuwenden, ihren Vordenkern, ihren Leistungen und ihrem Scheitern. Im dritten Teil werden wir die Frage nach der Gerechtigkeit wieder aufnehmen, *»political non metaphysical«* (Rawls), politisch, nicht ethisch.

II Die Gegenbewegung

2.1 Hegel

2.1.1 Den Umsturz denken

Zeitgenossen

G. W. F. Hegel wurde 1770, im gleichen Jahr wie Ludwig van Beethoven und Friedrich Hölderlin, geboren. Das ist keine banale Koinzidenz. An vielen jungen Menschen jener Zeit ist die Französische Revolution 1789–1794 vorbeigegangen, ohne tiefe Spuren zu hinterlassen. Nicht aber an diesen drei Männern; sie haben den gewaltsamen Durchbruch der bürgerlichen Gesellschaft zum Gravitationszentrum ihres Lebenswerks gemacht. Einer dieser drei, der Dichter Hölderlin, Kommilitone Hegels am Tübinger Stift, ist an diesem Umbruch zerbrochen. Er zog sich von der Welt so tief in sich selbst zurück, dass seine Umgebung ihn für »umnachtet« erklärte – für die meisten Zeitgenossinnen und -genossen eine vornehme Umschreibung für »verrückt«. 73 Jahre alt wurde er, die Hälfte davon, fast 37 Jahre, lebte er als Patient, im wahrsten Sinne als Leidender, leidend an einer Welt, die ihn nicht verstand und die er nicht mehr verstehen wollte:

> Das Angenehme dieser Welt hab ich genossen,
> Die Jugendstunden sind, wie lang! wie lang! verflossen,
> April und Mai und Julius sind ferne,
> Ich bin nichts mehr, ich lebe nicht mehr gerne!

Beethoven war der erste Musiker, der den Umbruch der Welt musikalisch begriffen hat, und vermachte der Welt eine Musik, wie es sie vor ihm nie gab und die auf deutsche Komponisten nach ihm wie eine Lähmung wirkte: Was gab es noch zu sagen, nachdem er alles gesagt hatte? Beethoven widmete seine dritte Symphonie, mit der er eine in jedem Sinne des Wortes revolutionäre Musik schuf, Napoleon. Als er hörte, dass Napoleon sich 1804 selbst zum Kaiser krönte, soll er gesagt haben: »Dieser ist auch einer wie jeder andere«, und zerriss die Widmung. Den Kaiser lehnte er ab, den Revolutionär nicht. Er hatte seit diesem Tag ein zwiespältiges Verhältnis zur französischen Politik. In den späten Werken, vor allem in den letzten Klaviersonaten und Streichquartetten, lässt er die Gebrochenheit einer in der finsteren Reaktion Metternichs untergegangenen Revolution hören. Wenn man diese Musik mit der Musik seiner Zeitgenossen Schubert, von

Weber, Mendelssohn usw. vergleicht, weiß man, wie sehr die Sache der Revolution – neunte Symphonie 1824! – Beethoven gegenwärtig war und wie sehr die Romantiker diese Sache verdrängten. Jene schrieben zum Teil sehr schöne Musik, Beethoven schlug den Hörern und Hörerinnen die Widersprüche der Zeit erbarmungslos um die Ohren – etwa mit der Arietta der C-Moll-Sonate oder dem brutalen Presto des Cis-Moll-Quartetts aus dem Jahr 1826.[88]

Und dann Hegel. Äußerlich das Gegenteil des tief in sich selbst versunkenen Hölderlin und des ewig unter Geldmangel und der Schwerstbehinderung der Taubheit leidenden Beethoven, war er der erfolgreiche Philosophieprofessor, der fleißige Schwabe, der mit dem Leben in all seinen Belangen – etwa in Verhandlungen mit den verschiedenen Kultusministern, mit seinen Vermietern, mit den Verlegern seiner Bücher – fertig wurde. Hinter der Maske des Weltmannes steckte die Unnahbarkeit der Sprache, kongenial der Sprache seines Freundes Hölderlin, kongenial der Sprache der Musik Beethovens. Letzteres nur »an sich« oder für uns; Hegel liebte leichtfüßige italienische Musik und machte sich aus Beethoven gar nichts; die Nähe zu ihm muss ihm unheimlich gewesen sein, er hat ihn totgeschwiegen (vgl. Althaus 1992, 415). Dagegen wusste er sich mit Hölderlin immer verbunden, versuchte ihm zu helfen, musste ihn dorthin gehen lassen, wohin er ihm nicht mehr folgen konnte. Auch er selbst fühlte sich in der Welt nicht wirklich zu Hause. Seine Griesgrämigkeit im Umgang mit seiner Umgebung und seine Neigung zu Depressionen weisen darauf hin, dass Hegel trotz seiner Erfolge schlecht angepasst war, ganz im Unterschied zum preußischen Staatstheologen Schleiermacher, den Hegel verachtete.[89] Bei Schleiermacher konnte man sich nicht vorstellen, dass er, wie der preußische Staatsbeamte Professor Hegel, noch am 14. Juli 1820 sein Glas zu Ehren des Sturms auf die Bastille und des Beginns der großen Revolution erhoben hätte. Letzteres hat Hegel zwar in einer Dresdner Kneipe und nicht auf einer öffentlichen Kundgebung getan, aber immerhin in einer Öffentlichkeit, die groß genug war, um die Aufmerksamkeit von Metternichs Polizeispitzeln zu erregen. Hegel war unentwirrbar beides: der vom preußischen Hof geschätzte Staatsphilosoph par excellence und der Gralshüter jener Französischen Revolution, die er auf eine Gesellschaft jenseits der bürgerlichen angelegt sah. Dieses Neben- und Durcheinander wirkt überall in Hegels Philosophie, und das veranlasste wohl Theodor Adorno zu dem Ausruf: »Im Bereich der großen Philosophie ist Hegel wohl der Einzige, bei dem man buchstäblich zuweilen nicht weiß und nicht bündig entscheiden kann, wovon überhaupt geredet wird ...« (1966, 107). Auf alle Fälle war Hegel kein Philosoph der Restauration, die 1815 mit der definitiven Niederlage Napoleons begann.

Im Begriff *Aufheben* ist sein Denken zusammengefasst. *Aufheben* heißt, die Wirklichkeit *durch die Negativität,* die jedes Seiende als seine Schattenseite hat, *hindurchführen;* es bedeutet *auf ein höheres Niveau heben* und so *bewahren.* Das alles und das alles auf einmal ist *Aufheben.* Eine schwierige und schwer nachzuvollziehende Unternehmung. Aufhebung ist Negation; was ein Ding und erst recht eine Person *ist,* wird erst deutlich in dem, was es/sie *nicht ist.* Erst in der Konfrontation des *Seins* mit dem *Nicht-Sein* entwickelt sich das Sein, alles Sein, auch und vor allem alles gesellschaftliche Sein. Das wollte Hegel *begreifen.*

Zeiten

Hegel hat die Französische Revolution miterlebt und mitgedacht, zusammen mit seinen Freunden am Tübinger Stift, darunter die Zimmergenossen des letzten Tübinger Jahres, Hölderlin und Schelling. 1790 gab es im Stift einen Umzug der Studenten, auf dem die Marseillaise gesungen wurde, was damals eine ähnliche Wirkung gehabt haben soll wie die Internationale, die Berliner Studierende Weihnachten 1967 in der Kaiser Wilhelm Gedächtniskirche sangen, auf die Springerpresse. Die Unzufriedenheit mit den Zuständen im bornierten absolutistischen Deutschland war unter den Tübinger Studenten verbreitet, und die Französische Revolution war für sie der Anfang einer neuen Zeit. Der Terror der Revolutionsjahre 1792–94 mag viele ernüchtert haben; bei den meisten Studenten blieb von der revolutionären Begeisterung nichts als die Erinnerung an eine Jugendtorheit. Für Leute wie Hegel und Hölderlin war der revolutionäre Geist keine Modesache, er blieb für sie Lebensinhalt. Hegel sah, wie die Revolution sich im Terror unmöglich machte und wie sie im Direktorat als Herrschaft der Bourgeoisie verluderte, bis ein Mann die Revolution und das monarchische Prinzip versöhnte und die Verkörperung des allgemeinen Willens in einer Zentralgestalt darstellte – Napoleon. Wie man erzählt, soll Hegel Napoleon, den Sieger von Jena im Jahr 1806, den »Weltgeist zu Pferde« genannt haben, und so hatte er für Hegel zunächst Idee und Wirklichkeit der Französischen Revolution gerettet. Beethoven sah schärfer. Für ihn war der Korse kein »Weltgeist zu Pferde«.

Zurechtfinden

Wie findet man sich in einer Welt zurecht, die nicht mehr ist, was
sie einmal war? Kant hatte diese Frage auch gestellt, freilich als Philosoph. Seine drei Fragen lauteten: »Was können wir erkennen, was
sollen wir tun, worauf dürfen wir hoffen?« Die gleiche Frage, früh-
bürgerlich, noch tief in Theologie versunken, lautete bei Luther: »Wie
finde ich einen gnädigen Gott?« Solches Fragen ist ein untrügliches
Symptom für die Unwirtlichkeit einer neu entstehenden Welt, der
Welt der Bourgeoisie. In einer solchen Welt findet man sich nicht
mehr zurecht. Wir können nicht mehr leben wie früher, also nicht
denken wie früher, nicht handeln wie früher, uns nicht zurechtfinden
wie früher. Wir sollen uns behelfen, mit Kategorien, mit Postulaten,
mit Zielsetzungen. Sagt Kant. Dieser kenne, sagt Hegel, die Negativität nicht, wodurch ihm die reale Bewegung geschichtlicher Prozesse
entgehe: »Es fehlt das Negative, das aufgehobene Sollen, das nicht
begriffen ist.« Daher ist Kant für Hegel »eine gute Einleitung in die
Philosophie«, nicht weniger, aber auch nicht mehr (GdPh III, 544).
Bei Kant »arbeiteten sich«, so Hegel, »Wissenschaft und der gemeine
Menschenverstand in die Hände« (WK, 14). Kant und den Aufklärern
überhaupt scheint »das Dasein in die heitere Welt der Blumen verwandelt zu sein, unter denen es bekanntlich keine *schwarze* gibt«.
Wir dagegen, sagt Hegel, müssen uns in einer Welt zurechtfinden, in
der die Farbe Schwarz überwiegt und in die das Licht des Begriffes
zu bringen ist. Deswegen müssen wir begreifen, dass alles, was *ist,*
auch *geworden* ist, und vor allem, *wie* und *warum* es geworden ist.
Begreifen ist nichts anderes als »in den Griff bekommen«. Was man
»im Griff« hat, das beherrscht man. Hegel wollte den ganzen revolutionären Prozess begreifen und dass die Menschen diesen Prozess »in
den Griff bekommen«. Das tun sie nicht nur, indem sie versuchen, das
Ganze irgendwie zu kapieren, sondern sie müssen ihren *Begriff* des
Ganzen organisieren, ihm eine organisierte, organische Gestalt geben.
Dieser *Drive* im Denken Hegels, das leidenschaftliche Bemühen um
den *Begriff,* steht dem gläubigen Liberalismus diametral gegenüber,
für den ja das Ganze prinzipiell *unbegreiflich* und der Versuch, dieses Ganze nach dem Willen der Vernunft zu gestalten, *unzulässig* ist.
Begreifen ist immer mit Schmerz verbunden. In der *Phänomenologie
des Geistes,* seinem ersten Hauptwerk, hat Hegel die *Aufklärung* als
Auflösungsprozess verstanden, als Vernichtung dessen, was den Menschen vertraut war und ihnen eine Art Geborgenheit gab. Dieser Pro-

zess ist unvermeidlich und notwendig, aber dennoch destruktiv. *Aufklärung* ist die Auflösung des *Glaubens,* und der *Glaube* (nicht das, was Hegel Religion nennt) war die Weise, in der die Menschen sich in ihrer Welt zurechtfanden. Die Aufklärung bekämpft die Welt des Glaubens mit ihrer Negation, dem Aberglauben. In diesem »Kampf«, wie Hegel sagt, macht der Geist einen entscheidenden Schritt auf dem Weg zu sich selbst und jagt die Menschen zugleich aus ihrem Haus hinaus in die Fremde. *Geist* ist bei Hegel die Menschheit, jeder Mensch für sich, alle Menschen zusammen; oder besser: jeder Mensch, soweit er sich als Teil des Ganzen begreift, eingebunden in Familie und Gemeinwesen, ständig auf der Suche nach sich selbst – das nennt er *Bildung* –, ständig irre an sich selbst werdend – das nennt er *unglückliches Bewusstsein*. Erst wenn die Menschheit – also der *Geist* – zu sich selbst gefunden hat, verschwindet das Positive des Glaubens, das Negative der Aufklärung; Glauben und Aufklärung haben ihre jeweiligen Aufgaben erledigt. Die gläubige Menschheit wird durch die Aufklärung aus ihrer brüchig gewordenen Welt vertrieben, um endlich bei sich zu Hause zu sein.

Die »Welt der Bildung … hat vielmehr selbst das schmerzlichste Gefühl und die wahrste Einsicht über sich selbst – das Gefühl, die Auflösung alles sich Befestigenden, durch alle Momente ihres Daseins hindurch gerädert und an allen Knochen zerschlagen zu sein« (PhädG, 384).

Hegel sieht, was die Aufklärung bewirkt: Sie löst jene alten Strukturen auf, in denen die Menschen jahrtausendelang einen gewissen Halt gefunden hatten und die sie vor der Verlorenheit in der Welt schützten. Anders gesagt: Die neue Klasse, die Bourgeoisie, löst alles, was war, die ganze abendländische Geschichte von der griechischen Polis bis zu Napoleon, auf. Die Jahre der Hegel'schen Philosophie sind weniger die »heroischen Jahre der Philosophie«, wie sein Biograph Horst Althaus sie nannte. Es waren Jahre der großen Verzweiflung, der großen Fluchtversuche, aber auch des Widerstands gegen Flucht und Verdunklung. Hegel war die Romantik verhasst, weil sie zwar das Destruktive der Aufklärung spürt, aber die Notwendigkeit ihrer Aufgabe nicht sehen will. Das Gefühl ist für Hegel die Fluchtburg der Bourgeoisie, in der sie Schutz vor dem sucht, was sie selber anrichtet. Deswegen seine groben Ausfälle gegen den Pietismus, gegen die Theologie des Gefühls, gegen Schleiermacher. Hegel will nicht, dass den Menschen vorgemacht wird, es gebe einen Weg zurück in eine Welt religiöser Geborgenheit. Die Verheerungen der

Aufklärung überwindet man, indem man sich *durch sie hindurch* auf
die Suche nach einer neuen und definitiven Identität macht. Diesen
Faden nimmt Marx auf, aber er wird Hegel vorwerfen, dass dieser ihn
vom falschen Ende her aufwickelt. Die Verheerungen der Aufklärung
überwinden heißt bei Marx, den Kapitalismus überwinden, *durch
ihn hindurch,* ohne trügerische Geborgenheiten zu suchen, ohne sich
an ihm vorbeimogeln zu wollen. Das Unerbittliche der Geschichte
ist die Lehre, die Marx aus Hegel zieht. Deswegen müssen wir von
Hegel reden, wenn wir von Marx reden.

Werk

Wir geben hier keine vollständige Übersicht über Hegels Werke. Alles
war Vorstudium gewesen, als 1807 die *Phänomenologie des Geistes*
erschien, sein größtes, aber auch sein dunkelstes Werk. Immer wieder hat unsere Kultur versucht, dem Leben zu entrinnen, das wirklich ist, unternimmt immer wieder den Versuch, rückwärts nach
vorne zu kommen. Postmoderne als Vormoderne, die nicht gelingen
kann – wie zu Hegels Zeiten die Romantik als Flucht in das goldene
Mittelalter, Anschauung, selbst gezüchtete Gefühle und »gesunder
Menschenverstand«, wie Hegel das Sammelsurium von Gemeinplät-
zen verächtlich nennt, mit denen man alles platt schlägt. Für diese
Moden hatte Hegel nichts als Verachtung übrig, aber in Verachtung
steckt immer auch Angst. Nicht zu unrecht, denn aus *gesundem Menschenverstand* und gärendem Gefühl wurde ein Jahrhundert später
in Deutschland *gesundes Volksempfinden.* Dagegen setzt Hegel die
Anstrengung, die Arbeit am Begriff. Man wird mit dem Leben und
seinen Brüchen nur fertig, wenn man *ganz* damit fertig wird. Man
muss das Leben *ganz* begreifen, um es leben zu können. Und nicht
irgendein Leben, sondern das Leben der Menschen, aller Menschen,
von früher bis heute. Das nennt Hegel *Geist.* Wenn die ganze Menschheit sich selbst bewusst ist, wenn der *Geist* in allen Höhen und Tie-
fen, an allen Orten, durch alle Zeiten, auf allen seinen Wegen und
Umwegen zu sich selbst gefunden hat, dann ist das Wissen *absolut.*
Was war, muss begriffen sein in dem, was heute ist. Und was heute
ist, kann nur begriffen werden, wenn es als Gewordenes begriffen
ist. *Phänomenologie des Geistes* ist also die Lehre – *logos* –, die auf
die Frage antwortet, wie auf dem langen Weg der Menschheit die
Menschheit als solche – der *Geist* – in allen seinen Erscheinungen –
Phänomena – zutage tritt. Das Leben der Menschen begreifen heißt,

Strukturen und Prozesse begreifen. Die *Phänomenologie des Geistes* ist also zweierlei: Struktur und Prozess, Zusammenhalt und Bewegung, Fluss, nicht Ausuferung, »Gediegenheit« bzw. Substanz, aber keine Erstarrung. Die Struktur nur als Prozess, der Prozess nur als Struktur.

In der Entwicklung des menschlichen Bewusstseins über Selbstbewusstsein und Vernunft hin zum Geist zeigt sich die Religion als die Erscheinung des »absoluten Geistes«. In der Religion stellt sich der Mensch das Absolute vor, zunächst als den absoluten Gegenstand oder das Absolute als Gegenstand. Noch aber denkt sich der religiöse Mensch nicht selbst als das Absolute. Erst wenn er begreift, was in der Religion geschieht, nämlich dass die Menschen sich selbst als das Absolute denken, hat er die Grenze zwischen sich und dem Selbst niedergerissen. Das eigene Ich steht nicht länger dem Ich der anderen gegenüber. Das Ich ist absolut identisch mit dem Ich; deswegen taucht in diesen zwei letzten Abschnitten der *Phänomenologie* die Formel *Ich = Ich* wiederholt auf. Anders gesagt: Das, was der einzelne Mensch von der Menschheit entfremdet, ist aufgehoben. Die Menschen begreifen die Natur als den Raum, in dem sie zu sich selbst finden, und die Geschichte als den Weg, auf dem sie zu sich selbst finden. Für Hegel sind Raum und Zeit, Natur und Geschichte, Arbeit und Bildung notwendige und reale Stationen der Menschheit auf dem Weg zu sich selbst. Der Mensch ist in der Welt nicht bei sich zu Hause, aber er ist auf dem Wege zu sich selbst. Erst wenn die Menschheit zu sich selbst gefunden hat, ist die Gestalt der Welt vollendet. Vom langen Weg aus der Fremde ist die Menschheit, der *Geist,* zurück bei sich selbst, reicher an Inhalt und Bewusstsein als je zuvor.

Nach der *Phänomenologie des Geistes* hat Hegel drei weitere philosophische Hauptwerke geschrieben: *Wissenschaft der Logik, Enzyklopädie der Wissenschaften* und *Grundlinien der Philosophie des Rechts.* Diese Werke behandeln also die Struktur, das System selbst und das öffentliche Leben. An dieser *Logik,* einer Wissenschaft der *Struktur,* hat Hegel vier Jahre lang gearbeitet; sie ist trotz gelegentlicher Unverständlichkeiten leichter zu verstehen als die *Phänomenologie.* Die *Logik* ist das feste Gerüst der Wirklichkeit. So wie ein Gebäude nicht ohne Statik gebaut werden kann, die Statik aber nicht das Gebäude selber ist, so ist auch die *Logik* die Grundstruktur der Wirklichkeit, ohne die nichts verstanden, durchschaut werden kann, aber sie ist nicht die Wirklichkeit an und für sich. Es folgte die *Enzyklopädie der Wissenschaften,* in der ein Überblick über

die gesamte wissenschaftliche Erkenntnis seiner Zeit geboten wird
(1817), gedacht als Lehrbuch für Studierende und als Einführung
in das systematische Denken, das heißt: ein Leitfaden, um alles –
die ganze Wissenschaft und alle Einzelwissenschaften für sich – als
absoluten Zusammenhang zu begreifen. Schließlich erschien *Grundlinien der Philosophie des Rechtes* (1821), seine eigentliche und auch
folgenschwerste politische Philosophie. Diese Werke hat er bis zur
Druckreife bearbeitet. Die *Ästhetik* (die Wissenschaft des natürlichen
absoluten Geistes), die *Philosophie der Religion* (die Wissenschaft
des offenbaren absoluten Geistes), die *Geschichte der Philosophie*
(die Wissenschaft des werdenden absoluten Wissens) und die *Philosophie der Geschichte* (das konkrete Werden der Menschheit) gelten
zwar als Werke Hegels, jedoch bestehen sie zum einen aus wenigen
ausformulierten Teilen, die weniger für den Druck denn als Vorlage
für den mündlichen Vortrag in den Vorlesungen konzipiert wurden,
zum anderen aus Notizen, die die Hörer Hegels angefertigt haben,
nach dem Maße, in dem sie Hegel verstanden hatten. Davon sollte
man sich bei diesen Hörern, unter denen sich viele preußische Offi-
ziere befanden, nicht zu viel versprechen. Was als »Werk« Hegels
abgedruckt wurde, ist mit einer gewissen Vorsicht zu genießen.

2.1.2 Hegels Staat, die Vernunft und das Absolute

In der Hegel'schen Rechtsphilosophie ist der Staat gedacht als Über-
windung der Bourgeoisie und ihres »Systems der Bedürfnisse«. Von
der bürgerlichen Gesellschaft hielt Hegel wenig. Der letzte Abschnitt
des Kapitels *Bürgerliche Gesellschaft* heißt *Polizei und Korporation.*
Der Titel ist etwas irreführend. Es geht dort tatsächlich um *Fürsorge,*
und darin ist die Polizei nur ein Element. »Die wichtige Frage, wie
der Armut abzuhelfen sei, ist eine vorzüglich die modernen Gesellschaften quälende«, sagt Hegel (PhdR, §244) und stellt fest: »Es
kommt hierin zum Vorschein, dass bei *dem Übermaße des Reichtums*
die bürgerliche Gesellschaft *nicht reich genug* ist, d.h. an dem ihr
eigentümlichen Vermögen nicht genug besitzt, dem Übermaße der
Armut und der Erzeugung des Pöbels zu steuern« (§245). Wir wüss-
ten nicht, dass es eine sachgemäßere Beschreibung unseres heutigen
Zustands gibt als diese Bemerkung in der Hegel'schen Rechtsphilosophie. Seit einem Vierteljahrhundert sind »das Übermaß an Armut
und die Erzeugung des Pöbels«, die Produktion an ausgeschlossenen Menschen, sowie unermesslicher Reichtum in einem Ozean

von Elend, das herausragende Merkmal des heutigen kapitalistischen Systems. Aus sich heraus kann die bürgerliche Gesellschaft nichts schaffen als *Polizei und Korporation* einerseits und *Erzeugung des Pöbels* andererseits. Deswegen muss Hegel zufolge aus der bürgerlichen Gesellschaft notwendig der Staat hervorgehen. Im Staat bleibt alles das, was in der bürgerlichen Gesellschaft an Vernunft angelegt ist, bewahrt, indem er zugleich ihre Willkür aufhebt:

> … die Gegenwart hat ihre Barbarei und unrechtliche Willkür und die Wahrheit hat ihr Jenseits und ihre zufällige Gewalt abgestreift, so dass die wahrhafte Versöhnung objektiv geworden, welche den Staat zum Bilde und zur Wirklichkeit der Vernunft gestaltet … (PhdR, § 360)

Die Aufhebung der bürgerlichen Gesellschaft in den Hegel'schen Staat hat Hegel etwa bei Karl Popper den Vorwurf des totalitären Denkens eingebracht (Popper 1992, II).[90] Popper entgeht ein für alle Mal der totalitäre Charakter der bürgerlichen Ökonomie. Gerade das von Popper blind angebetete System der Weltoffenheit zeigt sich letztlich doch nur als freie Beweglichkeit von Ressourcen, Menschen, Geld und Gütern, und gerade dieses System macht er als »offene Gesellschaft« in einer Weise zum Maß aller Dinge in der Universalgeschichte, wie es den angeblichen »Feinden der offenen Gesellschaft«, Plato, Hegel, Marx & Co., nie eingefallen wäre. Aber er macht uns auf jene Möglichkeit aufmerksam, die in der Hegel'schen Utopie steckt. Wenn sich »die Barbarei und die unrechtliche Willkür« nun doch nicht mit einem Handstreich – etwa der Oktoberrevolution – abstreifen lassen, dann kann der Hegel'sche (und Lenin'sche!) Vernunftstaat auch nicht zur »wahrhaften Versöhnung« der widerstreitenden Interessen werden. Im Gegenteil: Jede unvorhergesehene und daher unliebsame Entwicklung kann von diesem Staat als nichts anderes denn als finstere Verschwörung aufgefasst werden. Das Absolute macht keine Fehler. Der Mangel bei Hegel ist, dass er die bürgerliche Gesellschaft nicht wirklich ernst nimmt, weder in ihren vorwärts drängenden Visionen noch in ihrer Destruktivität. Hegel sah die Ökonomie als die Sphäre der Zufälligkeit und die neue ökonomische Wissenschaft als »das Feld, wo der Verstand der subjektiven Zwecke und moralischen Meinungen seine Unzufriedenheit und moralische Verdrießlichkeit auslässt« (PhdR, § 189), und fasste sie so als ein untergeordnetes Element auf. Erst durch den Schutz des Eigentums durch Rechtspflege und Polizei als Schutz des Zufälligen im Namen des Allgemeinen gelangen wir in den Vernunftstaat. Hier hat der junge

Marx eingegriffen. Er hat im Sommer 1843 die Hegel'sche Rechtsphilosophie Paragraph für Paragraph durchgenommen. Wir kennen
seinen kritischen Kommentar zu §§ 261–313. Noch bevor er sich in
Paris 1844 dem Studium der politischen Ökonomie zuwandte, hatte er
erkannt, dass der Schlüssel nicht in der Staatsauffassung Hegels lag,
sondern in der bürgerlichen Gesellschaft. Marx schreibt zu § 307:

> Das Tiefere bei Hegel liegt darin, dass er die Trennung der bürgerli-
> chen Gesellschaft und der politischen [Gesellschaft = Staat] als einen
> *Widerspruch* empfindet. Aber das Falsche ist, dass er sich mit dem
> Schein dieser Auflösung begnügt und ihn für die Sache selbst ausgibt,
> wogegen die von ihm verachteten *»sogenannten Theorien«* die *»Tren-
> nung«* der bürgerlichen und politischen Stände fordern … Hegel hat
> die Sache, worum es sich hier handelt, nicht bei ihrem bekannten
> Namen genannt. Es ist die Streitfrage zwischen *repräsentativer* und
> *ständischer* Verfassung. Die repräsentative Verfassung ist ein großer
> Fortschritt, weil sie der *offene, unverfälschte, konsequente* Ausdruck
> des *modernen Staatszustandes* ist. Sie ist der *unverhohlene Wider-
> spruch.* (MEW 1, 279).

Hegel sah die bürgerliche Gesellschaft als die »bloße ungeschiedene
Masse … einer in ihre Atome aufgelösten Menge« (PhdR, § 03).
Diese Sicht war einseitig. Trotz des atomistischen Individualismus ist
die bürgerliche Gesellschaft ein strukturiertes Ganzes, eine Gesellschaft sich diametral gegenüberstehender Klassen. Hegel macht zwar
Andeutungen in diese Richtung, aber er packt sie in den Nebel
urwüchsiger *Stände* ein, deren Gegensätze im Staat aufgehoben
seien. Der Hegel'sche Vernunftstaat unterdrückt die gesellschaftlichen Gegensätze, statt sie zu versöhnen. So muss er *absolut* im
schlechtesten Sinne des Wortes werden. Erst wenn die gesellschaftlichen Gegensätze tatsächlich aufhoben sind, wird eine wirklich *vernünftige* Regelung gesellschaftlicher Angelegenheiten möglich. Das
führt dann nicht zum Staat »als Bild und Wirklichkeit der Vernunft«,
sondern eher zum »Absterben des Staates«. Hegel aber lehnte sich
gegen die Intentionen der aus der Französischen Revolution hervorgegangenen Bourgeoisie auf, ohne sich wirklich mit ihr auseinander
zu setzen. Er blieb nicht von ungefähr der griesgrämige, linkische,
schwäbische Fremdkörper in den großbürgerlichen Berliner Salons,
wo man ihn empfing. Staat kommt bei Hegel wie aus der Pistole –
der Polizei – geschossen. Ein Staat kann aber erst dann ein Vernunftstaat sein, wenn die Klassenstruktur der Gesellschaft aufgehoben und
nicht bloß unterdrückt worden ist.

2.1.3 Hegels Entwicklungstheorie

Wenn man die modernen Handbücher der Entwicklungstheorie liest, wird man in den seltensten Fällen den Namen Hegel antreffen. Freilich wirkt eine Philosophie oft am nachhaltigsten, wenn man kein Bewusstsein von ihr hat. Gerade dann findet eine bewusste Auseinandersetzung mit den Wurzeln des eigenen Denkens nicht statt. Eine Zentralkategorie des Hegel'schen Denkens ist, wie oben angedeutet, *Entwicklung.*[91] Schon in der Vorrede zur *Phänomenologie* ist von der Verschiedenheit philosophischer Systeme als »fortschreitender Entwicklung der Wahrheit« die Rede. In der Vorrede zur *Phänomenologie* gibt Hegel das Beispiel einer Pflanze:

> Die Knospe verschwindet in dem Hervorbrechen der Blüte, und man könnte sagen, dass jene von dieser widerlegt wird ... Diese Formen unterscheiden sich nicht nur, sondern verdrängen sich auch als unverträglich miteinander. Aber ihre flüssige Natur macht sie zugleich zu Momenten der organischen Einheit, worin sie sich nicht nur widerstreiten, sondern eins so notwendig wie das andere ist; und diese gleiche Notwendigkeit macht erst das Leben des Ganzen aus. (PhdG, 10)

In diesem Zitat wird der Begriff, den sich Hegel von der Wirklichkeit macht, deutlich. Später wird er vorsichtiger sein. In seinem eigenen Vorlesungsskript über die Philosophie der Geschichte aus dem Wintersemester 1830/31 lesen wir:

> Aber jene [natürliche] Entwicklung macht sich auf unmittelbare, gegensatzlose und ungehinderte Weise; zwischen den Begriff und dessen Realisierung, die an sich bestimmte Natur des Keimes und die Angemessenheit der Existenz derselben, kann nichts eindringen. Im Geiste aber ist es anders. Der Übergang seiner Bestimmung in ihre Verwirklichung ist vermittelt durch Bewusstsein und Willen. (PhdGes, 151)

Die *menschliche* Gesellschaft unterscheidet sich vom Tier- oder Pflanzenreich dadurch, dass sie *Geist* hat. *Geist* ist das Menschliche am Menschen, er ist die begriffene Freiheit, die freie Selbstbestimmung. Wenn sich in der menschlichen Gesellschaft etwas *entwickelt,* dann geschieht das mit Bewusstsein und Willen. Es entwickelt sich nichts, was nicht gewusst und gewollt wird. Eine *Unsichtbare Hand,* wie sie der Vater der modernen Volkswirtschaftslehre, Adam Smith, kennt, gibt es bei Hegel nicht:

> Die Entwicklung ist auf diese Weise nicht das harm- und kampflose
> bloße Hervorgehen, wie die des organischen Lebens, sondern die
> harte und unwillige Arbeit gegen sich selbst, und ferner ist sie nicht
> das bloß Formelle des Entwickelns überhaupt, sondern das Hervor-
> bringen eines Zwecks von bestimmtem Inhalte. Diesen Zweck haben
> wir von Anfang an festgestellt: es ist der Geist, und zwar nach seinem
> Wesen, dem Begriffe der Freiheit. (a.a.O., 152)

Das ist auch das Anti-Bürgerliche bei Hegel. Ökonomie als selbst-
regulierendes autonomes System kann und darf es für ihn nicht
geben; vielmehr muss auch die Ökonomie mit dem Geist versöhnt
werden, das heißt: unter die Kontrolle des allgemeinen Willens und
Bewusstseins gebracht werden: Gesellschaft und Staat als Produkt
eines zweckbestimmten Handelns. Gerade weil es sich um einen
bewussten und gewollten Prozess handelt, kann in gesellschaftliche
Angelegenheiten – von ihnen handelt die menschliche Geschichte –
sehr wohl etwas »eindringen«. Entwicklung ist ein dialektischer
Prozess. Dialektik ist nicht ein bloß formales Schema These – Anti-
these – Synthese. Die Negation des Erreichten ist zwar die notwendige Durchgangsphase zu einem höheren Niveau, aber die Negation
kann sich auch verselbständigen und zur reinen Vernichtung werden.
Es gibt keine Dialektik mit Garantie:

> Es gibt in der Weltgeschichte mehrere große Perioden der Entwick-
> lung, die vorübergegangen sind, ohne dass sie sich fortgesetzt zu
> haben scheinen, nach welchen vielmehr der ganz ungeheure Gewinn
> der Bildung vernichtet worden ist und unglücklicherweise wieder von
> vorne angefangen werden musste, um mit einiger Beihilfe etwa von
> geretteten Trümmern jener Schätze, mit erneuertem unermesslichem
> Aufwand von Kräften und Zeit, von Verbrechen und von Leiden, wie-
> der eine der längst gewonnen gewesenen Regionen jener Bildung zu
> erreichen. (a.a.O., 152)

Es kann auf dem Weg des Geistes zu sich selbst offenbar vieles schief
gehen. Dennoch zeigt Hegel den weltweiten menschlichen Entwick-
lungsprozess im Ganzen als »Stufengang«, also als ein Fortschreiten
des »Geistes«:

> Es ist von diesen Abstrakten hier nur dies anzuführen, dass die erste
> Stufe als die unmittelbare innerhalb des vorhin schon herausgehobe-
> nen Versenktseins des Geistes in die Natürlichkeit fällt, in welcher er
> nur in unfreier Einzelheit ist (Einer ist frei). Die zweite aber ist Her-
> austreten desselben in das Bewusstsein seiner Freiheit. Dies erste Los-

reißen ist aber unvollkommen und partiell (Einige sind frei), indem
es von der unmittelbaren Natürlichkeit herkommt, hiermit auf sich
bezogen und mit ihr, als einem Momente, noch behaftet ist. Die dritte
Stufe ist die Erhebung aus dieser noch *besondern* Freiheit in die
reine Allgemeinheit derselben (der Mensch als Mensch ist frei) – in
das Selbstbewusstsein und Selbstgefühl des Wesens der Geistigkeit.
(a.a.O., 155f)

Daraus ergeben sich die drei Stufen: orientalische Welt, griechisch-
römische Welt und christliche Welt (PhdG, 156; vgl. auch Enzy,
§ 482; PhdR, § 354–358). Wenn man die Menschheitsgeschichte so
denkt, läuft man Gefahr, das jeweils Vorherrschende, das sich mit
Gewalt durchsetzt, als Zweck der Geschichte aufzufassen. Was nicht
passt, scheint auch bei Hegel zu etwas Unwürdigem, Unmensch-
lichem zu werden. Vorstufe ist die Versenkung des Geistes in die
Natürlichkeit, die der orientalischen Welt noch vorangeht, oder besser, hinter diese noch zurückgeht: Afrika südlich der Sahara und
Südamerika aus der vorkolumbianischen Zeit. In den Kollegnach-
schriften gibt es Passagen über diese Weltregionen und ihre Bewohner, die hier »Neger« und »Amerikaner« heißen, manches, was
sich vom plattesten Rassismus nicht unterscheidet (PhdG, 200–204;
218–234). Nicht alles ist dort auf dem Mist unseres Philosophen selber gewachsen, aber man kann annehmen, dass Hegel die ursprünglichen Bewohner Amerikas und die Völker südlich der Sahara als
einen reinen Rohentwurf zur Gattung Menschheit betrachtet hat.
Sie liefern keinen Beitrag zur Bildung des *Geistes,* sie sind allenfalls Objekt für Zivilisation und Mission, und er empfiehlt für die
Afrikaner »keine plötzliche Aufhebung«, sondern die »allmähliche
Abschaffung« der Sklaverei«.[92] Man versteht, weshalb die Nach-
fahren der ursprünglichen Bevölkerung und die Menschen afrikanischer Herkunft im weißen Amerika bevorzugt Opfer des Rassismus
werden. In Europa ist die Lage nicht viel anders. Hier hätte Hegel
lieber geschwiegen.

Auch bei Marx haben sich Elemente dieses Denkens gehalten. So
lesen wir im Vorwort zur *Kritik der politischen Ökonomie* von 1858:
»In großen Umrissen können asiatische, antike, feudale und modern
bürgerliche Produktionsweisen als progressive Epochen der ökonomischen Gesellschaftsformation bezeichnet werden« (MEW 13, 9).
Bei Marx geht es freilich weniger um eine Abstufung der Weltkulturen, sondern um eine Abfolge der verschiedenen Produktionsverhältnisse auf der Basis der verschiedenen Entwicklungen der Produktiv-

kräfte. Dennoch sehen auch Marxisten den Westen als privilegierten
Ort der Geschichte; hier sei die bürgerliche Gesellschaft entstanden,
aus ihr werde sich eines Tages notwendig der Sozialismus entwickeln. Auf dieses Problemen kommen im nächsten Abschnitt ausführlich zurück (s. u. 2.2.6).

2.1.4 Ende *der* Geschichte oder Ende *einer* Geschichte?

Bei bürgerlichen Ideologen hat sich diese Anschauung geradezu als
eine fixe Idee festgesetzt – ihre Zivilisation sei Ziel und Bestimmung der ganzen Menschheitsgeschichte. An diesem Erbe Hegels
hat die nichtwestliche Menschheit schwer zu tragen. Hegel war am
Ende seines Lebens, was den Fortschritt betrifft, zurückhaltender
geworden. Wer dagegen behauptet, wir erlebten jetzt das »Ende der
Geschichte«, nimmt an, dass unsere Geschichte sich nicht fortsetzt.
Francis Fukuyawa, der diese Behauptung 1990 aufstellte, gehört zu
den Politikberatern der gegenwärtigen Bush-Regierung.[93] In diesem
Dunstkreis werden die USA als Heimat des *Geistes* gesehen. Dagegen
noch einmal Hegel:

> Das formelle Prinzip der Entwicklung überhaupt kann weder der
> einen [Gestalt] einen Vorzug vor der andern zusprechen, noch den
> Zweck jenes Unterganges älterer Entwicklungsperioden begreiflich
> machen, sondern muss solche Vorgänge oder insbesondere darin die
> Rückgänge als äußere Zufälligkeiten betrachten und kann die Vorzüge
> [nur] nach unbestimmten Gesichtspunkten beurteilen, welche damit,
> dass die Entwicklung das letzte ist, relativ und nicht absolute Zwecke
> sind. (PhdG, 152f)

Ein *besonderer* – und daher nicht selten *zufälliger* – Stand der Dinge
an einem *besonderen* Ort zu einer *besonderen* Zeit kann nicht zum
allgemeinen Zweck der Geschichte und erst recht nicht zur Legitimation eines Zivilisationsauftrags erhoben werden. Das hat sich z. B. in
den USA noch nicht herumgesprochen.

Aus dem Entwicklungsdenken Hegels ergibt sich nicht zwangs-
läufig, dass privilegierte Orte der Menschheit und der Menschheitsgeschichte konstruiert werden können. Der bürgerliche Entwick-
lungsbegriff scheint eher Darwin als Hegel nachempfunden. Der
Endpunkt der Entwicklung der Gattung *Mensch* scheint nach einem
sehr bekannten Werk der fünfziger Jahre des 20. Jahrhunderts im
»Zustand des hohen Massenkonsums« zu bestehen (Rostow 1960)[94].

Erst recht wird hier der Begriff »Entwicklung« zum Ort der Konstruktion westlicher Privilegien. Sicher durchdringt die im Westen geborene Technik die letzten Winkel der Menschenwelt. Diese Penetration ist oft alles andere als Menschwerdungsgeschichte, nicht selten eine Geschichte von Vernichtung der Menschlichkeit. *Entwicklung* ist heute nur noch Anpassungszwang. Das Wesen dieser Art Entwicklung ist nicht jene Knospe der Menschlichkeit, die im Westen zu blühen begann, mit ihrem Duft alle betört und deren Saat in der ganzen Welt aufgeht. Die Menschheit sei dann endlich bei sich angekommen. Die Menschheit ist aber nicht angekommen. Vielleicht hat sie sich noch gar nicht auf den Weg begeben, der zu ihr selbst führt.

Hegel hatte keine wirkliche Ahnung von dem, was sich außerhalb Europas vollzog. Sein Wissen und seine berühmte enzyklopädische Belesenheit waren hier unkritisch. Seine Quellen waren nicht einwandfrei: Wir hören z. B. »Missionare erzählen …« (a.a.O., 227). Er reproduzierte, was die Allgemeinheit über »Neger und Indianer«, über Buddhismus und Hinduismus, über den Islam usw. zu wissen meinte. Europa hat gerade der Entwicklungsvorstellung in Hegels Denken einen Auftrag zur Zivilisierung der ganzen Welt entnommen. In Wahrheit war dieser Zivilisationsauftrag immer die Absicherung von Machtinteressen, ob es die einzelnen, teilweise menschenfreundlichen Akteurinnen und Akteure in Mission und Entwicklungshilfe durchschauten oder nicht. Kolonien wurden seit dem letzten Drittel des 19. Jahrhunderts nicht länger als Beutestücke betrachtet, sondern auch als künftige Märkte, wie etwa die britische Textilindustrie Indien als notwendigen Markt für den immer gigantischer werdenden Ausstoß an Hemden und Hosen betrachtete. Deswegen mussten die Kolonien nicht nur ausgeplündert, sondern auch zu Märkten, auch zu Arbeitsmärkten, herangebildet werden. Die Niederlande nannten die Fortentwicklung ihrer Kolonialpolitik in der zweiten Hälfte des 19. Jahrhunderts »ethische Politik«, Zivilisierung der uralten pluriformen Kultur der Javaner! Die Javaner mussten lernen, »modern« zu arbeiten, also zu *produzieren*, zu *konsumieren*, ihre Wälder und ihre traditionellen Kulturen bis auf kümmerliche Reste *auszurotten* im Auftrage des niederländischen Kapitals. Hegel hat bei allem Eurozentrismus immerhin gewusst, dass man anderen Völkern nicht gegen ihren Willen etwas Fremdes überstülpen kann, selbst wenn es das Vernünftigere wäre:

Der Staat muss in seiner Verfassung alle Verhältnisse durchdringen. Napoleon hat z. B. den Spaniern eine Verfassung a priori geben wollen, was aber schlecht genug ging. Denn eine Verfassung ist kein bloß Gemachtes: sie ist die Arbeit von Jahrhunderten, die Idee und das Bewusstsein des Vernünftigen, in wie weit es in einem Volk entwickelt ist. Keine Verfassung wird daher bloß von Subjekten geschaffen. Was Napoleon den Spaniern gab, war vernünftiger, als was sie früher hatten, und doch stießen sie es zurück, als ein ihnen Fremdes, da sie noch nicht dahinauf gebildet waren. (PhdR, § 274).

Wie gesagt hat der Begriff *Entwicklung* den Begriff *Anpassung* zum eigentlichen Inhalt, und zwar Anpassung an den Weltmarktmechanismus. Die außereuropäischen Völker, Kulturen und ihre Staaten wurden gezwungen, sich an die Anforderungen des Weltmarktes anzupassen. Dieser schon um die Mitte des 19. Jahrhunderts einsetzende Prozess wurde ein Jahrhundert später *Entwicklung* genannt. Solange die Länder Kolonien waren, bestimmten die Mutterländer des Kolonialismus Form und Umfang der *Anpassung* souverän. Nach der Entkolonialisierung mussten die nunmehr politisch formal-selbständigen Länder für sich aus der Not der *Anpassung* die Tugend der *Entwicklung* machen: Darwin als Hegel verpackt. Und das ist fatal. Denn das heißt, dass die Entstehung des Weltmarktes, zunächst als Markt der industrialisierten Länder des Westens, später als Kommunikationsort einiger hundert oder tausend transnationaler Konzerne, als Sinn und Zweck der Geschichte überhaupt angegeben wird. Weltgeist ist hier Weltmarkt, die Struktur des Weltgeistes nur noch Logik des Weltmarktes. Die Weltbank hatte genau dies im Blick, als sie 1987 schrieb:

> Die vernetzten elektronischen Medien haben dabei geholfen, einen Weltmarkt mit zunehmend gleichem Konsumentengeschmack zu bilden. Die Befreiung des Handels zwischen industrialisierten Marktwirtschaften unter den GATT-Regelungen haben geholfen, ein globales Milieu zu schaffen, das zur Entwicklung und Verbreitung neuer Technologien führte. (World Development Report 1987)

Die Ausformung dieses Weltmarktes setzt allen unterschiedlichen Wegen des Geistes, sprich, allen unterschiedlichen Kulturen, anscheinend ein Ende. Sie kolonialisiert die Seelen und die Träume. Jugendliche in Shanghai, Djakarta, Bombay, Lagos, São Paolo, Los Angeles, London und Moskau haben ähnliche Wünsche mit ähnlichen Bildern. Auch der Weg des *Weltmarktes* ist ein Weg des bewussten »Hervor-

bringens eines Zwecks«, die Homogenisierung des Konsumenten-
geschmacks um der profitnotwendigen Massenherstellung willen.
Freilich ist dieser Zweck, die Realisierung von Gewinnen transnationaler Konzerne durch Uniformierung der Weltkultur, wohl kaum jene
»Freiheit aller«, die Hegel als das Ziel des Geistes sah. Sondern
sie ist immer nur die »Freiheit einiger«. Seit der Antike haben wir
uns eigentlich nicht vom Fleck gerührt, es sei denn, wir glauben
daran, dass alle Konsumenten auf dem Markt frei und souverän nach
ihren Präferenzen ihre Bedürfnisse befriedigen können. Hegel hatte
eine Vorstellung von *Weltgeschichte.* Wir zitierten seine Utopie, wo
»Barbarei und unrechtliche Willkür abgestreift sind« und ein Welt-
staat entsteht »zum Bilde und zur Wirklichkeit der Vernunft«. Tatsächlich hat sich der *Weltgeist,* die Veranlagung und das Wirken der
Menschheit der ganzen Welt, als *globaler Markt* entpuppt, wo Willkür und Barbarei die Norm ist. Ende der Geschichte? Nein, Ende
einer Geschichte.

2.1.5 Der Weltgeist mit der Coladose

Der Westen hat sich durchgesetzt, und der *Geist* der Hegel'schen
Philosophie zeigt sich praktisch als die Gestalt der Missionierung
und modernen Kolonialisierung – auch des *Bewusstseins* der Menschen – und in der Logik des Weltmarktes. Die Ausübung wirtschaftlicher Macht ist die Form des westlichen Selbstbewusstseins, die allen
Völkern als unentrinnbares Entwicklungsziel die Marktanpassung
oktroyiert. Was sie an Kultur, an Eigenständigkeit und Eigengesetzlichkeit *(Autos nomos, Autonomie)* vernichtet hat, ist unwiederbring-
lich verloren. In dem Augenblick, wo ihre Macht alles hinweggefegt
hat, was sie noch herausfordern konnte, ist sie mit sich selbst allein.
Das hat Francis Fukuyawa das »Ende der Geschichte« genannt. Dessen Universalgeschichte freilich endet mit einem schlechten Witz:
*dem einsamen Weltgeist auf den Trümmern der Weltkulturen, mit der
Coladose in der Hand.* Tatsächlich scheint man die Weltgesellschaft
heute auf *Polizei und Korporation* reduzieren zu müssen. Hauptak-
teure sind einige hundert transnationale Konzerne *(corporations),*
die von internationalen schnellen Eingreiftruppen *(Polizei)* unter
dem Oberkommando der Vereinigten Staaten von Nordamerika
geschützt werden. Leider ist dies keine Karikatur. Die Zurückdrän-
gung alles Staatlichen und dessen Reduzierung auf Justiz und Polizei ist eine unübersehbare *Tendenz.* Die *Zivilgesellschaft* ist allenfalls

das Moment der ohnmächtigen Opposition gegen diese Tendenz, oft sogar ihre Bestätigung. Wir werden in den kommenden Jahrzehnten mehr an Staat erhalten, als uns lieb sein kann, eben Staat als Polizeistaat, einen Staat, den wenige wollen und durchsetzen. Insofern ist dieser Staat »Bild und Wirklichkeit der Vernunft«, aber einer anderen Vernunft als der, an die Hegel glaubte, vielmehr der Vernunft weniger gegen die schlummernde Vernunft der vielen.

In dem Moment, wo alles erreicht scheint und sich jener einsame Weltgeist mit *Cola* und *Fast Food* alles angeeignet zu haben scheint, wird ihm alles fremd. Dann, so lernen wir bei Hegel, beginnt alles wieder von neuem. So sagt er am Schluss der Vorrede zur *Philosophie des Rechts:*

> Wenn die Philosophie Grau in Grau malt, dann ist eine Gestalt des Lebens alt geworden, und mit Grau in Grau lässt sie sich nicht verjüngen, sondern nur erkennen; die Eule der Minerva beginnt erst mit der einbrechenden Dämmerung ihren Flug.

Die Nacht, in der wir jetzt leben, ist die Nacht der wachsenden Erkenntnis. Wenn die Nacht zu Ende ist, kehren die Eulen der Minerva heim. Das Bild vom »Ende der Nacht« hat etwas Messianisches. Wenn die Nacht zu Ende ist, kehrt die Vernunft heim, und der entfremdete Geist, die Menschheit, die in die Unmittelbarkeit des Weltmarktes versunken ist, begibt sich bei Tagesanbruch auf den Weg zu sich selbst – mit nichts als »einiger Beihilfe etwa von geretteten Trümmern« der Schätze verlorener Bildung (PhdG, 152).

Wo wir am Ende sind, dort sind wir am Anfang.

2.2 Marx

2.2.1 Interesse und Ziel

Zwischen dem Hochgebirge Hegel'scher Philosophie und dem Tiefland der politischen Ökonomie scheint es eine unüberbrückbare Kluft zu geben. Dort die atemberaubende Weitsicht, hier einengende »subjektive Zwecke, moralische Meinungen, Unzufriedenheit und moralische Verdrießlichkeit«, die Hegel in der Tiefebene auszumachen scheint. Karl Marx war kein Schüler Hegels; als Marx seine Studien an der Berliner Universität begann, war Hegel bereits neun Jahre tot. Aber Marx hat Hegel immer als einen Philosophen gewürdigt, von dem er gelernt hat und dessen Logik für seine strukturale Analyse des Kapitalismus wichtig war. Auch für die Analyse historischer Prozesse verdankte Marx Hegel wesentliche Einsichten. Über den Einfluss Hegels auf Marx ist vor allem unter Marxisten seit mehr als einem Jahrhundert erbittert gestritten worden. Uns scheint das »Antibürgerliche« an Hegel ein Element zu sein, das Hegel und Marx verband.

Was ist das »erkenntnisleitende Interesse« – um einen Ausdruck Jürgen Habermas' zu verwenden – hinter der Theorie, die Marx entwickelte? Die Antwort liegt im gesellschaftspolitischen Ziel, das sich Marx und seine politischen Freunde in den vierziger Jahren des 19. Jahrhunderts gestellt hatten. Folgender Satz aus der Schrift gegen den französischen Sozialphilosophen Proudhon (1847) gibt darüber Aufschluss:

> In einer künftigen Gesellschaft, wo der Klassengegensatz verschwunden ist, wo es keine Klassen mehr gibt, würde der Gebrauch [=Produktion der Konsumgüter] nicht mehr von dem Minimum der Produktionszeit abhängen, sondern die Produktionszeit, die man den verschiedenen Gegenständen widmet, würde bestimmt werden durch ihre gesellschaftliche Nützlichkeit. (MEW 4, 93)

Der Satz nimmt Bezug auf den elenden Zustand der Menschen in der ersten Hälfte des 19. Jahrhunderts, die auf den Verzehr billigster und nicht selten schädlicher Konsumwaren angewiesen waren, ein Zustand, in dem »die elendsten Produkte das naturnotwendige Vorrecht haben, dem Gebrauch der großen Massen zu dienen« (a.a.O.), Branntwein, Kartoffeln, Baumwolle. Der damals noch junge Karl Marx, der bereits vier Jahre des politischen Exils in Frankreich und Belgien hinter sich hatte, war der Überzeugung, dass die herrschenden Zustände durch solche Zustände zu ersetzen sind, in denen der gesellschaftliche Nutzen die Produktion bestimmt und nicht die profitorientierte minimale Produktionszeit diktiert, was Arbeit höchstens kosten darf. Zustände, in denen »die Produktion ... der Konsumtion voraus[geht], das Angebot ... die Nachfrage [erzwingt]« (a.a.O., 97), sind zu ersetzen durch Zustände, in denen die Produktion durch die Bedürfnisse der Menschen bestimmt werde. Das ist kein moralischer Satz, obwohl moralische Empörung mitschwingen mag. Es ist ein analytischer und zugleich ein normativer Satz, denn er analysiert gegenwärtige Zustände und konfrontiert sie mit einer Norm, »gesellschaftliche Nützlichkeit.« Für Marx ist die Leitfrage: »Was ist für welchen Menschen in der Gesellschaft nützlich?«

Für David Ricardo, den wohlhabenden britischen Bankier und Theoretiker der industriellen Bourgeoisie, den Marx gründlich studiert, sehr geschätzt und radikal kritisiert hat, lautet die Leitfrage: Welche Kosten hat die Produktion für die Eigentümer der Produktionsmittel? Konkurrenz ist für Ricardo das Merkmal der Industrie, und sie zwingt zur ständigen Erhöhung der Effizienz. Kosten, vor allem Arbeitskosten, müssen gesenkt werden, deswegen müssten die Lebensmittel für die Arbeitenden so billig wie möglich werden bzw. bleiben oder, wie Marx sagt, »ein Minimum an Produktionszeit« erfordern. Bereits für Ricardo war das, was gut für die Unternehmen ist, gut für die Gesellschaft; deswegen dürfen die Arbeitenden höchstens so viel verdienen, dass sie gerade überleben können. Elend in einer ricardianischen, von der schon damals grassierenden Angebotsökonomie heimgesuchten Welt ist nicht die vermeidbare Folge des ungenügenden Konsums[95], sondern unvermeidliche Folge der Konkurrenz.[96] Marx dagegen stellte die Frage: Wie kann eine Produktionsform aussehen, in der die gesellschaftlichen Bedürfnisse und nicht der Gewinn der Unternehmen organisiert werden? Um vom vorherrschenden Zustand in die zukünftige Gesellschaft zu gelangen, muss dieser Zustand genau begriffen sein. Dieses »erkenntnisleitende Interesse« ist für Marx prägend gewesen und hat ihn bis zu seinem Lebensende geprägt. Insofern gibt es keinen Widerspruch zwischen dem jungen Marx und dem Marx von *Das Kapital*.[97] Das Gleiche gilt für den gesellschaftlichen Ort, an dem das erkenntnisleitende Interesse *praktisch* wird, die Arbeitenden und die Arbeiterbewegung. Auch hier kein Widerspruch. Marx geht aber noch einen Schritt weiter:

> In der heutigen Gesellschaft, in der auf dem individuellen Austausch
> basierten Industrie, ist die Produktionsanarchie, die Quelle so vieles
> Elends, gleichzeitig die Ursache alles Fortschritts. (a.a.O., 97)

Marx wirft hier Proudhon vor, er sage den Arbeitenden, es gebe einen
Weg zurück in eine von barbarischen Entstellungen gereinigte vorkapitalistische Welt. Hier wie in jedem »utopischen Sozialismus« sei
der Kapitalismus nur eine vermeidbare und durch Umorganisation
zu reparierende Fehlentwicklung. Im *Kommunistischen Manifest* –
einem Text, der ein Jahr nach der Streitschrift gegen Proudhon entstand – wird dieser Vorwurf allgemein gegen den »kleinbürgerlichen
Sozialismus« gerichtet:

> Seinem positiven Gehalte nach will jedoch dieser Sozialismus entwe-
> der die alten Produktions- und Verkehrsmittel wiederherstellen und
> mit ihnen die alten Eigentumsverhältnisse und die alte Gesellschaft,
> oder er will die modernen Produktions- und Verkehrsmittel in den
> Rahmen der alten Eigentumsverhältnisse, die von ihnen gesprengt
> wurden, gesprengt werden mussten, gewaltsam wieder einsperren. In
> beiden Fällen ist er reaktionär und utopisch zugleich. (MEW 4, 485)

In beiden Texten lernen wir eine Vorstellung kennen, die für Marx
und seine Theorie wesentlich ist: Der Weg durch das Elend ist ein
unvermeidlicher Weg, den jetzt herrschenden Zustand kann man
nicht rückgängig machen. Wir erinnern uns an das, was wir bei
Hegel kennen lernten (s. o. 2.1.1). Die Aufklärung war für Hegel die
Zerstörung der Welt des Glaubens gewesen, und diese Zerstörung
war unumkehrbar. Es gibt keinen Weg zurück. Diese Auffassung ist
als Hegel'sche Grundfarbe im Gesamtbild der Marx'schen Theorie
erhalten geblieben.[98] Aber es gibt sehr wohl einen Weg vorwärts,
über den Kapitalismus hinaus. Diese Denkfigur gehört zum Wesen
des Marxismus.

Das erkenntnisleitende Interesse an radikaler gesellschaftlicher
Veränderung ist die treibende Kraft hinter der analytischen –
buchstäblich gesundheitsverwüstenden – theoretischen Anstrengung,
der sich Marx unterzog. Die relative Autonomie beider Ebenen,
wissenschaftlicher Analyse und politischer Vision, der nüchternen
Analyse des kapitalistischen Systems und der empörten Konstatie-
rung des Elends, das es verursacht, erlaubt es aber nicht, beide gegeneinander auszuspielen. Wir kommen auf diese Problematik im letzten
Abschnitt dieses Kapitels zurück.

2.2.2 Wert und Nutzen; Marx und Walras

> Der Reichtum der Gesellschaften, in welchen kapitalistische Produk-
> tionsweise herrscht, erscheint als eine ungeheure Warensammlung,
> die einzelne Ware als seine Elementarform. Unsere Untersuchung
> beginnt daher mit der Analyse der Ware. (MEW 23, 49)

So beginnt *Das Kapital,* Marx' Hauptwerk; der einfache Warentausch
steht am Anfang. Jemand hat eine Ware und will sie gegen eine
andere Ware eintauschen. So begannen auch damals einige andere
Ökonomen. Die meisten Menschen, die sich mit dem Werk vertraut
machen wollen, geben hier schon auf. Vielleicht liegt das nicht nur
an der Bequemlichkeit der Menschen. Michael Heinrich fragt sich,
ob der einfache Warentausch überhaupt ein legitimer Ausgangspunkt
ist (Heinrich 2003, 200). Tatsächlich haben wir, seit wir die Schul-
bank verlassen haben, keine Waren getauscht. Wir verkaufen unsere
Arbeitskraft gegen Geld, und mit dem Geld zahlen wir unsere Rechnungen, gehen einkaufen usw. Alle unsere Tauschgeschäfte sind über
Geld vermittelt. Warum fängt Marx mit dieser hochabstrakten Gleichung x Ware A = y Ware B an? »Nach dem einleitenden Absatz des
ersten Kapitels des *Kapital* ist klar, dass Marx nicht von Ware überhaupt, sondern von Ware unter kapitalistischen Bedingungen spricht«,
schreibt Michael Heinrich (a.a.O.). Für Marx bestimmt »gesellschaftliche bzw. allgemein-abstrakte Arbeit«, gemessen in Arbeitszeit, den
Wert der auszutauschenden Güter. Somit gehen gesellschaftliche Verhältnisse von vorneherein in die Wertbestimmung ein. Marx beginnt
abstrakt und wird immer konkreter.

Wir zeigen zunächst, was passiert, wenn man als Ausgangspunkt
»Ware überhaupt« nimmt und von gesellschaftlichen Verhältnissen
abstrahiert. Das beginnt scheinbar konkret und wird immer abstrak-
ter und weltfremder. Léon Walras, ein Großer unter den bürgerlichen
Ökonomen, veröffentlichte die erste Ausgabe seines Hauptwerks
neun Jahre später als Marx, 1876. Er scheint mit einer ähnlichen Formel wie Marx anzufangen: $mv_a = nv_b$ (Walras 1926, § 44). Walras will
aber zunächst nur wissen, warum der Tauschwert (v) der Menge m
der Ware a gleich dem Tauschwert v der Menge n der Ware b sei;
einen Unterschied zwischen Gebrauchs- und Tauschwert, so typisch
für die klassische Ökonomie bei Adam Smith und David Ricardo,
gibt es bei ihm nicht, von einer »Wertform« gar nicht zu reden.

Bei Walras geschieht keine Wert-, sondern nur Preisbestimmung, und Preisbestimmung ist bei ihm wie in der ganzen bürgerlichen Theorie nur das Abwägen von Nutzen. *Utilité* (Nutzen) ist seine Hauptkategorie. Aber Walras hat noch eine andere Hauptkategorie, *rareté*, Seltenheit. Nur die Kombination von beiden »natürlichen Eigenschaften« der Güter ermöglicht den Tausch und konstituiert den Tauschwert bzw. den (relativen) Preis. Was nützlich, aber nicht selten ist, ist kein Tauschobjekt; es ist ein »freies Gut« und somit *wertlos;* was selten ist, aber keinen Nutzen hat, wird ebenfalls nicht getauscht; es ist auch *wertlos.* Nur dort, wo Dinge selten *und* nützlich, zu Deutsch *knapp* sind, kann der Tausch beginnen, dann sind die Dinge *wertvoll* und haben einen *Preis.* Was ist *Knappheit,*[99] und warum spielt sie bei nützlichen Dingen eigentlich eine *wertsteigernde* – oder besser *preissteigernde* – Rolle? Knappe Güter führen nach Walras notwendig zu Eigentum *(sont appropriables),* haben deswegen *Wert,* sind *austauschbar* (§ 22–26). Die preissteigernde Wirkung der Knappheit erklärt sich aus der Macht des privaten Besitzers begehrter Güter. Eine solche soziologische Sichtweise hat in Walras' Theorie keinen Platz. In ihr ist alles »natürlich«: »Also hat Tauschwert, wenn er erst einmal festgestellt ist, den Charakter einer Naturerscheinung *(phénomène naturel),* natürlich in seinem Ursprung, natürlich in seinen Erscheinungsformen und natürlich im Wesen« (§ 28) – und das Privateigentum ist die *natürliche* Folge solcher »Naturphänomene«. Der Tauschwert (Preis) wird in seiner Höhe durch das Ausmaß des Nutzens, den die Ware für den Erwerber der Ware hat, bestimmt und nicht durch die Menge Arbeit, die für die Herstellung der Ware nötig ist (Arbeitswert). Wirtschaft funktioniert bei Walras als ein vollautomatisches, sich selbst regulierendes System. Die mathematischen Instrumente, die dieses System exakt darstellen, wurden später entwickelt. Heute sind mit anspruchsvoller Mathematik ausgestattete »Walras-Modelle« Grundmuster ökonomischer Theorie. Gerade vor dem Hintergrund des herrschenden Liberalismus ist Marx heute zu lesen. Deswegen stellen wir die liberale Fundamentaltheorie des *Grenznutzens* dar. Die bürgerliche Ökonomie arbeitet mit *Grenzwerten,* mit der Technik des *Marginalismus,* der Differentialrechnung.[100] Wir machen das mit einer kleinen Erzählung deutlich.

In der DDR waren zeitweise Geschäfte in der Form des einfachen Warentausches verbreitet. Dort herrschten keine Geldpreise, denn bei Mangelwaren spielte die Mark der DDR keine Rolle. Es gab nur relative Preise. In Kleinanzeigen einiger DDR-Zeitungen konnte man z. B. lesen: »Habe gehobelte Fichtenbretter, suche Badezimmerfliesen.« Diese Anzeige gab ein junger Mann auf, der gerade bei seiner Freundin eingezogen war. Als »Morgengabe« brachte er die glaubwürdige Zusage mit, das nunmehr gemeinsame Badezimmer instand zu setzen. Die Dringlichkeit, das Badezimmer fertig zu stellen – etwa die Gefahr, dass ihn sonst die Freundin vor die Tür setzt – bestimmt die Menge Holz, die der verunsicherte Liebhaber für die benötigten Fliesen abzugeben bereit ist. Entscheidend ist zwar die Dringlichkeit, mit der man die Ware braucht, aber selbst bei solch dringlichen Transaktionen ohne Geld wird eine Wertabschätzung vorgenommen: *So viel* vom einen muss *so viel* vom anderen *wert* sein. Einen objektiven Wertmaßstab hat er nicht, aber trotz der Liebe hat er eben doch seine Grenzen. Aus diesem Grund – aber nicht nur aus diesem Grund – haben die bürgerlichen Ökonomen die Anschauung des Adam Smith aufgegeben, *Arbeit* sei der einzige objektive *Wert*-standard. Sie haben den Begriff *Grenznutzen* eingeführt. Wann ist der Punkt erreicht, wo unser Liebhaber gerade noch ein einziges letztes Brett für die benötigten Fliesen herzugeben bereit ist, um seiner Freundin das Badezimmer fertig zu stellen? Dieses letzte Brett bestimmt den *Grenznutzen,* und dieser *Grenznutzen* bestimmt dann auch den endgültigen Preis der Fliesen bzw. der Liebe: »Soundso viele Bretter und kein Brett mehr.« Das Maß der Liebe bzw. die Angst vor Liebesentzug bestimmt die Dringlichkeit, mit der die Bade-zimmerfliesen benötigt werden, und so die Menge Bretter. Da die Menschen unterschiedlich intensiv lieben, liegt der *Grenznutzen* und so der Bretterpreis für die Fliesen jeweils an einem anderen Punkt oder, besser, jeweils bei einem anderen Brett. Es gibt keinen objek-tiven, dem objektiven Wert der Fliesen usw. entsprechenden Preis und im Schattensektor, in dem sich unser Liebhaber bewegt, keinen administrativen Einheitspreis. Der *Grenznutzen* der Liebe kann aber berechnet werden. »Bei aller Liebe …«, sagt der Liebhaber ablehnend, wenn der Fliesenbesitzer zu viele Bretter verlangt, »das ist mir die Sache, hier die Liebe, nicht wert«, und verzichtet auf sein Bade-zimmerprojekt und gegebenenfalls auf seine Freundin. Ein anderer Liebhaber wäre bereit gewesen, der Liebe mehr Bretter zu opfern; die Menschen sind eben verschieden und so auch die Preise und die Werte. Denn auch der Fliesenbesitzer hat seine Schmerzgrenze: »So viele Fliesen für diese Bretter und keine mehr, basta!« Am Schnittpunkt beider Schmerzgrenzen – der Angebots- und Nachfrage-kurven der bürgerlichen Theorie – kommt das Geschäft zustande: x Bretter = y Fliesen, x Ware A = y Ware B.

Die Intensität der jeweiligen Bedürfnisse, die miteinander in Einklang zu bringen sind, und nicht die Menge gesellschaftlicher Arbeit, die für die Herstellung der Güter notwendig ist, bestimmt den Preis = Wert. Das ganze Austauschsystem, das ganze Preisgeflecht, basiert letztlich auf der subjektiven »Wertschätzung« der zu tauschenden Güter. Zwischen »Wert« und »Preis« gibt es hier keinerlei Unterschied. Léon Walras fasst die ganze Gesellschaft auf als die Summe unendlich vieler Besitzer von Brettern, Autoreifen, Markenjeans, Werkstätten, Dollars usw. einerseits und unendlich vieler Besitzer von Fliesen, Bandschleifern, Lederjacken, Arbeitskraft, Euros usw. andererseits. Für eine solche Gesellschaft mit allen Teilmärkten, inklusive Geld- und Arbeitsmarkt, hat er ein mustergültiges Modell beschrieben und durchgerechnet. Wenn das Modell die realen Vorgänge erklärt, ist es ein gültiges Modell. Wenn *Arbeitswert* den Vorgang der Preisbestimmung »wie viele Bretter für wie viele Fliesen« nicht erklären kann, ist das Modell der *Arbeitswerttheorie* – und somit Marx – redundant. Der ganze Streit scheint eindeutig zugunsten der modernen bürgerlichen Theorie, eben der *Grenznutzentheorie,* auszugehen, weil allgemein das Ganze als Summe der Teile, die Volkswirtschaft als die Summe der Einzelbetriebe und Einzelhaushalte aufgefasst wird. Die Preise lassen sich durch das subjektive Maß der Dringlichkeit (des Nutzens) austauschen, mit der sie begehrt werden, und nicht durch die Menge an Arbeit, die objektiv nötig ist, die Ware bereitzustellen (Herstellung, Transport bzw. Vertrieb, Werbung usw.).

Das »erkenntnisleitende Interesse« bei Walras und im Liberalismus überhaupt ist die Traumvorstellung einer staatsfreien Wirtschaft, in der die Menschen völlig frei sind, ihre Bedürfnisse zu befriedigen und die Preise dafür autonom zu bestimmen; Geld spielt hier eigentlich gar keine Rolle. In solchen Gesellschaften ist die Grenznutzentheorie anwendbar. Leider gibt es solche Gesellschaften nicht, allenfalls in Nischen einer staatssozialistischen Wirtschaft mit Mangelerscheinungen bei begehrten Gütern, Volkswirtschaften mit galoppierender Inflation und im Paradies. Wer so anfängt wie Walras, beschreibt modellhaft den Geschäftsgang einer Naturalwirtschaft, in der alle, wie im Paradies, völlig gleichberechtigt sind; im Paradies haben wir kein Geld. Marx kennt keine paradiesischen Verhältnisse, aber er führt das Geld erst nachträglich in die Urgleichung ein. Das sei, wie Michael Heinrich meint, tatsächlich ein Problem, und deswegen sei das erste Kapitel von *Das Kapital* so schwer verständlich: »Mit der Einführung der Geldform wechselt Marx auf eine ganz andere *theoretische*

Ebene: statt mit der begrifflichen Entwicklung der *Formen* argumentiert er mit ›gesellschaftlicher Gewohnheit‹, d. h. letzten Endes mit den Handlungen der Warenbesitzer … [eine] Vermischung einer formanalytischen mit einer (abstrakt) handlungstheoretischen Ebene« (2003, 227). Das ist für Heinrich ambivalent und wohl der Grund dafür, dass er lieber von einer »monetären Werttheorie« spricht.[101]

Fassen wir zusammen. Walras und Marx scheinen den gleichen Ausgangspunkt zu haben, die Gleichung x Ware A = y Ware B. Bei Walras handelt es sich aber um eine *rein* mathematische Gleichung, um ein »Élement d'économie politique *pure*«. Es geht ihm nicht um *Werte,* sondern um *relative Preise.* Bei Marx geht es um *Wert,* und *Wert* weist auf ein *gesellschaftliches* Verhältnis und nicht auf ein *reines* Verhältnis hin, *gereinigt* von allen störenden Einflüssen konkreter gesellschaftlicher Verhältnisse. Nicht zufällig spielt *Geld* bei Walras keine, bei Marx eine Hauptrolle. Die bürgerliche Theorie beruht auf einer realitätsfremden Voraussetzung. Erstens setzt das Modell vollkommene Märkte bei vollkommener Konkurrenz und relativen Preisen voraus. Alle Teilnehmer sind »Mengenanpasser«, das heißt, die Menge Güter, die sie nachfragen bzw. anbieten, ist zu klein, um preisbeherrschend auftreten zu können. Zweitens erklären Walras-Modelle den Gewinn des Einzelunternehmens und den Kollektivgewinn, eben das »Wachstum« einer Volkswirtschaft, nicht. Walras-Modelle sind immer Nullsummenspiele, was der eine gewinnt, verliert der andere. Bei Marx ist die Analyse der Ware bzw. des Warentausches Auftakt zur Analyse einer ganz bestimmten und menschheitsgeschichtlich sehr jungen Produktionsform, des *Kapitalismus.* Walras lebt im staatsfreien und geldlosen Universum warentauschender Individuen, in einer anarchistischen Utopie, Marx in der realen Welt des Kapitals in Geld- oder sachlicher Form, überwacht von einem von diesem eingesetzten Staat mit Gewaltmonopol.

Schon im Ausgangspunkt der ökonomischen Theorie, dem Warentausch, gehen die Wege der Marx'schen und der bürgerlichen Theorie, dort »Ware«, hier »Knappheit«, auseinander. Wenn man sich hier schon nicht mehr versteht, kann man sich später überhaupt nicht mehr verständigen. Hier liegt die Wurzel der Unmöglichkeit eines Gespräches zwischen bürgerlicher und marxistischer Ökonomie. »Das ist mir zu hoch. Irgendetwas geht mir da offenbar ab«, schrieb Keynes im November 1936 an George Bernard Shaw, der Keynes zu einer sorgfältigeren Auseinandersetzung mit Marx aufgefordert hatte (zit. bei Hession 1984, 442). Mit Marx und Marxismus konnte Keynes nie etwas anfangen.

2.2.3 Beim Geld hört die marginalistische Gemütlichkeit auf

Das erste Kapitel von *Das Kapital* ist, wie Marx in seinem Vorwort eingesteht, ein abstraktes und schwer verständliches Kapitel. Marx will aus dem allerelementarsten Vorgang der Ökonomie die ganze, extrem komplizierte ökonomische Wirklichkeit des Kapitalismus streng wissenschaftlich herleiten. Der Elementarvorgang ist der Tausch. Die ganze Ökonomie besteht aus Tauschvorgängen. Aber anders als bei Walras sind bei Marx die Menschen, die im Tauschprozess ihre gesellschaftlichen Rollen zu spielen haben, wesentlich. Im Abschnitt über den *Fetischcharakter der Ware* (MEW 23, 89ff) ruft Marx beim Warentausch jene gesellschaftliche Dimension auf, die in der klassischen ökonomischen Theorie (Smith, Ricardo) und in der Neoklassik (Walras, Marshall, aber auch Keynes) unter den Tisch fällt. Ein *Fetisch* ist eine Gottesvorstellung. Ein Fetisch hat bestimmte Eigenschaften, weil die Menschen glauben, dass er sie hat, obwohl er sie nicht hat. Die Waren machen glauben, dass sie von Natur aus die Eigenschaft »Wert« haben, obwohl »bisher kein Chemiker Tauschwert in Perle oder Diamant entdeckt« hat (MEW 23, 98). Denn *Wert* und *Knappheit,* die in der neoklassischen bürgerlichen Theorie nach 1870 *Wert* als Zentralvorstellung ersetzte, sind keine natürlichen, sondern soziale Kategorien; sie zeigen die gesellschaftliche Macht, die der Warenbesitzer den Warenbedürftigen gegenüber ausübt. Der *Fetischcharakter* besteht nun darin, dass die Produkte für die Erwerber der Waren eine direkte Nützlichkeit (»Gebrauchswert«) haben, für den Verkäufer nur einen *Wert*. Dieser *Wert* ist im herrschenden Wirtschaftssystem fast ausnahmslos *Geldwert.* Für den Verkäufer sind die an sich nützlichen Dinge *wertlos,* wenn er sie nicht losschlagen kann, wie der Blumenverkäufer auf dem Wochenmarkt, der manche Blumen am Samstag bei Marktschluss einfach verschenkt. Erst im Geld wird der Fetischcharakter der Waren wirklich greifbar:

> Daher die Magie des Geldes. Das bloß atomistische Verhalten der Menschen in ihrem gesellschaftlichen Produktionsprozess und daher die von ihrer Kontrolle und ihrem bewussten individuellen Tun unabhängige, sachliche Gestalt ihrer eignen Produktionsverhältnisse erscheinen zunächst darin, dass ihre Arbeitsprodukte die Warenform annehmen. Das Rätsel des Geldfetischs ist daher nur das sichtbar gewordene, die Augen blendende Rätsel des Warenfetischs. (MEW 23, 107f)

Wenn irgendwo, ist hier Marx' Buch Aufklärung, Kritik. Der religiöse Schein, den ein globaler Wirtschaftsprozess auch heute noch, und heute vielleicht mehr denn je, verbreitet, wird so entzaubert. Das ist eine Grundvoraussetzung dafür, dass die Menschen die Dinge selber in die Hand nehmen können, statt sich von den Dingen, die sie produzieren, beherrschen zu lassen. Vom religiösen Schein der bürgerlichen Gesellschaft und ihrer Hauptideologie, des Liberalismus, haben wir ausführlich gesprochen (s. o. 1.5).

Waren täuschen etwas vor, was sie gar nicht haben, eine Natureigenschaft »Knappheit« oder »Wert«. Tatsächlich sind im Kapitalismus produzierte Waren nur reines Vorstadium zu Geld. Im Kapitalismus besteht die eigentliche Nützlichkeit der Waren darin, dass sie Aussicht auf Geld eröffnen; sonst würden sie gar nicht hergestellt werden. Geld ist maßlos, weil es »allgemeiner Repräsentant stofflichen Reichtums«, also »in jede Ware unmittelbar umsetzbar« ist (MEW 23, 147).[102] Geld täuscht einen gottähnlichen Glanz vor. Indem Geld zum *Kapital* werden muss und so die Ökonomie des Kapitalismus, als Alpha und Omega, als Ausgangs- und Zielpunkt, absolut bestimmt, kann Marx das Geld den »Gott der Waren« (MEW 13, 105) nennen. Der absolute Sinn des ganzen Systems besteht darin, dass aus Geld mehr Geld gemacht wird; Geld ist die absolute, alle Loyalitäten und Abhängigkeiten bündelnde Triebfeder des Handelns. Die Vokabel »Gott« ist zutreffend, denn in »Gott« als absolutem und nicht hinterfragbarem Bezugspunkt konvergieren alle Loyalitäts- und Abhängigkeitsverhältnisse der jeweiligen Gesellschaft, und diese Rolle spielt im Kapitalismus das Geld. Zumal wenn das Geld den Menschen vorgaukelt, dass aus ihm ohne den Umweg über die Produktion mehr werden kann. Geld, das Geld gebärt, prätendiert durch seine jungfräuliche Geburt seine »göttliche« Herkunft. »Geld heckendes Geld«, sagt Marx (MEW 25, 405), wenn es von Geldbesitzern gegen Zins verliehen wird: »Im zinstragenden Kapital ist aber die Vorstellung vom Kapitalfetisch vollendet« (MEW 25, 412) und, so fügen wir hinzu, von Warenfetisch. Der Fetischbegriff, der die reale Welt der Arbeit wegzaubert, ist eine Voraussetzung für die Funktion des Systems – die quasi-religiöse Verschleierung der eigentlichen Vorgänge im System. Wie kann Geld *eigentlich* zum Produktionsprinzip, zum *Kapital,* wie kann der Produktionsmechanismus *eigentlich* zum Geldvermehrungsmechanismus, zur »Plusmacherei« werden? Das ist der eigentliche Kern der Untersuchung. Im Produktionsprozess muss mehr an

Werten geschaffen werden, als vor der Produktion vorhanden war. Der Weg von Geld zu mehr Geld führt über das, was Marx »Mehrwert« nennt. Das Geheimnis muss im Produktionsprozess als *Arbeitsprozess* liegen.

2.2.4 »Das Kunststück ist endlich gelungen, Geld ist in Kapital verwandelt«

Folgen wir den einzelnen Schritten. Marx übernimmt zunächst den Standpunkt von Adam Smith, Arbeit allein sei der Standard, durch den der Tauschwert der Waren ermittelt werden kann. Der Ausdruck führt so zu Missverständnissen. Deswegen präzisiert Marx. Er versteht unter Arbeit »gesellschaftlich notwendige Arbeitszeit« und diese ist:

> die im Durchschnitt notwendige oder gesellschaftlich notwendige Arbeitszeit, … erheischt, um irgendeinen Gebrauchswert mit den vorhandenen gesellschaftlich-normalen Produktionsbedingungen und dem gesellschaftlichen Durchschnittsgrad von Geschick und Intensität der Arbeit darzustellen. (MEW 23, 53)

Das hilft so noch nicht weiter. Am Ende kommt heraus, was am Anfang an Kosten für Produktionsmittel und für Arbeit hineingesteckt wurde. Marx sagt dann:

> Die Bildung von Mehrwert und daher die Verwandlung von Geld in Kapital kann also weder dadurch erklärt werden, dass die Verkäufer die Waren über ihrem Werte verkaufen, noch dadurch, dass die Käufer sie unter ihrem Werte kaufen. (MEW 23, 175)

Natürlich kann der einzelne Fabrikant auf dem Markt seine Waren über Wert verkaufen, wenn er z.B. aus der Not des Käufers, der unbedingt auf die Waren angewiesen ist, bares Geld schlägt. Der erzielte »Preis« unterscheidet sich dann vom tatsächlichen »Wert«; diesen Unterschied kennt die ganze neoklassische Ökonomie nicht. Das Problem des Zusammenhangs des *Wertsystems* mit dem *Preissystem,* der *Wert*bildung in der kapitalistischen Produktion mit der *Preis*bildung auf dem kapitalistischen Markt, ist bis heute ein quälendes Problem für die marxistischen Theoretiker. Dennoch sagt Marx zu Recht: »Die Gesamtheit der Kapitalistenklasse eines Landes kann sich nicht selbst übervorteilen« (a.a.O., 177). Der gesamtgesellschaftliche reale Gewinn – das reale Wachstum einer Volkswirtschaft – ist niemals Ergebnis von Prellerei und Manipulation. Mit dem Markt und seinen Preisen allein kann man das ökonomische Wachstum nicht erklären; letztlich wäre dann – wie an der Börse, so auf jedem Markt – der Gewinn des einen der Verlust des anderen. Also steckt im Begriff »Wert« ein weiteres Geheimnis und ist ein weiterer Schritt erforderlich. Der Wert der Produkte besteht zum einen in den verbrauchten Produktionsmitteln (»vergangene Arbeit«[103]), zum anderen in der verbrauchten Arbeitskraft (»lebendige Arbeit«). Der *Wert* wird auf dem Markt zwar *realisiert (zu Geld gemacht),* aber nicht *produziert.* Die verbrauchten Produktionsmittel, die »vergangene Arbeit«, und die verbrauchte Arbeitskraft, die »lebendige Arbeit«, übertragen ihren Wert auf das Produkt, so die klassische Ansicht aus der Zeit von Smith und Ricardo. Diese Ansicht übernahm Marx. Dazu muss er den Wert der Arbeit oder, besser gesagt, der angewandten Arbeitskraft bestimmen:

> Die letzte Grenze oder Minimalgrenze des Werts der Arbeitskraft wird gebildet durch den Wert einer Warenmasse, ohne deren tägliche Zufuhr der Träger der Arbeitskraft, der Mensch, seinen Lebensprozess nicht erneuern kann, also durch den Wert der physisch unentbehrlichen Lebensmittel. Sinkt der Preis der Arbeitskraft auf dieses Minimum, so sinkt er unter ihren Wert, denn sie kann sich so nur in verkümmerter Form erhalten. Der Wert jeder Ware ist aber bestimmt durch die Arbeitszeit, erfordert, um sie in normaler Güte zu liefern. (MEW 23, 187)

So weit präzisiert Marx die klassischen Einsichten. Jetzt kommt der dritte, entscheidende Schritt. Was schafft also ein Arbeiter *für sich* in einem Arbeitstag? Den Lohn, einen Subsistenz- oder Minimumlohn, der Ersatz für die verbrauchte Arbeitskraft ist. Wenn er nur so viel an Wert schafft, wie er ihn in der Geldform des Lohnes zurückerhält, lohnt sich das ganze Geschäft für den Unternehmer nicht. Der Arbeiter muss daher *mehr* schaffen, er muss *länger* arbeiten, als nötig wäre, um seinen Lohn zurückzuverdienen. Der *Wert,* den er mit seiner Arbeit schafft, ist *mehr* als der Wert, den er in der Form seines Lohnes zurückerhält; das ist der berühmte Marx'sche *Mehrwert.* »Wir haben gesehn«, schreibt Marx: »Der Arbeiter braucht nur einen halben Arbeitstag z. B. zu arbeiten, um einen ganzen zu leben« (Grundrisse, 239). Der gleiche Gedanke zehn Jahre später in *Das Kapital:*

Dass ein halber Arbeitstag nötig, um ihn während 24 Stunden am Leben zu erhalten, hindert den Arbeiter keineswegs, einen ganzen Tag zu arbeiten. Der Wert der Arbeitskraft und ihre Verwertung im Arbeitsprozess sind also zwei verschiedne Größen. Diese Wertdifferenz hatte der Kapitalist im Auge, als er die Arbeitskraft kaufte … Der Umstand, dass die tägliche Erhaltung der Arbeitskraft nur einen halben Tag kostet, obgleich die Arbeitskraft einen ganzen wirken, arbeiten kann, dass daher der Wert, den ihr Gebrauch während eines Tages schafft, doppelt so groß ist als ihr eigner Tageswert, ist ein besonderes Glück für den Käufer [den sogenannten Arbeitgeber d. V.], aber durchaus kein Unrecht gegen den Verkäufer [den sogenannten Arbeitnehmer, der über einen »frei« ausgehandelten Lohnvertrag verfügt und seinen Lohn erhält d. V.]. (MEW 23, 208)

»Das Kunststück ist endlich gelungen. Geld ist in Kapital verwandelt« (a.a.O.). Mit diesem Seufzer beschließt Marx die eigentliche Kernanalyse seiner Theorie. Aus Mehrarbeit entsteht Mehrwert – das ist die Grundstruktur des Kapitals. Aus Mehrwert *kann* – aber muss nicht – Profit entstehen; die ständigen Krisen des Kapitalismus zeigen das. Aber die Voraussetzung für Mehrwert und Profit ist das gesellschaftliche Verhältnis zwischen *Lohnarbeit* und *Kapital*. In der *Fabrik* entscheidet sich, ob aus Arbeit *Mehrwert* entsteht, ob die Arbeitenden gratis länger als nötig arbeiten, um ihren Lohn zurückzuverdienen. Auf dem *Markt* kann aus Mehrwert Profit werden, nur dort. Sind die Machtverhältnisse in der Fabrik und im Büro geklärt, kann und muss sich der private Besitzer bzw. Verwalter der Produktionsmittel hauptsächlich dem Markt zuwenden. Deswegen ist für ihn Wirtschaft in erster Linie *Marktwirtschaft*. Der *Fetischismus* der bürgerlichen Ökonomie wird auch hier sichtbar. Ein Lohnarbeiter ist kein Sklave; man kann ihn nicht zwingen, eine bestimmte Arbeit zu machen. Man muss mit ihm einen »freien« Vertrag aushandeln: »Du machst während einer ausgehandelten Zeitspanne an einem bestimmten Ort unter bestimmten Bedingungen eine bestimmte Arbeit – dafür zahle ich dir für diese Zeitspanne eine gewisse Geldsumme.« Zahlt der *Arbeitgeber* – der Mieter der Arbeitskraft – den ausgehandelten Lohn – Mietpreis für Arbeitskraft –, erfüllt er den Vertrag, behandelt er den Arbeiter »gerecht«. Wenden wir aber den Wertbegriff an, sehen wir, dass die Arbeitenden länger arbeiten als ihr Lohn an Wert repräsentiert, *wert ist*. Der Schein des gerechten und gleichen Tausches im erfüllten Lohnvertrag, der Fetisch des »gerechten Lohnes«, verdeckt den wertmäßig *ungleichen Tausch*. Der Lohnvertrag ist im Kapitalis-

mus der Urfetisch. Der trügerische Schein, dass der Angestellte seinen Lohn durch die Arbeit eines ganzen Tages zurückverdient haben
soll, obwohl er ihn bereits vor dem Ende des Arbeitstages verdient
hat, täuscht über die Wertdifferenz zwischen Lohn und tatsächlich
geleisteter Arbeit hinweg. Die Differenz zwischen dem Arbeitswert
eines Arbeitstages und dem Wert der *notwendigen* Arbeit (so viel wie
nötig ist, um die Arbeitenden am Leben zu erhalten) ist der *Wert*
der *Mehr*arbeit.[104] Dieser *Mehrwert* wird *privat* angeeignet durch den
Eigentümer der Produktionsmittel; auf dem Markt wird der *Mehr-*
wert zum *Profit* oder *Gewinn.* Nach Abzug gesellschaftlicher Kosten
wie Steuer und Abgaben wird der verbleibende Gewinn *privat* verwendet. Geld wird zu mehr Geld, und das Mehr an Geld sucht seinen
wohnlichen Ort in *privaten* Taschen. Die *Eigentümer der Arbeitskraft*
(Arbeiter) erhalten ihren vertraglich abgemachten Lohn, die Eigentümer der Produktionsmittel *(Kapitalisten)* ihren Gewinn, obwohl auch
er durch die Arbeit der Eigentümer der Arbeitskraft ermöglicht wird.
Genau Letzteres wird in diesem System unsichtbar. Marx will nicht
die Unmoral der kapitalistischen Unternehmer anprangern, er will
das Unsichtbare sichtbar machen. Vielleicht suggeriert er, dass die
Arbeitenden Anspruch auf den ganzen Wert der von ihnen hergestellten Produkte haben. Aber hier geht es ihm vor allem darum,
klar zu machen, wie die Strukturen sind, was *eigentlich* geschieht.
Die private Aneignung des Mehrwerts bzw. Gewinns *scheint* einfach
der Lohn der Unternehmer zu sein. Wenn man Managertätigkeit als
Lohnarbeit auffasst, erhalten die Manager auch *Lohn.* Tatsächlich
wird die Mehrarbeit der Gesellschaft, ihr ökonomisches Wachstum,
zum größten Teil von einer kleinen Gruppe in der Gesellschaft – dem
leitenden Management, Aktionären, Banken als Gläubiger der Unternehmen usw. – privat angeeignet und nach ihrem eigenen Gutdünken
verwendet. Keine Nutzentheorie kann diese Grundstruktur des ökonomischen Systems sichtbar machen, geschweige dann erklären.

2.2.5 Gerechtigkeit und Marx

Zwischen privater und gesellschaftlicher Aneignung des Mehrwerts
gibt es einen *antagonistischen* Widerspruch, der durch Umvertei-
lungsmaßnahmen – etwa durch eine stark progressive Besteuerung
der Gewinne und Einkommen – gemildert, aber nicht aufgehoben
werden kann. Da *Gerechtigkeit* fast immer als *Verteilungsgerechtig-*
keit (jusititia distributiva) aufgefasst wird, tendiert sie dazu, den

Antagonismus zu verschleiern. Deswegen ist im Marxismus Gerechtigkeit keine hervorstechende Kategorie. In der Arbeiterbewegung war *soziale Gerechtigkeit* ein Hauptthema, erst recht, solange sie nicht in der Lage war, auf dem Wege der sozialen Revolution die private Aneignung der Früchte der Mehrarbeit durch die gesellschaftliche zu ersetzen. Bei Marx lag das Gewicht woanders. Wir beleuchten kurz einen grundlegenden Text, die »Kritik des Gothaer Programms«, das auf dem Vereinigungsparteitag der beiden deutschen Arbeiterorganisationen 1875 beschlossen wurde. Marx ging es nicht in erster Linie um *gerechte Verteilung:*

> Was ist »gerechte« Verteilung? Behaupten die Bourgeois nicht, dass die heutige Verteilung »gerecht« ist? Und ist sie in der Tat nicht die einzige »gerechte« Verteilung auf Grundlage der heutigen Produktionsweise? Werden die ökonomischen Verhältnisse durch Rechtsbegriffe geregelt, oder entspringen nicht umgekehrt die Rechtsverhältnisse aus den ökonomischen? (MEW 19, 18)

Soziale Gerechtigkeit, jede Sozialethik, bleibt innerhalb der Rechtsformen, die die herrschende Produktionsweise zulässt. Wie kann denn eine »Verteilung gerecht« sein, wenn die Produktionsweise auf dem *ungleichen Tausch* beruht? Marx stellt sich nach dem Sieg der Arbeiterpartei eine genossenschaftlich organisierte Gesellschaft vor. Jeder arbeitende Mensch »erhält von der Gesellschaft einen Schein, dass er soundso viel Arbeit geliefert hat (nach Abzug seiner Arbeit für den gemeinschaftlichen Fonds), und zieht mit diesem Schein aus dem gemeinschaftlichen Vorrat von Konsumtionsmitteln so viel heraus, als gleich viel Arbeit kostet« (a.a.O., 20). Das aber, so Marx, sei noch zu sehr »mit den Muttermalen der alten Gesellschaft behaftet«. Die Menschen seien verschieden, gleicher Lohn für gleiche Arbeit führe in ungleiche Verhältnisse: »der eine ist aber physisch oder geistig dem andern überlegen«, und da er mehr arbeiten könne als ein anderer, könne er sich mehr leisten. Seine bessere physische oder geistige Veranlagung sei somit ein gesellschaftliches Privileg. Und er fährt fort:

> Dies *gleiche* Recht ist ungleiches Recht für ungleiche Arbeit. Es erkennt keine Klassenunterschiede an, weil jeder nur Arbeiter ist wie der andre; aber es erkennt stillschweigend die ungleiche individuelle Begabung und daher Leistungsfähigkeit der Arbeiter als natürliche Privilegien an. *Es ist daher ein Recht der Ungleichheit, seinem Inhalt nach, wie alles Recht.* Das Recht kann seiner Natur nach nur

in Anwendung von gleichem Maßstab bestehn; aber die ungleichen Individuen (und sie wären nicht verschiedne Individuen, wenn sie nicht ungleiche wären) sind nur an gleichem Maßstab messbar, soweit man sie unter einen gleichen Gesichtspunkt bringt, sie nur von einer *bestimmten* Seite fasst, z.B. im gegebenem Fall sie *nur* als Arbeiter betrachtet und weiter nichts in ihnen sieht, von allem anderen absieht. (a.a.O., 21)

Dieser Text veranlasste Amartya Sen dazu, zwischen *diversity* (Verschiedenheit) und *inequality* (Ungleichheit) zu unterscheiden (1997, 118ff). Wir halten diese Unterscheidung für wesentlich; ohne sie wird jeder Kommunismus unmenschlich. Für Marx ist die Ungleichheit nach der sozialen Revolution zunächst unvermeidlich (»mit Muttermal, mit einer bürgerlichen Schranke behaftet«). Dann aber:

In einer höheren Phase der kommunistischen Gesellschaft, nachdem die knechtende Unterordnung der Individuen unter die Teilung der Arbeit, damit auch der Unterschied zwischen geistiger und körperlicher Arbeit verschwunden ist; nachdem die Arbeit nicht nur Mittel zum Leben, sondern selbst das erste Lebensbedürfnis geworden; nachdem mit der allseitigen Entwicklung der Individuen auch ihre Produktivkräfte gewachsen und alle Springquellen des genossenschaftlichen Reichtums voller fließen – erst dann kann der enge bürgerliche Rechtshorizont ganz überschritten werden und die Gesellschaft auf ihre Fahne schreiben: Jeder nach seinen Fähigkeiten, jedem nach seinen Bedürfnissen. (a.a.O.)

Der berühmte Text von 1875 ist keine unverbindliche Utopie, sondern beschreibt den Maßstab, mit dem die vereinigte deutsche Arbeiterpartei Zustände und Strategien beurteilen kann. Die *justitia distributiva* ist von diesem Maßstab her zu beurteilen. Eine soziale Gerechtigkeit, wie das Programm der Arbeiterpartei sie formuliert, ist nicht das Maß aller Dinge, sondern allenfalls ein vorübergehender und nicht befriedigender Anfangszustand. Diese Art von Gerechtigkeit berücksichtigt noch nicht die *Verschiedenheit,* setzt dafür den abstrakten Maßstab einer abstrakten *Gleichheit,* indem die Gesellschaft die reale Verschiedenheit der Menschen nicht zur Kenntnis nimmt, sie nur unter dem abstrakten gleichmachenden Gesichtspunkt »Arbeiter« auffasst, ihnen aber die Privilegien, die sie aus ihrer natürlichen Veranlagung und sozialer Herkunft ziehen, belässt, Ungleichheit zulässt und so die unaufhebbare Verschiedenheit unter den Menschen bestraft. Die »große proletarische Kulturrevolution« Mao Zedongs war eine groteske, uniformierte und unmenschliche Karikatur dessen, was sich Marx unter *Kommunismus* vorstellte. Von dieser »kommunistischen« Gleichmacherei fehlt bei Marx jede Spur. Der notwendige und daher wohl unvermeidliche Übergangszustand bedeutet: Gleiche Mengen an Arbeit werden gleich entlohnt. Die Menschen aber können nicht alle gleiche Mengen abliefern, auch wenn sie wollten. Sie bleiben daher in der Entlohnung ungleich, *weil* sie verschieden sind! Erst wenn die fundamentale Tausch*un*gerechtigkeit *(in-iustitia commutativa)* der bürgerlichen Gesellschaft, nämlich jener *ungleiche Tausch* im Lohnvertrag, beseitigt ist, erst wenn jede Person tut, was sie kann, und erhält, was sie als diese einzelne und einmalige Person für ein menschenwürdiges Leben braucht – und das kann von Person zu Person unterschiedlich sein –, kann eine Verteilungsgerechtigkeit *(iustitia distributiva)* entstehen, die diesen Namen verdient. Nur von der *justitia commutativa* leitet sich die *justitia distributiva* her. Erst wenn die Gleichheit und die Verschiedenheit der Menschheit voll berücksichtigt wird, kann von Gerechtigkeit in ihren zwei Wesensformen die Rede sein. In der bürgerlichen Gesellschaft, wo die Mehrheit der Menschen genötigt wird, mehr zu geben, als sie empfängt, kann von Verteilungsgerechtigkeit nirgendwo die Rede sein, allenfalls von Milderung der Ungerechtigkeit. Die notwendige Bedingung für wirkliche Gerechtigkeit ist die gemeinsame Verfügungsgewalt und Kontrolle aller Gesellschaftsmitglieder über Ressourcen und Produktionsmittel. Im Kapitalismus ist jeder ausgehandelte Lohnvertrag ein Stück Unrecht. Auch eine Unterschrift unter einem Tarifvertrag nach dem Prinzip *gleicher Lohn für gleiche Arbeit* macht aus diesem Unrecht kein Recht; sie ist allenfalls eine vorübergehende Notlösung. Die Struktur unkontrollierter und unkontrollierbarer Macht, ermöglicht durch den *ungleichen Tausch* in den Lohnverträgen, macht sowohl wahres Recht als auch wahre Demokratie unmöglich. Erst wenn Arbeit nicht länger *Job* und das Eigentumsprivileg auf dem Gebiet der Produktionsmittel weitgehend aufgehoben ist, wenn nicht das *Gegeneinander,* sondern das *Miteinander* das Leben der Menschen bestimmt, geht es nicht länger nach: *Gleicher Lohn für gleiche Arbeit,* sondern nach: *Jede/Jeder nach ihren/seinen – je verschiedenen – Fähigkeiten, jeder/jedem nach ihren/seinen – je verschiedenen – Bedürfnissen.*

2.2.6 Kommt der Sozialismus?
Das Problem des Epochenübergangs

Seit den achtziger Jahren des 20. Jahrhunderts läuft das »Rad der Geschichte« auf alles Mögliche hinaus, nur nicht auf Sozialismus. Der Sozialismus schien einmal die logische Fortentwicklung dessen zu sein, was mit der bürgerlichen Revolution angefangen hatte. In den Worten von Marx:

> Auf einer gewissen Stufe ihrer Entwicklung geraten die materiellen Produktivkräfte der Gesellschaft in Widerspruch mit den vorhandenen Produktionsverhältnissen oder, was nur ein juristischer Ausdruck dafür ist, mit den Eigentumsverhältnissen, innerhalb deren sie sich bisher bewegt hatten. Aus Entwicklungsformen der Produktivkräfte schlagen diese Verhältnisse in Fesseln derselben um. Es tritt eine Epoche sozialer Revolution ein. Mit der Veränderung der ökonomischen Grundlage wälzt sich der ganze ungeheure Überbau langsamer oder rascher um. In der Betrachtung solcher Umwälzungen muss man stets unterscheiden zwischen der materiellen, naturwissenschaftlich treu zu konstatierenden Umwälzung in den ökonomischen Produktionsbedingungen und den juristischen, politischen, religiösen, künstlerischen oder philosophischen, kurz, ideologischen Formen, worin sich die Menschen dieses Konflikts bewusst werden und ihn ausfechten ... Eine Gesellschaftsformation geht nie unter, bevor alle Produktivkräfte entwickelt sind, für die sie weit genug ist, und neue höhere Produktionsverhältnisse treten nie an die Stelle, bevor die materiellen Existenzbedingungen derselben im Schoß der alten Gesellschaft selbst ausgebrütet worden sind. (MEW 13, 9)

Dieses Fragment ist der Zentraltext der marxistischen Lehre über Geschichte und Gesellschaft, die später als *historischer Materialismus* bekannt wurde. Sie besagt, dass erstens die *Produktionsverhältnisse* umgewälzt werden, wenn sie nicht länger mit der Entwicklung der *Produktivkräfte* Schritt halten, und zweitens, dass solche Umwälzungen unumkehrbar sind. *Produktionsverhältnisse* sind das, was man Gesamtkultur einer Gesellschaft nennt, Eigentumsverhältnisse und dementsprechende Rechtssysteme, Moral, Religion usw. *Produktivkräfte* sind der technologische Stand einer Gesellschaft. Es gibt hier zwei Problemkreise. Erstens geht es um den *notwendigen* Übergang von einer Produktionsform in die nächste; zweitens um die *Unumkehrbarkeit* der Übergänge. Zu beiden Problemkreisen einige Bemerkungen.

1. Aus der Entwicklung der Produktivkräfte geht zwar die Gesamtkultur hervor, aber sie kann ganz verschiedene Formen annehmen; die antiken Flusskulturen – Niltal und -delta, Mesopotamien, Industal, Täler der Jangtsekiang und Hoangho – weisen deutlich voneinander abweichende Formen und Strukturen auf. Die generelle Vorstellung, die *Basis* (Produktivkräfte) bestimme den *Überbau* (Produktionsverhältnisse), wurde oft als Zentraldogma gehandelt. Louis Althusser hat auf die Probleme hingewiesen, die die Metapher *Basis/Überbau* im Denken verursacht (1976, 138f). Das von der Metapher aufgerufene Bild bestimmt die von ihr bezeichnete Wirklichkeit nur *analog*. Die oberen Stockwerke eines Gebäudes brauchen das Fundament, das ist das *Analogon*. Aber ein Fundament ist auch ohne die Stockwerke denkbar, die ökonomische Basis des gesellschaftlichen Zusammenlebens der Menschen freilich nie ohne den Überbau. Sobald Menschen zusammenarbeiten, organisieren sie die Zusammenarbeit, etablieren mit dem ersten Atemzug ein Produktions*verhältnis*. Dieses aber eröffnet sofort neue Arbeitsmöglichkeiten, generiert neue Bedürfnisse, die durch die Zusammenarbeit befriedigt werden müssen. Aber eine Teleologie, die notwendige Entwicklung von einer Phase zur nächsten, lässt sich nicht feststellen, entstammt allenfalls einem *wishful thinking*. Es gibt sehr wohl so etwas wie einen *point of no return*. Industrielle Produktionsapparate auf der Basis einer entwickelten Technologie erlauben zwar eine Reihe politischer Formen von der parlamentarischen Demokratie bis zu einer Einparteidiktatur, aber man kann nicht per Mehrheitsbeschluss zu einer antiken oder mittelalterlichen Produktionsform zurückkehren. Ein Krieg mag zwar den technischen Apparat zerstören, nicht aber das Wissen, das ihn hervorbrachte. Die im Westen zuerst vollzogene Produktionsform eines kapitalistisch organisierten und expansionistischen Industrialismus setzt zwar den Rest der Welt unter einen schweren und wohl auch unwiderstehlichen Anpassungsdruck, aber sie ist nicht Bestimmung und Ziel der Menschheit. Marx hat teleologische Gesichtspunkte immer kategorisch ausgeschlossen. In einem frühen Text *(Deutsche Ideologie)* heißt es:

> Die Geschichte ist nichts als die Aufeinanderfolge der einzelnen Generationen, von denen Jede die ihr von allen vorhergegangenen übermachten Materialien, Kapitalien, Produktionskräfte exploitiert, daher also einerseits unter ganz veränderten Umständen die überkommene Tätigkeit fortsetzt und andrerseits mit ganz veränderter Tätig-

keit die alten Umstände modifiziert, was sich nun spekulativ so ver-
drehen lässt, dass die spätere Geschichte zum Zweck der früheren
gemacht wird ... (MEW 3,45)

Für Marx war die bürgerliche Revolution im Abendland eine weitere Folge in der Reihe der gesellschaftlichen Umwälzungen von
der Größenordnung einer sozialen Revolution: »In großen Umrissen
können asiatische, antike, feudale und modern bürgerliche Produktionsweisen als *progressive* [!] Epochen der Gesellschaftsformation
bezeichnet werden« (a.a.O.). Die Kunst der Auslegung besteht nun
darin, den Ausdruck *progressiv* im Lichte der Geschichtsauffassung
der *Deutschen Ideologie* auszulegen, es sei denn, wir könnten nachweisen, dass Marx inzwischen (zwischen 1846 und 1857) seine
Ansicht geändert hätte; das aber scheint nicht der Fall zu sein. Epo-
chenübergänge haben weder ein teleologisches noch ein dogmati-
sches Moment. Wir können nur feststellen, dass es »veränderte Tätigkeit« gibt, die »die alten Umstände modifiziert«, aber nicht, dass
wir notwendig und naturgesetzmäßig vom Urkommunismus über
Sklavenhaltergesellschaft, Feudalismus, bürgerliche Gesellschaft zum
Sozialismus/Kommunismus fortschreiten. Wer so lehrt – und so
wurde im 20. Jahrhundert massiv dogmatisch gelehrt –, macht aus der
materialistischen Geschichtsauffassung der *Deutschen Ideologie* eine
Karikatur. Die Vokabel *progressiv* ist, um es höflich zu sagen, sehr
unglücklich und ein gefundenes Fressen für Dogmatiker aller marxistischen Zeiten. Denn der Satz ist u.E. im Schatten der Hegel'schen
Geschichtsphilosophie formuliert. Oben (s. o. 2.1.3) haben wir genau
an diesem Punkt Hegel kritisiert. Wir wissen nichts vom Umschlagen einer asiatischen in die antike und wenig Genaues von der antiken in die feudale Produktionsweise. Ob es überhaupt eine »asiatische Produktionsweise« gab, ist heftig umstritten.[105] Der Übergang
der antiken Gesellschaftsformation in den Feudalismus ist im Osten
(Byzanz) nahtlos gewesen. In Byzanz gab es eine andere Organisation der Unfreiheit; statt Sklaven gab es eine an den Grundbesitz
der Herrn gebundene Bauernexistenz *(Kolonat)*. Diese Formation
existierte auch im Osmanischen Reich fort und dauerte in manchen
Gegenden bis tief ins 20. Jahrhundert. Das Hin und Her in der
vormodernen Geschichte Asiens zwischen zentralisierter staatlicher
Tributabschöpfung, eindeutiger Sklavenwirtschaft und Abhängigkeit
von lokalen Grundherren zeigt, dass es hier keinen *Fortschritt* gibt,
nicht einmal ein *Nacheinander,* eher ein *Neben-* und sogar *Durch-*

einander. Es empfiehlt sich, die Reihe »asiatisch – antik – feudal – bürgerlich« zu verabschieden und allgemein von »vorkapitalistischen Produktionsformen« zu reden und dabei jede historische Form gesondert zu untersuchen. *Marxistisch* wäre die Untersuchung dann nicht durch Klassifizierungsversuche, sondern durch die Analyse jeweils konkreter Formen der Klassengegensätze

Die schillernden Übergänge und Rückgänge der verschiedenen vorkapitalistischen Formen ineinander unterscheiden sich grundsätzlich vom Übergang vorkapitalistischer Gesellschaften in die modern-bürgerliche, kapitalistisch produzierende Gesellschaft. Erst der Übergang solch vorkapitalistischer Wirtschaft zum industriellen Kapitalismus setzte jene *points of no return,* die diesen Übergang unumkehrbar machte. Wahrscheinlich ist dieser Übergang in seiner Tragweite und unwiderstehlichen Wirkung mit jenem Übergang zu vergleichen, der sich nach der letzten Eiszeit ereignet haben muss, mit dem Übergang von der *nahrungsmittelsuchenden* zur *nahrungs-mittelproduzierenden* Produktionsweise, von der sammelnden und jagenden Gruppe zu größeren organisierten Gemeinwesen, die nach dem Übergang zur agrarischen Produktion entstanden sind. Es ist daher schwierig, aus einem einmaligen und ganz bestimmten Vorgang, dem Umschlagen des abendländischen Feudalismus in die Herrschaft der abendländischen Bourgeoisie, ein allgemeines Gesetz herzuleiten. Marx' Satz über die fortschreitenden Epochen ist richtig, solange er nicht als *universalgeschichtliche* Theorie behandelt wird. Die historische Bedingtheit der Bourgeoisie und damit ihre Vergänglichkeit kann hinreichend begründet werden, ohne teleologische Schemata zu bemühen. Sonst gäbe es jenen Evolutionismus, der die sozialistische Gesellschaft notwendig aus der kapitalistischen hervorgehen lässt. Mit einem Bild aus der Naturwissenschaft: Marx' theoretischer Ansatz ist eine *spezielle* Relativitätstheorie (sie relativiert das universelle und allgemeine Selbstbewusstsein der Bourgeoisie). Aber sie ist keine *allgemeine* Theorie einer universalen Entwicklung.

2. Das zweite Problem, das der Unumkehrbarkeit des Übergangs, hatte weitreichende Konsequenzen. Wir haben von *points of no return* gesprochen. An solchen Punkten sind Machtkonstellationen entstanden, die es nicht-bürgerlichen Gesellschaften nicht erlaubte, die bürgerliche Produktionsform des Kapitalismus zu negieren. Es gibt kein besseres Beispiel als die herrschenden Feudalkasten Japans. Sie begriffen, dass sie dem Druck des Westens auf Dauer nichts ent-

gegenzusetzen hatten als eine Anpassung, die unter eigener Kontrolle
stattfand, die sogenannte *Meiji-Restauration* von 1867. Wahrscheinlich wurde das Bewusstsein führender Kader der KPdSU nach 1917
durch abstrakte Vorstellungen von Unumkehrbarkeit bestimmt. Die
Vorstellung, dass der Kapitalismus unweigerlich und unumkehrbar in
den Sozialismus umschlägt, war ein Wesenselement der politischen
Vorstellungen der Arbeiterbewegung des 19. und frühen 20. Jahrhunderts. *Evolutionistische* Tendenzen waren vorherrschend. Tatsächlich erblickte Marx im Kapitalismus Tendenzen zur Aufhebung des
begrenzten Privateigentums an Produktionsmitteln und zu ständigen
Krisen, aber nicht zum automatischen Übergang in den Sozialismus.
Er sieht zwar im kapitalistischen Kreditwesen eine Voraussetzung
zur Bildung von »Gesellschaftskapital … in Gegensatz zum Privat-
kapital und seine Unternehmungen treten auf als Gesellschaftsunter-
nehmungen im Gegensatz zu Privatunternehmungen. Aber es ist die
Aufhebung des Privatkapitals innerhalb der Grenzen der kapitalistischen Produktionsweise selbst« (MEW 25, 452). Die Schranken des
Systems wurden so nicht überwunden.

Die ganze Argumentation im 27. Kapitel des dritten Bandes von
Das Kapital läuft darauf hinaus, dass das klassische Privateigentum
durch die Konzentration des Kapitals, die die Form des Kreditwesens
annimmt, nur noch als »alte Form« (a.a.O., 456) erscheint. Die Aktie
als neue Eigentumsform »bleibt selber noch befangen in den kapitalistischen Schranken; statt daher den Gegensatz zwischen dem Charakter des Reichtums als gesellschaftlicher und als Privatreichtum
zu überwinden, bildet sie ihn nur in neuer Gestalt aus« (a.a.O.).
Die Kooperativfabriken der Arbeiter sind nach Marx allenfalls ein
»erstes Durchbrechen«, freilich »in der Form, dass die Arbeiter als
Assoziation ihr eigner Kapitalist sind« (a.a.O.). Marx' Schlussfolgerung lautete:

> Die dem Kreditwesen immanenten doppelseitigen Charaktere: einer-
> seits die Triebfeder der kapitalistischen Produktion, Bereicherung
> durch Ausbeutung fremder Arbeit, zum reinsten und kolossalsten
> Spiel- und Schwindelsystem zu entwickeln und die Zahl der den
> gesellschaftlichen Reichtum ausbeutenden wenigen immer mehr zu
> beschränken; andererseits aber die Übergangsform zu einer neuen
> Produktionsweise zu bilden – diese Doppelseitigkeit ist es, die den
> Hauptverkündern des Kredits von Law bis Isaac Péreire[106] ihren ange-
> nehmen Mischcharakter von Schwindler und Prophet gibt. (a.a.O.,
> 457)

Von sich aus kann der Kapitalismus nur korporative Wirtschaft – Wirtschaft der *corporations,* Aktiengesellschaften – hervorbringen; er schlägt nicht in eine höhere Form des gesellschaftlichen Zusammenlebens um. Marx' Hoffnung – das »erkenntnisleitende Interesse« hinter seiner Analyse – bestand darin, dass es »die historische Aufgabe der kapitalistischen Produktionsweise« ist, die »materiellen Grundlagen der neuen Produktionsform bis auf einen gewissen Höhegrad herzustellen«, gleichzeitig aber auch, dass »der Kredit die *gewaltsamen* [Hervorhebung durch uns] Ausbrüche dieses Widerspruchs, die Krisen, und damit die Elemente der Auflösung der alten Produktionsweise« beschleunigen würde (a.a.O.). Das Element der (sozialen) *Gewalt* in der krisenhaften Entwicklung ist aber eine metaökonomische Kategorie. Ein Übergang in die »höhere Produktionsform« findet nur statt, wenn die Menschen sie herbeikämpfen, weil und sofern sie für sie eine Alternative darstellt. Dieses metaökonomische Moment ist wesentlich für den Marxismus; es ist das Moment des Klassenkampfes. Der Klassenkampf hat hier die materialistische Gestalt dessen, was in der Hegel'schen Dialektik das Moment der Negation war.

Der Sozialismus kommt nicht. Allenfalls wird er erkämpft.

2.2.7 Die Ausgeschlossenen – ein schwarzes Loch in der marxistischen Theorie

»Die Entwicklung der Produktivkräfte ist die historische Aufgabe und Berechtigung des Kapitals. Eben damit schafft es unbewusst die materiellen Bedingungen einer höhern Produktionsform« (MEW 25, 269). Dass der Kapitalismus »nur eine historische, einer gewissen beschränkten Entwicklungsepoche der materiellen Produktionsbedingungen entsprechende Produktionsweise ist«, zeigt sich Marx zufolge »innerhalb der Grenzen des kapitalistischen Verstandes« (a.a.O., 270). Denn der Kapitalismus stoße, so Marx, deshalb an seine Schranken, weil er die arbeitenden Menschen überflüssig mache:

> Eine Entwicklung der Produktivkräfte, welche die absolute Anzahl der Arbeiter verminderte, d.h. in der Tat die ganze Nation befähigte, in einem geringeren Zeitteil ihre Gesamtproduktion zu vollziehn, würde Revolution herbeiführen, weil sie die Mehrzahl der Bevölkerung außer Kurs setzte. (a.a.O., 274)

Eine Revolution war damals und ist heute nicht in Sicht. Nur in der Zeit nach dem Ende des Ersten Weltkriegs, als in einer Reihe von Ländern die politischen und militärischen Machtstrukturen geschwächt waren, hatte die sozialistische Revolution Aussicht auf Erfolg. Durchsetzen konnte sie sich nur in Russland. Die Arbeiterklasse in West- und Mitteleuropa, die sich in der Arbeiterbewegung und konkret in Gewerkschaften, Parteien und zahllosen anderen besonderen Vereinen organisierte, war vorwiegend die Klasse der Arbeitenden in der Industrie und in industrienahen Gewerben und Dienstleistungen (in Baugewerbe, öffentlichem Verkehr, Häfen). Viel schwieriger war es, einer Angestellten im Reisebüro, einem Buchhalter in einer Bank, einem Pförtner in einem Zeitungsgebäude die Wirklichkeit der Ausbeutung näher zu bringen. Über das »Klassenbewusstsein« wurden Bibliotheken voll geschrieben, die »Klassenanalyse« war Gegenstand zahlreicher Forschungsprojekte, von einer Arbeiterpartei fühlten die Lohnabhängigen sich seit den siebziger Jahren des 20. Jahrhunderts immer weniger vertreten – erst recht nach dem Zuwachs anderer Gruppen von Lohnabhängigen, der die Schicht der Industriearbeiter zu einer noch kleineren Minderheit machte. Schon aus diesem Grund verdient das, was mit dem Wort »Klassenkampf« angedeutet wurde, eine nähere Betrachtung. Seit den achtziger Jahren zeigt sich auch im Norden ein neues Problem. Wir haben eine Situation, in der bestimmte Teile der Bevölkerung definitiv außer Kurs gesetzt wurden und für kapitalistische Ausbeutung weitgehend nutzlos geworden sind.[107] Es bildet sich eine stetig wachsende »deprimierte und demotivierte Schicht« (Rawls), die weder Subjekt noch Objekt von Politik, allenfalls Hauptobjekt der Justiz sind. »Ausbeutung« erscheint unter solchen Bedingungen ein »Privileg«. So bürgert sich die Sprachregelung ein, nach der es eine »privilegierte Schicht von Arbeitsplatzbesitzenden« zu geben scheint, die sich hauptsächlich durch »Besitzstandswahrung« auszeichnen und sich auf Kosten der Arbeitslosen von reformfeindlichen Standesorganisationen vertreten lassen. Diese Sprachregelung dient dazu, vom eigentlichen Problem abzulenken, nämlich dass es auch bei substantiellen Konzessionen jener »Arbeitsplatzbesitzenden« nicht genügend Lohnarbeit[108] mehr geben kann, von der sich alle Arbeitenden ernähren könnten. Das ist kein moralisches, sondern ein strukturelles Defizit des Kapitalismus. Es gibt sicher eine schamlose Ausnutzung der problematischen Lage der Lohnabhängigen, aber der Kapitalismus kann nicht alle Menschen in Lohn und

Brot setzen, ohne sich selbst aufheben zu müssen, auch wenn er wollte und sie für einen Hungerlohn arbeiten würden.

Ein nicht unerheblicher Teil der im Norden »freigesetzten« Menschen sind im Kapitalismus nicht einmal als *Reservearmee* brauchbar, also für das Kapital *nutzlos*. Sie sind nur noch ein Problem. Erst recht gilt das für viele Länder des Südens, wo die Menschen durch die Vernichtung ländlicher Strukturen in die Städte getrieben und nicht einmal der schamlosesten Ausbeutung für würdig befunden wurden. Der Kapitalismus verweigert weltweit einer schnell steigenden Zahl von Menschen einen gesellschaftlichen Ort. Der ausgebeutete Lohnarbeiter hatte sogar in katastrophalsten Ausbeutungszuständen einen gesellschaftlichen Ort. Er funktionierte für das Kapital und im Kapitalismus; deswegen hatte er auch Möglichkeiten, sich zu wehren. Daran dachte Joan Robinson, als sie sagte: »Ausbeutung ist schlecht; Nicht-Ausbeutung ist schlechter.« Der Nutzlose kann sich nicht wehren, er schadet dem Kapital allein schon durch seine schiere Existenz, er »kostet«. So erscheint neben einer Lohnarbeiterklasse, die wesentlich mehr als das Industrieproletariat umfasst, eine weitere, mit dieser Arbeiterklasse noch kaum verbundene Schicht: neben den Ausgebeuteten die *Ausgeschlossenen*. Marx und in seiner Nachfolge die Marxisten redeten von *Subproletariat,* nicht selten verächtlichen von *Lumpenproletariat.* Diese Unterschicht ist eine Negation, aber eine schlechte, nicht weiterführende, *undialektische* Negation. Dieses Subproletariat war in marxistischer Sicht eine vorübergehende Erscheinung und so für die Theorie kein wirkliches Problem. In unseren Tagen scheint das Problem der »Nichtausbeutung«, der »Ausgeschlossenen« zum Hauptproblem zu werden. In den Megalopolen des Südens leben Hunderttausende von Lumpen und Müll, im Müll, auf Müllbergen. Das ist der Ort, den der Kapitalismus solchen Menschen zuweist. Müllmenschen, Straßenkinder, Soldateska der kriminellen Banden, Billigsthuren bilden die unterste Schicht im informellen Sektor. Straßenhandel und andere »informelle« Arbeit verdammen die Menschen zu einem trostlosen Leben ohne Würde. An diese hat der Marxismus nicht gedacht, weil das Kapital damals in der Lage war, zumindest zeitweise und im Norden fast die ganze Bevölkerung in Lohn und Brot zu setzen. Modernisierungsprozesse finden im Süden heute auf dem Niveau einer Arbeitsproduktivität statt, die sehr viel höher ist als während des 19. Jahrhunderts in Europa und Nordamerika; sie können relativ weniger Arbeitskraft absorbieren. Die Folge ist, dass der informelle Sektor vielerorts schneller wächst als die Beschäftigung im formellen Sektor. Den zivilisatorischen Anspruch, den der Kapitalismus Ende des 19. Jahrhunderts noch propagandistisch erhob, weist er heute ebenso propagandistisch zurück, indem es das Wort *Eigenverantwortung* bemüht. Was ihm hier sonst noch einfällt, ist lediglich die Disziplinierung, ja Drangsalierung der Marginalisierten und Ausgeschlossenen. Erst wenn sich die Ausgebeuteten *und* die Ausgeschlossenen beide als Resultat und Opfer eines einzigen Ausbeutungssystems begreifen, kann sich die Frage nach dem Sozialismus wirklich und praktisch neu stellen.

2.2.8 »Grassierende Göttinnen«

Michael Heinrich schrieb:

> *Wissenschaftlich* will Marx zeigen, dass diese Verletzung der Lebens-
> interessen [der Arbeiter] untrennbar mit dem kapitalistischen System
> verbunden ist. Und insofern bei der Arbeiterklasse die Einsicht in
> diesen Charakter des kapitalistischen Systems wächst, wird sie auch,
> nicht im Namen einer universellen Gerechtigkeit, sondern des eige-
> nen Interesses zur politischen Aktion führen – so jedenfalls die opti-
> mistische Hoffnung von Marx. (Heinrich 2003, 384)

Gegen diese Auffassung ist wenig einzuwenden. Marxismus ist keine Moralphilosophie, sondern Aufklärung, Aufklärung vor allem jener Menschen, deren Lebensinteressen durch das herrschende System verletzt werden. Aufklärung, Einsicht und durch die Einsicht orientierte politische Aktion. Das Ziel der Aktion muss dann ein System sein, das die Lebensinteressen der Arbeiter nicht nur berück-sichtigt – das macht jeder Kapitalismus, der am reibungsarmen Funktionieren seines Systems interessiert ist –, sondern zum Dreh- und Angelpunkt der »neuen Produktionsform« macht. War das neue System das, was gewöhnlich »Sozialismus« (Marx und Engels ver-mieden das Wort und redeten, wenn überhaupt, von »Kommunis-mus«) genannt wird?

> Der Sozialismus war für Marx und Engels kein Ideal, das der bürger-
> lichen Gesellschaft als Alternative gegenübergestellt werden sollte.
> Eine solche Auffassung bezeichneten sie als »utopischen Sozialis-
> mus«. Ihr Anspruch war vielmehr, aus den Entwicklungstendenzen
> der kapitalistischen Gesellschaft den Sozialismus *wissenschaftlich* zu
> begründen. Die Analyse des Kapitalismus sollte zeigen, dass dessen

Widersprüche nur durch eine andere Produktionsweise, die sozialistische, aufgelöst werden können. Die Skizzierung dieser neuen Produktionsweise blieb allerdings äußerst vage. (a.a.O., 385)

Es gibt einige sehr globale Hinweise, die Engels, in Absprache mit Marx, 1878 aufgeschrieben hat. Das geschah in einer Serie von Artikeln in der Zeitung *Vorwärts* der sozialdemokratischen Arbeiterpartei.[109] Diese Texte fungierten in den Organisationen der Arbeiterbewegung als kleines Handbuch für sozialistische Theorie und Praxis:

Indem die kapitalistische Produktionsweise mehr und mehr die große Mehrzahl der Bevölkerung in Proletarier verwandelt, schafft sie die Macht, die diese Umwälzung, bei Strafe des Untergangs, zu vollziehn genötigt ist. Indem sie mehr und mehr auf Verwandlung der großen, vergesellschafteten Produktionsmittel in Staatseigentum drängt, zeigt sie selbst den Weg an zur Vollziehung dieser Umwälzung. *Das Proletariat ergreift die Staatsgewalt und verwandelt die Produktionsmittel zunächst in Staatseigentum.* Aber damit hebt es sich selbst als Proletariat, damit hebt es alle Klassenunterschiede und Klassengegensätze auf, und damit auch den Staat als Staat ... An die Stelle der Regierung über Personen tritt die Verwaltung von Sachen und die Leitung von Produktionsprozessen. Der Staat wird nicht »abgeschafft«, *er stirbt ab.* (MEW 20, 261f)

Die notwendige Voraussetzung ist »die volle Entfaltung der modernen Produktionskräfte«, die notwendige Folge »die Abschaffung der gesellschaftlichen Klassen«. Diese »volle Entfaltung« macht den Kapitalismus zu einem »Anachronismus«; Engels fährt fort:

Dieser Punkt ist erreicht. Ist der politische und intellektuelle Bankrott der Bourgeoisie ihr selbst kaum noch ein Geheimnis, so wiederholt sich ihr ökonomischer Bankrott regelmäßig alle zehn Jahre. (a.a.O., 263)

Der Punkt war aber nicht erreicht, der Kapitalismus hat die Gesellschaft nicht polarisiert und durchproletarisiert, dagegen ein vielschichtiges, hoch komplexes Gesellschaftsgebilde geschaffen, in dem sich nur eine Minderheit als Proletarier empfand. Die Sozialisten bzw. Kommunisten haben zwar in einem Teil der Welt die Staatsgewalt ergriffen, stellvertretend freilich für ein Proletariat, das erst noch geschaffen werden sollte, aber die Klassenunterschiede allenfalls unterdrückt und nicht abgeschafft. Der Staat starb nicht ab,

sondern wurde allgegenwärtig, trotz der Tatsache, dass auch Lenin
die Theorie des absterbenden Staates vertrat. Man kann hierauf ant-
worten, der Punkt sei deswegen nicht erreicht, weil sich die modernen Produktivkräfte nur in einem kleinen Teil der Welt voll entfaltet
haben. Die sogenannte Globalisierung sei dabei, dies weltweit nach-
zuholen. Aber Globalisierung war bereits Marx geläufig:

> Wie sich das Geld zum Weltgeld, so entwickelt sich der Warenbesit-
> zer zum Kosmopoliten ... mit der Entwicklung des Weltgeldes im
> Gegensatz zur Landesmünze entwickelt sich der Kosmopolitismus
> des Warenbesitzers als Glaube der praktischen Vernunft im Gegen-
> satz zu angestammten religiösen, nationalen und anderen Vorurteilen,
> die den Stoffwechsel der Menschen hemmen ... Die erhabene Idee,
> worin ihm [dem Geld] die ganze Welt aufgeht, ist die eines Marktes –
> des *Weltmarkts*. (MEW 13, 128)

Die Idee des *global village* ist sogar älter. Das zeigt der italienische
Ökonom Montanari, den Marx hier zitiert und demzufolge bereits
im Jahr 1683 »die ganze Welt ... eine einzige Stadt geworden [ist],
in der ständiger Jahrmarkt herrscht.« Tatsächlich stirbt gewisser-
maßen der Staat ab, zumindest der Nationalstaat. *Global governance*
ist kein erstrebenswertes Ideal. Erstens wissen wir nicht, wer in wessen Namen global regieren soll. Zweitens scheinen die absterbenden
Nationalstaaten ihre fröhliche Auferstehung in einem supranatio-
nalen Superstaat zu feiern; »Brüssel« ist Warnung genug. Drittens
erleben wir seit 1989 eine wunderbare Vermehrung von Klein- und
Kleinststaaten, die zwar ökonomisch nicht lebensfähig sind, aber die
Staatsillusion überall am Leben halten. Engels' Punkt des Zusam-
menbruchs des Systems und seiner Staaten ist mitnichten erreicht.

In einem Brief an Engels vom 1.8.1878 beschwert sich Marx darüber, dass sich in der Arbeiterbewegung eine »moderne Mythologie
zur Bezeichnung der wieder grassierenden Göttinnen der ›Gerechtigkeit, Freiheit, Gleichheit etc.‹« (MEW 34, 66) breit macht und sie
vom »Klassenkampf« ablenkt. In der bereits zitierten Schrift gegen
Dühring zeigt Engels seine mehr als skeptische Haltung gegenüber
den Phrasen der Französischen Revolution: »Kurzum, verglichen mit
den prunkhaften Verheißungen der Aufklärer, erwiesen sich die durch
den ›Sieg der Vernunft‹ hergestellten gesellschaftlichen und politischen Einrichtungen als bitter enttäuschende Zerrbilder« (MEW 20,
240). Weder »grassierende Göttinnen« noch der »Sieg der Vernunft«,
sondern die »notwendige Entwicklung«, durch die die Produktiv-

kräfte in einen unversöhnlichen Widerspruch zu den herrschenden Produktionsverhältnissen geraten, bewirke die radikale Änderung der Gesellschaft. Freilich schrieb Engels anderthalb Jahre nach Marx' Tod auch:

> Nach den Gesetzen der bürgerlichen Ökonomie gehört der größte Teil des Produkts nicht den Arbeitern, die es erzeugt haben. Sagen wir nun: das ist ungerecht, das soll nicht sein, so geht das die Ökonomie zunächst nichts an. Wir sagen bloß, dass diese ökonomische Tatsache unserm sittlichen Gefühl widerspricht. Marx hat daher nie seine Forderungen hierauf begründet, sondern auf den notwendigen, sich vor unseren Augen täglich mehr und mehr vollziehenden Zusammenbruch der kapitalistischen Produktionsweise; er sagt nur, dass der Mehrwert aus unbezahlter Arbeit besteht, was eine einfache Tatsache ist … Erklärt das sittliche Bewusstsein der Masse eine ökonomische Tatsache, wie seinerzeit die Sklaverei oder Fronarbeit, für unrecht, so ist das ein Beweis, dass die Tatsache sich selbst überlebt hat …
> (MEW 21, 178)

Selbst wenn die Mehrheit der Gesellschaftsmitglieder zu dem Schluss käme, das herrschende System sei ungerecht, bedeutet das keineswegs, dass per Mehrheitsbeschluss der Sozialismus eingeführt werden könnte. Die objektiven Bedingungen müssen erfüllt sein. Umgekehrt aber kann der Sozialismus nie als bloßes Ergebnis objektiver Bedingungen realisiert werden. »Das sittliche Bewusstsein der Masse« müsste vorhanden sein, damit aus objektiver Notwendigkeit gesellschaftliche Wirklichkeit wird. Die Menschen müssten einen objektiv möglichen – das ist die objektive Voraussetzung – Sozialismus schon *wollen* – das ist die subjektive Voraussetzung. Wir haben erlebt, was aus Sozialismus wird, wenn er verordnet und nicht gewollt wird. Hier könnten Marx' »grassierende Göttinnen« ihre Rolle spielen, nämlich dann, wenn Gerechtigkeit, Gleichheit und Freiheit nicht länger moralische Tugenden sind, sondern zu notwendigen und politischen Formen einer neuen Gesellschaftsordnung werden. Sie dürfen nicht führen, aber sie können mobilisieren und beflügeln. Die Fahnen, die Lieder, die mitreißenden Reden auf den großen Kundgebungen, jene historischen Liturgien der Arbeiterbewegung, waren Utensilien und Werk der *grassierenden Göttinnen;* ohne sie wäre die *Arbeiter*bewegung keine Arbeiter*bewegung* gewesen. Im nächsten kurzen Kapitel geht es um sie.

2.3 Eine Große Erzählung

2.3.1 Martin Andersen Nexö

Hinter den Arbeitern erklingt von neuem Schellengeläut, das rasch näher kommt, und der große Schlittenhund des Steinbruchbesitzers jagt bellend vorüber. Einer nach dem anderen nehmen sie stumpfsinnig und langsam die Mütze ab, noch ehe der Schlitten sie erreicht hat – sie erkennen den Herrn am Hund.

Martin Andersen Nexö

Martin Andersen Nexö (1869–1954) schrieb 1898 in seinen *Bornholmer Novellen* über das Leben schwedischer Lohnsklaven in Granitsteingruben auf der dänischen Insel Bornholm. Granitsteine waren begehrtes Rohmaterial für den Straßenbau. Südschweden war eine der hoffnungslosen Armutsinseln des damaligen Europa. Viele versuchten, im reicheren Dänemark Lohn und Brot zu finden. Bornholm fungierte als Sprungbrett nach Kopenhagen. In diesen Erzählungen schlägt uns der Gestank von aussichtsloser Armut, Alkoholismus und Abstumpfung entgegen. Auf Bornholm waren die Handwerksmeister, die großen Bauern und die Steingrubenbesitzer Herr über das Leben der Knechte, Mägde, Arbeiter. Die Granitarbeiter lebten von Hering und Schwarzbrot. Nicht die Teekanne, sondern ein Viertelliter Schnaps begleitete die Männer bei ihrem zwölfstündigen Arbeitstag. Martin Andersen Nexö ist diesen Weg in umgekehrter Richtung gegangen. Er wurde 1869 in einem Slum der Großstadt Kopenhagen geboren. Seine Familie versuchte dann auf Bornholm Arbeit zu finden. Er war Hütejunge bei einem reichen Bauern, ging dann zu einem Schuhmachermeister in die Lehre. Hier kam er in Kontakt mit der Arbeiterbewegung. Er wurde Gelegenheitsarbeiter; abends eignete er sich das für seine spätere Tätigkeit als Volkslehrer nötige Wissen an. Er begann, Erzählungen über seine Umwelt zu schreiben, über Armut, über Auswege. Seine Romane *Pelle der Eroberer* (1906) und *Ditte Menschenkind* (1917) wurden zu klassischen Erzählungen der dänischen, ja der europäischen Arbeiterbewegung. Überall in der europäischen und nordamerikanischen Gesellschaft Ende des 19. und Anfang des 20. Jahrhunderts sind solche Werke entstanden. Selten erreichten sie eine solche Qualität wie bei Andersen Nexö, Maxim Gorki und Upton Sinclair, Quellen für Bertolt Brecht. In dieser Literatur vom Anfang des 20. Jahrhunderts finden wir Zugang zu einer Welt, die unwiderruflich vorbei ist. Nicht vorbei ist die Armut. Nicht vorbei ist die Abstumpfung. Nicht vorbei ist der Alkoholismus.

2.3.2 Sehnsucht nach dem besseren Leben

Arbeiterbewegung war Sehnsucht nach einem besseren Leben für *Jan Boezeroen* (Hans Blaukittel), wie man den Arbeiter in bürgerlichen Kreisen der Niederlande bis zur Mitte des 20. Jahrhunderts oft verächtlich nannte. Diese Verachtung verstärkte in den Arbeitenden das Gefühl, ein Stück Dreck zu sein, es verstärkte die Apathie und diese wiederum die Verachtung der »besseren Stände«, wie sie sich selbst nannten – ein Teufelskreis. Die Arbeiterbewegung war ein Kampf um bessere Arbeitsbedingungen, aber auch um Befreiung aus Apathie und Minderwertigkeitsgefühl. Arbeiterbewegung war Kampf um Anerkennung. Die Anerkennung sollte Hand und Fuß haben, sie sollte in einem besseren Einkommen, in einer besseren Wohnung, in kürzerer Arbeitszeit, in einem sorgenfreieren Dasein nach dem Arbeitsleben, in besseren Bedingungen für die Kinder Gestalt annehmen; die Seele der Würde braucht den Körper des Wohlbefindens. Um jedes bisschen »besser« musste gekämpft werden. In den Niederlanden gingen die meisten Mädchen aus dem Arbeitermilieu Anfang des 20. Jahrhunderts nicht in die Fabrik, sondern »dienten« als Dienstmädchen, Näherinnen, Waschfrauen, Putzfrauen. Und der Junge kam zu einem Meister *(Baas),* damals noch kaum zur großen Fabrik. Rechte hatte er keine, dafür Pflichten, und wenn er Glück hatte, wurde er väterlich, aber streng behandelt. Außer Armut bestimmten Alkoholismus und Tuberkulose, die großen Volksseuchen, das Leben dieser Leute. Das Bewusstsein, überall und immer verachtet zu sein, das Bewusstsein der *Subalternität,* hemmte jeden Veränderungswillen. Was der junge Marx einst *erniedrigtes Wesen* nannte, wurde hier sichtbar und spürbar. Alkohol und Kriminalität waren für viele Männer ein vermeintlicher Ausweg. Die Frauen hielten eher schlecht als recht die Familie zusammen, leidend unter Gewalt, Armut, dem Fluch jährlich wiederkehrender Schwangerschaften und am Ende dem frühen Tod.[110] Es gab in der Altersgruppe 20–40 deutlich mehr Witwer als Witwen. Die Situation änderte sich langsam im Jahrzehnt vor dem Ersten Weltkrieg. Der Krieg und das anschließende Chaos in vielen Ländern, vor allem in Deutschland, trieb die Leute wieder tiefer in die Armut. Sie hatten eine Verschnaufpause, 1924–1929, dann kamen die Krise der dreißiger Jahre, der zweite Weltkrieg, danach neue Armut in verwüsteten Ländern. Vor allem die Krise der dreißiger Jahre machte den Menschen klar, wie rechtlos sie eigentlich waren. Aufgrund solch bitterer Erfahrungen wollten viele Arbeitereltern noch mehr als früher, dass ihre Kinder »etwas Besseres« werden. »Besser« heißt hier ein Leben ohne ständige Sorgen um den Arbeitsplatz und das Minimumeinkommen. Was »besser« heißt, hatten viele Arbeiterfrauen aus ihrer Dienstmädchenzeit in Erinnerung. Deswegen wurden Arbeiterkinder nicht *proletarisch,* sondern eher kleinbürgerlich erzogen, und die treibende Kraft war vor allem die Frau. Die Kinder sollten sich in der Schule anstrengen. Schon damals wussten die Leute: bessere Schulbildung, bessere Arbeit, besseres Leben. Meistens konnte nur eins der Kinder eine weiterführende Schule besuchen, wenn überhaupt. Die anderen mussten mitverdienen. Das Haushaltseinkommen war damals fast ausschließlich Sache der Männer. Der bescheidene kleinbürgerliche Wohlstand, der sich in guten Zeiten ansammelte, war wie ein Schatz in zerbrechlichen Gefäßen. Die nächste Krise zerschlug das Gefäß, und das bisschen Wohlstand zerfloss. Die Kinder bekamen hautnah mit, wie die Verhältnisse wirklich waren. Auch als die guten Zeiten nach dem Zweiten Weltkrieg ungewöhnlich lang andauerten, trug der Wohlstand den Arbeitenden keinen neuen Respekt ein. Die bürgerliche Verachtung blieb: Erst wurde ihnen abstumpfende Armut vorgehalten, dann wurde ihnen zum Vorwurf gemacht, sei seien dem *Konsumterror* erlegen.

Die Verachtung für Arbeiter ist keine Geschichte, die der Vergangenheit angehört. Sie ist vielmehr so tief im kollektiven Bewusstsein der Menschen verankert, dass sie nicht durch die vorübergehenden Erfolge der Arbeiterbewegung überwunden werden konnte. Der amerikanische Ökonom Thorstein Veblen hat um 1900 versucht, die Wurzel dieser Verachtung aufzuspüren. Sie ist, wie wir heute sagen, ein *interkulturelles* Phänomen. Was die höchsten Schichten jeder Gesellschaft auszeichnet, ist Muße, *leisure.* Veblen definiert Muße als »nicht-produktiven Verbrauch von Zeit«, mit der Folge, dass produktiver Zeitverbrauch als »unehrenhaft« gilt (1994 [1899], 28). Muße in der Definition Veblens ist nicht »nichts tun«, sondern Beschäftigung, die als ehrenvoll gilt: »Regierung, Krieg, Sport und religiöse Aktivitäten« (a.a.O., 26). »Ehrenvoll« heißt »gesellschaftliches Ansehen *(reputability)* hervorbringend.« Nützliche und produktive Arbeit[111] dagegen sind nicht ehrenvoll, weil mit ihnen kein soziales Ansehen errungen wird, sondern sie mit dem Stigma der *Subalternität* versehen sind. Veblens Buch wird immer wieder aufgelegt, weil es in einer zwar spröden, aber doch eindringlichen und verständlichen Sprache das Fortwirken elitärer Kultur- und Sozialpatronen bis in unsere Tage beschreibt. Zwar kann man die Liste »ehrenvoller« Aktivitäten ergänzen *(Entertainment* gehört sicher dazu), aber die Verachtung für jene Aktivitäten, die für das materielle Leben aller Menschen notwendig sind, ist aktueller denn je. »Die Arbeiter müssen mal wieder auf den Teppich kommen«, sagte uns ein leitender Manager der Salzgitter AG im Januar 1975 in einem Privatgespräch nach einer Trauerfeier für einen Verwandten. Im Winter 1974/75 durchbrach die Arbeitslosenzahl in Westdeutschland zum ersten Mal nach mehr als zwanzig Jahren die Millionengrenze. Aber auch in 68er-Kreisen, vor allem unter denjenigen, die später eine grüne Karriere begannen, ist diese Verachtung verbreitet. Ein mystisches Edelproletariat wird zwar modisch verehrt, für konkrete Arbeiter hat man mindestens Unverständnis, oft nur Verachtung übrig. Ein Hauptanliegen der Arbeiterbewegung war, notwendiger, meistens manueller Arbeit – Veblens *productive work* – soziales Ansehen und soziale Anerkennung – Veblens Status der *reputability* – zu verleihen. *Modern Times* waren, wie Charlie Chaplin zeigte, unmenschlich und die Arbeit in der Fabrik Arbeit von Maschinen, in der Menschen buchstäblich gefangen waren. Freilich, das zeigt der Film auch, wurde gleichzeitig die Arbeiterbewegung rabiat verfolgt. Wo sie etwa in der amerikanischen Automobilindustrie (Detroit) der sechziger und siebziger Jahre des 20. Jahrhunderts mächtig genug war, fordistischer Arbeitsorganisation – Fließband, Taylorisierung – durch menschliche Modifizierung der Arbeitsumstände in der Fabrik, Ausdehnung der Freizeit, Pensionsregelungen, begleitende Betreuungseinrichtungen usw. Schranken zu setzen, konnte sie dem Leben der Arbeitenden mehr Würde geben. Die Arbeiterbewegung war nie stark genug, die Profitorientierung der Arbeit im Kapitalismus auszuschalten, aber sie war immerhin stark genug, humane Konzessionen abzuzwingen, damit Arbeitende in der kapitalistischen Profitmaschinerie nicht nur Rädchen, sondern auch Menschen sein konnten. Ideologen wie Joachim Hirsch und Roland Roth haben nie begriffen, wie auch Arbeit in einer Fabrik würdevoll sein könnte und die Arbeitenden sich mit dem Produkt ihrer Arbeit identifizieren könnten. Vielmehr sagen sie in ihrem Buch aus dem Jahr 1985 über *Das neue Gesicht des Kapitalismus* (Untertitel *Der lange Abschied der Arbeiterbewegung):*

Rückte die Familie so in das Zentrum des Vergesellschaftungszusam-
menhangs, als Brutstätte leistungswilliger und disziplinierter Arbei-
terkonsumenten, als soziales und emotionales Integrationsmittel einer
atomisierten Massengesellschaft, erscheint sie aber zugleich angesichts
der auf sie zukommenden Ansprüche, in ihrer sozialen Isolation und
ihrer prekären ökonomischen Lage als äußerst gefährdet. (1986, 57)

Folgerichtig begrüßen Hirsch/Rot das Verschwinden der Arbeiterbewegung und die Übernahme ihrer Rolle durch »die neuen sozialen Bewegungen«, denen es ja nicht um solche banalen Sachen wie
höhere Löhne und bessere Arbeitsbedingungen, sondern um edlere
Ziele wie Frieden und Umwelt geht. Nein, die Kluft zwischen Arbeiter und Arbeiterinnen einerseits und moderner bzw. postmoderner
Bourgeoisie andererseits ist nicht zugeschüttet, wenn auch zeitweilig
die klassenkämpferische Aggression von oben verschwunden schien.
Wer ohne groß nachzudenken das förmlich nach Faschismus stin-
kende Wort »Brutstätte« bemüht, zeigt diese Verachtung, ganz zu
schweigen von der Unkenntnis des realen Arbeiterlebens und der
Arbeiterkultur bis in die siebziger Jahre. Die Sozialpolitik der *Grünen*
zwischen 1998 und 2006 macht diese 68er-Haltung recht deutlich. Die
Theoretiker des sogenannten *Fordismus* bzw. *Postfordismus* zeigten
oft genug, dass sie keine Ahnung von den Menschen hatten, über
die sie schrieben. Sie unterschätzten und unterschätzen die Tatsache,
dass ihre bürgerliche Herkunft und ihre bürgerliche Lebensweise als
Akademiker oder Akademikerinnen ihr Wahrnehmungsvermögen für
reale Menschen stark einschränken.

Wer aber in den Jahren 1930–1960 in einer Arbeiterfamilie auf-
wuchs, weiß aus eigener Erfahrung und aus den Erzählungen von
Eltern und Großeltern, wie tief die Arbeiterbewegung das Leben der
Menschen verändert hat. Das Zentrum war die Tugend der *Solidarität*. In den verschiedenen moralphilosophischen Systemen der Vergangenheit wird man die Tugend der *Solidarität* nicht finden. Erst
mit der Arbeiterbewegung wurde *Solidarität* in den Katalog der
Tugenden aufgenommen. Mit Nächstenliebe hat Solidarität wenig zu
tun. Sie entwickelte sich aus dem französischen Begriff gemeinsa-
mer Haftung einer Gruppe für die Schulden eines Mitglieds dieser
Gruppe – war also juristischen Ursprungs – und wurde zur gemeinsamen Verantwortlichkeit füreinander in einem gemeinsamen Kampf.
Das Leben blieb im Allgemeinen sorgenvoll, aber das Bewusstsein
der eigenen Würde wuchs, und zwar unabhängig davon, ob die
Eltern typischen Arbeiterparteien und sozialistischen Gewerkschaf-

ten angehörten oder konfessionell gebunden waren. Die Sorgen und Nöte eines Arbeiterlebens verbanden die Leute miteinander. Sogar in den Niederlanden, wo klerikaler Bevormundung allgegenwärtig und alles – von Sportvereinen und Volksschulen bis zu politischen Parteien und Gewerkschaften – nach konfessionellen Gesichtspunkten organisiert war, blieben die solidarischen Verbindungen zwischen den Familien in den Arbeitervierteln erhalten.

Solche Arbeiterviertel waren keine Idylle. Es gab eine rigide soziale Kontrolle und die oben erwähnten kleinbürgerlichen Verhaltens- und Erziehungsmuster. Nicht selten funktionierten solche Viertel wie ein Dorf. Abweichendes Verhalten – vor allem von der heterosexuellen und monogamen Norm abweichendes sexuelles Verhalten – wurde nicht geduldet. Und für viele Arbeiterkinder war es ein harter Kampf, sich gegen die Enge dieses Milieus durchzusetzen. Aber sie lernten dort nicht nur die Moral kennen, die sie disziplinierte und anpassungsfähig machte, sie wurden auch vertraut mit einem elementaren Sinn für Recht, für das Recht eines Menschen auf ein Leben in Würde. Sowohl Anpassungszwang wie auch die Grundbedingung für Widerstand wurden uns ohne viele Worte in der Familie und auf der Straße beigebracht. Selten fungierte die Schule als Schule des Widerstands und der Hoffnung, erst recht nicht in den konfessionellen Grundschulen. Der damals noch mächtige ideologische Arm der Kirchen verhinderte z. B. in den Niederlanden eine einheitliche Gewerkschaftsbewegung. Obwohl der gemeinsame Kampf um höhere Löhne und bessere Arbeitsbedingungen den Alltag bestimmte, war Arbeiterbewegung für die meisten arbeitenden Menschen auch eine Emanzipationsbewegung, ein Kampf um menschliche Emanzipation in vollem Umfang. Sie wollten nicht nur mehr verdienen und unter besseren Bedingungen arbeiten, sie wollten sich gerade auch in dem, was sie in der Fabrik und auf der Baustelle taten, als Mensch gewürdigt sehen.

Das Leben in Arbeitervierteln unterschied sich vom Leben in bürgerlichen und erst recht in großbürgerlichen Vierteln. Die bürgerliche Familie erzog ihre Kinder in erster Linie zu durchsetzungsfähigen Individuen im Konkurrenzkampf; deswegen wurde der Umgang der Kinder strenger überwacht und die Auswahl der Freunde und Freundinnen im Hinblick auf gegenseitige Stimulierung in der Schule vorgenommen. Auch hier war die Natur oft stärker als die Lehre, die gegen die spontanen Sympathien bzw. Antipathien der Kinder nicht ankam. Dennoch setzten die Auswahlstrategien der Erziehenden andere Maßstäbe als die, die bei der Erziehung der Arbeiterkinder angewandt wurden. In den Arbeitervierteln war die Straße wegen der Enge der Wohnungen und des fehlenden Freizeitangebots ein wichtiges Sozialisationsmilieu. Gerade in den Schulferien war man tagsüber auf der Straße und verkehrte unvermeidlich auch mit Kindern aus Familien, die in der eigenen Familie nicht gut angeschrieben waren. Weil oft Kinder für Gruppenspiele fehlten (etwa für ein Fußballspiel Straße gegen Straße), konnte man nicht wählerisch sein. So wurde die Engstirnigkeit der eigenen Familie nicht selten auf der Straße korrigiert. Dennoch blieb die soziale Kontrolle seitens der Eltern erhalten. Gruppen von Kindern und Jugendlichen entwickelten sich selten zu *Gangs*. Das Milieu zeichnete sich wegen des sozialen Zusammenhalts sowohl in den Krisenjahren vor dem Krieg als auch in den Aufbaujahren nach dem Krieg durch einen relativ niedrigen *sozialen Stress* aus (Symptome: Kriminalität, Drogenmissbrauch, Suizid usw.).

Dieses Milieu löste sich in den siebziger Jahren auf. Als der Volkswohnungsbau in den sechziger und siebziger Jahren eine neue Gestalt annahm, war das für viele eine Katastrophe. In den neuen Hochhausvierteln gab es kaum noch das, was man vor wenigen Jahren »die Straße« oder in Berlin »den Kiez« nannte. Die sozialen Strukturen, die durch die Arbeiterbewegung entstanden waren, verschwanden nach und nach. So wurde in Amsterdam um 1965 ein neues Viertel für etwa 100.000 Menschen projektiert: Riesige Hochhausblocks wurden in ein parkartiges Umfeld gestellt. Gleichzeitig wurden klassische Arbeiterviertel zu Sanierungsgebieten erklärt bzw. als solche behandelt. Die Häuser in den alten Vierteln waren vor allem sanitär »Substandard« geworden, die Substanz verwahrloste, die Mieten blieben niedrig und die Wohnungen wurden zunehmend von ausländischen Familien angemietet, bis sich die Sanierungswut ausgelebt hatte, neue Wohnungen mit modernem Standard und entsprechender Miethöhe hergerichtet wurden und gutbürgerliche Mieterinnen und Mieter einzogen, die früheren Bewohner, meist ältere Menschen und nachgezogene ausländische Familien verdrängend. Viele Familien aus den ehemaligen Arbeitervierteln zogen z. B. ins neue Amsterdamer Viertel *Bijlmermeer* und stellten fest, dass ihr ganzes soziales Umfeld verloren ging. Nach wenigen Jahren verließen viele dieser Leute das Hochhaus wieder, kehrten aber nicht in die sanierten Viertel zurück. Aus den alten, nicht sanierten Arbeitervierteln und vielen neuen Hochhausquartieren wurde das Milieu der Sozialhilfe; statt Solidarität gab es sozialen Stress. Den Kindern fehlte oft jegliche berufliche Perspektive. In den neuen Hochhausvierteln lebten die Eltern isoliert, die Bauweise verhinderte geradezu, dass auch nur in Ansätzen ein neues soziales Umfeld entstand. Die amerikanische Soziologie hat um die Mitte des 20. Jahrhunderts versucht, die schnellen Veränderungen in den amerikanischen Städten zu beschreiben und zu verstehen. Der US-amerikanische Soziologe M. Stein nannte diesen Prozess *Eclipse of Community,* das Verschwinden von Gemeinschaft (Stein 1964). Vor allem die Arbeiterviertel waren von diesem Prozess betroffen. Beides, das Verschwinden des Wohnmilieus der Arbeiter und ihrer sozialen Bewegung, verstärkten sich gegenseitig. Damit veränderten sich die Lebenserzählungen der Menschen, die ja die wesentlichen Elemente der Großen Erzählung der Arbeiterbewegung darstellten. Die Auflösung sozialer Strukturen hat in den USA schon um 1950 auch das Arbeitermilieu, das nicht selten ein Immigrantenmilieu war, erfasst. Zeitverzögert um zehn bis zwanzig Jahre und in typischen nationalen Varianten erreicht dieser Auflösungsprozess Europa. Man mag sich fragen, ob die Arbeiterbewegung nicht auch der Versuch war, gegen die bürgerlichen Auflösungsprozesse, gegen die soziale Verwesung, die die Bourgeoisie notwendig produziert, einen Damm traditioneller Bindungen aufzuwerfen. Das klassische Arbeiterviertel bis zur Mitte des 20. Jahrhunderts war irgendwie ein Dorf in der Stadt. Dörfer in der Stadt gibt es nicht mehr, Dörfer auf dem Lande immer weniger. Zwar ist die Große Erzählung der Arbeiterbewegung eine *moderne* Große Erzählung gewesen, eine Zwillingserzählung zur Großen Erzählung von Aufklärung und Emanzipation der bürgerlichen Revolutionen. Aber sie ist als Zwillingserzählung auch eine Gegenerzählung zur bürgerlichen Großen Erzählung gewesen, indem sie Emanzipation nicht als Auflösung der Gesellschaft, sondern als solidarischen Zusammenhang begriff und ihn zu leben versuchte. Die Auflösung, *Eclipse of Community,* wird irreführend *Postmoderne* genannt. Die ehemaligen Arbeiterviertel amerikanischer und europäischer Großstädte verkamen und verkommen zu *Slums,* und so scheinen wir zurückgeworfen auf den Zustand der Entwurzelung, den der erste erhaltene Brief von Engels an Marx beschreibt:

> Die Arbeiter sind so schon seit ein paar Jahren auf der letzten Stufe der alten Zivilisation angekommen, sie protestieren durch eine reißende Zunahme von Verbrechen, Räubereien und Morden gegen die alte Organisation. Die Straßen sind bei Abend sehr unsicher, die Bourgeoisie wird geprügelt und mit Messern gestochen und beraubt;

und wenn die hiesigen Proletarier sich nach denselben Gesetzen entwickeln wie die englischen, so werden sie bald einsehen, dass diese
Manier, als *Individuen* und gewaltsam gegen die soziale Ordnung zu
protestieren, nutzlos ist, und als *Menschen* durch den *Kommunismus*
protestieren. Wenn man den Kerls nur den Weg zeigen könnte! Aber
das ist unmöglich. (Wuppertal, Oktober 1844, MEW 27, 7)

Das kommt uns heute bekannt vor.

2.3.3 »Alles, wofür wir gekämpft haben, das haben wir erreicht!«

Anfang der siebziger Jahre sagte ein alter Arbeiter: »Ich habe oft
nicht schlafen können bei dem Gedanken: Was wird aus dir, wenn
du nicht mehr kannst? Jetzt bin ich alt und habe mehr Geld, als ich
wirklich brauche, davon konnte ich früher nur träumen. Alles, wofür
wir gekämpft haben, das haben wir erreicht!« In der Tat, die frühen
siebziger Jahre waren für ihn ein kleines Paradies, verglichen mit den
sorgenvollen Zeiten, die er einst erleben musste.

Noch bis in die siebziger Jahre waren ganze Volksviertel Amsterdams fest in der Hand der Arbeiterbewegung: Die beiden Arbeiterparteien, Kommunisten und Sozialdemokraten, erhielten in manchen Vierteln zusammen um die 70 %, in der ganzen Stadt oft über
die Hälfte aller Stimmen.[112] In Wahlkampfzeiten waren die ärmlichen
Straßen der Arbeiterviertel dunkelrot, Liste 6, kommunistische Partei –
bei Kommunalwahlen Liste 2! –, die etwas besseren heller rot, Liste 1,
sozialdemokratische »Partei der Arbeit«. Noch am 14. Juni 1966 nahm
ein Arbeiterprotest, bei dem ein Arbeiter tot umfiel, fast bürgerkriegs-
ähnliche Dimensionen an, die Stadt war eine Woche lang unregier-
bar, der Grenzschutz *(Marechaussée)* musste eingesetzt werden, weil
der Polizei die Kontrolle entglitten war. In den siebziger Jahren schien
nunmehr alles links und friedlich geworden. Nicht nur alte Arbeiter,
auch ihre Kinder, die nicht selten nach dem Wunsch der Eltern »etwas
Besseres« geworden waren, glaubten, dass die Wende nach links
von Dauer sein würde. In Schweden regierte ohne Unterbrechung
die Sozialdemokratie mit einem drastischen Umverteilungsprogramm
innerhalb der kapitalistischen Ordnung. In Belgien und den Niederlanden gab es fast durchweg große Koalitionen aus Sozialdemokraten
und sozialstaatlich geprägten Konservativen. In Frankreich und Italien
gab es Konstellationen, die, was die Sozialpolitik betraf, keinen gro-

ßen Unterschied zu Nordwesteuropa zeigten. Bis zur Mitte der siebziger Jahre hatte die Arbeiterbewegung in fast allen nördlichen Industrieländern maßgeblichen Einfluss auf die Politikgestaltung. In diesen Jahren hatte sie den Gipfel ihres politischen Einflusses erreicht, gleich welche Partei die Regierung stellte. Umso jäher war der Absturz kaum zehn Jahre später.

Im November 1982 musste der Präsident des größten und einflussreichsten sozialdemokratischen Gewerkschaftsbundes in den Niederlanden, Wim Kok, den Arbeitgebern die bedingungslose Kapitulation der Gewerkschaften erklären. Bezeichnenderweise geschah das in der Privatvilla des Arbeitgeberpräsidenten im Millionärsvorort Wassenaar vor den Toren Den Haags. Das Treffen ging neben den berühmten Friedensverträgen der Vergangenheit als »Accoord van Wassenaar« (Abkommen von Wassenaar) in die Annalen der niederländischen Geschichte ein. Die Gewerkschaften versprachen Lohnmäßigung; die Löhne sollten deutlich weniger als die damals recht hohe Inflationsrate steigen, gleichzeitig versprachen die Arbeitgeber, nach Möglichkeit neue Arbeitsplätze zu schaffen. Stattdessen blieb die Arbeitslosigkeit erst einmal auf Rekordniveau, aber die Reallöhne gingen zurück, und die Sozialeinkommen wurden zudem noch von dieser Lohn*entwicklung* abgekoppelt. Die Kaufkraft der Sozialeinkommen fiel noch schneller als die der Löhne. Der große Streik des öffentlichen Dienstes, der im November 1984 das Land wochenlang lahm legte, endete mit einer vollständigen Niederlage. Diese Niederlage hatte in den Niederlanden den gleichen Stellenwert wie die Niederlage der Bergarbeiter im Frühjahr 1985 in Großbritannien. Die organisierte Arbeiterbewegung war als politischer Machtfaktor erledigt, und so konnten jene *Reformen* eingeleitet werden, von denen Medien und Verbände in der Bundesrepublik 20 Jahre später nur träumen können. Die niederländische Sozialdemokratie zog daraus schon 1984 die Konsequenzen. Man hätte die sozialdemokratische Partei natürlich gleich auflösen können, aber so mächtige Apparate, die viel an Einfluss und Sozialprestige zu verteilen haben, verschwinden nicht über Nacht. »Die »Partei der Arbeit« sei nicht gleichbedeutend mit »Partei der Armut«, erklärte der neue Vorstand 1984; die Partei solle für neue Schichten der Bevölkerung, mit höherer Bildung und höheren Einkommen, interessant gemacht werden. Die alte sozialdemokratische Ideologie sei überholt, »Ausbeutung gibt es nicht mehr«, sagte Wim Kok in Amsterdam 1995, nachdem er als geläuterter Gewerkschaftsfunktionär 1994 Ministerpräsident geworden war. Überall ging das,

»wofür wir gekämpft haben«, verloren. Weniger Rechte, eine demontierte Arbeiterbewegung und nicht wenige Menschen, die unter der Armutsgrenze landeten: Das war der Ertrag der neuen Politik seit 1982. Eine kurze Unterbrechung stellte die Periode 1995–2000 dar; die Einkommen stiegen auf breiter Front, die Arbeitslosigkeit ging zurück. Ab 2001 setzte sich der epochale Trend wieder fort: fallende Realeinkommen, mehr Ungleichheit, anhaltend hohe Arbeitslosigkeit.[113]

2.3.4 Ein philosophisches Intermezzo

1960 erschien in den USA das Buch des Soziologen Daniel Bell *Das Ende der Ideologie – Über die Erschöpfung der politischen Ideen in den fünfziger Jahren.* Die Entwicklungen in den sozialistischen Staaten und das Entstehen des modernen Sozialstaats der Nachkriegszeit haben, so Bell, die Ideologie – und hier ist immer die marxistische Ideologie gemeint, charakterisiert als »die simplifizierten, rationalistischen Anschauungen« – obsolet gemacht. Die Veröffentlichung des Buches Solschenizyns *Archipel Gulag* in Frankreich 1973 hatte eine ähnliche Wirkung. Sie setzte eine radikale Kritik des Marxismus in Gang. Dieser Umschwung ist nicht die Folge eines Buches, mag es auch katalytisch gewirkt haben. Der Niedergang der Arbeiterbewegung bewirkte einen Kulturbruch, tiefer als alles, was seit der Französischen Revolution zu beobachten war. Das Thema der *Egalität,* der menschlichen Würde der kleinen Leute, verschwand von der politischen, sozialen und ideologischen Tagesordnung. In seinem Buch *La condition postmoderne* (1979) bringt Jean-François Lyotard diesen Bruch auf den Begriff und verschleiert zugleich den Vorgang. Lyotards Thema ist die Frage, was mit dem Wissen der Menschen in einer postmodernen Gesellschaft geschieht. Das Suchen nach dem Wahren und Guten, nach Wahrheit und Recht, kurz unser theoretisches und praktisches Wissen, existiere nunmehr unter folgender Bedingung:

> Der Rückgriff auf Große Erzählungen ist ausgeschlossen; man kann also weder zur Dialektik des Geistes noch sogar zur Emanzipation der Menschheit zurückkehren, um damit die Gültigkeit eines wissenschaftlichen und postmodernen Diskurses zu begründen. (Lyotard 1979, 98)

Für Lyotard ist die *Große Erzählung* von Aufklärung, Emanzipation, Befreiung nicht länger der Bezugspunkt für wissenschaftliche Praxis. Und, so fügen wir hinzu, auch nicht für die Politik. Die *Große Erzäh-*

lung kann das, was die Menschen tun, weder legitimieren, noch kann sie die Menschen in ihrem Tun motivieren. Die Menschen dienen mit ihrer Wissenschaft, mit ihrer Politik nicht dem Fortschritt; die vollendete Emanzipation hat die *Große Erzählung* der Emanzipation aufgehoben. Bei allem, was sie tun, spielen die Menschen ihr eigenes Spiel mit eigenen Sprachregeln. Kein Spiel mit der ihm eigenen Sprache kann ein anderes Spiel mit seiner wiederum eigenen Sprache normieren oder legitimieren. Es gibt keine privilegierten Erzählungen. So kann entstehen, was Jürgen Habermas »die neue Unübersichtlichkeit« genannt hat. Joachim Hirsch und Roland Roth (1986) nennen es *Postfordismus*. Wir haben immer noch *Moderne* und wir haben immer noch *Fordismus,* weil wir hin und wieder Kühlschränke, Mikrowellen, elektrische Bügeleisen usw. brauchen. Postmoderne ist Fordismus ohne Arbeiterbewegung und ohne deren Große Erzählung.

Lyotard kennt die Furcht vor einer Gesellschaft, in der die Menschen nur noch als individuelle Atome existieren, wischt sie aber mit einer ärgerlichen Handbewegung beiseite:

> Aus dieser Verwesung der Großen Erzählungen ... ergibt sich das, was einige als die Auflösung der sozialen Linie analysieren, als den Übergang vom sozialen Kollektiv zum Zustand einer Masse, zusammengesetzt aus Atomen, die sich in einer absurden *brownschen* Bewegung befinden. Daran ist nichts wahr, das ist eine Ansicht, benebelt durch die paradiesische Vorstellung einer verlorenen »organischen« Gesellschaft. Das *Selbst* ist wenig, aber es ist nicht isoliert, es ist hineingenommen in ein Gewebe von Beziehungen, die komplexer und mobiler sind als je zuvor. Das Selbst findet immer, ob jung oder alt, Mann oder Frau, reich oder arm, seinen Platz auf den »Knotenpunkten« der Kommunikationsnetze, seien sie auch von untergeordneter Art. (a.a.O., 31)

Die neuen Erzählungen der Zukunft seien daher nur noch kleine Erzählungen. Sie könnten zu Kommunikationsnetzen zusammengeknüpft werden, die aber jederzeit wieder auflösbar seien. Das ist die saubere und schöne Welt der Postmoderne, kein Wölkchen der Erinnerung an eine angeblich paradiesische Arbeiterbewegung trübt den blauen postmodernen Himmel. Um es recht höflich zu sagen, war Lyotard, wie Hirsch/Roth, offensichtlich reichlich optimistisch (vgl. Duchrow/Hinkelammert 2002, 92ff). Gigantische Massen von Menschen sind vom gesellschaftlichen Prozess ausgeschlossen. Diese Menschen, in informellen Sektoren lebend, haben selbstverständlich ihre Kommunikationsnetze. Sie sind eine Masse von Atomen, gefangen in informellen Netzen ohne einklagbare Rechte, Netzen mit kurz-lebigen Verbindungen, Netzen ohne Bindungen. Es mag in den oberen Segmenten der Gesellschaften anders zugehen, zumindest wenn man dem bürgerlichen Feuilleton glaubt. Die Platzzuweisung auf die Knotenpunkte der Netze funktioniert für die meisten anderen Menschen freilich ziemlich erbarmungslos. Der letzte Satz des Buches Lyotards lautet: »Es zeichnet sich eine Politik ab, in der gleichermaßen die Sehnsucht nach Gerechtigkeit und die Sehnsucht nach dem Unbekannten respektiert werden.« Mit diesem Satz sprengt er seinen eigenen postmodernen Liberalenmythos. Das Unbekannte ist ein weites Land und unerforscht, jenseits von modern und postmodern.

Die Gefahr der Fragmentierung der Gesellschaft und der menschlichen Existenz, die Lyotard 1979 mit einer kurzen Bemerkung wegwischte, erwies sich als real. Fünfzehn Jahre nach Lyotard hat Jacques Derrida 1993 diesen Umbruch anders kommentiert. Sein Buch ist sowohl eine Fortsetzung als auch eine Berichtigung von *La condition postmoderne*. Die Großen Erzählungen der »Moderne« haben ihre Rolle zwar ausgespielt, aber sie bleiben als Gespenster. *Spectres de Marx (Marx' Gespenster)* hieß folgerichtig sein Buch aus dem Jahr 1993. Große Erzählungen wirken weiter. Sie gehen um wie der Geist, der Hamlet erschien, weil eine Aufgabe bleibt, die nicht erledigt wurde. Derrida nennt im dritten Kapitel die zehn Aufgaben einer Agenda, die nicht erledigt wurden, die aber erledigt werden müssen, obwohl nichts in Sicht ist, das sie erledigen könnte. »Sie sind immer da, sogar wenn sie nicht da sind, sogar wenn sie nicht mehr da sind, sogar wenn sie noch nicht da sind«, sagt Derridas über jene Gespenster am Schluss seines Buches. Was uns umtreibt, sind allemal Gespenster, Gespenster von Marx, Gespenster von Jesus, Gespenster von Muhammad. Die Arbeiterbewegung trat von der historischen Bühne ab, bevor sie ihre Aufgabe, die Festigung der menschlichen Würde, erledigt hatte.

2.3.5 Die Fragmentierung der Gesellschaft

Der oben angedeutete Umschwung in der französischen Bildungsbourgeoisie geschah in einer ganz kurzen Zeit. Der Wechsel zwischen den ideologischen Galionsfiguren *Sartre* und *Lyotard* nahm nur wenige Jahre in Anspruch. Dieser Umschwung hatte internationale Dimensionen. Er korrespondierte mit dem Verlust der politischen und kulturellen Kraft der Arbeiterbewegung. Quasi über Nacht vollzog sich der Rückgang ihres Einflusses, misst man ihn an der Länge der Periode, in der die Arbeiterbewegung die politische Agenda bestimmte: 100–150 Jahre. Einige marxistische Linke, aber auch führende Gewerkschaftsvertreter würden eher von einer Schwäche*periode* der Arbeiterbewegung sprechen. Wir neigen zu der Ansicht, dass von einem *Epochen*umbruch geredet werden muss (s. o. 1.3.4–1.3.5). Sicherlich ist die weltweite *Deregulierung der Märkte,* die zu Beginn der siebziger Jahre im Finanzsektor begann und von der fortschreitenden Deregulierung der Güter- und Dienstleistungsmärkte begleitet wurde, ein Hauptfaktor; er schränkte die Verhandlungsmacht der nationalen Arbeiterbewegungen drastisch ein. Ein zweiter Faktor, die dramatische Erhöhung der Arbeitsproduktivität, führte bei deutlich langsamerer Steigung des Gesamtumsatzes (relative Sättigung auf den Gütermärkten des Nordens) zum Verlust von Arbeitsplätzen. Da die Gewerkschaften ihre Mitglieder nicht ausreichend vor den Folgen der Änderungen schützen konnten, nahm die Konfliktbereitschaft der Arbeitenden ab, erst recht im Dienstleistungs- und Angestelltenbereich, wo sie wenig organisiert waren. Inzwischen wird auch der Arbeitsmarkt globalisiert und konnten die Unternehmen ihre Belegschaften zunehmend zwingen, sich an die Arbeitsmarktverhältnisse in Ländern mit fehlender oder nur schwach ausgebildeter Arbeiterbewegung anzupassen. Ein dritter Faktor ist das Machtgefälle zwischen international hervorragend vernetztem Unternehmertum und national und branchenspezifisch statt international und konzernspezifisch strukturierter Arbeiterbewegung.

Der Untergang der politischen Macht der traditionellen Arbeiterbewegung hat die Menschen *fragmentiert*. Es löst die Bindungen zwischen Menschen auf, es löst sogar die Bindungen zwischen den sozialen Klassen auf. Klassen*kampf* war immerhin eine Bindung zwischen den sozialen Schichten, Bourgeoisie und Arbeiterklasse mussten sich im Konflikt aufeinander beziehen. Jetzt fallen viele Menschen, die die Arbeiterbewegung in den gesellschaftlichen Prozess hineingenommen hatte, aus der Sozialstruktur heraus. Demokratische Wahlen gehen in vielen Ländern inzwischen an immer mehr Menschen spurlos vorbei. Mobilisieren kann sie allenfalls der Hass auf die, die noch weiter an den Rand gedrängt sind. In den Niederlanden wechseln die kollektiven Hassobjekte jeden Sommer. 2002 waren es vor allem »marokkanische (arabische) Jugendliche«, 2003 die schwarzen Jugendlichen von den niederländischen Antillen, 2004 der Islam überhaupt. Die Schicht über denjenigen, die keine Chance

auf Anerkennung mehr haben, wird zunehmend durch die Angst
bestimmt, selbst in diese Unterschicht absteigen zu müssen; jede
ökonomische Krise verstärkt diese Angst. Angst macht aggressiv
und rassistisch. Das Viertel, in dem der Verfasser dieser Zeilen auf-
wuchs, das *Bos-en-Lommer-Quartier* in Amsterdam, war bis Anfang
der achtziger Jahre noch ein durchschnittliches Volksviertel. Innerhalb von zehn, fünfzehn Jahren wurde es zum ärmsten Viertel Amsterdams, einem der drei ärmsten Stadtviertel in den Niederlanden, weit
unter dem sozial-ökonomischen Durchschnitt. Kriminalität, Unsicherheit auf den Straßen, Arbeitslosigkeit kennzeichnen das Viertel
heute. Die ursprünglichen Bewohner sind, sofern sie nicht gestorben
sind, in Randviertel gezogen. Menschen ausländischer Herkunft
mit niederländischem Pass, aber ohne Arbeit, zogen nach. Die Häuser sind verwahrlost, der Zerfall ist nicht zu übersehen. »Schöpferische Zerstörung«, sagen unsere modernen Schumpeterianer in ihren
Villenvierteln. Arbeit, mit der man sich gesellschaftlich einbringt,
gibt es für Menschen in solchen Vierteln kaum noch, allenfalls bleiben ihnen prekäre Jobs in einer amorphen Existenz. Gesellschaftliche Anerkennung ist damit nicht verbunden, wohl aber das Bewusstsein, nur ein Problem zu sein. Sie wehren sich mit Kopftüchern,
mit einem zornigen Gott. So entsteht das, was heute »Parallelgesellschaft« genannt wird. Viele Niederländer, deren Welt zerfiel,
verarbeiten diese Prozesse rassistisch, nicht anders, als es Briten,
Deutsche, Flamen, Franzosen in ihren auseinander fallenden Gesellschaften tun. Rechtsextreme, rassistische Neigungen sind kein deut-
sches Patent.

Keine Gesellschaft funktioniert auf Dauer, wenn die menschliche
Existenz *fragmentiert* bleibt und nicht durch einen allgemein-gesell-
schaftlichen, für alle akzeptablen und von allen akzeptierten Grund-
konsens orientiert und durch eine entsprechende *Große Erzählung*
zusammengehalten werden. In alten Zeiten haben die großen Volks-
religionen, in der Moderne die Arbeiterbewegung das Werk der
sozialen Bindung getan, die Gesellschaft sozusagen *defragmentiert*.
Die *postmoderne* Gesellschaft erklärt die Not der Fragmentierung
zur Tugend der Lyotard'schen individuellen Atome, die sich angeblich friedlich »vernetzen« lassen. Tatsächlich zerfällt die neoliberale
Gesellschaft in einen Zustand des »Krieges aller gegen alle«. Vor
allem die Menschen in den unteren Schichten werden in einen *Krieg
der Kulturen* gehetzt, sie stecken ihre Moscheen, Kirchen, Schulen,
ihre kleinen Läden und Imbissbuden in Brand. Das ist nicht neu.

Man hetzt die Opfer gegeneinander auf; so sollen sie nicht begreifen, wer wirklich ihre Gesellschaft zerstört. Salbungsvoll beschwören die neoliberalen Politiker aller Schattierungen die Achtung der westlichen »Werte«; stattdessen haben sie das Geldmachen rund um die Uhr, sieben Tage in der Woche, zum Grundwert gemacht und wundern sich darüber, dass die, die sie aus der gesellschaftlichen Kooperation ausgeschlossen haben, sich auf sich selbst zurückziehen und sich Erzählungen widmen, die andere nicht mehr verstehen können: Die Gesellschaft zerbricht in soziale Fragmente. Gesellschaftlicher Zusammenhang muss dann mit der Knute erzwungen werden. Die neoliberale Abschaffung des Staates – »mehr Markt, weniger Staat« – wird paradoxerweise genau das Gegenteil produzieren: den *diktatorischen* Staat, den »Leviathan«, den »sterblichen Gott« *(deus mortalis),* wie Thomas Hobbes seinen allmächtigen Staat nannte (I, 13). *Leviathan* ist auch eine Erzählung. Keine *große,* keine *postmoderne,* dafür aber eine altbekannte und allseits beliebte *polizeiliche* Erzählung: »Hart durchgreifen, wegschließen, abschieben, null Toleranz und fertig.« Die Freiheit der gläubigen Liberalen Hollands hat die Freiheit der Gesellschaft und ihre berühmten »Werte« zerstört. Was von der Arbeiterbewegung noch übrig ist, reagiert mit Hilflosigkeit, und so ist im neuen Jahrhundert die Aussicht für eine wirkliche Demokratie, die mehr ist als die Pflege demokratischer Riten, alles andere als rosig.

2.3.6 Neue Erzählungen – José Saramago

José Saramago, der 1998 den Nobelpreis für Literatur erhielt, schrieb 1982 den Roman *Memorial do Convento.* Dort gelobt ein König, einen gigantischen Klosterkomplex bauen zu lassen. Von nah und fern kommen Arbeiter zum Ort Mafra, um ihn zu bauen. Der Roman ist ein Bericht über Ausbeutung, menschliche Erniedrigung und die subversive Arbeit an der technischen Verwirklichung eines Menschheitstraumes, einer Maschine, mit der die Menschen fliegen können. An einer bestimmten Stelle sprechen sechs Arbeiter der königlichen Baustelle, sechs, die aus der Anonymität herausgehoben sind; sechsmal hören wir: »Mein Name ist … ich bin aus diesen oder jenen Gründen an diesen Ort gekommen …« Der Herkunft gedenken, des neuen Ortes gewärtig sein: So lässt Saramago die Portugiesen erzählen, die das Kloster in Mafra erbauten. Vielleicht wird eines Tages jemand die angolanischen und mozambiquanischen Portugiesen erzählen lassen, die seit 1990 mit legalen und illegalen Menschen aller Völker das neue Berlin bauen. Saramago wurde getrieben durch eine sehr *un-postmoderne* Emotion, die der *Empörung*. Denn die Empörung wendet das Vergangene in die Zukunft: Aus dem *Es war schon immer so* macht sie ein *Nie wieder*. Saramago konnte aber am Ende des Jahrhunderts nicht so erzählen, wie Andersen Nexö es zu Anfang des Jahrhunderts tat. Bei Saramago muss die Erzählung durch die an Zynismus grenzende Ironie hindurch; nach allem, was im Namen der Arbeiterbewegung auch geschah, ist eine andere Erzählform nicht möglich. Andersen Nexö hatte die Schrecken des Jahrhunderts noch vor sich; Saramago hatte sie hinter sich gebracht. Was aber den Anfang mit dem Ende, Andersen Nexö mit Saramago verbindet, ist die Empörung. Und wo die Geschundenen der großen Bauplätze und der neuen Industriezonen dieser Welt zusammenkommen, ihrer Herkunft gedenken, über ihre Gegenwart sprechen, mag eine *Große Erzählung* entstehen, mit der die Nachgeborenen leben werden. Denn die Großen Erzählungen sind nicht vorbei, sie haben sich zurückgezogen in die kollektive Erinnerung der Menschheit und leben auf, wenn ein Mensch erzählt:

> Ich heiße Francisco Marques, bin in Cheiros geboren, hier in der Nähe von Mafra, etwa zwei Wegstunden fort, habe Frau und drei kleine Kinder, Taglöhner war ich mein Lebtag, bis ich mich, ohne anderen Ausweg aus dem Elend, entschloss, hierher zu kommen, beim Klosterbau zu arbeiten … Ich heiße Joaquim da Rocha, bin in der Gegend von Pombal geboren, dort habe ich eine Familie, will sagen die Frau, vier Kinder hatte ich, alle starben vor dem zehnten Lebensjahr, zwei an den schwarzen Blattern, die anderen an Brustleiden und Blutarmut, ich hatte dort ein Stück Weideland in Pacht, aber es gelangte nicht zum Leben, da sagte ich zu meiner Frau: Ich gehe nach Mafra, das ist garantierte Arbeit auf Jahre … Ich heiße Julião Mao-Tempo, bin in Alentejo geboren, nach Mafra kam ich des großen Hungers wegen, der meine Provinz peinigt, unbegreiflich, dass dort überhaupt Menschen am Leben sind, wir haben gelernt, Gräser und Eicheln zu fressen, mir ist, als wäre dort alles schon tot, es schmerzt einen in der Seele, so großes Land zu sehen, das versteht nur, wer selber einmal dort war, alles wüste Öde, nur wenig Felder bestellt und besät, der Rest Krüppelgewächse und Einsamkeit und es ist ein Land der Kriege, da kommen und gehen die Spanier, als wär's ihr Zuhause, im Augenblick herrscht Ruhe und Frieden, wer weiß wie lange?, die Könige und Adelsleute, wenn sie uns nicht jagen und töten, jagen und töten das Wild, wehe dem Ärmsten, der mit einem Kaninchen im Sack

geschnappt wird, und hätte er dieses tot aufgefunden, krepiert an
Krankheit oder Alter, das Mindeste sind ein Dutzend Stockschläge
über den Buckel, damit er lernt, dass Gott die Hasen zum Vergnügen
der Herrschaften und für deren Kochtopf erschuf, wenn ihm mit den
Prügeln zumindest auch die Beute bliebe, nach Mafra bin ich gekommen ... (Das Memorial, 297ff)

Überall und zu allen Zeiten erzählten die Leute sich Geschichten,
kleine Geschichten, weil es überall und zu allen Zeiten so ging, wie
es Francisco Marques, Joaquim da Rocha, Juliaõ Mao-Tempo erging.
Aus diesen Erzählungen wird vielleicht einmal eine Große Erzählung gewebt werden.

Wir, die Heutigen, wissen zwar nicht, was mit uns geschehen *wird,*
wir wissen aber, was nie wieder geschehen *darf.* Armut muss nicht
sein, Krise auch nicht und liberale Religion erst recht nicht. Das Ver-
mächtnis der Arbeiterbewegung bleibt Aufklärung und Solidarität.
Ohne sie kann man nichts ausrichten. Aufklärung bleibt unsere Aufgabe, weil das Dunkel des postmodernen Aberglaubens bleibt. Solidarität bleibt, weil Ausbeutung bleibt. Es ist nicht anzunehmen, dass
die Menschen ihre Erlebnisse nur noch wortlos, sprachlos erdulden,
sie nur noch in alten und neuen, materiellen und immateriellen Sucht-
mitteln versaufen, genauso wenig wie die Proletarier im 19. Jahrhundert das würgende Gefühl der Würdelosigkeit nur noch mit Alkohol
erstickt haben. Sie standen auf mit Erzählungen der Erhebung. Die
Erlebnisse des 21. Jahrhunderts werden die Gestalt von Erzählungen
annehmen, und die Erzählungen werden in ein weites Land der Sehnsucht münden. Sehnsucht des Francisco Marques, des Joaquim da
Rocha, des Juliaõ Mao-Tempo und all dieser anderen, vielen. Sehnsucht nach einem Leben ohne das überflüssige Leid der Armut,
der Verwahrlosung, der Ausbeutung, der Hilflosigkeit, ohne ausgeliefert zu sein an fremde Götter wie *die* Wirtschaft, *die* Konjunktur, *die* Krise, *das* Wachstum, Götter, die die Arbeiterbewegung nie
kannte. Sehnsucht, die sich höchstens vorübergehend durch Religion
und Religionsersatz davon ablenken lassen wird, das irdische Leben
so zu sehen, wie es ist: das einzige, das uns geschenkt wurde.

2.4 Abschied von einem messianischen Jahrhundert

2.4.1 Der Milan

Das 20. Jahrhundert begann am 22. März 1916 mit diesem Gedicht von Alexander Alexandrowitsch Blok:

Kreisend erschwebt er den Kreis
Über reglos-leerem Grasland – der Milan kreist
Und belauert die Brache des Graslands. –
In der Hütte trauert die Mutter um den Sohn:
»Hier Brot, hier, hier Brust, sauge,
Wachse, gehorche, trage das Kreuz.«

Äon vergeht, Krieg tobt,
Rebell steht auf, Dorf brennt,
Bist doch stets Du selbst, mein Land,
Weinend in uralter Pracht –
Bis wann trauert die Mutter?
Bis wann kreist der Milan?

Das Unendliche. Die Kreise des Milans, die Steppe, das Land, das endlose Auf-und-Ab von Rebellion und Krieg, die unendliche Aufgabe, das Kreuz zu tragen, das uralte Weinen, die uralte Pracht, unendlich. *Dokolje,* bis wann, die Vokabel der erschöpften Geduld, setzt der Unendlichkeit ein Ende.

Fragt ein Volk: »Bis wann?«, droht Sturmwind, Unheil für die einen, Heil, auch Unheil, für die anderen. Legt sich der Wind, wird der Rebell wieder zum Herrscher. Krieg hat sich ausgetobt, Dörfer sind verbrannt. Bis wann? Bis die letzte Rebellion ausbricht, keine Mutter mehr trauert und der Milan im grünen Grasland sitzt, ein für alle Mal. Etwas, irgendjemand, ist endlich gekommen. Solange der Milan kreist und die Mutter trauert, solange, wenn überhaupt, wachsen Kinder auf, damit sie gehorchen und das Kreuz des Hundelebens tragen. Mit diesen zweimal sechs Zeilen führt Alexander Alexandrowitsch Blok die Vorzeit an den Rand ihres Endes.

So begann die letzte Rebellion, nicht gegen irgendeinen Blutsauger, irgendeine Unterdrückung, sondern gegen alle Unterdrückung überhaupt, 19 Monate später. Was ist geschehen? Schwebt der Milan noch oder trauert keine Mutter mehr? Der Dichter schreibt im Januar 1918 das Poem »Die Zwölf«, zwölf Gedichte über zwölf Rotgardisten, die in einem Schneesturm durch die Straßen Petrograds patrouillieren, damit die »Burschui« keine Sabotage verüben. Das Poem handelt von Petka oder Petruscha, »Peterchen«, und seiner ehemaligen Geliebten Katja. Er erschießt sie: Die Kugel, für den Nebenbuhler bestimmt, trifft sie tödlich. Einen Augenblick hält er inne, stellt sich die Frage nach dem Sinn seines mörderischen Tuns, seine Genossen machen ihn fertig, ob er vielleicht seinen Verstand, sein Bewusstsein verloren hätte: »Haltet Schritt, ihr Revoluzzer / Der Feind ist nah, verjagt die Ruhe / Weiter, weiter, weiter, / für das Volk, ihr Arbeiter«. Petka kratzt sich am Kopf und sagt: » Ach ja, ach ja, ach ja, / ist Vergessen sündig etwa?« Bolschewikimarsch, nichts weiter da als ein räudiger Hund – lässt sich nicht verjagen, weil er Hunger hat.

> So geht's weiter, feierlich,
> Hinten läuft der Hungerhund
> Vorneweg mit blut'ger Fahne
> – und ihr Führer ist unsichtbar
> unverwundbar für die Kugel –
> zärtlich weiter paradierend
> durch den Perlensand des Schnees
>   – und schön rosenweiß geschmückt –
> vorneweg der Jesus Christ.

22 Monate liegen zwischen der Sehnsucht »wie lange noch« und diesem Poem. Urbeginn – zwölffaches Apostelgesindel, der Mörder Peterchen ist der Apostelfürst, ihr Anhang ist der Hungerhund, er allein, das Volk bleibt sicher hinter verschlossenen Türen. Was kommt? Alles, und alles durcheinander und gegeneinander, Feierlichkeit, Hund, Blut, Zärtlichkeit, Parade, rot, weiß, Rose, Kugel, nicht aufzuhalten, unsichtbar, unverwundbar. »Was kommt?«, fragen wir. Antwortet der Dichter, der Mitstreiter der Revolution (»Mit ganzem Leib, ganzem Herzen, ganzem Sinn, sollt Ihr der Musik der Revolution lauschen«), antwortet also der Dichter: »nenn' es Jesus Christus, was weiß ich«. Messianisch war das, aber keine Glanzvorstellung, eher grausam verzerrte, vor Kälte und Hunger erstarrte Desperados. Kann etwas Gutes daraus werden? Blok sieht zunächst das Durcheinander. Kann etwas Gutes aus der Blutgeburt des Sozialismus werden, Millionen Tote, ein Amoklauf? In der Regel enden solche Bauernrevolutionen in ein neues Kaisertum, denn die Rote Armee war eine Bauernarmee. Ihre Verzweiflung, ihre Sehnsucht nach einem Messias, nach »endlich aufhören« bestimmt das Gesicht des Jahrhunderts.

2.4.2 Lenin. Auch Paulus

Lenin war kein Messias. Zwar ein Messianist, aber kein Messias; erst seine Mumie wurde zum messianischen Gerät, Kultobjekt in den roten Messen kommender Messiasse. Lenin war nie Leninist, das werden wir noch hören. Kein Messias also, kein Jesus, eher wie der Apostel Paulus, Begründer des Christentums. Großer Auftritt Lenins auf dem dritten Kongress der Dritten Internationale, der Kommunistischen Internationale, am 5. Juli 1921: »Entweder sofortiger Sieg über die gesamte Bourgeoisie, oder Tribut zahlen. Wir gestehen ganz offen, verheimlichen es nicht, Konzessionen im Staatskapitalismus, Tribut an den Kapitalismus« *(Protokolle,* 761). Viele aber wollten das nicht hören. Lenins Genossen schlugen sich auf seine Seite, Trotzki, Bucharin, Radek, Sinowjew usw. Andere aber hatten noch das Gefühl, für die schäbige Schieberei, die jetzt kommt, hätten sie nicht gekämpft, seien all diese Menschen nicht gestorben. Für Frauen wie Alexandra Kollontaj, jene kommunistische *grande dame* im Kreis Lenins, war dessen »Neue Ökonomische Politik«, russisches Kürzel »NEP«, nichts als Betrug, und sie schrieb hämische Romane über die NEP-Männer. Für Lenin war diese Kollontaj'sche und die Gorter'sche[114] Aufregung nichts als »Kinderkrankheit im Kommunismus« und später Ketzerei. »Wir sind nicht allein auf der Welt«, rief er den Delegierten zu. Ewiger Konflikt zwischen Realisten und Prinzipiellen, Dilemma des Kommunismus, Dilemma des Messianismus. Die ganze Welt sollte es sein, stattdessen »Neue Ökonomische Politik« in einem hungernden, zerstörten, fast völlig entindustrialisierten Russland. »Neue Menschheit, neue Schöpfung *(kainos anthroopos, kainè ktisis)«,* hieß es unter den jüdischen anti-römischen Messianisten (griechisch *christianoi, Christen),* die die weltweite römische Ausbeutungsordnung bekämpften, zumindest ihr Ende herbeisehnten. Stattdessen kleine Hausgemeinden in den Städten des römischen Griechenlands, die sich nüchtern »Versammlung« nannten *(ekklesia),* von Paulus auf Linie gehalten. Musste dafür der Sohn Gottes ans Kreuz? »Vorneweg mit blut'ger Fahne.« Stattdessen NEP-Politik und Bucharins »Bauern, bereichert euch!« Wurden dafür Millionen ermordet? Seit Lenins Auftritt wurde der Kampf gegen die Ketzer wichtiger als der Kampf gegen den Klassenfeind. Seit Paulus auch. Andere Welt? Schön, aber zunächst bei der Stange bleiben, die richtige Meinung, die rechte Lehre, *orthè doxè,* dann kommt das Himmelreich auf

Erden oder die klassenlose Gesellschaft: »Nenn' es Jesus Christus, was weiß ich.«

»Wir gewinnen Zeit, und Zeit gewinnen heißt alles gewinnen ... in der Epoche, in der die ausländischen Genossen gründlich ihre Revolution vorbereiten«, sagte Lenin auf dem Kongress. Paulus schrieb an die Messianisten in Rom: »Jede Seele habe sich den herrschenden Mächten unterzuordnen«, denn es bleibt einstweilen nichts anderes übrig; unterordnen »nicht mit Wut im Bauch *(orgè)*, sondern mit Bewusstsein im Kopf *(syneidèsis)* ... wer Tribut beanspruchen kann, dem Tribut ...« Anders als die kämpfenden Zeloten in Jerusalem kannte der Kosmopolit Paulus das Reich, seine Macht, seine Grausamkeit. Mit dem Kopf kommt kein jüdischer Dickschädel durch die römische Wand, schrieb der Jude Paulus; Zelotenkampf, Kinderkrankheit im Messianismus. Durchhalten, lautet die Botschaft, denn »wir wissen um die Frist, schon ist die Stunde gekommen, aus dem Schlaf aufzustehen, die Nacht ist fortgeschritten, der Tag kommt näher ...« Und so weiter und so weiter, kennen wir, kennen wir seit zwei Jahrtausenden. Kommt der Messias nicht, hat Paulus ein Problem. Versagen die ausländischen Genossen, hat Lenin ein Problem. Kein Messias, dafür alle Jahre Weihnachten; kein Ende der Unterdrückung, dafür alle Jahre – 75 Jahre lang bis 1992 – Oktoberparaden auf dem Roten Platz.

2.4.3 Stalin. Auch Christentum

Also erklären wir die herrschende Nacht per Dekret zum strahlenden Tag. Sowjetunion, Herzenssache des Weltproletariats, ist nicht die Weltrevolution, sondern der Sozialismus in einem Land. Das römische System siegte, aber es siegte mit den Symbolen, die eigentlich die Opfer des Reiches und seinen ersehnten Sturz hätten veranschaulichen sollen. *»In hoc signo vinces,* in diesem Zeichen wirst du siegen«, sagte der Engel zum General Konstantin, der Alleinherrscher des Imperiums werden wollte, und zeigte ihm am Himmel ein leuchtendes Kreuz, Zeichen der Kaiserwürde, verhimmelte Form eines Hinrichtungsinstruments für Sklaven. Sozialistischer Realismus im byzantinischen Ravenna oder im fromm-orthodoxen Kasan. Finster lächelnde Königinmutter Maria mit dem altklugen grausamen Kind auf dem göttlich begnadeten Schoß – so machen erniedrigte Mädchen und erhängte Rebellen Karriere. Oder christentümlicher Realismus in der Sowjetunion, strahlende Bauern auf Traktoren, muntere Mädchen

Garben schwenkend, der heilige Stachanow, der unter Tage einen Weltrekord in Kohlebuddeln aufstellte – christentümlich-realsozia-listische Bilder überall dort, wo der Glaube an den Messias zur heiligen Pflicht wurde. Es gab auch andere Bilder, Töne, Wörter; nicht alles war Rotkitsch.

Iossif Wissarionowitsch Dschugaschwili aus Gori, Georgien, war den sich gnadenlos bekämpfenden Großgenossen um Lenin damals weitgehend unbekannt. Dschugaschwili mischte sich nicht in die Kämpfe der Genossen ein. ER organisierte. Erst die Partei, dann Lenins Verscheiden, *with pomp and circumstance*. Die Pharaonen wurden mumifiziert und ihre Mumien sorgfältig versteckt. Lenins Mumie nicht. Hier wird eine Mumie ausgestellt, als zentrales Sakrament der neuen Weltreligion. Das ist einmalig in der Religionsgeschichte der Menschheit, die ja bunt genug war. Friedrich Engels wies an, dass er nach seinem Tode eingeäschert und seine Asche verstreut werden sollte. Tod ist Ende, die ganze Kraft ist dem Leben vor und nicht nach dem Tode zu widmen, Tote müssen also verschwinden, spurlos. Über ihre schriftlich festgehaltenen Vorschläge solle diskutiert, ihrer etwaigen Leistungen respektvoll gedacht werden, aber das sei dann auch alles. So hielten es Engels und viele Führer und Führerinnen der Zweiten Internationale, so hielten es auch Gorter und Roland Holst.[115] Dschugaschwili Inszenierung des Verscheidens Lenins stand im bewussten und absoluten Gegensatz zu sozialistischen Gepflogenheiten. Der Leninismus war geboren, die erste Weltreligion, die auf dem Reißbrett eines rationalen Bürokraten entworfen worden war. Und eine Weltreligion war das allemal. Weit über eine Milliarde von Menschen sollte an den *Marxismus-Leninismus* glauben, wie Stalin den Kult nannte – niemals Stalinismus. Stalin begründete seine Machtansprüche als Sachwalter Lenins; nur so wollte und konnte er alle Streitfragen in der heiligen Lehre des Marxismus-Leninismus ex cathedra entscheiden, *Stalin locuto, causa finita*. Alle glaubten an die *eine* Lehre, auch in den ketzerischen Kirchen Pekings, Pjöngjangs, Belgrads und Tiranas. Noch Gorbatschow rief dem Zentralkomitee 1988 zu: »Ich bin Leninist.«

Lenin schrieb, der Marxismus enthalte nichts, was einem Sektierertum im Sinne einer abgekapselten, verknöcherten Lehre ähnlich wäre. Aber in dem Aufsatz »Drei Quellen und drei Bestandteile des Marxismus« aus dem Jahr 1913 heißt es nur einige Zeilen weiter: »Die Lehre von Marx ist allmächtig, weil sie richtig ist. Sie ist in sich abgeschlossen und gibt den Menschen eine einheitliche Weltanschauung.« Für Stalin war das ein gefundenes Fressen, heilige, unanfechtbare, über jede Kritik erhabene Lehre. Kein Messias ohne heilige Lehre, kein Statthalter des Messias auf Erden ohne Unfehlbarkeit. Dschugaschwili war kein Messias. Stalin wurde zum Messias. Mit wenigen dürren Strichen zeichnen wir den Prozess der Messianisierung Stalins, des »Personen*kults*«, nach, wie Kommunisten die Pervertierung des Sozialismus selber nannten. Stalin musste schon 1928, nachdem er ihn verjagt hatte, einsehen, dass Trotzki Recht hatte: ohne erzwungene Aneignung des agrarischen Mehrprodukts durch den Staat keine schnelle Industrialisierung. Der Genosse Kuibyschew von der Hauptabteilung für ökonomische Verwaltung hatte es ihm vorgerechnet, und dessen Angestellter, der Genosse S. G. Strumilin, schrieb im Dezember 1927: »Unsere Aufgabe ist nicht ökonomische Forschung, sondern Änderung der Ökonomie. Wir sind an keine Gesetze gebunden ... Das Tempo der Entwicklung ist nur von menschlichen Entscheidungen abhängig.« Was Genosse Strumilin anmahnte, war nichts als die konsequente Fortsetzung der Lenin'schen Politik, Sowjets plus Elektrifizierung = nachholende Modernisierung, aber mit sozialistischen Entscheidungsstrukturen. Modernisierung wollten die Kommunisten, aber Diktatur des Proletariats war wohl doch etwas anderes. »Wir verändern die Ökonomie«, sagte der Genosse Strumilin; nicht die Ökonomie soll die menschlichen Entscheidungen bestimmen, vielmehr sollten die gesellschaftlichen Ziele die Ökonomie bestimmen. Entschieden wurde 1928 zunächst, zwecks forcierter Industrialisierung und gegen Nikolai Bucharin, nun doch die Bauern heranzunehmen; das Existenzminimum sollte ihnen erhalten bleiben (wie übrigens auch dem Industrieproletariat), das Mehrprodukt wurde ihnen unter Anwendung von Zwangsmaßnahmen genommen. Die Produktivitätssteigerung der Landwirtschaft ist überall die Voraussetzung für die Industrialisierung gewesen, im England des 18. Jahrhunderts nicht anders als auf dem europäischen Kontinent; überall war *Modernisierung* ein erbarmungsloser Prozess.[116] Auf den Dörfern in der ganzen Sowjetunion, zumal in der Ukraine, hatten sich die Sozialstrukturen kaum geändert. Der adlige Grundbesitzer wurde zwar verjagt und das Land verteilt, aber es gab nicht selten den Großbauern oder *Kulaken*[117], der sich bei der Verteilung des Bodens hervorgetan hatte und als Wucherer seine Mitmenschen auf dem Dorf von sich abhängig hielt. Zugleich diktierten die größeren Bauern die wirklichen Preise der Lebensmittel. Die sich ständig weiter öffnende »Schere« zwischen

den Preisen der Agrargüter und der Industriegüter war die Haupt-
figur in den Debatten seit 1926. Keine geringere als Rosa Luxemburg
hatte diese Entwicklung schon 1918 vorhergesagt[118]. Hauptparole
der Partei in der zweiten Hälfte der zwanziger Jahre war: »Tragt
den Klassenkampf in die Dörfer.« Aber die Partei hatte während der
Jahre 1926–1932 kein durchdachtes Konzept. Dekrete wurden erlassen, Dekrete wieder eingezogen, wieder andere erlassen, irgendwann
wurde durchgegriffen. Statt die Menschen für eine gemeinsame und
effektivere Wirtschaftsform zu gewinnen, wurden ab 1930 unzählige verjagt, die gar keine *Kulaken,* gar keine Ausbeuter waren. Was
Bucharin immer wollte, Überzeugungsarbeit und eine klare Linie,
ging 1931–1933 in einem religiös-fanatischen, *messianischen* Feldzug gegen die *Kulaken* unten. Dschingis Aitmatow hat das später in
seinem Roman *Abschied von Gülsary* beschrieben. Zahllose kamen
dabei ums Leben – Bucharin zahlte für seine Überzeugung noch
1938 mit dem Leben.

Ein mörderischer Hunger kam, 1932/33 und 1933/34. Eine Katastrophe für die 15 Jahre alte Sowjetmacht, die angetreten war, das
Elend ein für alle Mal zu vertreiben. Die Partei war Anfang der
dreißiger Jahre ratlos, alle führenden Genossen hatten noch Rechnungen mit fast allen anderen offen, Putschgerüchte kursierten, die
Partei drohte auseinander zu brechen – der Messias musste kommen. Er kam und führte drei Kriege: gegen die Bauern, gegen die
kommunistische Partei und, ihm von den deutschen Faschisten auf-
gezwungen, den »großen vaterländischen Krieg« gegen die Hitler-
armeen. Kaum einer von Lenins alten Kampfgefährten überlebte
Stalins messianischen Krieg gegen die Partei. Es gibt Parallelen in
der Moderne. Die Neuzeit begann mit einem Massenmord, mit den
Hexen- und Ketzerprozessen vom 15. bis zum 17. Jahrhundert. Auch
damals flehten Unschuldige, zu ihrem eigenen Seelenheil, um die
Hinrichtung. Wie verdiente Revolutionäre sich in aller Öffentlichkeit zu den unsinnigsten konterrevolutionären Verbrechen bekannten, so beschrieben auch die bestialisch gefolterten Frauen bis ins
Detail den Geschlechtsverkehr mit dem Satan. Ein Katholizismus,
der solche Verbrechen verordnete, hatte sich selbst verurteilt und
wurde in weiten Teilen Europas durch eine für die neue bürgerliche Klasse adäquatere Form (Luther, Calvin usw.) ersetzt. Der alte
inquisitorische Katholizismus erlebte dann seinen eigenen »zwan-
zigsten Parteikongress«, das Trienter Konzil (1545–1563), und
konnte so überleben. Die Strukturen blieben erhalten, die Exzesse

vermieden, wie in der Catholica, so auch in der Sowjet-Union nach 1956. Vielleicht kann nur ein orthodoxer Katholik den Stalinismus nachvollziehen.

Keine Modernisierungsdiktatur kam ohne terroristische Maßnahmen gegen ihre politischen Feinde aus, Taiwan und Südkorea sind die herausragenden Beispiele in der Periode 1960–1980. Sobald die Modernisierungsdiktatur jegliche Verbindung zu rationalen gesellschaftlichen Zielen verliert und die politischen Feinde immer mehr von eingebildeten Feinden (Hexen, Juden, Trotzkisten, imperialistischen Agenten usw.) verdrängt wurden, ist sie für die Vernunft nicht mehr zugänglich. Albert Camus reserviert den Terminus *terreur irrationale* für den deutschen Faschismus. Aber dieses Moment des Stalinismus war nicht weniger *terreur irrationale*. Vor ihm verstummt man. Genau dieser für die Vernunft unzugängliche Terror hat sich in alle kommunistischen Parteien wie eine unheilbare Angst eingenistet. Die Angst regierte diese Parteien, weshalb sie auch nach 1956 nicht in der Lage waren, die Probleme und Fehlentwicklungen angstfrei, wie unter vernünftigen Menschen, zu diskutieren. Kommunismus aber ist entweder Freiheit von Angst oder ein Albtraum.

2.4.4 1989 – Abschied vom Messias

Es gibt natürlich keine Geschichte, erst recht keine Heilsgeschichte, weder eine christliche noch eine leninistische. Geschichte war von jeher eine Luftnummer des deutschen Idealismus. Marx hat das Wort beibehalten, aber er hat versucht, mit dem idealistischen Rummel um das Wort aufzuräumen. Das ist ihm und vor allem Friedrich Engels nicht ganz gelungen. Engels glaubte an treibende Kräfte hinter der Geschichte der Klassenkämpfe und an letzte Instanzen. Bis in die achtziger Jahre war für viele Sozialisten und Kommunisten der Oktober 1917 die Zeitenwende überhaupt; ein Zurück würde gerade die materialistisch erfasste »Geschichte« nicht erlauben. Der Sozialismus, eine Welt ohne Ausbeutung, war in den Augen der Sozialisten das einzig vernünftige Ziel der Menschheit; ist es in einem Teil der Welt realisiert, würde der Rest der Welt unweigerlich folgen. Sozialismus ist allenfalls das Ziel *eines* Teils der Menschheit; der andere Teil, der ja von der Ausbeutung lebt und aus ihr seine Machtansprüche herleitet, suchte und sucht die Verwirklichung dieses Ziels mit allen Mitteln zu verhindern. Eine Gesellschaft ohne Ausbeutung ist

weder das *vernünftige* noch das *moralische* Ziel der Menschheit und
ihrer Geschichte an sich. Sie ist nur für einen Teil der Menschheit
eine vernünftige Lösung seiner Probleme, und dieser Teil kann so
seine Zielsetzung als »Sieg der Vernunft« feiern. Eine ausbeuteri-
sche Gesellschaft ist aber auch vernünftig, sogar moralisch zu recht-
fertigen, eben für den Teil der Menschheit, der von der Ausbeutung
lebt. Vom »Sieg der Vernunft« redeten die Sozialisten. »Wessen Vernunft?«, muss man fragen.

Wenn alle Geschichte die Geschichte von Klassenkämpfen ist,
dann gibt es verschiedene »Geschichten«, je nach den beteiligten
Klassen. Messianismus setzt im hehren Endziel einer klassenlosen
Gesellschaft oder eines Gottesreiches eine Homogenität voraus, die
es nur in einer idealistischen Geschichtsauffassung gibt. Viele Kommunisten oder Sozialisten sagten, man könne das Rad der Geschichte
nicht zurückdrehen. Wenn es denn Geschichte gibt, hat sie auf alle
Fälle keine Räder. Nehmen wir aber per absurdum an, es gebe sie und
sie habe auch Räder, zurückgedreht konnte dann doch werden, kräf-
tig: *Wende* hieß das. Fukuyawa sah 1989 das *Ende der Geschichte*
gekommen. Zum ersten Mal allein auf der Welt, beansprucht der
Kapitalismus den Endsieg. Das Scheitern eines messianischen Sozialismus ist noch lange kein Grund dafür, dem Kapitalismus ob seiner
tatsächlichen Effizienz für Kapitaleigentümer und ihre Profiteure
zum vermeintlichen Endsieg zu gratulieren. Abwarten, würden wir
zumindest raten.

Die bolschewistisch-kommunistische Gesellschaftsordnung war
einer *messianischen Wurzel* aufgepfropft, nämlich dem Anspruch,
definitive Lösung definitiver Probleme zu sein. Dieser Messianismus
gehörte zur Struktur der »Partei neuen Typs«, die Stalin freilich nicht
er-, sondern vorfand.[119] Messianismus verursacht Parteistrukturen,
die bestimmten Kirchenstrukturen des orthodoxen oder katholischen
Typs nicht unähnlich sind. Die Zwänge der Modernisierung verlangen ein spartanisches, daher diktatorisches Regime. Der Messianismus, also der Anspruch des Kommunismus bolschewistischen Typs,
die Lösung des Rätsels der Menschheitsgeschichte zu sein, führt
dagegen fast unvermeidlich zu jenem Furor, den Stalin zwischen
1935 und 1939 und dann wieder zwischen 1947 und 1953 entfachte.
Solange die Bolschewiki messianisch blieben, musste auf Lenin
Stalin folgen. Jeder Messias scheiterte, *musste* scheitern. Im Messianismus sind zwar Rückschläge, aber keine epochalen Niederlagen
wie die von 1989 vorgesehen. Das Problem aller Sozialisten war und

ist, dass die verheerende, epochale Niederlage von 1989 nicht vorgesehen war. Deswegen ist für viele von ihnen das Scheitern das Ende. Das Scheitern ist aber nicht *das* Ende, die messianische Illusion ist *am* Ende. 1989 ist nicht die Falsifizierung des Sozialismus; 1989 ist die Falsifizierung des Messianismus im Sozialismus und seines Evolutionismus zugleich.

2.4.5 Der Schlaf der Vernunft

Das Scheitern wurde 1989 zwar aktenkundig, aber mit dem Breschnew-System, seinem Zynismus, seiner politischen und vor allem ökonomischen Stagnation wurde es schon Ende der sechziger Jahre unaufhaltsam.

Besser als es eine Analyse sagen kann, sagen es die Dichter. Die letzten Jahre des sowjetischen Sozialismus beschrieb Juri Trifonow in seinen Romanen der siebziger Jahre. Er starb, 55 Jahre alt, im März 1981. Der letzte Roman Trifonows, *Zeit und Ort,* im Dezember 1980 in Moskau fertig gestellt (und dort 1981 erschienen!), war eine autobiographische Erzählung eines müden, kranken Mannes, der unter lauter müden, kranken Leuten lebte, eines Menschen, der das Leben eher beobachtete, als es selber zu leben. Kein Wille zum Leben, gar zu einem neuen Leben. Der Held, Sascha Antipow, hatte seinen Frieden mit seiner Müdigkeit gemacht, so wie die Sowjetunion, die ohne Aussicht auf Verwirklichung ihrer sozialistischen Ziele ihren Frieden mit dem Kapitalismus gemacht hatte. Natürlich glühen Reste des alten Feuers auf, aber es sind eben Reste. Die letzten drei Sätze des letzten Romans Trifonows: »Moskau umgibt uns wie ein Wald. Wir haben ihn durchquert. Alles andere hat keine Bedeutung.« (*Zeit und Ort,* 308)

Es fällt schwer, beim Nachhall dieser Worte über die Zukunft des Sozialismus nachzudenken. Zu Stalin fällt einem etwas ein: Er sei eine Perversion des Sozialismus gewesen, der Sozialismus sei besser und größer als Stalin usw. Aber wenn der Sozialismus von der Müdigkeit Sascha Antipows wie von einer tödlichen Krankheit angesteckt wird, dann bleibt nur dies zu sagen: »Der Winter ist zu Ende, ich habe ihn überlebt, auf den Straßen liegt haufenweise feuchter Schnee, er wird nicht abgefahren, nicht weggekehrt, er verschwindet von selbst in der warmen Luft …was sich angehäuft hat, schmilzt dahin, zurück bleibt Nässe.« *(Zeit und Ort,* 307).

Henriette Roland Holst schrieb 1949:

> Ist dies der Sozialismus? Sein Gesicht
> hat vom alten Glanztraum nichts mehr, strahlt kein Licht
> aus, keine Freiheit, keine Schönheit,
> dein Zauber, ganz verblichen.
> Was ist von dir geblieben, Sozialismus, mein Liebster?
> (*Wordingen,* 1949)

Weder die Vernunft noch die Moral sind homogen, sagten wir. Was für die eine Klasse vernünftig ist, ist für die andere, ihr diametral gegenüberstehende Klasse unvernünftig, und umgekehrt. Für einen gläubigen Liberalen ist Sozialismus Unvernunft; für einen Sozialisten ist kapitalistische Vernunft betriebswirtschaftliche Borniertheit und somit töricht. Beide halten ihr System für vernünftig, und zwar nicht nur in Hinblick auf die besonderen Interessen einer Klasse oder Gruppe, sondern auch in Hinblick auf das allgemeine Interesse der Menschheit. Für die Liberalen ist Freihandel und freie Marktwirtschaft die eigentliche geschichtliche Bestimmung der Menschheit. Sozialisten zweifeln – mit Recht, sagen *wir!* – an der Vernunft einer *rationalen Unsichtbaren Hand.* Wo aber ist ihre Vernunft geblieben? »Dein Zauber, ganz verblichen.« Deswegen fragten wir: »*Wessen* Vernunft setzt sich durch?« Die Antwort ist: die kapitalistische Rationalität. Aber diese erweist sich nur für eine Minderheit der Menschen als rational, gegen die Vernunft der Mehrheit, deutlicher als je zuvor. Der Sieg ihrer »Vernunft« ist für diese Mehrheit unvernünftig, töricht, ja dämonisch. Die Ohnmacht der Mehrheit setzt Dämonen frei. Wir wissen es nicht erst seit dem 11. September 2001.

Als das kurze Licht der Aufklärung in Spanien um 1800 erlosch, zeichnete Francisco Goya seine *Caprichos.* Goya war der gefeierte Porträtmaler der spanischen Granden. In den *Caprichos* aber zeichnet er das wahre, halluzinierende Antlitz Spaniens, wie einst Hieronymus Bosch den Untergang des feudalen Abendlands malte. Auf einer dieser Zeichnungen ist Goya selbst zu sehen, der am Tisch über seiner Arbeit eingeschlafen ist. Er träumt, er träumt von Monstern, er träumt das monströse Morden des Krieges, er träumt Ungeheuer, die um seinen Kopf flattern, Eulen, Fledermäuse, Katzen. Vor dem Tisch hat Goya eine Tafel aufgestellt. Auf ihr ist zu lesen: *El sueño de la razón produce monstruos,* der Schlaf der Vernunft produziert Monstren.

Jetzt ist die Bourgeoisie allein auf dieser Welt, allein mit den Monstren, die sie produzierte. Sie verkörperte in den Tagen Goyas das Licht der Vernunft, heute verkörpert sie den Schlaf der Vernunft. Die, die sie an ihre leuchtende Vergangenheit wirksam erinnern könnten, sind nicht mehr da. Die Amokläufe des beginnenden 21. Jahrhunderts sind nichts als die verzerrten und dämonischen Halluzinationen einer isolierten Bourgeoisie, die kein Gegenüber mehr hat.

»Was ist von dir geblieben, Sozialismus, mein Liebster?« Nichts als schwermütige Erinnerungen und gemischte Gefühle? Vielleicht. Aber das, was er einmal sein wollte, ist nach wie vor das Einzige, was den Autismus einer degenerierten Bourgeoisie heilen kann. Das neue Jahrhundert mag die Rückkehr des Liebsten erleben, des geläuterten, entschlossenen, weisen.

Nichts von Messias mehr.

III Recht

3.1 Zwei Verbote

3.1.1 Das Verbot der Sklavenhaltung

Über die als »Zehn Gebote« bekannte Liste von Grundregeln schrieben die alten Judäer eine Präambel:

Ich bin es [Gottesname], dein Gott,
der ich dich führte aus dem Land Ägypten
aus dem Haus des Sklaventums.

Die Präambel reflektiert historische Erfahrungen einer bäuerlichen Bevölkerung in einer Monarchie, basierend auf der Grundherrschaft der Eliten und der Versklavung der bäuerlichen Produzenten. Sie verband diesen Zustand mit den Verhältnissen im Ägypten des 7. und 6. Jahrhunderts v. u. Z. Dieses Ägypten war eine extrem zentralisierte Planwirtschaft.[120] Die bekannte Erzählung über den Großwesir Joseph, der in der Hungersnot der sieben mageren Jahre den ganzen Ackerboden in den Besitz des Pharaos brachte, beschreibt die Fassungslosigkeit, mit der die judäischen Bauern auf jenes »Haus des Sklaventums« blickten (Gen 47,13ff). Im alten Ägypten befand sich das Ackerland nahezu ganz in Staatsbesitz (Staat = Pharao), zumindest in den Zentralisierungsperioden; in den sogenannten Zwischenzeiten geriet das Ackerland in die Hände Einzelner, und die Ausbeutung der Bauern dürfte eher protofeudalen Charakter gehabt haben. Die Erträge wurden in der Zentralisierungsphase sorgfältig erfasst, gesammelt, gelagert und u. U. verteilt. Die Bauern waren in diesen Perioden de facto Staatssklaven.

Das Gebiet zwischen Mittelmeer und Jordan wurde von altorientalischen Despoten, darunter den Königen Jerusalems, regiert. In der Regel führten die Bauern auf den Domänen der Großgrundbesitzer und der königlichen Höfe ein Sklavendasein oder mussten, sofern sie kleine Grundbesitzer waren, immer um Haus und Hof fürchten (1Kön 21; 2Kön 8 usw.). Am Ende des 7. Jahrhunderts v. u. Z. wurde in Judäa eine Reform durchgeführt, die den politischen Interessen der Eliten in Stadt und Land entgegenkam. Es handelte sich hauptsächlich um eine Kult- und Verwaltungsreform, die die neuen Anforderungen der politischen Autonomie nach dem Zusammenbruch der Großmacht Assyrien berücksichtigte. Im 7. Jahrhundert v. u. Z., vielleicht auch etwas früher, haben sich sogenannte *Nebi'im,* Propheten, als Sprecher der bedrohten kleinen Bauern und versklavter Domänenbauern zu Wort gemeldet und eine andere Gesellschaftsordnung angemahnt, einen anderen *Gott*.[121] Kernpunkte ihrer sozial-ökonomischen Forderungen waren Bodenreform, Schuldenerlass und Befristung der Dienstbarkeitsverhältnisse (Freilassung der Sklaven nach sieben Jahren). Vor allem die ersten beiden Forderungen waren im ganzen alten Orient immer wieder zu hören. In den letzten Jahren der Jerusalemer Monarchie schaffte es Jirmejahu, der Sprecher der politischen Opposition, den König Zidkijahu (Zedekia, 598–587 v. u. Z.) zu einem Sklavenbefreiungserlass zu bewegen. Die Eliten mussten ihre Sklaven und Sklavinnen freilassen; sie ließen sie aber zwecks Weiterführung des Dienstverhältnisses sofort wieder einfangen (Jer 34,8ff). Für Jirmejahu und seine »Partei« hatte die Monarchie nach diesem Vorfall endgültig ihre Existenzberechtigung verloren.

Mit der Eroberung und Vernichtung Jerusalems, der Gefangennahme und Blendung Zidkijahus und der Ermordung seiner Söhne durch das babylonische Militär war die Monarchie erledigt. Der Großteil der städtischen Eliten und des Landadels wurde in drei Schüben deportiert, soweit er die Katastrophen überlebt hatte. Angehörige der Hofelite setzten sich nach Transjordanien ab. Der babylonische Militärgouverneur setzte eine Übergangsverwaltung ein und führte eine Bodenreform durch. Er gab den *ha'am haddalim,* den Armen des Volkes, Äcker und Weinberge. Der Text lässt keinen Zweifel daran, wer gemeint war: »die, die nichts haben« *('ascher 'en-lahem,* Jer 39,10). Die Bodenreform diente der Aufrechterhaltung der Produktion; soziale Motive kann man bei den Babyloniern nicht erwarten. Gleichwohl war die Maßnahme im Interesse der Besitzlosen. Das Ganze war aber als ein Provisorium gedacht, bis die Babylonier eine neue, nunmehr loyale Oberschicht aus einem anderen Reichsteil angesiedelt hätten.[122] Sie sind aus innen- und außenpolitischen Gründen nicht mehr dazu gekommen. Teile der Jerusalemer Eliten in Transjordanien versuchten einen Putsch zur Wiederherstellung der alten Verhältnisse, wohl in der Hoffnung auf Hilfe aus Ägypten. Der Putsch misslang, die Putschisten wichen nach Ägypten aus und nahmen Jirmejahu als Geisel mit. So entstand eine Situation, in der die Armen des Volkes auf sich gestellt waren. Ihnen drohte stets Gefahr seitens der emigrierten judäischen Eliten in Ägypten. So wurde »Ägypten« aufgrund seiner Sozialstruktur und der Tatsache, dass es den verhassten Emigrantencliquen eine Heimat bot, zum Inbegriff der Unterdrückungs- und Ausbeutungsmacht.

Die neuen Grundeigentümer und anderen Kleinbauern erarbeiteten sich unter der Anleitung levitischer Priester – Parteigänger Jirmejahus – eine Rechtsordnung, die man mit einem Begriff von Christian Sigrist »regulierte Anarchie« nennen kann. Von den politischen und sozialen Erfahrungen im 6. Jahrhundert v. u. Z. rückwärts blickend, entstand eine Geschichtslegende, die von einer ursprünglichen Landverheißung und vor allem von der Befreiung aus dem Haus des Sklaventums, Ägypten, ausging, eine *Gesellschaft ohne Staat* kannte und die monarchische Periode streng nach den Maßstäben der im 6. Jahrhundert Gestalt annehmenden egalitären Gesellschaftsordnung beurteilte. Es handelt sich dabei weitgehend um *Erzählungen,* um *fiction* und nicht um *reality.* Aber die Fiktion war eine gesellschaftspolitisch *produktive* Fiktion. Der Rückblick auf die Vergangenheit sollte der Festigung einer erwünschten politischen Ordnung dienen. Es handelt sich um eine bewusste *post-staatliche* Neuordnung der Gesellschaft. Sie kannte keine Zentralinstanz; die Monarchie hatte dem Land nichts als Elend gebracht, und eine Neubelebung war weder politisch möglich – die Zentralregierungen in Mesopotamien bzw. Persien hätten dies auch nicht zugelassen – noch erwünscht.[123] Die Aufgaben eines Königs wären in dieser politischen Ordnung allenfalls rein zeremonieller Natur: auf dem Thron sitzen, die *Tora,* das Dokument ihrer Rechtsordnung, lesen und auf die üblichen Privilegien (Pferde, Gold, Frauen) verzichten, »damit sein Herz sich nicht erhebe über seine Brüder« (5Mose 17,14ff). Solche fiktiven Könige unterschieden sich vollkommen von den realen altorientalischen Despoten. Die Rechtsprechung wurde von ehrenamtlichen Richtern besorgt, Krieg war Angelegenheit eines Volksheeres, das nur aus gegebenem Anlass zusammengerufen werden konnte. Abgaben waren höchstens zugunsten schwacher Gruppen zu leisten, wobei »schwach« Leute ohne Verfügungsrechte über Boden waren (Waisen, Witwen, Leviten[124]); die Verteilung übernahmen die Betroffenen selber. Für eine Zentralinstanz, etwa den königlichen Hof, blieb nichts von dem übrig, was im alten Orient die wesentlichen Aufgaben eines Staates ausmachte: Kriegführung, Tributabschöpfung, Rechtsprechung und Verteilung. Den Kernbestand dieser Rechtsordnung finden wir in einem althebräischen Buch, das die Juden *devarim, Reden,* und die Christen *Deuteronomium* oder *5Mose* nennen. Auch wenn man im Verlauf des 5. Jahrhunderts wegen der Tributpflichtigkeit gegenüber der persischen Zentralregierung nicht ohne eine eigene Zentralinstanz auskommen konnte – die persische Regierung brauchte einen zentralen Ansprechpartner zur Feststellung der Tributhöhe und der Form des Tributs –, war man bestrebt, höchstens eine »schwache Zentralinstanz« zuzulassen; die politische Klasse sollte keinen Grundbesitz und somit keine eigenen Interessen haben.[125] Solche egalitären und anarchischen Gemeinwesen sind weniger selten gewesen als man glaubt. In der Schweiz waren die mittelalterlichen Bauernrepubliken – die sogenannten Urkantone – analog strukturiert.

Man versteht, warum die Präambel der Befreiung aus dem Sklavenhaus, also *Freiheit,* nicht nur die »zehn Worte« – den Grundregelkatalog –, sondern die ganze künftige Rechtsordnung bestimmt. Die Rechtsordnung ist im Kern *Verbot der Sklavenhaltung.* Der Grundregelkatalog besagt nicht, wie die Leute im Detail leben sollen; er war kein *Moral*kodex. Acht der zehn *Ge*bote waren *Ver*bote; sie besagen, dass die Menschen auf alle Fälle *nicht* als Sklaven und Sklavinnen, nicht in einer Kommandowirtschaft leben wollen; sie hatten eine *ordnungspolitische* Ausrichtung. Die »zehn Worte« enden mit einer zweifachen Aufforderung, nicht zu »begehren«:

Begehre nicht das Haus deines Genossen,
Begehre nicht die Frau deines Genossen, seinen Sklaven, seine Sklavin, seinen Ochs, seinen Esel,
alles, was sein ist.

Der Katalog wertet dieses Begehren als Grundverstoß gegen den Zusammenhalt der Gesellschaft. Haus, Frau, Bedienstete, Arbeitstiere usw. gehören zum Leben der Großfamilie. Das Begehren ist der Versuch, das, was die *Eigenheit* der Großfamilie sichert, das *Eigentum* im tiefsten Sinne des Wortes, zu entfremden und so den Prozess der Akkumulation einzuleiten. Das Verbot dieser Begierde ist das Verbot der Akkumulation.

Diese Rechtsordnung von Freien und Gleichen hat mit unseren *universellen Menschenrechten* wenig zu tun. Sie reservierte die Freiheit für die Oberhäupter der Großfamilien, die *Väter;* sie war eine durch und durch *patriarchalische* Gesellschaftsordnung. Die Wirtschaftseinheit der altjudäischen Gesellschaft wurde *beth-ha'ab, Vater*haus, genannt. Das Verbot der Sklavenhaltung galt nur für die Kinder des Volkes, Nachkommen der legendären zwölf Söhne Jakobs (Israels), bestimmt; nicht-israelitische Sklaven in einem judäischen *beth ha'ab* hatten den Rechtsstatus von Arbeitsvieh, sie konnten gekauft und verkauft werden (3Mose 25,44ff). Dass die Frau in einer Reihe von Besitztümern – Sklave, Sklavin, Ochs, Esel – auftaucht, sei es auch an erster Stelle, wirft ein bezeichnendes Licht auf den üblichen Rechtsstatus der freien Frau. Sie ist *prima inter pares* derer, die der Hausvater besitzt, inklusive der Kinder. Der Einzige, der hier eine herausgehobene Rechtsposition einnimmt, ist der älteste Sohn. Die altjudäische Rechtsordnung fungiert mit den zwei Verboten der Sklavenhaltung und der Akkumulation als *Grundparabel* und nicht als *Modell;* als paradigmatische *Erzählung* und nicht als Element einer *sozialpolitischen Theorie.* Das Stichwort lautet: *nicht begehren.*

3.1.2 Das Verbot der Akkumulation

Aus dem alten Judäa stammt eine Drohrede gegen die Eliten (Jes 5,8ff). Sie beginnt so:

> Wehe denen, die Haus an Haus reihen,
> Äcker Äckern hinzufügen,
> bis kein Platz mehr ist,
> ihr allein mitten im Lande wohnt!

In einer Agrargesellschaft, wo die Menschen nur von Landwirtschaft leben, ist außer der eigenen Arbeitskraft der Boden die Grundvoraussetzung für die Reproduktion des eigenen Lebens. Wenn der Boden in den Besitz weniger Mitglieder der Gesellschaft übergeht, bleibt für die vielen kein Platz, es sei denn, die wenigen weisen der Mehrheit einen Platz zum Leben und Arbeiten unter Bedingungen zu, die sie als Eigentümer stellen. In einer solchen Gesellschaft sind die Besitzlosen de facto Sklaven und Sklavinnen. Nach der Bodenreform der Babylonier verabredeten die ehemaligen Rechtlosen miteinander eine Rechtsordnung der Freien und Gleichen. Sie mussten rechtliche Regelungen finden, die die Entstehung des Großgrundbesitzes verhinderten. Sie entwickelten das Instrument des periodischen Schuldenerlasses und nahmen die ökonomischen Grundressourcen, Haus und Acker, aus dem Marktmechanismus heraus. Ein Besitzer von Acker und Weinberg ist in dieser Rechtsordnung – der *Tora* – kein Besitzer, sondern einer, der ein Anrecht auf die selbst erarbeiteten Erträge des Ackerlandes hat. Statt Besitz haben wir eigentlich nur *Nießbrauch.* Die Fiktion der Erzählung über die ursprüngliche Verteilung besagt, dass den Familien ein unveräußerlicher Anteil am Land zugesprochen wurde. Sie können zwar von ihrem Anteil getrennt werden – meist aufgrund von Verschuldung –, aber niemals unwiderruflich. Wer »verkauft«, überlässt dem »Käufer« eine Reihe von Erträgen; Eigentümer dieses Anteils kann der Käufer nicht werden, genauso wenig wie der Verkäufer es war. Nach einer bestimmten Zeit kehrt der Boden zu dem zurück, dem der Nießbrauch des ursprünglich überlassenen Grundstücks übertragen worden war. Die Menschen sagten, dass der *Eigentümer* des Landes allein der gestaltlose Gott des Landes sein soll, alle anderen nur *Nutznießer* (3Mose 25,23):

Das Land werde nicht unwiderruflich verkauft,
denn Mein [Gottesname] ist das Land,
denn Pächter und Fremde seid ihr verglichen mit mir.

Diese theologische Figur meint den Ausschluss von Eigentümerwillkür. Der Gott des Landes ist deswegen gestaltlos, weil ein Bildnis unweigerlich zu einer *Vorstellung* einer Eigentümerherrschaft wird. Götterbildnisse waren in der Regel Königsbildnisse. Deswegen ist Abbildung eines Gottes ein todeswürdiger Verstoß gegen den Kern der Rechtsordnung. Der Satz »Der gestaltlose Gott allein ist Eigentümer« heißt ordnungspolitisch: »Niemand ist Eigentümer, niemand kann frei über Grundbesitz verfügen.« Die altjudäische Torarepublik war der Versuch, eine stabile, allen das Überleben sichernde Rechtsordnung festzuschreiben. Das Ganze findet sich, abgesichert durch eine Reihe von detaillierten Rechtsverordnungen, in 3Mose 25,23ff (ausführlicher dazu Veerkamp 1993, 99ff). In der Antike war neben militärischer Eroberung Verschuldung vieler kleiner Besitzer der wesentliche Grund für die Entstehung von Großgrundbesitz. Da die Akkumulation des Grundbesitzes auf Dauer zu ökonomischen Krisen, vor allem zu Produktionsrückgang führte, wurden Bodenreform und Schuldenerlass in unregelmäßigen Abständen und nicht selten bei Dynastiewechsel oder Thronfolge von oben dekretiert. Aber anders als in der Torarepublik wurden zwar Rechtstitel auf Grundbesitz kreiert, sie waren aber prekär. Akkumulation war nicht verboten. Der Akkumulationsprozess fraß die Reformen sofort wieder auf, bis irgendeine neue Obrigkeit irgendwann neue Reformen verordnete. An der Unfähigkeit, eine rechtlich stabile Grundbesitzordnung für alle Bürger durchzusetzen, ist die römische Republik nach einem Jahrhundert blutiger Bürgerkriege zugrunde gegangen.

Das judäische Akkumulationsverbot war weder moralische Vorschrift noch Notbremse, sondern Kern einer konkreten Rechtsordnung, die durch Freiheit vom Sklaventum normiert wurde. Es war *politischer* Natur. In der »Torarepublik«[126] war es eine wesentliche

Aufgabe der Politik, Akkumulation zu verhindern. Ohne Akkumulationsverbot ist das Verbot der Sklavenhaltung hohl oder hätte, um mit Rawls zu sprechen, keinen »fairen Wert«. Inwieweit sich diese Rechtsordnung durchgesetzt hat, wissen wir nicht. Mitte des 5. Jahrhunderts musste der Provinzvorsteher Judäas, Nechemja (Nehemia), Schuldenerlass und Rückerstattung von Grundbesitz – wesentliche Elemente der egalitären Rechtsordnung – gegen Eliten, die hier *chorim wseganim* heißen, durchsetzen. Es handelte sich vermutlich um politische Funktionäre *(seganim)* und Menschen, die aus irgendeinem Grund von Abgaben – an die Reichsregierung? – freigestellt waren *(chorim)*.[127] Das spricht nicht gerade für einen reibungslosen Vollzug der egalitären Rechtsordnung, zeigt aber doch das ernsthafte politische Bemühen, der ursprünglichen egalitären Rechtsordnung Geltung zu verschaffen (Nehemia 5). Wir haben es nicht mit Utopien bzw. Moralvorstellungen ohne fairen Wert, sondern mit Politik zu tun. Mit ihrer Verfassung, basierend auf den zwei Verboten, verabschiedete sich die judäische Torarepublik von der Normalität der altorientalischen Ausbeutungsordnung, die wesentlich auf dem Kommando über fremde Arbeit basierte.

Im Laufe des 3. Jahrhunderts v. u. Z. holte die altorientalische Normalität – in der Form des Hellenismus – die Torarepublik wieder ein. Wie tief die in der Form ideologischer Auseinandersetzungen ausgetragenen sozialen Kämpfe gingen, zeigt die Tatsache, dass Judäa vom Beginn des 2. Jahrhunderts v. u. Z. bis zum Ende des 1. Jahrhunderts einen Zustand latenten und sehr oft offenen Bürgerkriegs erlebte und daran zugrunde ging.

Das Paradigma der zwei Verbote, des Verbots der Sklavenhaltung und der Akkumulation, korrespondierend mit zwei Geboten, dem Gebot der Freiheit und dem Gebot der Gleichheit, wenden wir jetzt auf die Akkumulationsprozesse im Allgemeinen an.

3.2 Das Wesen der Akkumulation

Akkumulation ist heute ein Prozess, in dem erzielte Gewinne teilweise oder ganz in das Produktionsunternehmen zurückgeführt werden. Da das Unternehmen dann über mehr Kapital verfügt, kann es bei gleichbleibender Arbeitsproduktivität mehr Maschinen und mehr Arbeitende einsetzen, einen höheren Umsatz erzielen und mehr Gewinne machen. Die Akkumulation des Grundbesitzes in vorkapitalistischen Perioden ist ein vergleichbarer Prozess. Je mehr Boden man erwirbt, desto mehr Sklaven müssen eingesetzt werden, um den Ertrag entsprechend dem größeren Grundbesitz erhöhen zu können; damals veränderte sich die Arbeitsproduktivität kaum. Seit dem 1. Jahrhundert v. u. Z. waren in Rom immer mehr Menschen außerhalb der Güterproduktion tätig. Sie waren Soldaten, verrichteten als Haussklaven Dienstleistungen für ihre Herren, oder sie arbeiteten gar nicht. Diese Menschen mussten unterhalten werden, nicht nur mit Brot, sondern auch mit Spielen – *(Events!)* würden wir heute sagen. Im Fall der antiken Gesellschaftsordnung deuten wir die Akkumulation als Akkumulation des Grundbesitzes und als Erweiterung des Kommandos über fremde Arbeit. Seit dem Hellenismus begann das Geld eine dominante Rolle als Akkumulationsmittel zu spielen. Jedes Vermögen – sei es als Sach- oder als Finanzkapital – bedeutet unmittelbares oder mittelbares Kommando über die Arbeitskraft anderer Menschen; der Ankauf großer Domänen mit vielen Sklaven und Sklavinnen durch die römischen Eliten in Nordafrika von Ägypten bis zum heutigen Westmarokko setzte nach der Ausschaltung Karthagos (146 v. u. Z.) einen Akkumulationsprozess ungekannten Umfangs in Gang. Die Bildung virtueller Vermögen bzw. virtuellen Kapitals (s. o. 1.4.1) setzte auch damals das Kommando über fremde Arbeit voraus.

Wir erwähnten Thorstein Veblens Buch *The Theory of the Leisure Class,* als wir von der bürgerlichen Verachtung gegenüber den Arbeitenden sprachen (s. o. 2.3.2). Die Übersetzung »Freizeitklasse« trifft die Sache nicht, denn die Angehörigen dieser Klasse »arbeiten« nicht selten bis zur Erschöpfung. Es geht um die Macht, andere Menschen jene materielle Arbeit verrichten zu lassen, die für die Gesellschaft unentbehrlich ist und dennoch als nicht ehrenvoll gilt. In einem von ihm erwähnten Artikel *(The Barbarian Status of Women)* sprach Veblen schon vor 1899 vom »barbarischen Status der Frauen« – die Arbeit, die Frauen verrichten, wurde und wird immer noch als minderwertig betrachtet, und nicht selten wurden die Frauen rechtlich von der Eigentumsfähigkeit ausgeschlossen.»Besitz entwickelte sich vom Zeichen eines erfolgreichen Beutezuges zum Zeichen der Vormacht der Besitzer solcher Güter über andere Mitglieder der Gemeinschaft« (1994, 18). In der Tora war körperliche Arbeit auch eine Qual (1Mose 3,17f) – Veblen nannte sie *irksome* (mühselig) –, aber kein Merkmal einer Klasse minderwertiger Menschen. Veblen ging es um die Macht von Menschen über Menschen, um die Macht über den gesellschaftlichen Arbeitsprozess als Grundlage für das Leben der *leisure class*.

Arbeit mag aus physischen Gründen mehr oder weniger *irksome* sein, aber solange die Arbeitenden ihren Arbeitsprozess selbst organisieren, ihn gleichberechtigt durchführen und über die Ergebnisse der Arbeit selber verfügen, ist Arbeit nicht nur Mittel zum Selbsterhalt, sondern die einzige Form der Selbstverwirklichung. *Irksome* wird die Arbeit erst richtig, wenn die Zusammenarbeit der Menschen Kommandostruktur annimmt. Sklavenarbeit unter der Fuchtel der Sklavenaufseher hat nichts mit Selbstverwirklichung zu tun, Arbeit in den Fabriken der neuen Industriezonen des Südens ebenfalls nicht. Lohnarbeit ist unfreie Arbeit, sie steht immer unter Kommando. Zwar können sich Lohnarbeiterinnen und Lohnarbeiter oft den Ort aussuchen, wo sie unfrei arbeiten können; insofern sind sie keine Sklaven oder Sklavinnen bzw. Leibeigenen. Aber solange sie über kein anderes Vermögen als ihre Arbeitskraft verfügen, müssen sie unfrei arbeiten. Die – manchmal recht theoretische – Freiheit, den Arbeitsort selber zu bestimmen, verdeckt diese Unfreiheit. Die Kommandostruktur erfahren sie sofort, wenn sie den Fabrikeingang durchschreiten oder am Pförtner des Bürogebäudes vorbeimarschieren.

Warum und wann nahm Arbeit Kommandostrukturen an?[128] Wir stellen fest, dass das Kommando über Arbeitskräfte notwendig mit dem Kommando oder der Verfügungsgewalt über ökonomische Grundressourcen – Boden, allgemein Produktionsmittel – zusammenhängt. Wer sich das Kommando über fremde Arbeit, d. h. Arbeit anderer Menschen, anmaßt, kann sich das nur erlauben, wenn er schon vorher das Kommando über Ressourcen innehatte. Das Kommando über den Arbeitsprozess setzt den Besitz der ökonomischen Ressourcen voraus, aber der Besitz vermehrt – *akkumuliert* – sich erst durch die Anwendung fremder Arbeit. Großgrundbesitz ohne Sklaventum rentierte sich ebenso wenig wie Sklaven ohne Grundbesitz.[129]

Die Verteilung des Wohlstands und der wirtschaftlichen Macht auf die einzelnen Angehörigen der *leisure class* lief in der späten Antike bereits über das Medium Geld, und der Wetteifer der Eliten war ein Wetteifer um vorzeigbares Geldvermögen, *pecuniary emulation,* um mit Veblen zu reden. Geld war von Anfang an mehr als potenzielle Kaufkraft, es war und ist Ausweis der Macht. Doch bis weit in die Neuzeit blieb der Grundbesitz die eigentliche Basis von Macht und Wohlstand. Bis zum 19. Jahrhundert wurden Kriege um Land geführt; seit dem 20. Jahrhundert werden Kriege zunehmend um die Kontrolle über die Ressourcen und ihre freie Marktgängigkeit geführt, Grundstoffe, Marktzugang. Der Kalte Krieg – im Süden immer ein sehr »heißer« Krieg – war im Wesen ein Krieg um den Zugang zu globalen Märkten; es musste verhindert werden, dass größere Teile des Weltmarkts der globalen Steuerung durch die Besitzer der ökonomischen Ressourcen entzogen wurden. Nur durch die Steuerung der Märkte kann die Organisation fremder Arbeit im Interesse der Besitzenden und so die wirtschaftliche Macht gesichert werden.

Das Verbot der Akkumulation der Grundressource »Boden« war eine außerordentliche kluge Maßnahme Das Problem war damals und ist heute die *Anhäufung* des Besitzes. Durch die Akkumulation wird aus gesellschaftlicher Arbeit *unfreie* Arbeit. Der Liberalismus würdigt das Streben, *Besitz* zu mehren, als originäres und wesentliches Menschenrecht. Die Anhäufung von Besitz, vor allem die Anhäufung von Geldvermögen, begründet und verfestigt jedoch die Macht von Menschen über andere Menschen. John Locke hatte durchaus Recht, als er das Geld als effektivstes – und in seinen Augen erlaubtes – Mittel zu ungehinderter Anhäufung von Besitz betrachtete *(Second Treatise of Government* 5, § 46ff; vgl. Duchrow/Hinkelammert 2002, 79ff). Erst Geld macht die gigantische Ballung moderner wirtschaftlicher Macht möglich. Für den Liberalismus ist Freiheit die im Rahmen der verabschiedeten Gesetze ungehinderte Fähigkeit, Besitz anzuhäufen. Private Akkumulation und gesellschaftliche Freiheit schließen sich gegenseitig aus.

Die Arbeitskraft ist, wie gesagt, das Vermögen, mit dem sich jeder Mensch auf seine eigene Art in den Prozess der gesellschaftlichen Kooperation einbringt. Die eigene Arbeitskraft ist daher das eigentliche *Eigentum* eines Menschen. Um sich am Leben und bei Kräften zu halten, bedarf er materieller Ressourcen. In der von uns beschriebenen altjudäischen Gesellschaft war Boden Grundressource. Ohne sie hatte die Arbeitskraft keinen Bezugspunkt. Beide zusammen,

Arbeitskraft und Grundressource, gehören zum *Eigentum* und so zum Vollzug der *Eigenheit* eines Menschen. In unserer modernen Gesellschaft sind die meisten Menschen von den Grundressourcen getrennt, besser gesagt: getrennt *worden*. Aber sie werden auch, und zwar auf eine sehr eigentümliche Weise, von ihrer Arbeitskraft, von ihrem *Eigentum,* getrennt. Im Kapitalismus nimmt die Verwendung der eigenen Arbeitskraft in der Regel die Form der *Lohnarbeit* an. Die meisten Menschen sind nicht nur gezwungen, unter dem Kommando anderer zu arbeiten, sie sind sogar darauf angewiesen, dass andere ihr Kommando wirklich ausüben und sie »beschäftigen« – sie für ihr »Geschäft« in Dienst nehmen. Die einen *müssen* sich unter das Kommando anderer begeben, die anderen *können* sie unter ihr Kommando nehmen, *müssen* es aber nicht. Wir kommen darauf ausführlicher zu sprechen. Für das Leben unter Kommando müssen sich die Menschen »rekommandieren«. Der heutige Sprachgebrauch weiß mehr als er zugeben will. Menschen werden dazu ermutigt, »sich zu verkaufen, sich zu vermarkten«, und dieser Sprachgebrauch hat längst in Familie und Schule Eingang gefunden. Man hat sich mit der Tatsache abgefunden, dass es einen Arbeitsmarkt gibt, der wie die anderen Teilmärkte, Gütermärkte, Geld- und Kapitalmärkte, nach dem Gesetz von Angebot und Nachfrage funktioniert. Wo ein Mensch »sich verkauft, vermarktet«, wird er im wahrsten Sinne des Wortes *enteignet*.

Der Arbeitsmarkt ist der Ort, wo heute das Kommando über fremde Arbeit organisiert wird. Der Zweck dieses Kommandos ist die Akkumulation, und der Zweck der Akkumulation ist Vergrößerung und Konzentrierung wirtschaftlicher Macht – von Macht überhaupt. Der Arbeiterbewegung war es in den kapitalistischen Ländern gelungen, zwar nicht die Existenz eines Arbeitsmarktes zu verhindern, ihn aber vorübergehend strengen Regulierungen zu unterwerfen mit der Folge, dass der Arbeitsmarkt ein anderer Markt als der Gütermarkt war. Mit dem Verschwinden dieser Regulierungen war die Differenz zwischen Arbeitsmarkt und anderen Märkten praktisch aufgehoben, und wo es diese Unterschiede noch gibt, ist die Politik als *Reformpolitik* vorrangig bestrebt, sie auszumerzen. Kommando und Akkumulationsfreiheit sollen tunlichst wenigen Beschränkungen unterliegen. Bürgerliche Politik überhaupt ist Gewährleistung der Akkumulationsfreiheit; sie ist die Absicherung wirtschaftlicher Machtkonzentration, denn Bürgertum ist in erster Linie *Besitzbürgertum*. Dieses ist zunächst bestrebt, den Besitz gegen den Zugriff des Staates zu

sichern und ungehindert zu mehren. Dazu muss es das unangefoch-
tene Kommando über den Prozess der gesellschaftlichen Kooperation, den Arbeitsprozess, haben. Die Macht des Besitzbürgertums
beruht auf der Macht über den Arbeitsprozess; diese Macht legitimiert es durch den Besitz der Produktionsmittel bzw. die Verfügungsgewalt über die Produktionsmittel. Der Sinn des Staates liegt
für das Bürgertum darin, jene *Legitimation* des Kommandos über
den Arbeitsprozess durch entsprechende Gesetze *(leges)* zu besorgen und gegebenenfalls zwangsweise durchzusetzen. Je mehr Arbeit
ein Mitglied dieses Bürgertums kommandiert, umso größer ist seine
Macht, gleich ob es dieses Kommando direkt, als Unternehmer, oder
indirekt, als Besitzer von Geldvermögen, ausübt. Der Nachweis des
Besitzumfangs war immer und ist heute mehr denn je der Ausdruck
von Macht. Der Umfang des Besitzes physischer Produktionsmittel
kann nur durch eine Geldsumme ausgedrückt werden. Deswegen
haben die an sich absurden Jahresgehälter in Millionenhöhe Sinn; die
Höhe entscheidet über die Rangordnung derer, die Macht ausüben.[130]
Sowohl der Besitz an physischen Produktionsmitteln als auch das
ganze virtuelle Kapital – die ganze »Welt der Papierchens« (Marx),
Aktien, Schuldtitel aller Art und ihre Derivate – stehen und fallen mit
dem Kommando über reale Arbeit realer Menschen. Der schmalen
Elite der Spekulanten dient ein riesiges Heer arbeitender Menschen.
Diese Menschen leben überwiegend in sehr bescheidenen, sehr oft
in erbärmlichen Verhältnissen. Viele adlige Helden der großen russischen Romane des 19. Jahrhunderts hatten Spielschulden. Am Ende
mussten sie das Gut, dessen Einkünfte ihnen ein Leben in Luxus und
in den Kasinos ermöglichten, verkaufen. Woher kam das Geld, das
sie verspielten? Es kam von der Arbeit der Bauern der Zarenzeit,
der *Muschiks*. Die Blaublütigen ließen ihre *Muschiks* im Dreck leben
und von ihren Aufsehern verprügeln. Hier hilft die Literatur (Tolstoi,
Turgenjew usw.) der ökonomischen Wissenschaft. Alles Geld, das
an der Börse verspekuliert wird, stammt von den *Muschiks* dieser
Welt; sie leben nicht weniger erbärmlich als die russischen *Muschiks*
des 19. Jahrhunderts, freilich heute nicht auf landwirtschaftlichen
Gütern, sondern in Stadtvierteln, die oft nicht mehr als Müllhalden,
und in Gebäuden, die mehr Gefängnisse als Werkstätten sind.[131] Zins-
versprechungen, erst recht die Geldvermehrungssegnungen, die man
sich von der Börse erhofft, basieren auf der realen vergangenen Arbeit
der Menschen, »geschwängert mit einem Stück gegenwärtiger und
zukünftiger lebendiger Arbeit«, wie Marx sagt (MEW 25, 412). Das

Kommando über den Arbeitsprozess ist und bleibt in jeder Gesellschaft die absolute und notwendige Voraussetzung für die Akkumulation. Insofern ist Geld tatsächlich ein Schleier; es tendiert dazu, die
Basis gesellschaftlicher Macht, Aneignung fremder Arbeit, so zu ver-
decken, dass gerade sie unsichtbar wird. Geld mag die Welt regieren,
aber ohne fremde Arbeit wird das Geld zum König ohne Königreich.

Die Menschen im alten Judäa wussten, dass die wirtschaftliche
Macht Einzelner die Freiheit aller anderen außer Kraft setzt. Deswegen schlossen sie die Akkumulation der ökonomischen Grundressource, des Bodens, aus. Das Ergebnis war nicht irgendeine Form
von Ursozialismus. Es ging nicht um die gemeinsame Verwaltung
von Grundressourcen, eher um eine Assoziation freier und autarker
Produzenten. Diese Form war nur in Gesellschaften möglich, wo
die Arbeitsteilung wenig entwickelt war. In unserer Gesellschaft ist
eine solche Assoziation illusionär. Diese Illusion wird durch eine
Kleinstunternehmensideologie nach Kräften gefördert. Doch solche
Miniunternehmer und -unternehmerinnen sind und bleiben der Kommandostruktur der Gesamtwirtschaft ausgeliefert und begreifen sich
gegenseitig nicht als Assoziierte, sondern als Bedrohung, eben als
Konkurrenz.

Der Liberalismus feiert die freie Konkurrenz als das wirksamste
Mittel gegen die Konzentration wirtschaftlicher Macht. Diese
Anschauung ist reiner Aberglaube. Schumpeter hat diesen Aberglauben zerpflückt wie eine Strohblume. Als Anfang der fünfziger Jahre
des vorigen Jahrhunderts der erste Supermarkt aufmachte, jubelte
man über diesen »Fortschritt«. Nachahmer schlossen sich an, die ersten kleinen Läden verschwanden. Heute diktieren wenige Lebens-
mittelketten und Discounter das Geschehen. Auch hier herrscht Konkurrenz, und zwar eine mörderische. Vorübergehend fallen die Preise;
nach Ausschaltung wichtiger Konkurrenten steigen sie wieder. Den
Preisdruck geben Handelsoligopole wie Aldi, REWE usw. an ihre
Lieferanten weiter, diese wiederum an die Landwirtschaft. Konkurrenz mag ihre Vorteile haben, ein Mittel zur Einschränkung wirtschaftlicher Macht ist sie gerade nicht. Konkurrenz ist das Streben,
die Konkurrenten vom Markt zu verdrängen, Macht also *nicht* zu teilen. Wo das nicht gelingt und wo der Wettbewerb über die Preise ein
unkalkulierbares Risiko darstellt, versucht man, den Konkurrenten
über das Aufpolieren der Produkte loszuwerden. Konkurrenz ist versuchte Aufhebung von Konkurrenz. Der Liberale tröstet sich mit der
Hoffnung, dass die Selbstausschaltung der Konkurrenz nicht gelin-

gen kann. Tatsächlich liegt die Produktion von Nahrungsmitteln, Kleidung, langlebigen Konsumgütern, Energie usw. in den Händen relativ weniger und sehr mächtiger Anbieter, die sowohl die Versorgung zu von ihnen diktierten Preisen als auch die Form des Arbeitsprozesses bestimmen. Abgesichert werden die Geschäfte über informelle und stillschweigende Absprachen, wie man an jeder Tankstelle erfahren kann. In der Regel können die Kartellbehörden solch »marktwidriges« Verhalten nicht beweisen, und es herrscht das Brecht'sche Prinzip: »Und ein Haifisch ist kein Haifisch, wenn man's nicht beweisen kann«. Wenn der Konkurrent nicht aufgibt, muss man ihn einbinden. Wird so Macht geteilt, wird dem *Newcomer* der Marktzugang erschwert und bleibt die freie Konkurrenz auf der Strecke; wird die Macht nicht geteilt, gibt es erbarmungslose Wirtschaftskriege und bleiben die Konkurrenten und die meisten der von ihnen kommandierten Menschen auf der Strecke. Wenn die Politik hier überhaupt »gestaltet«, gestaltet sie zugunsten der Wirtschaftseliten und verhindert den Schutz der Kommandierten, Stichwort »Brüssel«. Mehr denn je ist Wirtschaft Kommandowirtschaft, weniger denn je ist Freiheit real. Indem der Liberalismus das Akkumulationsverbot aus Prinzip missachtet, verspielt er das, was er stets als sein ureigenes Wahrzeichen anpreist: die Freiheit. Wie die entfesselte Konkurrenz dazu tendiert, Konkurrenz überhaupt aufzuheben, tendiert die entfesselte Akkumulationsfreiheit dazu, Freiheit überhaupt aufzuheben. Weil das »Recht« auf Akkumulation das Recht der Besitzlosen vernichtet, offenbart sich die geltende Rechtsordnung als reine Gnadenordnung; Liberalismus und Freiheit schließen sich aus (s. o. 1.5.2).

3.3 Gnadenordnung oder Rechtsordnung?

Ein *Mensch* kann nur in einer lebenslänglichen Kooperation mit anderen *Menschen* zum *Menschen* werden. In diesem Satz taucht das Wort *Mensch* dreimal auf, zweimal im Singular, einmal im Plural. Der Plural bezieht sich auf die menschliche, also soziale Umwelt. Der Ausdruck *Kooperation mit anderen Menschen* ist eine Umschreibung dessen, was wir immer *Gesellschaft* genannt haben. Der erste Singular, das Subjekt des Satzes, ist unbestimmt; wir wissen noch nicht, was *Mensch* eigentlich bedeutet. Der zweite Singular gibt das Ziel an. Durch die *gesellschaftliche* Kooperation mit *Menschen* hat sich ein *Mensch* als *Mensch* verwirklicht, er hat das erreicht, was *menschliche Würde* heißt. Das *Grundrecht auf menschliche Würde* ist konkret das Recht, sich nach Maßgabe der eigenen Begabungen und Fähigkeiten in die gesellschaftliche Kooperation einzubringen. Die klassischen Grundfreiheiten – Gewissensfreiheit, freie Meinungsäußerung, Pressefreiheit, Versammlungsfreiheit, Gleichberechtigung und faire Chancengleichheit beim Zugang zu öffentlichen Ämtern – sind der formale Rahmen, in dem das Grundrecht auf menschliche Würde in Anspruch genommen wird. Die inhaltliche Füllung des Rahmens wird durch die Kommandostruktur der gesellschaftlichen Kooperation de facto unmöglich gemacht.

Zwischen den Wirtschaftssubjekten gibt es Marktbeziehungen. Die ideale Marktstruktur ist die, in der die Marktteilnehmer, sei es als Nachfragende, sei es als Anbietende, jeder für sich nicht über genügend Macht verfügen, die Tauschbedingen (Preise) für die anderen Marktteilnehmer zu bestimmen. Auf solchen *idealen* Märkte sind alle Marktteilnehmer gleichberechtigt, weil sie über gleiche Macht verfügen. Freiheit bedeutet dann, bestimmte Marktbeziehungen einzugehen oder auch nicht. Der Liberalismus geht von der realen Existenz *idealer* Märkte aus. Sie sind aber rein theoretische Konstrukte. Tatsächlich sind die meisten Märkte, auf denen die Güter des täglichen Bedarfs und die langlebigen Konsumgüter angeboten und nachgefragt werden, *oligopolistisch* strukturiert. Wenige Marktteilnehmer bestimmen die Austauschbedingungen; in der Regel handelt es sich um Anbieter, etwa in der Automobilindustrie, aber auch um Nachfragende, wie Automobilkonzerne im Verhältnis zu ihren Zulieferern, Handelsketten zur Lebensmittelindustrie, diese wiederum zu den landwirtschaftlichen Einzelproduzenten. Marktwirtschaft ist eine Sache von viel Macht und wenig Freiheit. Auch auf dem Kapital-

markt herrschen oligopolistische Strukturen; Manager großer Fonds
können allein schon mit der Drohung, bestimmte Aktien abstoßen
zu wollen, die betreffenden Unternehmen dazu veranlassen, rigorose
Sparmaßnahmen durchzuführen, wollen sie keinen Einbruch ihrer
Aktienkurse und somit den Verlust wichtiger Refinanzierungsmög-
lichkeiten riskieren. Auf dem *Arbeitsmarkt* herrscht im Allgemeinen
kein Machtgleichgewicht. Das gilt erst recht, wenn einige wenige
Großunternehmen in einer bestimmten Region Beschäftigung veranlassen. Das Pharmaunternehmen Braun AG in Melsungen (Ost-
hessen) konnte in diesem strukturschwachen Gebiet schon vor Jahren die 40-Stunden-Woche ohne Lohnausgleich mit der Drohung der
Produktionsverlagerung nach Barcelona durchsetzen, weil die Produktionsverlagerung für die Menschen dieser Region eine soziale
Katastrophe gewesen wäre. Arbeitnehmer und Arbeitnehmerinnen
hatten nicht wirklich die Freiheit, das Ansinnen der Braun AG abzulehnen. Darüber hinaus ist Arbeitskraft eine sehr besondere Ware. Sie
ist unlöslich mit dem Leben der Träger und Trägerinnen der Arbeitskraft verbunden. Diese müssen ihre Arbeitskraft als »Ware« verkaufen bzw. vermieten. D. h. sie müssen *sich selbst* als »Ware« verkaufen
oder vermieten, um menschenwürdig leben zu können; sie *müssen*
bestimmte Marktbeziehungen eingehen, erst recht in Regionen mit
hoher Arbeitslosigkeit. Verfügen sie nicht über Verhandlungsmacht
oder über ausreichendes Vermögen außer ihrer Arbeitskraft, haben
sie keine andere Wahl, als die Bedingungen, die die Nachfragenden
nach Arbeitskraft diktieren, zu akzeptieren. Unter diesen Verhältnissen sind die garantierten Freiheiten und Grundrechte vorwiegend for-
maler Natur. Es fehlt das, was Rawls »fairen Wert der Grundfreiheiten« und »faire Chancengleichheit« nannte. Wir zitieren Marx:

> Die Bürger haben sehr gute Gründe, der Arbeit *übernatürliche Schöp-
> fungskraft* anzudichten; denn grade aus der Naturbedingtheit der
> Arbeit folgt, dass der Mensch, der kein andres Eigentum besitzt als
> seine Arbeitskraft, in allen Gesellschafts- und Kulturzuständen der
> Sklave andrer Menschen sein muss, die sich zu Eigentümern der
> Natur gemacht haben. Er kann nur mit ihrer Erlaubnis arbeiten, also
> nur mit ihrer Erlaubnis leben. (MEW 19, 15)

Den Gesellschaftszustand, in dem Menschen, die nur über ihre
Arbeitskraft als Vermögen verfügen und nur mit der Erlaubnis ande-
rer arbeiten und letztlich leben können, nennen wir *Gnadenordnung.*
Wer arbeiten *will,* muss sich »bewerben«; ob er arbeiten *kann,* hängt

von einer positiven Antwort auf seine Bewerbung ab. Er kann diese Antwort weder erzwingen noch einklagen, er muss abwarten. Arbeitslose müssen Dutzende von Bewerbungen schreiben und warten, bis sie eine positive Antwort bekommen. Nicht selten bleiben Bewerbungen ohne jegliche Antwort. In solchen Augenblicken zeigt sich die Gnadenlosigkeit der gesellschaftlichen Ordnung, von Rechtlosigkeit erst gar nicht zu reden. Solche, die einen durchschnittlichen Schulabschluss haben, weil sie wie die meisten Menschen über durchschnittliche Begabungen verfügen, müssen mehr als andere erfahren, wie abhängig sie für den Rest ihres Lebens von der Gnade anderer sind. Der kapitalistische Arbeitsmarkt ist die Grundinstitution nicht einer *Rechts-*, sondern einer *Gnadenordnung*.

Die gesellschaftliche Kooperation wird organisiert und strukturiert durch die Gesellschaftsmitglieder, die über Produktionsmittel verfügen bzw. diese besitzen. In der Regel nimmt die gesellschaftliche Kooperation die Form der *Lohnarbeit* an. Solange die Menschen nicht über anderes Vermögen als ihre Arbeitskraft verfügen, bleibt ihnen kaum etwas anderes übrig, als sich gegen *Lohn* zu verdingen. Nur eine Minderheit hat die Veranlagung und die Fähigkeit, sich so selbständig zu machen, dass ihre Selbständigkeit die eigene Existenz und die ihrer Kinder wirklich *sichern* kann. Die Gründung von Kleinstbetrieben im Dienstleistungssektor wird als Ausweg aus der Arbeitslosigkeit angepriesen. Diese Kleinstunternehmen ermöglichen in der Regel prekäre Existenzen, weil sie sich in einer mörderischen Konkurrenz untereinander befinden. Sie müssen sich gegenseitig unterbieten. Sie verfügen nicht über das Vermögen (Kapital), den Betrieb über schwierige Zeiten hinüberzuretten. Nur wenn bei Lebensgemeinschaften eine(r) über eine gewisse Sicherheit verfügt – eine feste Stelle hat –, kann der (die) andere das Abenteuer einer solchen prekären Unternehmung wagen. Mit unüberbietbarem Zynismus haben »Reformer« solche durchweg chancenlosen Unternehmungen »Ich-AG« genannt. Unterentwickelte Gesellschaften weisen in der Regel einen ausgedehnten Dienstleistungssektor auf, vor allem in Form von Kleinstbetrieben (Klein- bzw. Straßenhandel, Kleingewerbe usw.). Der Weg in die prekäre Selbständigkeit ist eine Regression, ein Rückschritt in die Unterentwicklung. Eine unterentwickelte Gesellschaft ist eine Gesellschaft von »Ich-AGs«. Ein »Ende der Arbeitsgesellschaft«, wie es Möchtegern-Philosophen so oft beschwören, findet tatsächlich statt: das *Ende der formalen Lohnarbeitsgesellschaft* und der *Anfang der informellen*

Ich-AG-Gesellschaft. Eine Gesellschaft wie die der USA ist das konfliktreiche Nebeneinander von entwickelter und unterentwickelter Gesellschaft, ein Nebeneinander von Großunternehmen und Einmenschbetrieben, die marginale Dienstleistungen anbieten. Dem entspricht auf anderer Ebene das Nebeneinander von Nobelpreisträgern und einer inakzeptablen Zahl von Analphabeten. In der Entwicklungstheorie hat man ein solches Nebeneinander *duale Entwicklung* genannt. Dass es in unserer Gesellschaft eine nicht geringe Zahl von Straßenkindern geben würde, war noch Ende der siebziger Jahre des 20. Jahrhunderts unvorstellbar. Ein Vierteljahrhundert später ist dieses Elend in Ballungszentren wie Berlin für alle, die sehen können und wollen, sichtbar. Prekäre Existenzen der Eltern führen zum Verlust elementarer Geborgenheit der Kinder. Das Resultat sieht man auf jedem Berliner Innenstadtbahnhof. Was »Reformpolitik« bewirkt, ist die *Dualisierung* der Gesellschaft – Entwicklung neben Unterentwicklung. Indem sie die USA immer wieder als das große Vorbild darstellt, gibt sie zu erkennen, dass diese *Dualisierung* ihr eigentliches Ziel ist.

Nur eine winzige Minderheit verfügt über solch exklusive Begabungen und Fähigkeiten, dass sie sich Lohnarbeitsstellen nach eigenem Geschmack aussuchen kann. Die übergroße Mehrheit der Menschen ist davon abhängig, dass andere Menschen etwas unternehmen, das dieser Mehrheit Lohnarbeitsstellen schafft. Andernfalls muss sie sich in die Zwischenwelt der »Ich-AGs« begeben, die Welt zwischen formeller Beschäftigung und informeller Arbeit der aussichtslosen Schufterei, Prostitution, Kleinkriminalität und Bettelei, wie das in vielen Ländern des Südens normal ist, trotz »50 Jahre »Entwicklungshilfe«, trotz Kapital- und Technologietransfers usw. Auch in den Ländern des Nordens wird das für immer mehr Menschen *normal* sein, den *Normen* eines liberal oder neu-sozialdemokratisch regulierten Kapitalismus entsprechend. In solchen Gesellschaften herrscht kein *wahres Recht,* sondern *erhoffte Gnade.* Seit der Abschaffung des absoluten Königtums »von Gottes Gnaden« sind wir gesellschaftlich gesprochen kaum wesentlich weiter gekommen. Gnade ersetzt Recht, und das umso mehr, als das Gleichgewicht der Kräfte zwischen den Menschen, die über Produktionsressourcen verfügen, und den Menschen, die nur ihre Arbeitskraft als Eigentum haben, im Norden weitgehend zusammengebrochen ist und im Süden so gut wie gar nicht existiert. Da in den Zeiten einer starken Arbeiterbewegung die Ausstattung der Arbeitsplätze – Lohn, Arbeitsbedingungen, Freizeit – notfalls erkämpft werden konnte, nahm die Gnade den Schein des Rechts an. Heute muss die Neigung, Möglichkeiten zur gesellschaftlichen Kooperation bereitzustellen – in der Lyrik der *Gnadenordnung:* »Arbeitsplätze zu schaffen« –, durch günstige Politik verstärkt werden. Investitionen, vor allem solche, die einen spürbaren Beschäftigungseffekt haben, müssen dadurch erkauft werden, dass die Positionen der Beschäftigten durch die Politik geschwächt werden, von den Subventionen und Investitionsbeihilfen, die diese Beschäftigten mit ihren Steuern mitfinanzieren, ganz zu schweigen. Die Politik sieht es also als ihre Aufgabe an, diejenigen, die Gnade erweisen können, sozusagen gnädiger zu stimmen (»Angebotspolitik«) und den armen Sündern ihre Hauptsünde (»Anspruchsdenken«) auszutreiben bzw. sie etwas weniger sündig (»anspruchsvoll«) zu machen, damit sie als Sünder gnädig angenommen werden. Dieser Gott der Liberalen bestimmt in unserer Gesellschaft *frei* darüber, wer arbeiten darf und wer nicht. Das Gnadenstatut unserer kapitalistischen Gesellschaften zeigt eine religiöse Struktur.

3.4 Würde

»Recht auf Arbeit« hieße im Kapitalismus: »Recht auf eine Lohn-
arbeitsstelle«. Ein solches Recht kann es im Kapitalismus nicht
geben. Es gibt nur Gnade. Selbst wenn einem Menschen ein
Arbeitsplatz gewährt wird, vermittelt dieser an sich noch keinen
gesellschaftlichen Ort und noch lange keine menschliche Würde.
Arbeits*platz* und gesellschaftlicher *Ort* bzw. menschliche *Würde*
hängen zwar zusammen, sind aber nicht identisch. Arbeitslosigkeit
und Arbeitsplatz können Menschen gesellschaftlich ausschließen.
Gesellschaftlich nicht anerkannte Arbeit wird als bloßer Job empfunden.[132] Kriminell auffällige und zu roher Gewalt neigende Jugendliche haben nicht selten eine Beschäftigung, ihre Familienverhältnisse
müssen nicht unbedingt zerrüttet sein, aber sie verrichten Arbeit,
die sie selbst als würdelos empfinden. Sie vermittelt keine Zukunft
in Würde. Sie wissen sich als nicht anerkannt – was am Lohn
und an fehlendem Kündigungsschutz sichtbar wird – und somit als
würdelos. Hier ist die »deprimierte und demotivierte Schicht«, die
John Rawls warnend heraufbeschwor, schon längst und verbreitet
Realität. Die spezifische Kriminalität gesellschaftlich abgeschriebe-
ner Jugendlicher (Rohheitsdelikte) und die Entstehung großer Viertel, in denen die Demotivierten und Entmutigten wohnen (Slums),
bedingen sich gegenseitig. Die Entstehung solcher Schichten und
solcher Viertel ist kein Naturprozess. Sie sind unser Werk. Auch
die heute diffamierend angeprangerten »Parallelgesellschaften« sind
unser Werk. Integration geschieht *nur* mit gesellschaftlich anerkannter Arbeit. Die sogenannte »erste Gastarbeitergeneration« war
schnell integriert und sie behielten ihre kulturelle Eigenheit. Von
den Menschen »Integration« zu verlangen, ohne ihnen Arbeit zu
geben, wie sie ihre Väter und Mütter bzw. Großväter und Groß-
mütter hatten, verlangt Widersinniges; man schließt die Menschen
aus und verlangt, dass sie sich als »eingeschlossen in die Gemeinschaft« empfinden. Ostdeutsche Jugendliche in ähnlicher sozial-
ökonomischer Lage entwickelten und entwickeln in ähnlicher Weise
»Parallelgesellschaften«, wie etwa das Skinmilieu. Wo Slums und
Parallelgesellschaften entstehen, muss das Recht zugrunde gehen.
Das System praktiziert soziale *Segregation* und verlangt anschließend kulturelle *Integration!*
    Oskar Negt hat in seinem wichtigen Buch *Arbeit und menschli-
che Würde* auf den Gegensatz zwischen »toter, in der gesellschaft-

lichen Maschinerie vergegenständlichter Arbeit« (Negt 2001, 470)
und lebendiger Arbeit, also der Arbeit, die die Menschen heute
verrichten (müssen), hingewiesen, eine lebendige Arbeit, die durch
die tote zunehmend überflüssig gemacht werde. Dieser Unterschied
hat problematische Seiten, denn »tote Arbeit« bzw. »die Technik«
kann unter anderen gesellschaftlichen Verhältnissen den Menschen
neue und bessere Möglichkeiten bereitstellen, ihr Leben humaner
zu gestalten. W.F. Haug hat auf diesen Umstand hingewiesen (2003,
124ff). Unter den heute herrschenden Umständen verdrängt tatsächlich »tote Arbeit lebendige Arbeit«. Die »Technik« bedeutet eine Steigerung der Arbeitsproduktivität, die vor allem im Norden höher ist
als die Steigerung des Umsatzes, wie wir in der Einleitung beschrieben haben. Sie verdrängt *lebende* Menschen – das bedeutet der Ausdruck *lebendige Arbeit*. Sie werden aus dem Prozess der gesellschaftlichen Kooperation hinausgedrängt. Die Arbeit, die durchschnittliche
Fähigkeiten und Kenntnisse verlangt – wir werden nicht müde, darauf hinzuweisen, dass die meisten Menschen eben »durchschnittliche Menschen« sind –, wird durch die beschriebenen Prozesse
degradiert. Der Klempner, der eine Verstopfung in einer Toilette
beseitigt, verrichtet wichtige, sehr notwendige Arbeit. Diese Arbeit
muss gesellschaftlich honoriert, *gewürdigt,* werden. Das muss sich in
der Bezahlung, aber nicht nur in ihr, ausdrücken. Die von herrschenden Kreisen und von der Politik forcierte Tendenz besteht jedoch
gerade darin, notwendige, eben »lebendige« Arbeit zu *entwürdigen*.
Der oft gehörte Satz »Arbeit ist in Deutschland zu teuer« heißt
nichts anderes als »Menschen sind zu teuer«. Was wir heute beobachten, ist verbreitete *Entwürdigung* von Menschen. Negt hat den
Begriff »Würde« wieder in den Mittelpunkt der politischen Diskussion gerückt; das ist, soweit wir sehen, das erste Mal, seit Ernst
Blochs *Naturrecht und menschliche Würde* 1960 erschien. Negt sagt,
dass sich »Gegenkräfte lebendiger Arbeit« entwickeln werden, und
warnt:

> Selbst im Bündnis mit der zusammenschließenden Motivationskraft
> des utopischen Bewusstseins wird sich die Erwartung, dass das Reich
> der Freiheit den Menschen eines Tages wie eine reife Frucht vom
> Baum des bestehenden Herrschaftssystems zufällt, nicht erfüllen …
> Herrschaftsverhältnisse lösen sich nicht von alleine auf, und je ent-
> schiedener sie bedroht sind, desto offener kehren sie ihre Gewaltseite
> hervor. (Negt 2001, 472)

Es scheint, dass heute die Gegenkräfte, die das System selber auf den Plan ruft, weniger »der Motivationskraft des utopischen Bewusstseins« als vielmehr ungerichteter Aggression entstammen. Die Zunahme von Gewalt- und Rohheitsdelikten ist nicht auf den Osten Deutschlands beschränkt. Sie betrifft alle Länder der Europäischen Union und dort vor allem die Länder, die eine längere Vergangenheit mit »neoliberaler« Politik haben, wie Großbritannien oder die Niederlande. In den Niederlanden gab es 1996 67.479 registrierte Gewaltstraftaten, 2002 109.247, ein Anstieg von 63 %. In der Periode zwischen 1999 und 2002 betrug der Anstieg 26 %. In Deutschland stieg die Zahl der Verurteilten wegen Gewaltdelikten (ohne Verkehrsdelikte mit Personenschäden) von 85.582 im Jahr 1999 auf 94.968 im Jahr 2002, eine Zunahme von 11 %. Die Entwicklung der Gewaltkriminalität ist in Deutschland (noch) günstiger als in den Niederlanden, Großbritannien, USA usw. Deutet man Gewalt auch – nicht nur – als dumpfen und bewusstlosen Protest gegen gesellschaftliche Zustände, dann sprechen allein schon diese Zahlen von einem Prozess des gesellschaftlichen Zerfalls. Hartz IV ist die billigende Inkaufnahme der Entstehung bzw. Erweiterung jener Rawls'schen »entmutigten und deprimierten Schicht«, der Entstehung von *Parallelgesellschaften*. Die Politik sieht keinen anderen Ausweg als mehr Justiz und mehr Schikane und gibt wohlfeile Durchhalteparolen aus. Negt sagt barsch:

> Aber im gesellschaftlichen Betriebsklima eines mit Spaß und Spiel versetzten Kasinokapitalismus, in dem mit hohen Einsätzen spekuliert wird und die Zahl der auf Dauer Abgekoppelten und Ausgegrenzten zunimmt, scheint sich die politische Klasse von der Bearbeitungsnotwendigkeit dieser Krisenfelder meilenweit entfernt zu haben. Die organisierte Verantwortungslosigkeit der politischen Klasse ist der eigentliche moralische Skandal unserer Gesellschaft. (a.a.O., 483)

Dem ist wenig hinzuzufügen. In der gegenwärtigen Politik wird über die eigentliche Krise nicht geredet, weil niemand die wesentliche Ursache, die Vernichtung gesellschaftlich anerkannter Arbeit, sehen kann und will. Die politische Klasse aber handelt im Auftrag eines Herrschaftsverhältnisses, das sich bedroht weiß. Sie muss daher die Gewalt, die von einer verwahrlosten und ausgegrenzten Schicht ausgeht, eindämmen. Disziplinierung und Justiz sind die erprobten Rezepte. Die Zahl der Strafgefangenen in den Niederlanden und in der Bundesrepublik liegt noch unter 0,1 % der Bevölkerung. In den

USA liegt sie bei knapp 1 % (mehr als zwei Millionen Menschen!) bei um die 70 Hinrichtungen jährlich (2003: 65). Das sind Zahlen, die seit den Zeiten des Faschismus in den nördlichen Industrieländern nicht mehr erreicht wurden. Dem Trend, den Loïc D. Wacquant in den USA feststellte, *Vom wohltätigen zum strafenden Staat,* werden sich die Regierungen in Europa nicht entziehen können. Die ständig »verbesserten« Sicherheitsgesetze, die wunderbare Vermehrung von *cards* aller Art – Jobcard, Gesundheitscard usw. –, der flächendeckende Einsatz von Überwachungstechnik, die Ausuferung der Bürokratie für die, die auf staatliche Leistungen angewiesen sind, zeigen die Richtung. Der Liberalismus, der im Staat immer seinen natürlichen Feind sah, endet im 21. Jahrhundert, so fürchten wir, mit der Etablierung des totalen Justizstaates für immer mehr Menschen – »das große Wegschließen« hat Oskar Negt (2001, 275ff) das genannt. Die deutsche Geschichte kann dafür eindrucksvolle Belege liefern.

Die meisten Menschen wollen in Ruhe gelassen werden. Sie sagen: »Wenn ich einen Job habe, der anständig bezahlt wird, soll es mir recht sein.« In dem Augenblick, wo der Betrieb Stellen abbaut, erweist sich dieses Recht als Gnade. Wenn ihnen dann nicht sofort neue Gnade zuteil wird, sie sich in der Zwickmühle zwischen Ich-AG und Hartz IV wiederfinden, erfahren sie, wie würdelos ihr Leben eigentlich ist. Würde ist das Resultat gesellschaftlicher Würdigung, sie ist keine Eigenschaft des menschlichen Lebens an sich, sondern des menschlichen *Zusammen*lebens. Zusammen *leben* heißt für die längste Zeit eines Menschenlebens zusammen *arbeiten*. Oskar Negt gab wohl aus diesem Grund seinem Buch den Titel *Arbeit und menschliche Würde*. Die Würde eines Menschen ist keine abstrakte Wesenseigenschaft, keine anthropologische und erst recht keine moralische, sondern eine politische Kategorie. Die bürgerlichen Verfassungen wollen *bestimmte* Verhältnisse und nicht primär konkrete menschliche Würde schützen. Bürgerlich-liberale, von der Verfassung vorrangig geschützte Verhältnisse führen dazu, dass menschliche Würde anderen, ja den meisten Mitgliedern der Gesellschaft verweigert wird.

Würde wird den Menschen nicht in die Wiege gelegt. Würde ist wie Recht und Freiheit, sie muss erkämpft werden. Und was sich die Menschen an Würde erkämpfen, erweist sich als jederzeit antastbar. Die gewöhnliche, wirtschaftliche und deshalb elementare *Antastung der menschlichen Würde* ist aber ausgerechnet jener Verfassung gemäß, die mit dem Grundrechtsatz anfängt: »Die Würde des Menschen ist *unantastbar.*« Die geltende Eigentumsordnung *tastet* die menschliche Würde notwendig *an,* und gerade die Ordnung des Eigentums ist bei uns Verfassungsordnung. Eigentum »verpflichtet« – Art. 14 (2) GG – aber zu nichts, denn die Besitzenden *können* zwar, *müssen* aber nicht. Wo das *Können* geschützt wird und das *Müssen* nicht erzwungen werden darf – das verbietet ja die Verfassung –, ist das Recht auf menschliche Würde Makulatur. Nicht einmal der moralische Appell an die Sozialpflichtigkeit des Privateigentums findet sich im Verfassungsentwurf der Europäischen Union wieder. Jede Verfassung, in der das Privateigentum heilig und unantastbar ist, macht aus Würde einen Gnadenakt. Sie bringt nicht die Rechtsordnung, sondern die Gnadenordnung auf den Begriff, und der sogenannte Rechtsstaat ist das Bollwerk der Gnadenordnung. Gnade wird geschenkt, Würde, Recht und Freiheit werden erkämpft, und zwar gegen die, die Gnade erweisen. Gnade verlangt die unbedingte Unterwerfung unter die Macht gnädiger oder auch ungnädiger Menschen, denn die Unterwerfung unter die »unpersönlichen Kräfte des Marktes« ist Unterwerfung unter Menschen. Diese aber haben »Name, Anschrift und Gesicht«, wie Brecht sagte. Der Kapitalismus – die ökonomische Chiffre für die bürgerliche Gesellschaft – ist heute nachweislich nicht in der Lage, allen Menschen einen Ort zuzuweisen, in dem gesellschaftliche Anerkennung, also Würde, entsteht. Er *kann* das nicht, weil die kapitalistischen Betriebe unter dem Verdikt der Konkurrenz stehen und sich selbst einer mörderischen Effizienz unterordnen *müssen.* Der kapitalistische Unternehmer *muss* Pierpont Mauler[133] sein, er kann nicht anders, selbst wenn er es als frommer Christ, als ethischer Mensch wollte. Wenn menschliche Würde der eigentliche Inhalt des Rechts ist, kann es auf dem Arbeitsmarkt im Kapitalismus *nie* mit *rechten* Dingen zugehen, auch wenn Gegenmacht ihn zuweilen und manchenorts zu beschränkter gesellschaftlicher Räson bringen konnte. Von solcher Gegenmacht sind wir heute weit entfernt, von der Machtübernahme erst gar nicht zu reden. *Wie* der Kampf um die menschliche Würde zu führen ist, steht auf einem anderen Blatt. *Dass* er geführt werden muss und dass er auf dem Schlachtfeld der Ökonomie geführt werden muss, versuchten wir in diesem Buch deutlich zu machen.

Die Arbeiterbewegung hat immer wieder von den »Verdammten dieser Erde« gesungen. Der karibische Arzt und Psychiater Frantz

Fanon schrieb 1961 sein Buch *Die Verdammten der Erde.* Zerfetzte, gefolterte Verdammte, die er während der fünfziger Jahre des vorigen Jahrhunderts in den Krankenhäusern von Algier behandelte. Verdammte, die gegen die Kolonialmacht aufstanden. Sie standen auf in einem unerschütterlichen Glauben an die Würde der Menschen, aller Menschen, nicht nur einiger vermögender Menschen. Es war die große Zeit des nationalen Befreiungskampfes. Jean Paul Sartre schrieb 1960 in seinem Vorwort zu Frantz Fanons Buch: »Vor nicht allzu langer Zeit hatte die Erde zweitausend Millionen Einwohner, fünfhundert Millionen Menschen und fünfzehnhundert Millionen Eingeborene.« Inzwischen leben auf der Erde mehr als sechs Milliarden. Immer noch sind nur fünfhundert Millionen von ihnen Menschen; die Übrigen sind »Eingeborene«, allenfalls potenzielles *Humankapital,* wie das Wörterbuch der Unmenschlichkeit lebende Menschen nennt. Die Globalisierung wird ein merkwürdiges Resultat haben; überall, auch in Europa und Nordamerika, werden überwiegend »Eingeborene« leben und eine Minderheit »Menschen« – nicht nur in Asien, Afrika, Lateinamerika. Die »Verdammten der Erde« sind überall die Mehrheit. Man predigt den Deutschen, dass sie »anpassungsfähige, flexible und bescheidene Menschen« sein sollen, macht sie aber zu »Eingeborenen«, schickt viele von ihnen in die Parallelgesellschaft der Armut und der Entwürdigung.

Das System ist weder fähig noch willens, Menschen einen Ort der Würde in der gesellschaftlichen Kooperation zuzuweisen. Wir zitierten Hayek (s. o. 1.5.4), der meinte, dass es gegen Überbevölkerung – d. h. die Existenz überflüssiger Menschen! – nur eine Bremse gibt: »dass sich nur die Völker erhalten und vermehren, die sich selbst ernähren«. Eine Welt, in der jeder Mensch in Würde leben kann, eine »auf egalitäre Ideen gegründete Welt«, ist Hayek zufolge gar nicht möglich. Das Recht auf menschliche Würde ist daher in diesem Liberalismus gar kein originäres Menschenrecht. Wir aber sind der Ansicht, dass das Leben eines jeden Menschen menschenwürdig sein soll und dass die Welt dementsprechend eingerichtet werden muss und kann. Hayeks Welt und die Welt, die wir meinen, stehen in einem unversöhnlichen Widerspruch. Wenn manche Menschen, etwa in Kreisen wie ATTAC, sagen: »Eine andere Welt ist möglich«, dann meinen sie diesen Gegensatz.

Viele kämpfen um ihre Würde und wissen, wer ihnen diese Würde verweigert. Viele aber kämpfen nicht mehr, resignieren, stumpfen

ab, flüchten in Zynismus, einige sogar in die Scheinwelt der Religion. Manche werden in dieser Scheinwelt zu Amokläufen gegen
das System verführt, und das System reagiert mit einer Gewalt,
die die Gewalt der Verzweifelten um vieles übertrifft. Wenn aber
die, die sich um eine Alternative bemühen, aufhören zu kämpfen,
werden die Amokläufe der Verzweifelten und des Systems unsere
Zukunft bestimmen. Wer keine Alternativen mehr sehen kann oder
will, beschwört die Schatten der Verzweiflung und der Brutalität des
Systems.

Wer sie aber sucht, ist wie das Licht: Er »will beginnen / mit kleinen Schritten«.

Epilog

Wenn die kluge Mutter Aladins einen gehorsamen Sohn gehabt hätte, hätten wir kein Märchen von Aladin und der wunderbaren Lampe gehabt. Der Junge hätte dann, wie die Mutter eigentlich wollte, die Lampe weggeschmissen und ein ehrbares Handwerk gelernt, von dem er zwar nicht in Reichtum, aber würdevoll hätte leben können. Solch biederes Leben freilich war im Kalifat von Bagdad immer ein Leben am Rand des Elends, wie das Leben der Menschen in allen anderen Königreichen und Zeiten auch. Deswegen brauchte das Märchen eine wunderbare Lampe, damit arme Leute wie der Taugenichts Aladin und seine Baumwolle spinnende Mutter sicher und ohne Sorgen leben können. Auf eine weitere Idee kam die Prinzessin Scheharazadeh nicht, die Idee nämlich, dass der Geist Aladin den Gehorsam verweigern und den Reichtum, den er schafft, für sich selbst verwenden könnte. Und selbst wenn sie auf diese Idee gekommen wäre, hätte sie das wohlweislich dem Kalifen nicht erzählt.

Immerhin lässt das Märchen diese Möglichkeit offen.

Anmerkungen

1 Diese Betrachtungsweise ist natürlich borniert. Maschineneinsatz verursacht soziale und ökologische Kosten. Da diese die Gesellschaft und nicht der Fabrikant zahlt, erscheinen sie in seinen Bilanzen nicht. Wir bleiben innerhalb der Grenzen des Modells eines Einzelunternehmens, um die fundamentalen Strukturen sichtbar machen zu können.

2 Bei einer Bank mit sehr vielen kleinen Girokontoinhabern betrugen im August 2004, also in einer extrem niedrigen Zinsphase, die Zinsen für den Dispokredit 12,75 %, bei »geduldeter Überziehung« dieses Kreditrahmens 17,25 %.

3 Das niederländische Parlament setzte 2002 die Kommission *Tabaksblat* ein, die Vorschläge zur Mäßigung bei den Topgehältern der Manager unterbreiten sollte. Ihre Vorschläge wurden vom Parlament zum Ethikstandard erhoben. Die Gehälter sind seit 2002 weiter gewachsen, nur wurden die Verbesserungen in Pensionsaufbesserungen, Abfindungen u. Ä. versteckt. Der Vorstandsvorsitzende Walraven des Callcenterbetriebes SNT erhielt eine Abfindung in siebenstelliger Höhe. Walraven ist nach wie vor Chef und gedenkt mit seinem goldenen Abschiedsgeschenk noch lange Jahre Chef zu bleiben, wie die Tageszeitung *De Volkskrant* recherchierte (21.05.2004). Ein Beispiel unter Hunderten.

4 Schon Adam Smith beschreibt den Versuch, dass Unternehmer Zusammenschlüsse der Arbeiter *(defensive combination)* unterbinden wollen, nicht ohne die Tatsache zu erwähnen, dass die »Herren *(masters)* sich immer und überall in einem stillschweigenden, aber dauerhaften und immer gleichen Zusammenschluss *(tacit, but constant and uniform combination)*« befinden *(Wealth of Nations*, I, 8).

5 Auch die Radikallösung Herbert Illigs (der restlosen Streichung des Frühmittelalters zwischen 650 und 950, Illig 1992) löst das Problem, wie man den Neuanfang erklären kann, nicht.

6 Der Unterschied bestand darin, dass »der König der Franken« autonomer Heerführer der Franken im Auftrag des Reiches war. Das war damals schon reine Fiktion, obwohl der Papst diese Fiktion dazu benutzte, sich überall – im »ganzen Reich« – einzumischen. »König Frankreichs« bedeutete das Ende der Reichsfiktion und das Ende einer reichsuniversalen Kirche. Die Kirche war in Frankreich allenfalls ein *Nationalinstitut,* was man heute noch in Avignon bewundern kann.

7 *»Sciat maxima tua fatuitas in temporalibus nos alicui non subesse,* möge Eure Allerhöchste Torheit wissen, dass wir in zeitlichen Angelegenheiten niemandem untertan sind«, soll ein Sekretär im Auftrage des Philippe IV. dem Papst geschrieben haben. Der Vorgang ist nicht belegt, aber die Legende zeigt den Stimmungsumschwung im 14. Jahrhundert.

8 Pirenne will mit dem Wort *déracinés* einen ungewöhnlichen gesellschaftlichen Vorgang im Abendland bezeichnen. Seine Wortwahl ist freilich nicht

sehr glücklich. Zwar passten die Bourgeois nicht ins ländliche Schema Herren-Knechte, sie blieben aber Teil der mittelalterlichen Gesellschaft; nicht einmal die Bettler waren damals »Entwurzelte«.

9 So mussten die französischen Könige ihre ganze militärische Macht aufbieten, um die reichsten Städte des Reiches, wie die in Flandern, an die Kandare zu nehmen. Die Leute aus Gent, Brügge und anderen Städten betrachteten sich nicht als Untertanen des Königs, sondern sahen ihre Städte eigentlich schon als kleine Republiken. Die Geschichte Flanderns und Hollands bis zur Neuzeit war nichts als ein langer Kampf der flämischen und holländischen *Protobourgeoisie* gegen den entstehenden absolutistischen Zentralstaat. Die Flamen verloren, die Holländer siegten

10 Das galt für Frankreich, die iberische Halbinsel, das burgundische Staatsgebilde, das die Niederlande umfasste und, nachdem sich der Adel in den endlosen Rosenkriegen totgeblutet hatte und das Haus Tudor 1499 die Macht errang, auch für England. In Frankreich herrschte der Absolutismus bis 1789, in England, nach einem Jahrhundert weiterer Bürgerkriege, bis 1688, in den Niederlanden gar nur bis 1568, als der Aufstand begann. In Skandinavien gab es bürgerlich-absolutistische Mischformen, die ohne große Bürgerkriege in bürgerlich verfasste Gemeinwesen übergingen. Die deutsche Nation und Italien taten sich mit der Nationenbildung äußerst schwer; dementsprechend hatte dort die Bourgeoisie einen schwereren Stand als im Westen und Norden Europas.

11 Wegen der Zinsvorschriften des Koran gab es ähnliche Hemmnisse wie im christlichen Feudalismus, aber an der Existenz eines blühenden Kreditwesens im Islam während des Mittelalters kann gar nicht gezweifelt werden (Rodinson 1986, 69f).

12 Der Begriff *blockierte Entwicklung* bedeutet nichts anderes als die Auffassung, dass das Bürgerliche überhaupt Ziel und Bestimmung der ganzen Menschheit ist, dass es aber die anderen Kulturen aus irgendwelchen inneren, selbst verschuldeten Gründen oder aufgrund kolonialer Eingriffe von außen nicht vermocht haben, sich bürgerlich zu entwickeln.

13 Diese Einsicht Rodinsons ist wesentlich für das Verständnis des Verhältnisses zwischen *Nord* und *Süd*. Das wird auch von Bassam Tibi, der eine ausführliche Einleitung zur von uns benutzten deutschen Ausgabe schrieb (S. IX–LI), herausgestellt.

14 Der Harvardprofessor für Wirtschaftsgeschichte David S. Landes macht sich in seinem Buch *Wohlstand und Armut der Nationen* daran, die westliche Erfolgsstory und vor allem das Versagen der anderen Weltregionen zu erklären. Der Versuch ist kläglich gescheitert. China z. B. konnte sich nach Landes nicht »bürgerlich« entwickeln, weil es dort keinen freien Markt gegeben habe (2002, 72). Es gab auch im mittelalterlichen Europa weder einen *freien Markt* noch ein *freies Unternehmertum*, aber sehr selbstbewusste städtische Schichten. Den Unterschied hat Landes nicht gesehen. Diese entwickelten erst in der Moderne und im Zusammenhang mit der industriellen Revolution so etwas wie freie Märkte und freies Unter-

nehmertum. Adam Smith musste für diese Entwicklung noch Ende des 18. Jahrhunderts einen harten ideologischen Kampf führen, mitten im bürgerlichen England! Aber für Liberale gibt es keine andere Sicht auf Menschheit und Geschichte als die Sicht des Marktes. Dass *Bürgerlichkeit* mehr ist als *freies Unternehmertum,* können Liberale selten begreifen.

15 Der große Aufstand der flämischen Bauern der Küstenregion unter Nicolaas Zanneken (1323 – 1328) fand Unterstützung durch die Bevölkerung Brügges. Gent dagegen stellte sich gegen den Aufstand. Der Kampf war Klassenkampf und zugleich Erhebung gegen einen Hochadel, der eng mit dem königlichen Hof Frankreichs verbunden war. Die Aufständischen kämpften mit unvorstellbarer Grausamkeit, und es war schließlich der König, der mit einer großen Ritterarmee den Aufstand ähnlich grausam niederschlug.

16 Ein Orkantief über den Britischen Inseln und die kleineren, wendigen Schiffe des Admirals Francis Drake vernichteten im Herbst 1588 die spanische *Armada* und beendete Spaniens Rolle als imperialistische Großmacht.

17 Die übrigen Niederlande (Flandern, Südbrabant, Westlimburg, Lüttich, Namur, Luxembourg und Hainaut) blieben bei Spanien und wurden infolge einer Erbteilung Reichsteil der Habsburgmonarchie (bis 1795). Brabant und Limburg wurden geteilt, das flandrische Scheldeufer ging an die Republik, um die Konkurrenz Antwerpens zugunsten Amsterdams endgültig unschädlich machen zu können; der Seezugang Antwerpens blieb bis 1795 mit riesigen Ketten verschlossen. Das holländische Handelskapital machte hier keine halben Sachen. Das Ganze wurde im westfälischen Friedensabkommen 1648 in Münster abgesegnet.

18 Politica 1258: »Vom Warenhandel *(kapèlikè)* ist zu Recht abzuraten, weil er ja nur Tausch *(metablètikè)* und nicht [Austausch] mit der Natur *(kata physin),* sondern [Tausch] unter einander ist. Völlig zurecht ist die Geldanlage *(obolostatikè = Wucher)* verhasst, wegen des Gewinns von Geld aus Geld und nicht wegen der Anschaffung irgendeiner Sache.« Das ökonomische Leitbild ist bei Aristoteles wie bei Thomas von Aquin die autarke Hauswirtschaft *(oikonomikè),* wo die Mitglieder im Austausch mit der Natur zusammenleben. In Aristoteles' und erst recht in Thomas' Zeiten war die Entwicklung über die Hauswirtschaft als der eigentlichen Ökonomie hinweggegangen.

19 Der Vertrieb des baltischen Getreides war eine wichtige Verdienstquelle des Amsterdamer Handelskapitals.

20 Die Vereinigte Ostindische Compagnie holländischer Großbürger (VOC) schlachtete gelegentlich ein Huhn, das *silberne* Eier legte, um es durch ein Huhn, das *goldene* Eier legte, ersetzen zu können. So musste die VOC ihre Gewürznelken und Muskatnüsse auf den kleinen molukkischen Banda-Inseln von den inländischen Häuptlingen kaufen, die sich die Mehrarbeit der Bauern aneigneten und so den Gewinn mit der VOC teilten. Der VOC war dies zu mühselig und es schmälerte ihre eigenen Gewinne. Sie ordnete

1621 an, die ganze Bevölkerung bis auf einen winzigen Rest auszurotten, ließ sie durch geraubte Sklaven ersetzen und wandelte die ursprüngliche autochthone Parzellenwirtschaft in eine allochthone Plantagenwirtschaft um (vgl. Van Zanden 1991, 86). Die Aktionäre der VOC errichteten in Amsterdam jene Häuser, die die heutigen Touristen bewundern. Ein Großbürger ließ an einer Amsterdamer Gracht ein heute noch existierendes monumentales Haus bauen, das mit zwei afrikanischen Köpfen geschmückt ist. Er zeigte stolz, mit welchem Gewerbe er sein Geld verdiente.

21   Zucker aus Zuckerrüben wurde erst im 19. Jahrhundert als Massenlebensmittel verfügbar.

22   Holland schaffte diesen Übergang nicht, weshalb es im frühen 19. Jahrhundert ökonomisch wenig mehr als Produzent von Agrargütern und Händler in Kolonialwaren war. Bis heute ist das allgemeine Bild der holländischen Wirtschaft in Deutschland das eines Exporteurs von Käse und Blumenzwiebeln.

23   Die Häftlinge mussten u.a. Holzstämme glatt hobeln *(raspen = raspeln)*, aus denen dann Schiffsteile wie Mast, Bugspriet, Rahe u.Ä. gefertigt wurden. In den Spinnhäusern fand die Textilindustrie die billigste Arbeitskraft. Die oft aus keinem anderen Grund als Bettelei oder Notprostitution inhaftierten weiblichen Häftlinge mussten bis zu zwölf Stunden täglich spinnen. Diese Form der Disziplinierung dauerte bis tief ins 19. Jahrhundert. Das Armengesetz Englands, 1834 vom Parlament verabschiedet, sah bei Mittellosigkeit Zwangsunterbringung und Zwangsarbeit in Arbeitshäusern vor, wo die Verpflegung schlechter als in den Gefängnissen und unter den damaligen Fabrikarbeitern war. Engels zitiert einen unbekannten Schriftsteller: »Wenn Gott den Menschen für Verbrechen so bestraft, wie der Mensch den Menschen straft für Armut, dann wehe den Söhnen Adams« (MEW 2, 498).

24   Es gab eine legale Form der Piraterie. Private Schiffskapitäne erhielten zuweilen »Kaperbriefe«, um im Auftrag irgendeiner Obrigkeit gegnerische Handelsschiffe zu überfallen und auszuplündern. Dünkirchen war damals berüchtigt als Heimatort der Kaperer. Eine frühe Form von Privatisierung und *outsourcing* hoheitlicher Aufgaben!

25   *Zero-tolerance* und die Todesstrafe können in den USA auf eine ehrwürdige, puritanische Tradition aus der frommen Zeit der *pilgrim fathers* zurückblicken.

26   Bei Max Weber entsteht der Kapitalismus aus der »innerweltlichen Askese«, die die Reformation gebracht und eine »rationale Organisation« von Produktion und Arbeit ermöglicht habe, vgl. Weber 1976. Aber waren altorientalische, altchinesische, altafrikanische Produktionsformen nicht auch »rational organisiert«? Es gab dort keine Spur von Reformation. Reformation war die Folge einer langen Entwicklung im ideologischen Bereich, der frühe Kapitalismus ebenfalls die Folge einer langen Entwicklung, die im 11. Jahrhundert begann. Beide sind legitime Kinder dieser

Entwicklung gewesen; in der ersten Zeit haben beide sich gegenseitig verstärkt und sind dann getrennte Wege gegangen. Beide waren für sich autonome Diskurse.

27 Perrys Buch wurde 1944 als Gegengift gegen »*the increasing vogue of Marxian conceptions*« (a.a.O., 15) geschrieben.

28 Der marxistische Wirtschaftswissenschaftler G. Fabiunke sah in der lutherischen Arbeitslehre einen wesentlichen Fortschritt über die »auf Müßiggang, Faulheit und Bettelei orientierenden religiösen Anschauungen des feudalen Katholizismus« hinaus (1963, 100). Über diesen Fortschritt mag in den Schichten, die durch den Handelskapitalismus zur Arbeit gezwungen wurden, anders gedacht worden sein. Betteln mag manch einem als Fortschritt vorgekommen sein, wenn er hörte, wie die meisten, die auf den Schiffen der VOC den neuen Arbeitsethos verkörpern mussten, buchstäblich vor die Haie gingen. Fabiunke wertete den Katholizismus als feudale Barbarei; ob das eher einer vulgär-lutherischen Karikatur als einer wissenschaftlichen, marxistischen Charakterisierung entspricht, mag jede(r) für sich entscheiden.

29 Die klassische sozialgeschichtliche Beschreibung lieferte 1929 H. Richard Niebuhr in seinem *The Social Sources of Denominationalism*.

30 Wo die katholische Kirche die ideologische Hegemonie behielt – und das konnte sie nur dort, wo sich die alten herrschenden Schichten halten konnten –, hemmte sie bürgerliche Entwicklungen. Wo aber die Reformation siegte, konnte sie nur da prägend auf die neuen Verhältnisse einwirken, wo die Bourgeoisie mächtig genug war, die alten herrschenden Schichten in die Schranken zu weisen. Der »Geist des Kapitalismus« war und blieb das Geschäft und »die protestantische Ethik« bildete jenen »Geist«, wo er ohnehin vorhanden war. Wo nicht – etwa im Großherzogtum Mecklenburg –, blieb der »Geist« recht feudal. Max Webers bekannte Aufsatzsammlung *Die protestantische Ethik* hat für viele einen kausalen Zusammenhang suggeriert, den es gar nicht gab. Weber hatte zunächst die Frage beantworten wollen, warum »Kapitalbesitz und Unternehmertum ... ganz vorwiegend *protestantischen* Charakter« hatten (1920/1965, 29). Die Fragestellung selber, so will uns scheinen, ist irreführend.

31 Etwa John Locke. Er beginnt in seiner *Zweiten Abhandlung über die Regierung* bei der Besprechung der *bürgerlichen Gesellschaft* den §77 mit der Bemerkung, Gott habe den Menschen so geschaffen, dass es nach seinem eigenen Urteil nicht gut für ihn war, allein zu sein. Dieser biblische Satz ist für Locke nur der äußere Anlass, seine eigene Gesellschaftstheorie zu entwickeln. Eine Gesellschaft ist für ihn nur eine Anhäufung von Atomen, deren Bewegungen durch Regeln gesteuert werden sollen, die sie sich setzen, gegebenenfalls auch wieder abschaffen und durch andere ersetzen können. Ein inneres Band zwischen Menschen, zusammengehalten durch eine Große Erzählung wie die des Christentums, gibt es nirgends.

32 Ohne *culotte*, die Kniehosen aus der Zeit der Monarchie, dafür mit langen Hosen, roten Mützen, ohne Perücke.

33 Die herrschende französische Bourgeoisie zeigte ihr wahres Gesicht, als in der Batavischen Republik der Niederlande 1795 eine neue Verfassung verabschiedet werden sollte. Sie sah allgemeines Wahlrecht vor. Die Bourgeois in Paris legten ihr Veto ein. Demokratie sei Herrschaft der Besitzenden, nicht des Volkes!

34 Der Merkantilismus war ein ökonomisches Regulierungssystem der frühen Neuzeit, in dessen Mittelpunkt das Nationalvermögen steht. Nach damaliger Auffassung erhöht sich der Nationalreichtum durch Erhöhung des Kassenbestandes in der Form des Goldvorrats. Dieser wiederum erhöht sich durch Export und wird durch Import geschmälert. Das System behinderte den internationalen Handel und hatte eine protektionistische Politik zur Konsequenz. Smith lehnte dieses System ab.

35 Oder mit verwandten Vokabeln, wie etwa *Creator* (Schöpfer) neben *God* in der amerikanischen Unabhängigkeitserklärung.

36 Die Theorie des Freihandels hat seit Ricardo zahlreiche Verfeinerungen erfahren. Die Schweden Eli F. Heckscher und Bertil Ohlin berücksichtigten »Faktorvorteile«; ein Land habe Vorteile in arbeitsintensiven Industrien, wenn es über reichlich billige Arbeitskraft verfüge. Dagegen solle ein Land, wo billige Arbeitskraft Mangelware, dafür Kapital reichlich vorhanden ist, sich auf kapitalintensive Industrie spezialisieren. Paul Samuelson änderte das Modell insofern, als er Einkommenseffekte (Lohneffekte) im internationalen Handel berücksichtigte. Bei der Propaganda für die Politik der WTO steht dieses erweiterte Ricardomodell immer im Vordergrund. Globalisierungsgegnerinnen und -gegner müssen sich mit dieser Theorie auseinander setzen. Für Ricardo hatte das Modell eher propagandistischen als wissenschaftlichen Wert. Abstrakt und propagandistisch ist das Modell trotz aller Verfeinerungen immer geblieben.

37 In der brandenburgischen Kleinstadt Premnitz, einst in der DDR Hauptstandort für Viskoseproduktion, wurde im Frühjahr 2003 die letzte Viskosefabrik geschlossen. In der Stadt und ihrer Umgebung ging die Arbeitslosenquote auf 30 % und mehr hoch. Die alten Maschinen wurden nach Indien verkauft. Es lohnt sich, in Indien mit diesen Maschinen zu produzieren, weil die Arbeitskosten dort nur 10 % der Kosten in Brandenburg betragen. Die Brandenburger müssten mit Indern konkurrieren und sind chancenlos; kein Mensch könnte in Brandenburg von 10 % leben.

38 Weil ein auf Kaffeeproduktion spezialisiertes Land mehr verdienen muss als nur so viel, um die Kaffeeproduzenten bezahlen und die Plantagen in Schuss halten zu können. Es braucht auch Geld für Infrastruktur usw., hin und wieder müsste auch mal eine Schule oder ein Krankenhaus gebaut werden!

39 Vgl. Zinn 1986, 47.

40 Merkwürdigerweise machte Walras eine Ausnahme für den Grundbesitz. Er meinte, dass die Marktgängigkeit und somit auch die eventuelle Akkumulation des Grundbesitzes die Ausbildung eines wirklich freien Marktes, wie er ihn skizziert hatte, unmöglich machen würde. Grundbesitz solle

verstaatlicht werden. Bei ihm wirkte wohl ein Rest der altehrwürdigen Tradition der französischen Physiokraten wie Quesnay. Später sehen wir eine ähnliche Inkonsequenz bei Silvio Gesell und seinen Schülern, den *Freiwirtschaftlern,* Ende des 20. Jahrhunderts. Mit Walras verbindet sie außerdem die Anschauung, dass Geld allenfalls als Tauschmittel, niemals als Wertaufbewahrungsmittel fungieren soll.

41 Friedrich Engels erwähnt in seinem Vorwort zum dritten Band von *Das Kapital* vom 4. Oktober 1894 die »Jevons-Mengersche Gebrauchswert- und Grenznutzentheorie«. Er rät »Herrn George Bernhard Shaw«, Mitglied der edelsozialistischen *Fabian Society,* »Jevons und Karl Menger den Abschied zu geben und auf diesem Felsen [der Marx'schen Profittheorie] die Fabianische Kirche der Zukunft zu bauen«. Shaw hatte später mit seinem Rat an Keynes, mal wieder Marx zu lesen, wenig Erfolg!

42 Es gehört einige Übung in mythischem Denken dazu, den Hintergrund des Gedankens, mehr Armut bedeute mehr Reichtum, überhaupt begreifen zu können; genau diese Übung verlangt die neoliberale Politik von den meisten Menschen: Sie müssen ärmer werden, damit »wir alle« reicher werden.

43 1847 reduzierte das britische Parlament die Arbeitszeit für Frauen und Kinder auf maximal zehn Stunden am Tag. Daraufhin führten die Fabrikbesitzer die Schichtarbeit für Frauen und Kinder ein. Aus undurchsichtigen Gründen protestierte der konservative Teil der Nation, Adel und Kirche, gegen Schichtarbeit; man klagte, ein Richter stimmte der Klage zu, das Parlament verurteilte die Schichtarbeit, erhöhte aber als Kompensation die maximale Arbeitsdauer für Frauen und Kinder auf 10,5 Stunden (nachzulesen bei Marx, 15.3.1853, MEW 8, 537f). Die Männer arbeiteten weiterhin mindestens 12 Stunden. Immerhin war die legislative Anstrengung eine praktische Widerlegung der *Unsichtbaren Hand* des Herrn Smith.

44 Auch Großunternehmen, vor allem im Ruhrgebiet, errichteten Wohnsiedlungen für Arbeiter (Ritter/Tenfelde 1992, 610ff).

45 Auch das östliche Mitteleuropa erlebte zwischen 1960 und 1975 einen deutlich bescheideneren, aber dennoch unverkennbaren Prosperitätszuwachs, wenn man die Lage in diesen Gebieten vor dem Zweiten Weltkrieg als Vergleichsparameter heranzieht. Deutliche Bremsspuren wurden ab 1975 sichtbar, weil der Prosperitätszuwachs nicht länger mit dem realen Wirtschaftswachstum bzw. mit dem Anstieg des Nationaleinkommens Schritt hielt, sondern zunehmend mit Westkrediten finanziert wurde. Polen war das herausragende Beispiel.

46 China regulierte die Kinderzahl und schrieb ein Kind pro Haushalt vor. Im Allgemeinen schränkte der Sozialismus die Freiheit der Konsumpräferenzen ein, sei es durch Produktionsverbot für bestimmte Güter, sei es durch die behördlich festgelegte relative Preise; »notwendige« Güter waren relativ billig, »Luxusgüter« relativ teuer. Hier war »Preis« niemals objektiver Wertausdruck für geleistete Arbeit, sondern Ausdruck staatlicher Konsumsteuerung.

47 Die offiziellen Organe der Arbeiterbewegung, die Gewerkschaften, waren
    geneigt, die »dirigierte Lohnpolitik« zu akzeptieren. Von 1953 bis 1958
    wurden die Niederlande regelmäßig durch eine Welle von wilden, von den
    anerkannten Gewerkschaften nicht unterstützten Streiks heimgesucht (in
    Amsterdam Hafenarbeiter, Angestellte der öffentlichen Verkehrsbetriebe
    und vor allem Bauarbeiter). Hier wurden die von Arbeitgeberseite defi-
    nierten und vom Staat festgesetzten Höchstgrenzen der Reallöhne durch-
    brochen. Ende der fünfziger Jahre stiegen die Reallöhne in den Niederlan-
    den auf breiter Front, eine Bewegung, die erst Anfang der achtziger Jahre
    zum Stillstand kam.

48 Die Jahre 1960–1970 waren das Jahrzehnt mit den stärksten Reallohn-
    steigerungen des 20. Jahrhunderts überhaupt. Geradezu explosiv war der
    Zuwachs des Reallohns in Japan, nahezu eine Verdopplung. Nicht viel
    weniger spektakulär war die Entwicklung in Italien, den Niederlanden und
    der Bundesrepublik. Von 1971–1979 waren die Zuwächse schon deutlich
    bescheidener, in den Vereinigten Staaten stagnierte das Reallohnniveau
    bereits seit 1973 auf einem Niveau kaum höher als 1970 (Angaben vgl.
    van der Wee 1987).

49 In allen Modernisierungsdiktaturen, kapitalistischen wie sozialistischen,
    hatten die Gewerkschaften diese Disziplinierungsfunktion.

50 Das zeigte sich in der Auswechslung des führenden Personals in der CSSR
    (1968), Polen (1970) und der DDR (1971). Der abgesetzte Generalsekretär
    der polnischen Arbeiterpartei, W. Gomulka, warnte in einem Brief an das
    Zentralkomitee vor einer konsumorientierten und durch das westliche Aus-
    land finanzierten Politik (»aus fremden Schüsseln essen«). Er sollte Recht
    behalten. Der Brief wurde auszugsweise abgedruckt in Bischof/Menard
    (1990, 159ff).

51 Die Kalkulation der Gewerkschaften war: Lohnerhöhung gleich Inflati-
    onsausgleich plus Anteil an der Zunahme der Arbeitsproduktivität. Der
    technologische Fortschritt, der sich immer in steigender Arbeitsprodukti-
    vität äußert, war auch in jenen Jahren ungebrochen.

52 Die wesentlichen Ursachen für die Turbulenzen des damaligen Weltwäh-
    rungssystems lagen im ungleichen Tempo, in dem sich die oben skizzierte
    Entwicklung in den verschiedenen Volkswirtschaften vollzog, wobei Son-
    derfaktoren (in den USA der Vietnamkrieg) ihre Rolle spielten.

53 Auf der Basis 1950 = 100 stieg der Preisindex 1971–1980 in den USA
    von 168,2 auf 335,3, in Großbritannien von 242,3 auf 790,7, in Frank-
    reich von 272,5 auf 647,0, in Italien von 207,7 auf 731,3, in den Nie-
    derlanden von 214,8 auf 404,06. Großbritannien und Italien waren, was
    Inflation betraf, Spitzenreiter unter den Industrieländern. Die Bundesrepu-
    blik Deutschland zeigte mehr Preisdisziplin: Anstieg von 165,4 auf 259,9
    (Angaben bei Maddison 1982, 319).

54 Die Macht der Gewerkschaften und die Vollbeschäftigung seien die
    wahren Ursache der Inflation gewesen. Der Glaube an die sogenannte
    Philipskurve, die einen fragwürdigen Zusammenhang zwischen Beschäf-

tigung und Inflation konstruierte, war unter Politikerinnen und Politikern der rechten Ecke nach 1980 weit verbreitet.

55 In Frankreich und dem mediterranen Europa scheint dieser Prozess langsamer und widersprüchlicher voranzukommen.

56 Das politische Chaos in den Niederlanden im Frühjahr 2002 hat das Establishment nur kurz beunruhigt. Die neue Regierung Balkenende macht die gleiche neoliberale Politik, die das Chaos aus dem Jahr 2002, gipfelnd im politischen Mord an dem Populisten Pim Fortuyn, verursachte, unverdrossen weiter. Am 1. November 2004 wurden die Niederlande durch einen neuen politischen Mord erschüttert. Die Zeiten einer selbstverständlichen innenpolitischen Stabilität scheinen vorbei zu sein.

57 Zum ersten Mal seit dreizehn Jahren wuchs die japanische Wirtschaft in den ersten beiden Quartalen 2003 um etwas mehr als 2 %, im Jahr 2004 lag das Wachstum bei 3,5 %. Der Motor war die Modernisierung Chinas.

58 Wir zitieren das Werk unter dem Siglum GT (= Vol. VII der *Collected Writings).*

59 In einer Fußnote zum ersten Kapitel schaffte er den Unterschied zwischen »klassischen« (Ricardo, Mill und auch Marx) und »neoklassischen« Theorien (Jevons, Marshall, Pigou) ab. Alle seien sie Jünger Ricardos, ob sie das wahr haben wollten oder nicht. Alles war Präkeynesianismus, Prähistorie, eben Klassik. Wir behalten die gängige Terminologie bei. Der Unterschied zwischen »Klassik« und »Neoklassik« liegt in dem zwischen aufstrebender und herrschender Klasse. Wie bereits angedeutet (s. 1.2.4.), haben wir es bei der Grenznutzentheorie (Marginalismus), die sich um 1870 durchsetzte, tatsächlich mit einem *Paradigmenwechsel* zu tun.

60 Wir finden sowohl die Wendung *potentielles Geldkapital* wie die Wendung *virtuelles Geldkapital* im 2. Band, im Abschnitt über die »erweiterte Reproduktion« S. 485–518. Im ersten Teil, S. 485–492, erscheint nur das Wort »potentiell«, ab S. 492 nur das Wort »virtuell«, auf Seite 492 beide Wörter in einem Satz, *potentiell* zum letzten, *virtuell* zum ersten Mal. Dieser Bildwechsel ist nicht zufällig. Da Marx sich mit dem Problem des Wachstums beschäftigt, interessiert ihn hier die Rolle des *virtuellen Kapitals* weiter nicht. Er wendete sich den Problemen, die das virtuelle Geldkapital verursacht, erst im dritten Band seines Werkes, in der Krisentheorie (Kapital III, Kap. 13–15) und der Theorie des zinstragenden Kapitals (des Kreditwesens – Kap. 21–36, vor allem in Kap. 24, wo der »Kapitalfetisch« behandelt wird) zu.

61 Investieren ist hier etwas anderes als »Geld anlegen«. Bei uns ist jede Geldanlage, die einen Geldertrag bringt, »Investition«. In der Denkweise der Neoklassik ist das korrekt: »Sparen« ist letztlich immer »investieren«, in welcher Form auch immer. Für Keynes war das gerade nicht Investition.

62 Die Neoklassik kennt eigentlich kein Geld als Wertaufbewahrungsmittel, sie nimmt an, dass Löhne jederzeit auf ein solches Niveau gebracht wer-

den können, dass immer Vollbeschäftigung herrscht und vorrätiges Geld (Erspartes) jederzeit in Realinvestitionen untergebracht wird. Deswegen ist Geld nur Transaktionsmittel und seine Menge nur vom Ausstoß und dem Preisniveau abhängig. »In der realen Welt« liegen die Dinge anders, sagt Keynes (GT, 208f).

63   Bei neuen Investitionen mag die Lage anders sein. Sind sie kreditfinanziert, bedeuten höhere Zinsen höhere Kosten. Werden sie über die Börse finanziert, muss die Neukapitalverzinsung bei realistischen Gewinnerwartungen höher als die Zinsen bei länger laufenden Geldanlagen sein, sonst ziehen sich die Anleger wieder zurück. Deswegen plädiert Keynes immer für niedrige Zinsen. Entscheidend bleibt aber die Aussicht auf einen befriedigenden Absatz der Produkte, also auf eine akzeptable marginale Konsumrate. Und diese hängt von der Einkommenssituation der Bevölkerung ab. »Unabhängige« Finanzpolitik der Zentralbanken kann nur einen Bruchteil der Unsicherheiten abfangen, die mit einer Neuinvestition verbunden sind. Finanzielle Instabilität ist ein Merkmal der kapitalistischen Ökonomie, vor allem seit den siebziger Jahren, vgl. H.P. Minsky *The Financial Instability Hypothesis,* 1978. Die großen Krisen seit 1980 gerade im Finanzsektor unterstreichen diese systemimmanente Instabilität.

64   Keynes behauptet, eine Politik der flexiblen Löhne funktioniere nur in Diktaturen. Denn nur sie könnten das Reallohnniveau und das entsprechende Konsumniveau dekretieren und Investitionen in den gewünschten Bereichen lohnend machen. »Man kann sich in Italien, Deutschland, Russland vorstellen, dass es funktioniert, aber nicht in Frankreich, den Vereinigten Staaten und Großbritannien« (GT, 269).

65   Keynes schrieb: »... die Ideen der Ökonomen und politischen Philosophen sind mächtiger als man gewöhnlich denkt. Tatsächlich wird die Welt kaum von etwas anderem regiert. Praktische Menschen, die meinen, praktisch frei von irgendeinem intellektuellen Einfluss zu sein, sind meistens Sklaven irgendeines toten Ökonomen« (GT, 383).

66   Kennzeichnend für die österreichische Situation war die Tatsache, dass Eugen von Böhm-Bawerk, ursprünglich Jurist, später Nationalökonom, zwischen Regierungs- und akademischen Ämtern pendelte. Marxkritik war ein wesentlicher Teil seiner theoretischen Arbeit. Die Faszination, die Marx auf die österreichische Schule ausübte, ist auch bei Schumpeter vorhanden. Schumpeter nannte seinen Lehrer von Böhm-Bawerk einen »bürgerlichen Marx *(bourgeois* Marx)« – HEA, 846.

67   Léon Walras würdigte in seinem Vorwort zur 4. Auflage seiner *Élements d'économie pure* neben Menger und Jevons ausdrücklich auch die Deutschen Gossen und von Thünen als seine Vorgänger.

68   Ausführlicher unten, 2.2.3.

69   Wir zitieren die *History of Economic Analysis* unter dem Siglum HEA, *Capitalism, Socialism and Democracy* unter dem Siglum CSD.

70   Wir wissen, dass im Sozialismus etwa der DDR Geld nicht viel mehr

als eine Summe von Warenbezugscheinen war (vgl. Riese 1990) und sich kaum als Wertaufbewahrungsmittel eignete. Nach Riese wurden in der DDR Werte aufbewahrt, indem die Betriebe Warenreserven bildeten, die für den Tausch vorgesehen waren: »Nicht Geld übt, sondern Güter üben die Geldfunktion aus« (a.a.O., 36). Das Geld wurde z. b. für einen betagten Trabant ausgegeben, dessen Preis doppelt so hoch war wie der für einen Neuwagen. Nicht der Besitz von Geld, sondern der Besitz eines Autos überhaupt war erstrebenswert. Ähnliches gelte, so Riese, für alle Mangelökonomien. Der einzige Unterschied zwischen den Bezugschein-einheiten Barones und der Mark der DDR bestand darin, dass die Bezug-scheine ein Verfallsdatum hatten, die Geldscheine mit den Köpfen von Marx, Engels, Zetkin usw. nicht. So wurde eine Art von Geldillusion auf-rechterhalten, die politisch unvermeidlich war; die Bevölkerung der DDR hätte ein Rationierungssystem, das als solches sofort erkennbar gewesen wäre, nicht akzeptiert. Die in der Bevölkerung weit verbreitete Meinung, Ostgeld sei nie »echtes Geld« gewesen, war indessen volkswirtschaftlich nicht ganz unrichtig.

71 Friedman z. B. meint: »In dieser Hinsicht kam politische Freiheit Hand in Hand mit dem freien Markt und der Entwicklung kapitalistischer Institu-tionen. So geschah politische Freiheit in der goldenen Zeit Griechenlands und in den frühen Tagen der römischen Epoche« (Friedman 1982, 9f). Von der gleichen Güteklasse ist folgende Bemerkung von Ludwig von Mises, Hayeks Lehrer: »Das Römische Reich zerbröckelte zu Staub, da ihm der Geist des Liberalismus und des freien Unternehmertums verloren ging. Der Interventionismus und sein politisches Pendant, das Führerprinzip, zersetzten das mächtige Imperium, wie sie jede Gesellschaft notwendiger-weise und immer zerstören werden« (zit. bei Zlabinger 1994, 70). Dieser Unsinn ist unter Liberalen offenbar weit verbreitet. Der Geist des Libera-lismus und das freie Unternehmertum gingen nicht verloren, aus dem ein-fachen Grund, dass es sie im Römischen Reich nie gab. Hauke Brunkhorst hat vor einigen Jahren auf die Differenz zwischen antiker und moderner Freiheit aufmerksam gemacht (Brunkhorst 1994, 135ff). Von dieser Diffe-renz ahnen Leute wie Hayek, von Mises, Friedman usw. nichts.

72 Es handelt sich um das Textilunternehmen Steilmann, dessen Inhaber/ Inhaberinnen mit dem Bundesverdienstkreuz ausgezeichnet wurden, weil sie nachhaltig, umweltfreundlich und sozial bewusst gewirtschaftet hätten. Dass eine Näherin in Rumänien von € 130,00 nicht menschenwürdig leben kann, interessiert die Firma Steilmann kaum. Sie führt als Erklärung an, sie hätte auch nach Karatschi und nach Djakarta gehen können, wo *Nike, Puma* für $ 30,00/Monat Sportoutfits nähen lassen. Da die rumänischen Gewerkschaften höhere Löhne fordern könnten, hat die Firma Steilmann vorsorglich ein Werk in der angrenzenden Republik Moldawien errichtet.

73 Friedman geht so weit, diejenigen, die staatliche Leistungen empfangen, also negativ besteuert werden, vom Wahlrecht auszuschließen. Er zitiert irgendeinen Briten, der sich fragt, ob denn der Empfänger staatlicher Hilfe

in der Form einer Altersrente das Recht haben sollte, ein Mitglied des Parlaments zu wählen (a.a.O.).

74 Solange Berufspolitiker ihr segensreiches Werk gegen nicht allzu schlechte Bezahlung, mit dem Genuss öffentlicher Anerkennung und nach dem Prinzip »gewählt ist gewählt« auch dann fortsetzen können, wenn die Hälfte der Wahlberechtigten an Wahlen nicht mehr teilnimmt, sind bei ihnen die Sorgen um die Demokratie ziemlich schwach ausgeprägt.

75 Wir zitieren Rawls' drei Hauptwerke mit den folgenden Siglen: *Justice as Fairness* (JF), die Seitenzahlen beziehen sich auf die deutsche Übersetzung von 1979; die Abschnittszahlen sind in allen Versionen identisch. *Political Liberalism* (PL), die Seitenzahlen beziehen sich auf die amerikanische Ausgabe von 1996; die Abschnitte werden mit §, die Lektion mit einer römischen Zahl angegeben; die letzte Zahl ist die Seitenzahl (etwa: IV § 6, 162). Das *Restatement* von *Justice as Fairness* von 2001(RS); die Seitenzahlen beziehen sich auf die deutsche Übersetzung von 2003, die Abschnittszahlen sind in beiden Versionen identisch.

76 Eine eher unglückliche Übersetzung der hypothetischen Fiktion *original position* lautet in der hier zitierten deutschen Übersetzung »Urzustand«.

77 Umverteilung wird durch unterschiedliche Besteuerung der einzelnen Gesellschaftsmitglieder erreicht, damit solche Gesellschaftsmitglieder, die aus von ihnen nicht zu verantwortenden Gründen benachteiligt sind – Kranke, Behinderte, Opfer von Naturkatastrophen usw. – entschädigt werden. Die Besteuerung darf aber nicht die Effizienz bzw. die Leistungsbereitschaft beeinträchtigen. Optimal ist eine Besteuerung, die absolut keine negativen Effizienzeffekte hat. Eine solche Optimalsteuer gibt es allerdings nicht. Indem man die Spitzensteuersätze senkt, minimiert man, so will es eine verbreitete Auffassung, Effizienzverluste. Genau das wird gerade als ungerecht empfunden. Wird »Gerechtigkeit« nur als »Verteilungsgerechtigkeit« und »Effizienz« nur als pareto-optimale Effizienz der Wohlfahrtsökonomie aufgefasst, ist der Konflikt zwischen ihnen tatsächlich unlösbar.

78 Wie gezeigt, haben David Hume, Adam Smith, John Stuart Mill gelehrt, den Eigennutz als moralisches Prinzip und das System des Nutzens *(Utilitarismus)* als moralisches System aufzufassen. Da der *Utilitarismus* in einer pluralistischen Gesellschaft umstritten ist, kann er nicht dazu dienen, den gesellschaftlichen Zusammenhalt zu bewirken.

79 »Vernünftig« ist ein Lebensplan, der nicht notwendig auf den Widerstand anderer stoßen müsste, sondern von anderen vernünftigen Menschen akzeptiert werden kann. Rawls' Beispiel: »Ihr Vorschlag war im Hinblick auf ihre starke Verhandlungsposition vollkommen *rational*, aber er war unvernünftig, sogar unerträglich« (PL II, § 1, 48). Politik, die eine Unterscheidung zwischen vernünftig und rational nicht kennt und nicht kennen will, kann niemals eine gerechte Politik im Sinne von Rawls sein.

80 In seinem Buch *Political Liberalism* ist die Formulierung des ersten Grundsatzes leicht geändert: Statt »Recht« *(right)* lesen wir »Anspruch«

(claim). Weiter ist im ersten Grundsatz die Rede von »gleichen Grundrechten und gleichen Grundfreiheiten«. Ein weiterer Satz ist angehängt: »In diesem System muss der faire Wert der Grundfreiheiten, und nur dieser Freiheiten, garantiert werden.« Der zweite Grundsatz ist umformuliert. Er besteht aus einem Satz, aber das Differenzprinzip steht jetzt an zweiter Stelle: »Soziale und ökonomische Ungleichheiten müssen zwei Bedingungen genügen: Erstens müssen sie mit Positionen und Ämtern verbunden sein, die allen offen stehen unter der Bedingung der fairen Gleichheit der Möglichkeit [*opportunity* ~ »faire Chancengleichheit«], und zweitens müssen sie die größten Vorteile [*benefits*] für die am wenigsten fortgeschrittenen Mitglieder der Gesellschaft beinhalten« (PL I, § 1, 5f). Diese Formulierung wiederholt er im Neuentwurf (2003, 78), lässt aber den Zusatz über den »fairen Wert der Grundfreiheiten« weg. Den Vorrang der Chancengleichheit begründet er damit, dass diese die Grundvoraussetzung für die konkrete Verwirklichung des »fairen Werts der Freiheit« ist. Freiheit wäre nur formal, wenn es keine faire Chancengleichheit gäbe. Wenn dabei Ungleichheit in Positionen herauskommt, dann ist das nur mit Vorteilen für die am wenigsten Fortgeschrittenen zu begründen.

81 Um Missverständnisse auszuschließen, reden wir hier durchgängig von *neo*liberal. Rawls sieht sich als Liberalen. Liberalismus hat in den USA eine andere Färbung als auf dem europäischen Kontinent und betont weniger seine Affinität zum Wirtschaftsliberalismus als vielmehr seine Herkunft aus der Großen Erzählung von Aufklärung und Emanzipation.

82 Er unterscheidet ihn vom »Laissez-faire-Kapitalismus«. Dort gibt es nach Rawls keinen »fairen Wert der politischen Freiheiten« und keine faire Chancengleichheit. Das heißt, dass ein solcher Kapitalismus sich überhaupt nicht um die unterschiedlichen Startbedingungen der Gesellschaftsmitglieder kümmert. Einen Kapitalismus des absoluten *laissez-faire* gibt es nur theoretisch. Auch in den Glanzzeiten des Manchesterkapitalismus um die Mitte des 19. Jahrhunderts gab es in Großbritannien rudimentäre Fürsorgeeinrichtungen, Arbeitsgesetzgebung, Schulgesetze usw. Umgekehrt gab es auch im ausgebauten »Sozialstaat« Schweden bis 1990 wesentliche *laissez-faire-Elemente*. Tatsächlich gab und gibt es nur Wohlfahrtskapitalismus in unterschiedlichem Ausmaß. Die Abstufung hängt wesentlich von der Kraft der Arbeitnehmerorganisationen ab.

83 *The Economic Consequences of the Peace,* 1919: »Die Pflicht des ›Sparens‹ machte 90 % der Tugend aus, und der Wachstum des Kuchens war Gegenstand wahrer Religion … Der Kuchen war wirklich klein in Verhältnis zu den Begehrlichkeiten des Konsums, und keinem würde es besser gehen, wenn der Kuchen ganz und gar verteilt werden würde …« (20f). An diesen Passus denkt Rawls. Er hat freilich nicht richtig gelesen, wenn er behauptet: »Unter anderen Verhältnissen wäre die Lage der Arbeiter noch schlechter gewesen … Es genügt festzustellen, dass Keynes unerwarteterweise nicht erklärt, die Not der Armen sei durch das bessere Los der späteren Generationen gerechtfertigt« (JF, § 46, 334) Keynes aber schrieb: »Die

Gesellschaft arbeitete nicht für die kleinen Vergnügungen von heute, sondern für die künftige Sicherheit und Verbesserung der Gattung, tatsächlich für den ›Fortschritt‹. Wenn man nur erlaubte, den Kuchen nicht anzuschneiden, sondern wachsen zu lassen, und zwar in der geometrischen Proportion, die Malthus für die Bevölkerung voraussagte – nicht weniger wahr für den Zinseszins! –, könnte vielleicht ein Tag kommen, wo es endlich genug für alle geben würde und das Nachgeschlecht von *unserer* Mühe profitieren könnte« (21).

84 Historisch gesprochen hatte der Kampf der arbeitenden Menschen, also der Schlechtergestellten, für Verbesserungen die Zunahme der Freiheit aller zur Folge und nicht umgekehrt.

85 Der Abschnitt entstammt jenem Teil des Buches, den Rawls vor der Drucklegung nicht mehr überarbeiten konnte. Wahrscheinlich hätte er einiges weniger »schwankend« gesagt, hätte seine Unsicherheit etwas besser verdeckt. Aber gerade deswegen ist der Abschnitt, der mehr ein Zusatz als ein logisches Element der Argumentation ist, gerade so kostbar. Keine marxistische Kritik an Rawls könnte radikaler sein als sein eigenes Eingeständnis bei den Fragen, mit denen er den Abschnitt beendet: »Ich habe keine Ahnung, wie sie zu beantworten sind.«

86 Ein Kernbegriff des *Political Liberalism:* »Unsere Ausübung politischer Macht ist nur dann angemessen, wenn wir aufrichtig meinen, dass die Gründe, die wir für unsere politische Aktion anführen, von anderen Bürgern als Rechtfertigung solcher Aktionen vernünftigerweise akzeptiert werden können« (PL, xlvi). Die Vorstellung der Reziprozität »liegt zwischen Unparteilichkeit, die altruistisch (bestimmt durch das allgemein Gute) ist, und der Vorstellung des gegenseitigen Vorteils, verstanden als die Tatsache, dass jeder Vorteile erhält in Hinblick auf die heutige und die zu erwartende Situation, solang die Dinge sind, wie sie sind« (a.a.O., 50). Es geht um gegenseitige Anerkennung der Positionen, Begabungen, Leistungen.

87 Eine Kostprobe: »… leitendes Prinzip [der Reformen] sollte sein: Investition in *menschliches Kapital* statt direkter Zahlungen. An die Stelle des Sozialstaats sollten wir den *Sozialinvestitionsstaat* setzen, der einen integralen Bestandteil einer Gesellschaft mit positiver Wohlfahrt bildet« (Giddens 1999, 137) – Hartz IV: »fordern und fördern!« Leider hat das die Bildung einer verrohten und unmotivierten Unterschicht in Großbritannien nicht verhindert. Denn es gibt auf dem »menschlichen Kapitalmarkt« wenig Bedarf, weil Maschinen (Sachkapitalmarkt!) die Arbeit kostengünstiger und bettelarme Menschen woanders – etwa in China – sie für weniger als einen Hungerlohn machen.

88 Vgl. Andreas Pangritz, Polyphonie des Lebens, 54ff.

89 Schleiermachers Definition der Religion als »Gefühl der schlechthinnigen Abhängigkeit« veranlasste Hegel zu der bissigen Bemerkung, nach dieser Definition wäre der Hund der beste Christ, weil im Hund das Abhängigkeitsgefühl am besten entwickelt sei. Schleiermacher war beleidigt.

90 Poppers Hegelkritik gehört zur selben Güteklasse wie Schumpeters Marxkritik. Beide haben ihren Gegenstand nicht wirklich begriffen. Popper war
nicht fähig, jenen Strang des bürgerlichen Denkens zu verstehen, der dem
Allgemeinen kein vorrangiges, ja nicht einmal ein eigenes Recht zugesteht
und den Individualismus nicht als die allein selig machende Lehre anerkennt. Popper liefert auf den knapp 60 Seiten, wo es um Hegel geht, keine
Hegelkritik, sondern eine Hegelkarikatur.

91 Zur Begriffsgeschichte des Wortes *Entwicklung* s. den diesbezüglichen
Artikel im Historisch-kritischem Wörterbuch des Marxismus 3, 553–566
(Sven-Eric Liedman, Thomas Marxhausen und Wolfgang Fritz Haug).

92 »Die Sklaverei ist an und für sich Unrecht, denn das Wesen des Menschen
ist die Freiheit; doch zu dieser muss er erst reif werden. Es ist also die
allmähliche Abschaffung der Sklaverei etwas Angemesseneres und Rich-
tigeres als ihre plötzliche Aufhebung« (PhdG, 226).

93 Er gehörte zum Initiativkreis hinter dem programmatischen Aufruf »Grund-
satzerklärung für ein neues amerikanisches Jahrhundert« vom Juni 1997,
die zugleich Grundsatzprogramm der Regierung des Präsidenten George
W. Bush ist.

94 Rostow gehörte zum Beraterstab des Präsidenten J.F. Kennedy. Seine
universalhistorische Darstellung hatte als Titel *The Stages of Economic
Growth*. Ihr zufolge ist das Ziel der Menschheit *a state of high-mass
consumption* nach US-amerikanischem Muster. Sie hatte den Untertitel *A
Non-Communist Manifesto* und war um 1960 als definitive Antwort auf
Marx' und Engels' Manifest aus dem Jahr 1848 gedacht. Etwas spät, aber
immerhin!

95 Das wurde Ricardo von seinem Freund Thomas Malthus vorgehalten. Die
Probleme könnten Malthus zufolge durch hohen Luxuskonsum der Reichen einerseits und durch die Beschränkung der Zahl der Armen – denen
eine Eheschließung vor dem 30. Lebensjahr verboten und so die Beschränkung der Kinderzahl vorgeschrieben werden soll – gelöst werden. Marx
verlor bei der Erwähnung des Namens *Malthus* regelmäßig die Beherrschung (»der Pfaffe Malthus«!). Für Keynes war der, wie wir heute sagen,
»nachfrageorientierte« Malthus dem »angebotsorientierten« Ricardo vor-
zuziehen.

96 »Ricardo eroberte England genauso vollständig wie die heilige Inquisi-
tion Spanien«, sagte der Antiricardianer Keynes (GT, 32). Er verstand
sein Unternehmen als Feldzug gegen die ricardianische Ökonomie, die bis
in seine Tage herrschte. Nur in den »Unterwelten von Karl Marx, Silvio
Gesell oder Major Douglas« konnten, so Keynes, alternative Anschauungen »heimlich, unter der Oberfläche« überleben. Gesell widmete Keynes
einen ganzen Abschnitt (GT, 353–358).

97 Er wird dann aber deutlicher sagen, dass die gesuchte »höhere Produktionsform« nicht das Ergebnis des moralischen Willens der Gesellschaftsmitglieder ist, sondern dass sie notwendig aus den Gesetzmäßigkeiten der
herrschenden ökonomischen Ordnung hervorgeht

98 Marx'Artikel für eine amerikanische Tageszeitung vom 25.6.1853, *Die britische Herrschaft in Indien,* zeigte das sehr deutlich. Der britische Kolonialismus habe die traditionelle Welt der Völker Indiens zerstört. Aber wie die Aufklärung eine neue Möglichkeit des Erkennens eröffnete, so eröffne der Untergang der traditionellen Welt, die auch durch gegenseitige geografische und vor allem soziale Isolierung der Menschen von den Menschen gekennzeichnet sei, die Möglichkeit eines neuen Miteinanders, MEW 9, 127ff.

99 »Als *sozialen Reichtum* bezeichne ich alle Dinge, materielle oder nicht materielle, die *knapp* sind; das heißt, dass sie für uns einerseits nützlich und andererseits in beschränkter Menge verfügbar sind« (Walras § 21). Sein Hauptwerk ist, so der Untertitel, »Theorie des sozialen Reichtums«, de facto *Theorie der knappen Güter.*

100 »Um 1871 kritzelten verschiedene Ökonomen, vor allem Walras und Marshall, Gleichungen mit x's und y's, großen Deltas und kleinen d's«, schrieb Keynes (Coll. Writings X, 131).

101 W. F. Haug hingegen, der sich wie M. Heinrich ein Leben lang mit der Marx'schen Theorie beschäftigt hat, äußerte »wachsenden Zweifel« an Heinrichs »monetärer Werttheorie«. Haug schreibt: »Wenn Marx das Geld als ›letztes Produkt‹ des Warenaustausches begreift (23/161), so Heinrich als dessen erstes, als die Quelle, aus der einem Produkt die Warenform zufließt« (2003, 429). Der Gewinn bzw. die *Geld*vermehrung, in der der Gewinn immer Gestalt annehmen muss, ist Ziel und Wesen kapitalistischer Produktion. Als Ziel (letztes) ist Geld also zugleich der Antriebsmotor (erstes). Uns scheint in dieser Kontroverse Verständigung möglich. Uns ging es vor allem darum, die Marx'sche Theorie mit dem Grenznutzentheorem zu kontrastieren.

102 Von den ökonomischen Manuskripten aus den Jahren 1844 und 1858 bis zur zweiten Ausgabe des *Kapital* 1873 taucht im Zusammenhang mit *Geld* immer das gleiche Zitat aus Shakespeares *Timon von Athen* auf: »… Ja dieser rote Sklave löst und bindet / Geweihte Bande; segnet den Verfluchten … Verdammt Metall / Verdammte Hure du der Menschen.« – MEW 41, 563; Grundrisse 895; MEW 23, 146.

103 Vergangen deswegen, weil die Produktionsmittel in der Vergangenheit ebenfalls durch Arbeit produziert wurden.

104 Historisch hat sich der Gegenwert der *notwendigen Arbeit,* gemessen in notwendigen Lebensmitteln, verschoben. Räumlich ist er unterschiedlich: In China ist er (noch) deutlich niedriger als in Deutschland. Wenn wir den *Wertbegriff* anwenden, müssen wir unbedingt die raum-zeitliche Relativität von *Wert* in Betracht ziehen.

105 Die Debatte über die *asiatische Produktionsweise* wurde nach dem Zweiten Weltkrieg weltweit geführt, vor allem in Frankreich, aber auch unter nicht-europäischen Marxisten, wie dem Sammelband *Sur le mode de production asiatique* (1974) des *Centre d'Études et de Recherches Marxistes (CERM)* zu entnehmen ist. Eine Übersicht der deutschen Debatte zwi-

schen 1960 und 1980 in Gransow 1981, Weiteres bei Krader 1975 und 1994, Veerkamp 1993, 315ff.

106 Law war ein Finanzjongleur, der das ganze Finanzsystem Frankreichs um 1720 fast zum Zusammenbruch führte; *Péreire* gründete 1860 in Paris die *Crédit mobilière,* eine Bank, die sich auf Grundstücksspekulationen während des Abbruchs des alten und des Aufbaus des neuen Paris durch den Baron Hausmann spezialisierte und 1867 Konkurs ging.

107 Jugendliche mit geringer Qualifizierung gehören sicherlich dazu, aber auch Menschen, deren in ihrem Leben erworbene Qualifikationen nicht mehr gefragt werden und die aus welchen Gründen auch immer nicht mehr in der Lage sind, neue Qualifikationen zu erwerben. Dieser Teil der Bevölkerung nimmt in allen nördlichen Industrieländern rapide zu. In den meisten Ländern des Südens stellen die »außer Kurs Gesetzten« inzwischen die Mehrheit der Bevölkerung – in Pakistan arbeiten 80 % der Menschen im informellen Sektor.

108 Gemeint ist notwendige Arbeit für die Gesellschaft, für die sie aber keine menschenwürdige Entlohnung mehr bereitstellt. Solche Arbeit wurde vor nicht allzu langer Zeit gegen ein anständiges Salär im öffentlichen Dienst erledigt. Privatisierung heißt die gleiche Arbeit gegen ein unanständiges Salär (»Ein-Euro-Job«). Entweder ist die Arbeit, die »zugemutet« werden kann, gesellschaftlich notwendige Arbeit; dann ist sie auf einem angemessenen, dem durchschnittlichen Lebensstandard entsprechenden Niveau zu entlohnen. Oder sie ist nicht notwendig; dann ist ihre »Zumutung« eine menschenverachtende Schikane.

109 Es ging um die Widerlegung der Theorien des Philosophen Eugen Dühring, der nach Ansicht von Marx und Engels einen schädlichen Einfluss auf die Partei hatte. Die Serie wurde in einem Buch unter dem Titel *Herrn Eugen Dührings Umwälzung der Wissenschaft* publiziert, erlebte zahlreiche Neuauflagen und war als »Anti-Dühring« absolute Pflichtlektüre für alle damaligen Parteikader.

110 »... vorzeitige körperliche Abnutzung aufgrund einer vielfältigen gleichzeitigen Belastung als Frau, Mutter, Köchin (... die oft am schlechtesten Ernährte der ganzen Familie), Magd, Wäscherin und qualifizierte Arbeiterin«, Arthur E. Imhof, zit. bei Ritter/Tenfelde 1992, 572).

111 *Produktiv* ist bei Marx nur, was »Mehrwert« für das Kapital schafft. Berufsfußball für einen Verein, der sich als gewinnorientiertes Unternehmen versteht, ist »produktiv«; Fußball in der Kneipenmannschaft ist daher »unproduktiv«. Bei *Veblen* ist »produktiv« das, was sichtbar-nützliche Produkte schafft, hat also eine *physiokratische* Komponente (nach den französischen Ökonomen, die im 18. Jahrhundert die Agrarwirtschaft für die einzig *produktive* hielt). Für *Veblen* ist Bauklempnerei *produktiv* und daher sozial würdelos *(unworthy),* weil es kein soziales Ansehen hervorbringt. Profifußball dagegen ist *reputable,* gerade weil es nicht produktiv im Sinne *Veblens* ist.

112 Die Sozialdemokratische Partei war stramm antikommunistisch, die Kom-

munistische Partei der Niederlande stramm stalinistisch, auch nachdem die KPdSU 1956 dem stalinistischen Personenkult abgeschworen hatte. Deswegen gab es auch in jenen Städten, wo es eine rot-rote Mehrheit gab, niemals rot-rote Koalitionen.

113 Die offiziellen Angaben (7 % im Feb. 2004) sind zu ergänzen um knapp eine halbe Million, die in der Arbeitsunfähigkeitsrente geparkt sind, und um die Frührentner. Insgesamt deutlich mehr als 10 %, auch mehr als in der Bundesrepublik.

114 Herman Gorter, niederländischer Dichter, verließ die Sozialdemokratische Arbeiterpartei (SDAP) 1909, um sich einer linken Abspaltung (SDP) anzuschließen. Aus dieser wurde 1918 die Kommunistische Partei Hollands (CPH). Die CPH war Gorter nicht radikal genug. Er wurde Mitglied der Kommunistischen Arbeiterpartei Deutschlands (KAPD) und war einer ihrer bekanntesten Sprecher. Auch die KAPD entsandte Delegierte zum III. Kongress der Kommunistischen Internationale (Komintern). Gegen die KAPD und ihre russischen Sympathisanten schrieb Lenin seine berühmte Broschüre *Der »Linksradikalismus« – Kinderkrankheit im Kommunismus.* Nachdem sich die KAPD gespalten und schließlich selbst vernichtet hatte, vereinsamte Gorter. Er starb 1927 in einem Hotelzimmer in Brüssel.

115 Henriette Roland Holst, niederländische Dichterin, verließ mit Gorter und anderen 1909 die SDAP und schloss sich der SDP an. Anders als Gorter blieb sie in der aus der SDP hervorgegangenen kommunistischen Partei (CPH), wurde Mitglied des Exekutivkomitees der Kommunistischen Internationale (Komintern) und in den Niederlanden zeitweise als Staatsfeindin Nr. 1 betrachtet. Auf dem oben erwähnten 3. Kongress suchte sie zwischen den Leninisten und den Linksradikalen zu vermitteln. Ende der zwanziger Jahre verließ sie die Komintern und die Partei aufgrund der wachsenden Entdemokratisierung der KPdSU unter Stalin und wandte sich einer Variante des religiösen Sozialismus zu. Sie starb 1952 als undogmatische, nicht parteigebundene Sozialistin.

116 Ihn hat John Steinbeck in seinen berühmten Romanen über den mittleren Westen der USA in den zwanziger Jahren des 20. Jahrhunderts beschrieben *(Grapes of Wrath, East of Eden)*.

117 Der Begriff *Kulak* für den reichen Bauern im Dorf, der in Schwierigkeiten geratenen Mitbauern gegen Wucherzinsen »half«, war traditionell. Nikolai Leskow (1831–1895), Verfasser der Novellen *Lady Macbeth vom Mzensk, Liebe auf Bastschuhen* usw., verwendete den Begriff in seinen Erzählungen.

118 »Die Lenin'sche Agrarreform hat dem Sozialismus auf dem Lande eine neue mächtige Volksschicht von Feinden geschaffen, deren Widerstand viel gefährlicher und zäher sein wird, als derjenige der adligen Großgrundbesitzer war« (in: *Zur russischen Revolution,* Gesammelte Werke 4, 345).

119 Georg Lukacs hatte für die Neuauflage seines klassischen, 1922 erschienenen Buches *Geschichte und Klassenbewusstsein* im März 1967 als Vorwort ein langes Essay geschrieben. Dort tauchen Worte wie »messianisch,

Messianismus« siebenmal auf, immer um die eigene Position um 1920 zu beschreiben. Er redet von der »ganzen intellektuellen Leidenschaftlichkeit« seines »revolutionären Messianismus«. Er schreibt: »So erhält die Konzeption der revolutionären Praxis in diesem Buch [Geschichte und Klassenbewusstsein] etwas geradezu überschwängliches, was dem messianischen Utopismus des damaligen linken Kommunismus, nicht aber der echten Marx'schen Lehre entsprach« (Lukacs 1967, 18). Die Frage ist natürlich, was denn eigentlich die »echte Marx'sche Lehre« ist.

120 Der französische Historiker Charles Parrain sprach von *esclavage généralisé,* verallgemeinertem Sklaventum, das sich vom eigentlichen Sklaventum einerseits und von der feudalen Fronarbeit andererseits unterschied (Parrain 1974, 169ff).

121 Vgl. zu dieser Identifikation *Gott* = Gesellschaftsordnung oben, 1.5.2.

122 Elitenauswechslung war ein klassisches Herrschaftsinstrument mesopotamischer Großmächte. Die neu angesiedelte Oberschicht verdankte ihre Position der Reichsregierung und war – so kalkulierte man – loyaler als die immer zur Aufsässigkeit neigende autochthone Oberschicht.

123 Ein rein zeremoniales Königtum gab es übrigens auch in einigen von Sigrist untersuchten Gesellschaften. Solches Königtum wurde vorgetäuscht, um koloniale Behörden bei ihrer Suche nach zentralen Ansprechpartnern zufrieden zu stellen: »Die akephalen Stämme reagierten auf dieses Ansinnen mitunter, indem sie eher marginale Individuen als Häuptlinge vorschoben« (Sigrist 1978, 30).

124 Priesterliche Funktionäre, die für allfällige kultische Dienstleistungen nach einer sehr bescheiden anmutenden Preisliste entlohnt wurden (5Mose 18,1ff) und keinen Grundbesitz haben durften. Der Funktionär sollte abhängig vom Volk, das Volk nicht abhängig vom Funktionär sein.

125 Dieses Modell der »schwachen oder republikanischen Zentralinstanz« finden wir in den Büchern 2-4 Mose.

126 Der Begriff »Torarepublik« ist keine historische, sondern eine idealtypische Konstruktion. Sie stellt eine Organisationsform der Gesellschaft dar, wie sie von der egalitären Rechtsordnung vorgesehen war. Sie war eher Norm und Anspruch als historische Wirklichkeit.

127 Die Wurzel *charar* bedeutet »frei sein«. Es handelt sich aber nicht um die Schicht freier Grundbesitzer, freier Bauern, sondern um eine vermögende und privilegierte Schicht, die in der Stadt ansässig war. Die ursprüngliche Gesellschaft von »Freien und Gleichen« war längst zu einer Gesellschaft Ungleicher geworden.

128 Die klassische marxistische Antwort darauf war die Arbeit von Friedrich Engels *Der Ursprung der Familie, des Privateigentums und des Staates,* MEW 21, 25ff.). Vgl. auch die beiden Bände *Seminar: Die Entstehung von Klassengesellschaften* und *Seminar: Die Entstehung der antiken Klassengesellschaft* aus den siebziger Jahren.

129 Die Sklaven im Haushalt der Vermögenden und solche, die Dienstleistungen für die Vermögenden verrichten, müssen durch die Sklavenarbeit

auf den großen Domänen sowie durch den Tribut der eroberten Gebiete ernährt werden.

130 Die verbreitete Empörung über die Topmanagergehälter ist moralisch, nicht politisch. Die Frage ist nicht, ob die Höhe eines Gehalts »gerecht« sei oder nicht. Diese Leute mit zusätzlichen Steuern zu belegen oder zu bestrafen ändert nichts an der Struktur des Systems; es befriedigt höchstens das Gerechtigkeits*gefühl* der Menschen. Entscheidend ist die Frage, ob die ökonomische Macht Einzelner über die Geschicke von Millionen kleiner Leute hinzunehmen ist, gleich, ob sie mit Gehältern in sechs-, sieben- oder achtstelliger Höhe honoriert wird. Was nicht dagegen spricht, angesichts der Auszehrung des öffentlichen Sektors zusätzliche Steuern von denen zu verlangen, die sie zahlen können.

131 Vgl. Naomi Klein 2000.

132 Die »Ein-Euro-Jobs« von Hartz IV gehören in die Kategorie »gesellschaftlich nicht anerkannte Arbeit«.

133 S. o., Einleitung.

Abkürzungen

CSD	Joseph Schumpeter, *Capitalism, Socialism, Democracy*
Enzy	G.W.F. Hegel, *Enzyklopädie der philosophischen Wissenschaften im Grundriss*
GATT	General Agreement on Taxes and Tariffs
GG	Grundgesetz der Bundesrepublik Deutschland
GT	John M. Keynes, *The General Theory of Employment, Interest and Money*
HEA	Joseph Schumpeter, *History of Economic Analysis*
JF	John Rawls, Justice as Fairness
MEW	Marx-Engels Werke
PhädG	G.W.F. Hegel, *Die Phänomenologie des Geistes*
PhdG	G.W.F. Hegel, *Die Vernunft in der Geschichte* [Philosophie der Geschichte]
PhdR	G.W.F. Hegel, *Grundlinien der Philosophie des Rechts oder Naturwissenschaft und Staatswissenschaft im Grundriss*
PL	John Rawls, *Political Liberalism*
Prot.	Protokolle des 3. Kongresses der Kommunistischen Internationale
RS	John Rawls, *Justice as Fairness. A Restatement*
RSVN	Republik der Sieben Vereinten Niederlande
STh	Thomas v. Aquin, *Summa Theologiae*
WL	G.W.F. Hegel, *Wissenschaft der Logik*
WTO	World Trade Organisation

Literatur

Adorno, Theodor: Skoteinos, in: Drei Studien zu Hegel, Frankfurt/M 1966.

Althaus, Horst: Hegel und die heroischen Jahre der Philosophie, München–Wien 1992.

Althusser, Louis: Für Marx, Frankfurt/M 1967.

Althusser, Louis: Positions, Paris 1976.

Altvater, Elmar: Die Zukunft des Marktes, Münster 1991.

Andersen Nexö, Martin: Die Zugvögel, Erzählungen, Berlin 1981.

Baran, Paul A./Sweezy, Paul M.: Monopoly Capital. An Essay on American Economic and Social Order, Harmondsworth 1968.

Bell, Daniel: The End of Ideology. On the Exhaustion of Political Ideas in the Fifties, New York–London 1962.

Bischof, Joachim/Menard, Michael: Marktwirtschaft und Sozialismus, Hamburg 1990.

Bloch, Ernst: Das Prinzip Hoffnung, Frankfurt/M 1959.

Bloch, Ernst: Naturrecht und menschliche Würde, Frankfurt/M, 1961.

Blok, Alexander A.: Schneegesicht. Gedichte, Berlin 1970.

Blok, Alexander A.: Lyrik und Prosa, Berlin 1982.

Bobrowski, Johannes: Wetterzeichen. Gedichte, Berlin 1967.

Böttger, W.: Kultur im alten China, Leipzig–Jena–Berlin 1979.

Brecht, Bertolt: Die heilige Johanna der Schlachthöfe, Stücke IV, Berlin 1967.

Brecht, Bertolt: Leben des Galilei, Stücke VIII, Berlin 1968.

Brugmans, H.: Geschiedenis van Amsterdam, I–VI, Utrecht/Antwerpen, 1972–1973.

Brunkhorst, Hauke: Demokratie und Differenz. Vom klassischen zum modernen Begriff des Politischen, München 1994.

Cahen, Claude: Der Islam. Vom Ursprung bis zu den Anfängen des Osmanischen Reiches. Fischers Weltgeschichte 14, München 1968.

Camus, Albert: L'Homme revolté, Paris 1951.

Derrida, Jacques: Spectres de Marx, Paris 1993.

Deutscher, Isaac: Josef Stalin. Eine politische Biographie I + II, Berlin 1979.

Duchrow, Ulrich: Christenheit und Weltverantwortung, Stuttgart ²1983.

Duchrow, Ulrich: Alternativen zur kapitalistischen Weltwirtschaft, Gütersloh–Mainz 1994.

Duchrow, Ulrich/Hinkelammert, Franz Joseph; Leben ist mehr als Kapital. Alternativen zur globalen Diktatur des Eigentums, Oberursel 2002.

Dülmen, Richard van: Entstehung des frühneuzeitlichen Europas, Fischers Weltgeschichte 24, Frankfurt/M 1982.

Economic Commission for Europe: Economic Reforms in the European Centrally Planned Economies, New York (United Nations) 1989.

Eder, Klaus (Hrsg.): Seminar: Die Entstehung von Klassengesellschaften, Frankfurt/M 1973.

Emmanuel, Arghiri: Unequal Exchange, New York 1972.

Ethier, Wilfred J.: Modern International Economics, New York 1988.

Fabiunke, Günter: Martin Luther als Nationalökonom, Berlin 1963.

Felderer, B./Homburg, S.: Makroökonomik und neue Makroökonomik, Berlin–Heidelberg 1989.

Forrester, Viviane: Une étrange dictature, Paris 2000.

Freeman, Alan: Geld, in: Historisch-kritisches Wörterbuch des Marxismus 5, Hamburg 2001, 147–156.

Friedrich, Jörg: Das Gesetz des Krieges, München 1993.

Fukuyawa, Francis: The End of History and the Last Man, New York 1992.

Gidal, Nachum T.: Die Juden in Deutschland, Köln 1997.

Giddens, Anthony: Der dritte Weg. Die Erneuerung der sozialen Demokratie, Frankfurt/M 1999.

Gilpin, Robert: The Political Economy of International Relations, Princeton N.J. 1981.

Godelier, Maurice: Rationalité et irrationalité en économie, I, II, Paris 1974.

Goehrke, Carsten: Die Moskauer Periode, in: Russland, Fischers Weltgeschichte 15, Frankfurt/M 1973, 76–174.

Gorter, Herman: Verzamelde lyriek tot 1905, Amsterdam 1977.

Gransow, Bettina/Gransow, Volker: Orientalische Despotie: Diskussionsstand in der DDR. Positionen zu Asiatischer Produktionsweise, Formationsforschung und Chinaanalyse, Deutschland Archiv 14, 4/1981.

Hankel, Wilhelm: Gegenkurs. Von der Schuldenkrise bis zur Vollbeschäftigung, Berlin 1984.

Haug, Wolfgang Fritz: Fiktion, in: Historisch-kritisches Wörterbuch des Marxismus 4, Hamburg 1999, 427ff.

Haug, Wolfgang Fritz: Wachsende Zweifel an der Monetären Werttheorie. Antwort an Michael Heinrich, in: Das Argument 251 (2003), 424ff.

Haug, Wolfgang Fritz: High-Tech-Kapitalismus. Analysen zu Produktionsweise, Arbeit, Sexualität, Krieg und Hegemonie, Hamburg 2003.

Hayek, F. A.: Der Weg zur Knechtschaft, München 1994.

Hegel, G. W. F.: Die Phänomenologie des Geistes, Hamburg 1952 (PhädG).

Hegel, G. W. F.: Die Vernunft in der Geschichte, Hamburg 1955 (PhdG).

Hegel, G. W. F.: Grundlinien der Philosophie des Rechts oder Naturrecht und Staatswissenschaft im Grundriss, Studienausgabe 2, München 1967 (PhdR).

Hegel, G. W. F.: Wissenschaft der Logik I u. II, Frankfurt/M 1969.

Heinrich, Michael: Was ist die Werttheorie noch wert? Zur neueren Debatte um das Transformationsproblem und die marxistische Werttheorie, Prokla 72 (1988), 15ff.

Heinrich, Michael: Die Wissenschaft vom Wert, Münster 2003.

Heinrich, Michael: Geld und Kredit in der Kritik der politischen Ökonomie, in: Das Argument 251 (2003), 397ff.

Hellmann, Manfred: Die Kiewer Periode, in: Russland, Fischers Weltgeschichte 15, Frankfurt/M 1973, 30–75.

Herrmann, Joachim: Formationenfolge, vorkapitalistische Gesellschaftsformationen, in: Historisch-kritisches Wörterbuch des Marxismus 4, Hamburg 1999, 655–668.

Hession, Charles H.: John Maynard Keynes, Stuttgart 1986.

Hindes, Barry/Hirst, Paul Q.: Precapitalist Modes of Production, London, Henley and Boston 1977.

Hirsch, Joachim/Roth, Roland: Das neue Gesicht des Kapitalismus. Vom Fordismus zum Post-Fordismus, Hamburg 1986.

Hobbes, Thomas: Leviathan or The Matter, Form, and Power of a Commonwealth Ecclesiastical and Civil, 1651, Ed. Herbert W. Schneider, Indianapolis–New York 1958.

Hourani, Albert: Die Geschichte der arabischen Völker, Frankfurt/M 1992.

Hölderlin, Friedrich: Gedichte, Frankfurt/M 1962.

Huffschmid, Jörg: Politische Ökonomie der Finanzmärkte, Hamburg 1999.

Hunt, Diana: Economic Theories of Development. An Analysis of Competing Paradigms, New York 1989.

ILO (International Labour Organisation): World Employment 1996/97. National Policies in a Global Context, Genf 1996.

Jarchow, H.-J.: Theorie und Politik des Geldes, Göttingen 1998.

Keynes, John Maynard: The Economic Consequences of the Peace, New York 1920.

Keynes, John Maynard: Collected Writings, Vol. VII, The General Theory of Employment, Interest and Money, London and Basingstoke 1973.

Keynes, John Maynard: Collected Writings, Vol. IX, Essays in Persuasion, London and Basingstoke 1972.

Keynes, John Maynard: Collected Writings, Vol. X, Essays in Biography, London and Basingstoke 1972.

Kippenberg, Hans G. (Hg.): Seminar: Die Entstehung der antiken Klassengesellschaft, Frankfurt/M 1977.

Kippenberg, Hans G.: Religion und Klassenbildung im Antiken Judäa, Göttingen 1978.

Ki-Zerbo, Joseph: Die Geschichte Schwarz-Afrikas, Wuppertal 1979.

Klein, Naomi: No Space, No Choice, No Logo, London 2001.

Klenner, Hermann: Gerechtigkeit, in: Historisch-kritisches Wörterbuch des Marxismus 5, Hamburg 2001, 370ff.

Kofler, Leo: Zur Geschichte der bürgerlichen Gesellschaft, Wien–Berlin 1974.

Krader, Lawrence: The Asiatic Mode of Production. Sources, Development and Critique in the Writings of Karl Marx, Assen 1975.

Krader, Lawrence: Asiatische Produktionsweise, in: Historisch-kritisches Wörterbuch des Marxismus 1, Hamburg ²1996, 628–638.

Krippendorff, Eckehard: Politische Interpretation, Frankfurt/M 1990.

Kocka, Jürgen: Arbeitsverhältnisse und Arbeiterexistenzen. Grundlagen der Klassenbildung, Bonn 1990.

Kuczynski, Jürgen: Geschichte des Alltags des deutschen Volkes. Band 3: 1810–1870, Köln 1992.

Kurz, Robert: Der Kollaps der Moderne. Vom Zusammenbruch des Kasernensozialismus zur Krise der Weltökonomie, Frankfurt/M 1991.

Küttler, Wolfgang: Formationstheorie, in: Historisch-kritisches Wörterbuch des Marxismus 4, Hamburg 1999, 669–668.

Landes, David S.: Wohlstand und Armut der Nationen, Berlin 1999.

Leininger, Wolfgang: Mikroökonomik, in: Springers Handbuch der Volkswirtschaftslehre 1, Berlin–Heidelberg–New York 1996, 1–42.

Lenin, Wladimir I.: Drei Quellen und drei Bestandteile des Marxismus, in: Marx, Engels, Marxismus, Moskau 1947.

Liagre Böhl, Herman de: Met al mijn bloed heb ik voor U geleefd. Herman Gorter 1864–1927, Meppel 1996.

Locke, John: Zwei Abhandlungen über die Regierung, Frankfurt/M 1977.

Lyotard, Jean-François: La condition postmoderne, Paris 1979.

Lukács, Georg: Geschichte und Klassenbewusstsein, Neuwied–Berlin, 1970.

Luxemburg, Rosa: Die Akkumulation des Kapitals, in: Gesammelte Werk 6, Berlin 1990.

Macpherson, C. B.: Die politische Theorie des Besitzindividualismus. Von Hobbes bis Locke, Frankfurt/M 1967.

Madison, Angus: Ontwikkelingsfasen van het kapitalisme, Utrecht 1982.

Martin, Brendan: In the Public Interest? Privatisation and Public Sector Reforms, London 1993.

Marx, Karl: Grundrisse der Kritik der politischen Ökonomie, Frankfurt/M–Wien o. J.

Marx Engels Werke: Berlin/DDR, 40 Bände, 2 Ergänzungsbände, Berlin/DDR, 1959–1972 (MEW).

Mattick, Paul: Marx und Keynes, Frankfurt/M–Wien 1971.

Meilof, Jan: Een wereld licht en vrij. Het culturele werk van de AJC 1918–1959, Amsterdam 2000.

Mill, John Stuart: Utilitarism, London/Bombay 1901.

Minsky, H. P.: The Financial Instability Hypothesis: A Restatement, in: Post Keynesian Economy. A Challenge to Neo Classical Economics, edit. by Philip Arestis und Thanos Skouras, Sussex–New York 1985.

Negt, Oskar: Arbeit und menschliche Würde, Göttingen 2001.

Niebuhr, H. Richard: The Social Sources of Denominationalism, Cleveland–New York 1957.

Offermans, Paul/Feis, Bernt: Geschiedenis van het gewone volk van Nederland, Nijmegen 1975.

Parrain, Charles: Protohistoire méditerranéenne et mode de production asiatique, in: Sur le mode de production asiatique, Paris 1974.

Pangritz, Andreas: Polyphonie des Lebens, Berlin 1994.

Perry, Ralph Barton: Puritanism and Democracy, New York– Evanston 1964.

Pirenne, Henri: Histoire économique et sociale du Moyen Age, Paris 1969.

Popper, Karl: Die offene Gesellschaft und ihre Feinde, 1 + 2, Tübingen 1992.

Protokoll des III. Kongresses der Kommunistischen Internationale, I + II, Hamburg 1921.

Rawls, John: Eine Theorie der Gerechtigkeit, Frankfurt/M 1979.

Rawls, John: Political Liberalism, New York 1993.

Rawls, John: Gerechtigkeit als Fairness. Ein Neuentwurf, Frankfurt/M 2003.

Rehmann, Jan: Max Weber. Modernisierung als passive Revolution, Hamburg 1998.

Riese, Hajo: Geld im Sozialismus, Regensburg 1990.

Ritter Gerhard A./Tenfelde, Klaus: Arbeiter im deutschen Kaiserreich 1871–1914, Bonn 1992.

Robinson, Joan: Eine nochmalige Betrachtung der Werttheorie, in: Folgen einer Theorie. Essays über Das Kapital von Karl Marx, Frankfurt/M 1969.

Robinson, Joan: Die Akkumulation des Kapitals, Frankfurt/M – Berlin – Wien 1972.

Rodinson, Maxime: Islam und Kapitalismus, Frankfurt/M 1986.

Romein, Jan: Aera van Europa, Leiden 1954.

Romein, Jan: Het Algemeen Menselijke Patroon; in: Historische lijnen en patronen, Amsterdam 1976, 491–510.

Romein, Annie/Romein, Jan: De Lage Landen bij de Zee. Een geschiedenis van het nederlandse Volk, Amsterdam [8]1979.

Rostow, W.W.: The Economic Stages of Growth. A Non-Communist Manifesto, Cambridge 1960.

Rousseau, Jean-Jacques: Du contrat social, Paris 1962.

Samuelson, Paul A.: Economics, New York [7]1967.

Saramago, José: Das Memorial, Roman (übersetzt v. Andreas Klotsch), Reinbek 1998.

Schapiro, Leonard: The Communist Party of the Soviet Union, New York o.J.

Schmidt, Alfred: Der Begriff der Natur in der Lehre von Karl Marx, Frankfurt/M 1962.

Sen, Amartya K.: Inequality Reexamined, New York–Oxford, 1995.

Sen, Amartya K.: Development as Freedom, New York 1999.

Sennett, Richard: Der flexible Mensch, Berlin 1998.

Schumpeter, Joseph A.: Capitalism, Socialism and Democracy [CSD], New York 1942.

Schumpeter, Joseph A.: History of Economic Analysis [HEA], London 1994.

Senf, Bernd: Die blinden Flecken der Ökonomie, München 2001.

Sigrist, Christian: Regulierte Anarchie. Untersuchungen zum Fehlen und zur Entstehung politischer Herrschaft in segmentären Gesellschaften Afrikas, Frankfurt/M 1979.

Sigrist, Christian: Gesellschaften ohne Staat und die Entdeckungen der *social anthropology,* in: Gesellschaften ohne Staat I, Frankfurt/M 1978.

Smith, Adam: An Inquiry into the Nature and Causes of the Wealth of Nations, Oxford/New York 1993.

Suret-Canale, Jean (éd.): Sur le »mode de production« asiatique«, Paris 1974.

Tawney, R. H.: Religion and the Rise of Capitalism, New York 1963.

Thomas von Aquin: Summa Theologiae, Turin 1947.

Trifonow, Juri: Zeit und Ort, Berlin 1983.

Veblen, Thorstein: The Theory of the Leisure Class, New York 1994.

Veerkamp, Ton: Die Vernichtung des Baal. Auslegung der Königsbücher 1.17 –2.11, Stuttgart 1983.

Veerkamp, Ton: Autonomie und Egalität. Ökonomie, Politik und Ideologie in der Schrift, Berlin 1993.

Veerkamp, Ton: Gott, in: Historisch-kritisches Wörterbuch des Marxismus 5, Hamburg 2001, 917–931.

Vidoni, Ferdinando: Evolutionismus, in: Historisch-kritisches Wörterbuch des Marxismus 3, Hamburg 1997, 1059–1066.

Visser, Jelle/Hemerijck, Anton: »A Dutch Miracle«. Job Growth, Welfare Reform and Corporatism in the Netherlands, Amsterdam 1997.

Wacquant, Loïc J. D.: Vom wohltätigen Staat zum strafenden Staat. Über den politischen Umgang mit dem Elend in Amerika, in: Leviathan 1997 I, 50ff.

Walras, Léon: Élements d'économie politique pure ou Théorie de la richesse sociale, Paris–Lausanne 1926.

Weber, Max: Die protestantische Ethik. Eine Aufsatzsammlung, München–Hamburg 1965.

Weber, Max: Wirtschaft und Gesellschaft. Grundriss der verstehenden Soziologie, Tübingen 1976.

Wee, Herman van der: Prosperity and Upheaval. The World Economy 1945–1980, Harmondsworth–New York 1987.

Williams, William A.: The Tragedy of American Diplomacy, New York 1962.

World Development Report: Barriers to Adjustment and Growth in the World Economy, Washington D.C. 1987.

Wood, Alan: Marx and Equality, in: Analytical Marxism, ed. by John Romer, Cambridge–Paris 1993.

Zanden, J.J. van: Arbeid tijdens het handelskapitalisme; opkomst en neergang van de Hollandse economie 1350–1850, Bergen (NH) 1991.

Zinn, Karl Georg: Arbeit, Konsum, Akkumulation. Versuch einer integralen Kapitalismusanalyse von Keynes und Marx, Hamburg 1986.

Zinn, Karl Georg: Wie Reichtum Armut schafft. Verschwendung, Arbeitslosigkeit und Mangel, Köln 2002.

Zlabinger, Albert H.: Ludwig von Mises, Sankt Augustin (Friedrich-Naumann-Stiftung) 1994.

Personenregister

Acheson, D. 86–88
Aitmatow, Dj. 238
Alexander II. 32
Althaus, H. 168, 171, 297
Anderson Nexö, M. 214, 230, 297

Barone, E. 120f, 285
Beethoven, L. van 167–169
Bell, D. 91, 224, 297
Bentham, J. 73, 102
Blair, T. 21, 124, 160
Bloch, E. 64, 267, 297
Blok, A.A. 232f, 297
Böhm-Bawerk, E. 113, 126, 284
Bonaparte, N. 63f, 167, 169, 171, 182
Bonifatius VIII. 34f
Bosch, H. 45, 242
Böttger, W. 37, 297
Brecht, B. 21, 112, 125, 129, 151, 214, 260, 270, 297
Brugmans, H. 43, 297
Brunkhorst, H. 138, 285, 297
Bucharin, N.I. 234, 237f
Bush, G.W. 137, 180, 289

Cahen, C. 37, 297
Calvin, J. 54–57, 238
Camus, A. 239, 297
Clement W. 20, 111
Clinton, W. 137, 149, 160
Coen, J.P. 51
Cournot, A. 74

Derrida, J. 226, 297
Drake, F. 51, 277
Dschugaschwili, J.W. 236f
Duchrow, U. 10, 33, 61, 225, 256, 297f
Dülmen, R. van 46, 52, 298

Emmanuel, A. 69f, 298
Engels, F. 39, 55, 59, 210–213, 221, 236, 239, 278, 281, 285, 289, 291, 293, 295, 301

Friedman, M. 10, 100, 126, 129, 135–137, 285
Friedrich, J. 298
Fukuyawa, F. 180, 183, 240, 298

Galbraith, K. 91
Geer, L. de 118
Gesell, S. 281, 289
Gidal, N. 30, 298
Giddens, A. 124, 161, 288, 298
Godelier, M. 77, 298
Gomulka, W. 282
Gorbatschow, M. 236
Gorki, M. 214
Gorter, H. 234, 236, 292, 298
Gossen, H. 17, 19, 113, 284
Gregor VII 32
Groot, H. de (Grotius) 56

Habermas, J. 185, 225
Hankel, W. 124, 298

Haug, W.F. 145, 267, 289f, 298f

Hayek, F.A. 10, 100f, 120, 125, 126–132, 134, 139f, 271, 285, 299

Heckscher, E.F. 280

Hegel, G.W.F. 10, 83, 142, 167–184, 185, 187, 204, 207, 288f, 299

Heinrich IV. 33

Heinrich, M. 188, 191f, 210, 290, 299

Hellmann, M. 34, 299

Hildebrand 32

Hinkelammert, F. 61, 225, 256, 298

Hirsch, J. 217f, 225, 299

Hobbes, Th. 61f, 66, 103, 229, 299, 301

Hölderlin, F. 167–169, 299

Hourani, A. 37, 299

Hume, D. 60, 72f, 102, 286

Hunt, D. 299

Huygens, Chr. 56

Illig, H. 275

Imhof, A.E. 291

Innozenz III. 33

Jevons, W.S. 76, 105, 281, 283f

Jirmejahu (Jeremia) 248f

Kennedy, R. 92

Keynes, J.M. 10, 17, 19f, 22, 76, 85, 91, 93, 100–113, 115, 118, 124, 126, 142, 150, 192f, 281, 283f, 287, 289f, 299–301, 304

King, M.L. 91f

Ki-Zerbo, J. 37, 300

Klein, N. 81, 294, 300

Klemens V. 35

Kok, W. 160f, 223

Kollontaj, A. 234

Konstantin 235

Krauss, K. 119

Kuczynski, J. 300

Kuibyschew, V.V. 237

Landes, D.M. 276

Lenin, W.I. 175, 212, 234–238, 240, 292, 301

Leskow, N. 292

Locke, J. 61f, 72, 102, 256, 279, 301

Lukacs, G. 292f

Luther, M. 39, 47, 55f, 170, 238, 298

Luxemburg, R. 238, 301

Lyotard, J.-F. 224–226, 228, 301

Macpherson, C.B. 62, 137, 301

Madison, A. 301

Mandeville, B. de 82

Mao Zedong 38f, 200

Marshall, A. 105, 193, 283, 290

Marx, K. 10, 18, 22, 24, 39, 41f, 47f, 52f, 59f, 68, 74, 78, 82, 107f, 114–117, 124, 151–154, 162, 172, 175f, 179f, 185–213, 215, 221, 226, 236, 239, 258, 262, 281, 283–285, 289–291, 293, 297, 300–302, 304

Marsilius von Padua 35

Menger, C. 113, 126, 281, 284

Mill, J. St. 73, 116, 146,
   151–153, 283, 286, 301

Minsky, H. P. 284, 301

Mises, L. von 120, 126, 285, 304

Myrdal, G. 126

Nechemja (Nehemia) 253

Negt, O. 266–269, 301

Niebuhr, R. H. 279, 301

Ohlin, B. 280

Pangritz, A. 288, 301

Pareto, V. 76–78, 120f, 144, 148f

Parrain, Ch. 293, 301

Perry, R. B. 57, 279, 301

Philippe IV. 34

Philippe Auguste 34

Pigou, A. 110f, 283

Pirenne, H. 29f, 36, 44, 275, 302

Popper, K. 175, 289, 302

Prebisch, R. 69

Radek, K. 234

Rawls, J. 16, 22, 91, 142–162,
   208, 253, 262, 266, 268,
   286–288, 294, 302

Rehmann, J. 114, 302

Ricardo, D. 68f, 71f, 115, 186,
   188, 193, 196, 280, 283, 289

Riese, H. J. 285, 302

Ritter, G. A. 82, 281, 291, 302

Robinson, J. 86, 88–90, 92–94,
   113, 157, 209, 302

Rodinson, M. 40–42, 276, 302

Roland Holst, H. 236, 242, 292

Romein, J. 39–41, 302

Roosevelt, F. D. 86

Roth, R. 217, 225, 299

Rostow, W. W. 180, 289, 302

Rousseau, J. J. 62, 64, 102, 302

Samuelson, P. A. 126, 280, 302

Saramago, J. 229f, 302

Say, J.-B. 74

Schmidt, A. 302

Schnitzler, A. 119

Schröder, G. 124, 160

Schumpeter, J. A. 10, 60, 79–81,
   100f, 103, 113–125, 228, 259,
   284, 289, 295, 303

Sen, A. K. 135, 200, 302

Shaw, G. B. 192, 281

Sigrist, Chr. 249, 293, 303

Sinclair, U. 125, 214

Sinowjew, G. E. 234

Smith, A. 10, 12, 22, 60, 62,
   66–68, 72f, 75f, 81, 102, 136,
   177, 188, 190, 193, 195f, 275,
   277, 280f, 286, 303

Stalin, J. W. 39, 235–241, 292,
   297

Stein, M. 221

Steinbeck, J. 292

Strumilin, S. G. 237

Tawney, R. H. 54, 58, 303

Tenfelde, K. 82, 281, 291, 302

Thatcher, M. 21, 24, 100, 130,
   133

Thomas von Aquin 33, 47, 128, 155, 162, 277, 295, 303

Tibi, B. 276

Tolstoi, L. 258

Trifonow, J. 241, 303

Trotzki, L. 234, 237

Tyler, W. 39

Veblen, T. 216f, 254–256, 291, 303

Wacquant, L.J.D. 84, 269, 303

Weber, M. 38, 54, 114, 278f, 302f

Walras, L. 10, 74–77, 79, 105, 120f, 188f, 191–193, 280f, 284, 290, 303

Wieser, F. von 113, 120, 126

Zanden, J.J. van 43, 47–50, 278, 304

Zanneken, N. 39, 277

Zidkijahu (Zedekia) 248

Zinn, K.G. 17, 19f, 88, 97f, 280, 304

Über den Autor

Ton Veerkamp, geboren 1933 in Amsterdam, 1957–1961 Studium der Philosophie in Nijmegen, 1962–1968 Theologie in Maastricht und New York. 1971–1998 Berater ausländischer Studierender an den Berliner Hochschulen. Autor von *Die Vernichtung des Baal* (1983), *Autonomie und Egalität* (1993) und zahlreicher Artikel in deutschen und niederländischen Zeitschriften.